JN410894

나의 부모님

김태수와 케이스 왓슨(Keith Watson)에게

본서를 바칩니다.

새로운 아시아 도시

—공간과 도시 형태의 3차원 허구들—

진이 김 왓슨(Jini Kim Watson) 지음

태혜숙 옮김

심산

THE NEW ASIAN CITY by Jini Kim Watson

이 번역 총서는 2007년 정부 재원(교육과학기술부 인문학진흥방안 인문한국지원사업비)으로 한국연구재단의 지원을 받아 연구되었음(NRF-2007-361-AL0001).

새로운 아시아 도시

우리는 농촌 및 도시 문헌의 오랜 역사로부터 시각을 획득한다. 그에 따라 그 긴 역사가 다른 시대와 다른 장소들마다 얼마나 서로 많이 연결되어 있는지를 우리는 알게 된다. 궁극적으로 하나의 공통된 역사로 보여야만 하는 것 속에서 말이다.

—레이먼드 윌리엄스(Raymond Williams), 『농촌과 도시』(*The Country and the City*)

공간이 무언가를 의미화한다는 점에는 논쟁의 여지가 없다. 그런데 공간이 의미화하는 것은, 뭔가를 하면서도 하지 않는 것이다. 그리하여 이것은 우리를 권력으로 데리고 간다.

—앙리 르페브르(Henri Lefebvre), 『공간의 생산』(*The Production of Space*)

목차

로마자 표기에 관하여

나는 일반적으로 (중국어의 경우) 피닌(Pinyin* 북경 방언에 입각한 중국어의 로마자 표기법의 한 방식)을 사용했으며 (한국어의 경우) 매큔 라이샤워 표기법(McCune-Reischauer* 한국어의 로마자 표기법 중 하나인데, 가장 널리 쓰임)을 사용했다. 박정희와 같은 고유명사의 경우, 보통 더 많이 알려져 있는 로마자 표기(Park Chung Hee)를 사용하였다. 중국 및 한국 이름들, 장소들, 용어들도 보통 더 많이 사용되거나 번역되어 온 철자법을 따름으로써 다양한 철자법을 견지했다. 특히 타이완 텍스트들은 웨이드-자일즈식(*중국어 로마자 표기법 중 하나로, 토마스 웨이드Thomas F. Wade가 고안하고 자일즈H. G. Giles가 중영사전에 사용함)을 따른다. 명확성을 기하기 위해 필요할 때는 괄호 안에 피닌식인지 매큔-라이샤워식인지를 명기하였다.

책머리에

■『새로운 아시아 도시』는 아시아 태평양 지역의 원조 신흥공업국인 싱가포르, 남한, 타이완의 식민 시절부터 1980년대 후반에 이르기까지 싱가포르, 서울, 타이베이에 일어났던 도시 변형의 역사들과 그 허구적 재현물들을 다룬다. 이 역서에서 주요한 〈새로운 아시아 도시〉라는 모델 혹은 형상은 건축 비평가인 제프리 키프니스(Jeffery Kipnis)에게서 따온 것인데 "포스트식민 아시아의 권역들에 특정한 물질적 형상화와 그에 부합하는 미학적 형식"(본서, 21)을 일컫는다. 이 모델에 따라 저자는 싱가포르, 서울, 타이베이라는 세 장소의 식민 및 포스트식민 역사를 도시 및 건축의 지평에서 고려한다. 건축물들의 변화에 따른 도시형태의 거대한 변천이야말로 그 변천의 복잡한 현실과 갈등을 전면에 내세우는 허구적 텍스트를 생산한다고 보기 때문이다. 그러한 생각에 따라 저자는 "공간

속의 경험적 대상인 장소들이나 건물들보다 허구적 텍스트를 통해 접근되는 발전 공간의 논리와 형태”(본서, 28)에 관심을 갖는다. 이러한 저자의 관심은 공간을 투명한 배경인 양 여기는 태도를, 또 “물질적인 것과 문학적인 것 혹은 물리적인 공간과 재현적인 공간을 구분하는 …… 태도”(본서, 37)를 버리고 공간에 대한 좀 더 복합적인 이해를 촉구하는 셈이다.

『새로운 아시아 도시』는 역사적 모순들을 통해 구체화되는 〈새로운 아시아 도시〉라는 특별한 형상화에 초점을 맞춤으로써 동아시아와 동남아시아라는 특정 권역에서 포스트식민 공간이라는 개념을 구체화하고자 한다. 그 작업을 위해 저자는 “문학 텍스트나 영화 텍스트를 어떤 문화적 혹은 주관적 진실에 접근하기 위한 특권적 매체로서가 아니라, 포스트식민 발전의 가장 심오한 모순들을 기록하는 역사적 양피지로서 사용한다.”(본서, 31~32) 말하자면 이 책은 기존 포스트식민 이론에서 강조된 문화나 정체성에 대한 투쟁보다 공간에 대한 투쟁이라는 견지에서 포스트식민적인 역사 발전이 있다는 점을 제시하되, 그러한 발전의 주된 과정은 공간적이고 건축적인 변형에 관한 것이며, 이 과정은 다양한 허구적 텍스트들에서 읽힐 수 있는 형상들과 전위들(displacements) 안에 가장 분명하게 기록되어 있음을 보여준다.

그러한 맥락에서 이 책은 싱가포르, 타이베이, 서울의 식민 및 포스트식민 역사를 광범위하게 고려하지만 “식민주의에 의한 토착(민족) 문화들의 전위라는 좀 더 표준적인 포스트식민 문제”에 추동되기보다 “독립 후 포스트식민 민족주의와 근대성의 혼란스런 절합들”에 관심을 갖되, ‘신국제노동분업’을 통한 세 장소의 유사한 포스트식민 발전 경로라는 참조 틀로써 세 장소를 비교, 검토한다. 다시 말해 역사적 모순들이 〈새로운 아시아 도시〉라는 특별한 형상화를 숙지시키는 방식에 초점을 맞춤으로써 싱가포르, 서울, 타이베이에서의 포스트식민 공간이라는 개념을 구체화하고자 한다. 한마디로 『새로운 아시아 도시』는 포스트식민 연구의 전통적인 개념화에 의거하면서도 도전한다.

저자가 서론에서 지적한 대로 그동안 포스트식민 연구는 이주와 디아스포라 문제에 심취해 왔던 반면, 많은 포스트독립국가들을 재형성하는 국내 이동과 도시의 괄목할 만한 산업적 변형들에 무관심했다. 에드워드 사이드의 『오리엔탈리즘』을 위시해 텍스트성의 정치에 의거하는 많은 포스트식민 연구에 공통된 해석적 방법론은 (포스트) 식민 문화 텍스트들의 복원과 가치화, 투명하고 자율적인 문화들과 정체성들에 대한 탐색, 좀 더 특수한 차이의 문화 정치였다. 배제되거나 억압된 문화들의 복원이라는 이러한 과제는 정치를 텍스트성으로 효과적으로 대체하는 움직임을 초래했다. 이렇게 포스트식민 연구에서 지속된 정체성으로서의 문화생산에 대한 강조와 공간에 대한 은유적 이해를 넘어서기 위해 저자는 공간적 현실들의 생산양식들을, 또 그것들이 발생시키는 변천하는 모순적인 표현의 형상들을 전면에 부각시키는 방법이 필요하다고 주장한다.

우선 저자는 문화적 기원이나 규범에 대한 충실성에 의해 측정되는 '진정한 것'이라는 기준에 의존하지 않고 특정한 것(the specific)을 설명하는 방식을 주장한 피터 홀와드(Peter Hallward)의 인식과 "세계 자본주의의 다양한 층위들 사이의 간극들"에 대한 인식, 즉 지구적 발전에 있는 기본적인 비대칭에 대한 아이자즈 아마드(Aijaz Ahmad)의 인식을 '공간 관계들의 불균등한 생산'이라는 테제로 이어받으면서 "포스트식민 발전의 물질적이고 (문화적이라기보다) 공간적이며 (초국가적이라기보다) 국가적인 양상들"에 유의한다. 제국주의에 의한 불평등하고 불균등하며 종속적이고 비대칭적인 조건들하에서 추진되는 포스트식민 국가의 발전은 아시아 태평양에서 두드러지기 때문에 저자는 특히 싱가포르, 남한, 타이완이라는 세 국가를 주요 논의 대상으로 삼는다.

다음으로 저자는 "공간은 '주체'도 '객체'도 아니며 하나의 사회적 현실……, 일련의 관계들과 형식들"이라는 앙리 르페브르(Henri Lefebvre)의 혁명적인 사유 방식은, 문학 분석과 문화 분석에서 "공간과 건조 형태를 서로 구분되는 물리적 대상(광장, 아파트, 혹은 공장)으로서, 또 복합적인 사회적 생산적 관계들로부터 초래되는 구체적인 추상들로서 동시에 연구하게 해 준다."(본서, 40)고 본다. 텍스트적 재현들의 공간적 현실에 대한 르페브르의 이러한 통찰은 "건축과 건조 환경을 역사적 과정의 산물로 간주하는 동시에 그 역사들을 질서 짓고 말하는 중에 통합되는 형상적 혹은 서사적 요소들로서 간주"(본서, 41)하게 한다.

또한 저자는 텍스트와 물리적 환경 사이의 기계적인 표현적 인과성을 비판하는 알튀세르(Althusser)와, 문학텍스트의 상대적 자율성을 주장하는 마슈레(Macherey)를 이어받은 프레드릭 제임슨(Fredric Jameson)에 따라 "물리적 현실에 대한 텍스트의 정확성이나 상호관계가 아니라 공간적 구성체들의 바로 그 모순들이 텍스트 속에서 이야기되고 상상되는 방식"(본서, 43)에, "다른 체계들과 상호 관계 속에 있는 하나의 체계로서 문학적 재현이 행하는 적극적 역할"(본서, 43)에 관심을 갖는다.

홀와드, 아마드, 르페브르, 알튀세르, 마슈레, 제임슨에 이어 저자는 개발에 내포된 중심-주변의 물질적 이데올로기적 차별성의 병적 원인을 해명한 어니스트 만델(Mandel)의 『후기 자본주의』(1972)에 힘입어 "지구적 자본주의의 더 크고 불균등한 힘의 영역에 대한 지역적 형태들과 반응들을 추적"(본서, 47)하며 태평양의 장소들과 인민을 조사한 롭 윌슨(Rob Wilson)과 아리프 딜릭(Arif Dirlik)의 접근법을 보완하면서 제3세계의 기적들과 호랑이들을 환기하는 것을 넘어 움직이는 역사적 특성을 지닌 개발 내부에 있는 공간적 모순들과 연결들을 비판적으로 밝혀낸다.

그러한 비판적 읽기는 결국 "사회적인 것, 건축적인 것, 지구적인 것 사이의 중첩을 읽어내는 방식"(본서, 49)을 고안하기 위한 것이다.

이제 저자는 그 과제를 위해 벤야민에게로 돌아가 "거대한 기술적 산업적 도시적 변화의 계기들이 근대성의 과정들로서 어떻게 생각되고 상상되는지"를 고려한다. 저자는 20세기의 〈새로운 아시아 도시〉와 벤야민이 묘사하는 19세기 〈제2제정 시대의 파리〉에서 "도저히 믿을 수 없는 근대화"라는 신기한 병행을 발견하지만 〈새로운 아시아 도시〉의 기술적 공간적 변천들은 19세기 파리의 범위를 넘어선다고 주장한다. 또한 그 변천들의 텍스트화는 건조형태들의 평면적인 묘사를 넘어서는 복잡성을 드러내는 가운데 도시 이미지와 관련해 개인적, 계급화된, 젠더화된, 민족적, 심지어 국제적 관계들의 좌표를 그려 준다고 한다.

그러한 좌표 읽기는 공간적 도시 변형을 가장 도발적인 방식으로 전면에 내세우는 소설, 단편소설, 시, 영화를 도시 및 건축 연구와 함께 놓고 서로 연결하는 '초분과적(transdisciplinary) 방법론'(본서, 22)에 따라 한편으로 도시 개발의 경험적 역사들과 다른 한편으로 소설, 시, 영화의 텍스트적 분석 사이에서 왔다 갔다 하는 것을 요청한다. 이러한 방법론에 따라 해명되는 "〈새로운 아시아 도시〉의 서로 어긋나는 공간들이야말로 우리가 근대성이라고 부르는 바를 보충하는 다른 역사들, 다른 투쟁들, 다른 욕망들을 코드화함을 보여 줄 것이다."(본서, 56) 이러한 이론적 방법론적 궤적을 따르는 포스트식민 연구야말로 그동안 배제되어온 권역인 싱가포르, 남한, 타이완이라는 장소들을 그저 추가하는 데 그치지 않고, 그 장소들과 관련된 문학과 영화를 〈새로운 아시아 도시〉 모델을 중심으로 읽음으로써 '식민주의와 지구화를 사유하는 새로운 방식'을 제시할 수 있다.

『새로운 아시아 도시』의 결론에 나와 있듯, 국제통화기금과 세계은행의 강력한 재정 조치들과 그 이후 사회주의 정권들의 와해로 인한 위기는 지구화 시대를 도래하게 했으며 같은 시기에 지구적으로 소비되는 문화적 생산물들이 아시아 태평양으로부터 대두했다. 이후 지구화 패러다임은 아시아 태평양을 보는 가장 유력한 렌즈가 되었고 다수의 문학 연구와 문화연구는 초민족적인 문화적 흐름들에 흡수되어 왔다. 이 강력한 흐름에 맞서 본서는 이보다 앞선 순간, 즉 식민지 시대에서부터 1980년대 후반까지 문화 텍스트들과 도시 공간을 재고하는 작업을 통해 남반구의 한 권역인 '동아시아의 신흥 산업국들'이 다른 포스트식민 세계와 갖게 되는 차이를 해명하고자 한다. 그리하여 〈새로운 아시아 도시들〉이 줄곧 식민적이고 포스트식민적이며 근대적이고 글로벌한 것이었다는 점이야말로 바로 그 차이임이 밝혀진다.

이러한 연구결과를 바탕으로 저자는 기존 포스트식민 이론을 확장시키는 '다른 여러 아시아' 혹은 '아시아의 복수화'(스피박)라는 개념과 방법론에 따라, 또 참조의 틀을 다중화하여 포스트식민 지역들을 비교연구 또는 상호참조 연구(천광싱)를 할 필요성에 따라 "근대성과 민족성(nationhood)의 서로 구분되는 공간성에 대해 비교론적으로 주목함으로써 문화횡단적인(transcultural) 구성체들에 대한 정교한 분석들에 기반을 둘 수 있는 포스트식민 연구"(본서, 379)를 제안한다. 이제 포스트식민 연구는 서구의 역사적 영향을 인정하면서도 서구만을 참조 틀로 삼는 태도를 벗어나 인터-아시아적이거나 남반구를 남반구와 연결하는 태도로 나아가야 하기 때문이다. 그러한 지향은 포스트식민 공간의 생산을 명료하게 하며 재창조하고 다시 상상하게 만든다.

저자가 『새로운 아시아 도시』에서 하고 있듯, 새로운 건조 형태들과 그것들을 성찰하는 허구적 텍스트들을 더욱 주의 깊게 살펴보는 것은 "발전의 물질적 형태에 부착된 심리적이고 상징적인 에너지"(본서, 382)

를 심층적으로 이해하게 한다. 이 책에서 다루어진 허구적 텍스트들에서 보듯, 1960년대~1980년대의 〈새로운 아시아 도시〉는 단지 일시적이고 파생적이거나 변칙적인 비정상적인 근대성이 아니라, "식민주의의 잔여들, 글로벌 자본주의의 힘, 민족주의적 욕망의 변증법이 퇴적된 어떤 공간적 논리"(본서, 382)에 밀착되어 있다. 이로써 본서는 "식민주의, 지구화, 근대성, 도시의 역사를 다루는 다양한 문화 텍스트들을 분과횡단적으로 다시 읽고 사유한다는 더 큰 집단적 프로젝트"(본서, 382)에 함께할 것을 한국의 독자들에게 촉구한다.

역자는 본서의 저자 진이 김 왓슨(Jini Kim Watson)을 2004년 1월경에 〈여성문화이론연구소〉에서 처음 만났다. 그녀는 자신의 박사학위 논문에서 주요하게 다룰 서울이라는 공간을 직접 방문했던 참이었고 가야트리 스피박의 주요 저서들을 읽고 토론하는 세미나의 멤버가 되고자 그 연구소를 찾아왔다. 그녀는 한 번도 빠지지 않고 내내 열심히 세미나 모임에 참여했고 우리말이 좀 서툴긴 했지만 질문도 열심히 했다. 그러한 과정을 거쳐 그녀는 2005년에 미국 듀크 대학에서 박사 학위를 받았고 당시에 나는 그녀의 박사학위 논문을 파일로 받아 읽어 보았다. 그녀의 최종 소속은 영문과였지만 그녀의 논문은 그야말로 전통적인 분과 학문들을 복잡하게 또 새롭게 횡단하는 참신함과 역동성으로 가득 차 있었다. 그녀는 2007년부터 뉴욕 대학 영문과 교수로 재직하게 되었고 그녀의 박사 학위 논문은 수정되고 확장되어 2011년에 미네소타 대학 출판부에서 책으로 출간되었다. 내가 이 책을 번역하여 한국의 연구자들 및 독자들도 읽을 수 있도록 하면 좋겠다고 제안하자 왓슨 교수는 무척 기뻐하였다.

때마침 본서는 부산대학교 〈한국민족 문화연구소〉 로컬리티 인문학 연구단의 번역총서로 선정되어 한국의 독자들에게 선보일 수 있는 기회를 얻었다. 『새로운 아시아 도시』는 여러 이론 지형들과 생소한 장소들과 허구적 텍스트들이 복잡하게 교차되고 있어서 번역은 그리 매끄럽게 진행되지 않았다. 다행히도 본 역서의 내용을 읽고 검토해 준 익명의 두 심사위원 선생님들의 도움으로 '건축'이라는 생소한 영역의 어휘들과 개념들을 가다듬을 수 있었다. 대구가톨릭 대학교 중어중문학과 최웅혁 교수님의 도움으로 타이완 사람들의 이름을 한글로 옮길 수 있었다. 또한 번역 절차를 세심하게 진행시킨 로컬리티 인문학 연구단의 오미일 선생님, 심산 출판사 편집부 이찬희 님의 꼼꼼한 검토, 용어 및 인명 통일, 가독성을 높이는 실질적인 교정으로 이 역서가 마침내 세상에 나올 수 있게 되었다. 이 역서의 출간을 도와준 모든 분들께 깊이 감사드린다.

2014년 8월 태혜숙

서론

싱가포르, 서울, 타이베이의 공간 생산

이 모든 실제(actual) 사회적 관계들과 의식의 형태들 속에서 종종 더 오래된 유형에 속하는 농촌 및 도시 개념들은 부분적인 해석자로서 계속 작동한다. 그러나 우리는 그 개념들이 그 주된 관계들을 통해 전체 사회체계에 반응하는 형식이라는 점을 항상 깨닫고 있지는 못한다.

—레이먼드 윌리엄스(Raymond Williams), 『농촌과 도시』(*The Country and the City*)

새로운 아시아 도시

최근 중국과 인도의 산업적 부상과 더불어, 이른바 호랑이로 불리는 아시아 경제국들의 전후 성공은 산업화하는 아시아의 좀 더 일반적인 패턴 속에서 흐릿해진 것 같다. 그래서 서울, 싱가포르, 홍콩, 타이베이를 비롯한 호황을 누린 이전 시대의 메트로폴리스들이 항상 빛나는 발전의 횃불은 아니었다는 점을 망각하기 쉽다. 그 메트로폴리스들 자체는 도시 공간과 인구에서 엄청난 격변을 겪었다. 본서는 환태평양 지역의 원조

'신흥 공업국들'인 싱가포르, 남한, 타이완에서 식민 시절로부터 1980년대 후반까지 일어났던 도시 변형의 역사들과 그 허구적 재현물들을 분석한다.

포스트식민화(*식민화와 독립 사이의 단절을 부각하는 '반식민화'라는 용어가 식민지였던 많은 나라들의 현실을 오늘날에 정확하게 반영하지 못한다는 인식에 따라 식민, 반식민, 탈식민이 복잡하게 뒤섞여 있는 현실을 담아내는 용어) 이후 수십 년에 걸쳐, 싱가포르, 남한, 타이완은 믿을 수 없는 경제성장률을 보여 주었으며 서구 바깥에서 산업 발전의 길을 효과적으로 이끌었다. 사미르 아민(Samir Amin, 80)의 말을 빌리자면 이 나라들은 제3세계의 발전을 충실히 실천한 "훌륭한 생도들"이 되었던 셈이다. 싱가포르, 서울, 타이베이는 도쿄의 경제 및 도시 모델을 일부 끌어왔으며, 우리가 눈부신 상하이와 쿠알라룸푸르 또는 방갈로르에서 지금 보고 있으며 이제 공통이 된 지구화의 기표들을 선도했다. 싱가포르, 서울, 타이베이는 도시 및 산업 전략의 결과들에 대한 미학적 반응뿐만 아니라 도시 및 산업 전략의 견지에서 독특한 영향력을 행사했던 제3세계 산업화의 토대를 놓는(founding) 계기를 실증한다. 어떤 의미에서 본서는 발전 국가의 문화적 공간적 역사에 관한 것으로서 이해될 수 있다. 본서에서는 도시 형태에서 일어난 거대한 변천이 특정한 허구적 텍스트, 즉 이 변형의 복잡한 현실과 갈등을 전면에 내세우는 허구적 텍스트를 생산한다는 점이 더욱 집중적으로 논의된다.

본서의 제목은 건축 비평가인 제프리 키프니스(Jeffery Kipnis)[1]에게서 빌려 온 것이다. 그는 남한, 타이완, 싱가포르, 말레이시아, 더 최근에는 본토 중국과 같은 신흥 공업국의 부산한 메트로폴리스를 묘사하기 위해 '새로운 아시아 도시'라는 용어를 사용했다.(Kipnis, 169) 키프니스의 설

1 제프리 키프니스는 포스트모던 건축과 해체주의적 건축 관련 글들을 발표했으며 오하이오 주립대의 건축학부에서 강의하고 있다.

명에 따르면, 〈새로운 아시아 도시〉 모델의 전형은 "정말 추할 정도로 외연적으로 확대되어 온 도시적 괴물을, 남한을 현금 속에 파묻어 버린 화폐 기계"(Kipnis, 169)를 생산했던 전후의 서울의 발전이다. 이 도시 모델의 본질은 급속한 건설과 백지 상태(tabula lasa) 정책이다. 이 도시주의는 제2차 세계대전 전에 폐기된 모더니즘들 (키프니스는 이것을 '아방가르드 1'이라고 부른다)과 프랑스로부터 영감을 받은 포스트모더니즘 이론들(혹은 '아방가르드 2')과 관련하여 기이한 자리를 점유한다. 이에 대해 키프니스는 "〈새로운 아시아 도시〉가 '구성체'나 '구축'과 같은 과거의 맑스주의 개념을 뒤튼다고 한다. 이 도시는, 속되고 역사를 초월한 〈속도〉와 〈지배〉의 인공물(artifaction)"(Kipnis, 170)이라는 것이다.

그러한 아시아 도시들은 분명 새롭지도 않고, "역사를 초월한 것도" 아니지만, 아시아 태평양의 발전을 가리키는 '해석적 이미지'로 확실하게 자리를 잡았다.[2] 키프니스의 논평은 좀 과장된 면도 있지만, 포스트식민 아시아의 권역들(region* 지역 연구의 최소 기본 단위로서 locale, locality와 연결되면서도 더 폭넓은 개념임)에 특정한 물질적 형상화와 그에 부합하는 미학적 형식이 있다는 간단한 관찰을 담아내고 있다.[3] 키프니스의 연구는 세 도시야말

2 레이먼드 윌리엄스는 런던의 변화하는 물리적 형태를 산업 혁명의 결과라고 논의한다. 나는 그의 논의로부터 '해석적 이미지'라는 문구를 빌려 온다. "그러나 오랫동안 진전되고 있었던 물리적 대조가 하나의 해석적 이미지로서 일반적으로 이용 가능하게 되었던 것은 19세기 후반에 이르러서였다. 1880년대에 이르러 모든 사람이 영국에서 이스트 엔드와 웨스트 엔드를 볼 수 있었고, 둘 사이의 대조 속에서 상당히 국가적으로 또 일반적으로 창조되고 있었던 새로운 사회의 극적인 형태를 볼 수 있었던 것 같다."(Country, 220)

3 키프니스에 의해 묘사된 〈속도〉와 〈지배〉를 입증하는 것은, 세계의 최고층 최근 건물들 중 다수가 아시아 도시들에 있다는 사실이다. 쿠알라룸푸르에 있는 쌍둥이 타워 페트로나스(Petronas)는 타이완의 마천루 '타이완 101'에 최고층의 자리를 빼앗겼다. '타이완 101'은 상하이의 〈세계 금융 센터〉(World Finance Center)와 경쟁 중이다. 그러나 이 모든 고층 건물도 유나이티드 아랍 에미레이츠(United Arab Emirates)의 두바이에서 2010년에 완공된 부르즈 칼리파(Burj Khalifa)에 의해 최고

로 도시를 전통적으로 시민적이던 거래 장소나 의식적인(ceremonial) 거래 장소나 경제적 거래 장소로 보기보다 잉여가치, 노동하는 육체들, 민족 주체들을 생산하는 플랫폼이라고 최우선적으로 생각하는 새로운 발전 모델을 입증한다고 논의한다.[4] 『새로운 아시아 도시』는 이러한 변천의 과정들, 갈등들, 재현들에 관심을 갖는다. 나는 서론에서 〈새로운 아시아 도시〉가 포스트식민 연구의 전통적인 개념화에 의거하면서도 도전하는 경위뿐만 아니라 이 세 장소를 선택하게 된 역사적 배경과 근거를 간단하게 제시하려고 한다. 또한 나는 본서에 작동중인 문학, 건축, 도시 연구, 영화를 연결하는 초분과적(transdisciplinary) 방법의 개요를 설명할 것이다.

포스트식민주의와 동아시아의 신흥공업국들: 싱가포르, 타이완, 남한

〈새로운 아시아 도시〉의 범주적 일관성을 이해하기 위해 우리는 싱가포르, 타이완, 남한의 식민 및 포스트식민 역사들을 광범위한 시야에서 고려하여야 한다. 물론 세 나라는 포스트식민 연구에서 통상적으로 더 많이 검토된 권역들과 다를 뿐만 아니라 서로 간에도 다르다.[5] 각 장소의

층 자리에서 밀려난다.

4 최근에 가야트리 차크라보르티 스피박은 인도의 주요 다섯 도시에 싱가포르의 도시 개발이 끼친 영향에 주목한 바 있다. "인도 초대형 도시의 비전은 …… 싱가포르라는 도시 국가였다"(*Other Asias*, 169)

5 처음에 영문과에 뿌리를 내렸던 포스트식민 연구 분과는 유럽 중에서도 특히 영국과 프랑스의 제국주의, 식민지, 언어를 강조하였다. 이것은 비서구 식민주의자 일본뿐만 아니라 비영어권 포스트식민 텍스트들을 상대적으로 빠뜨리는 결과를 빚었다. 두우스(Duus)에 따르면 1940년대에 이르러 일본은 4억 명의 신민들과 함께 대영제국의 4분

들)에 관심을 갖고 있기 때문에, 홍콩의 독특한 사례는 이 프로젝트의 범위를 벗어난다.

포스트식민 문학 연구 및 문화 연구 바깥에다 이 세 장소를 이렇게 모으는 나의 방식은 특별히 새롭지는 않다. 아시아의 기적으로서 세 장소의 괄목할 만한 이력은 지역연구의 하부 분야인 근대화 연구 안에서 오랫동안 모범적 대상이 되어 왔다. 이 권역의 물질적 형태들에 관한 건축학적 관찰들과 함께 로버트 웨이드(Robert Wade)의 『시장을 통제하기』(1992)라는 수상 저작을 비롯한 여러 책들은 다른 분과학문들 내부에서 이 권역에 대한 지속적인 관심을 입증한다. 많은 다른 책들 중에서 웨이드의 작업은 〈새로운 아시아 도시〉의 경제 발전을 예외이자 모델로 보는 시각에서부터 권역의 특징을 확립하는 데 도움을 주었다.[11]

이런 점에서 본서는 포스트식민 연구 내부에서 우리에게 익숙한 서사, 즉 아시아 태평양의 명실상부한 성공 이야기들에 관해 거의 아무 말도 하지 않았던 서사와는 다른 대안적 서사를 제공한다. 그렇지만 본서는 그 성공 이야기들을 그저 경제적 모델로서 분석하는 것을 넘어서는 서사

11 웨이드의 광범위한 논의는, 표준적인 신자유주의적 자유 시장을 중심으로 성공적인 3세계 경제를 설명하는 것이 동아시아의 신흥 산업국들을 고려할 때는 재고되어야 한다는 것이다. 그는 이 발전의 포스트식민 차원을 인정하면서 그 나라들이 산업에 대한 강력한 국가 개입, 국제 경쟁에 대한 제한된 노출, 조합주의적 권위주의로 구성되는 "통제된 시장"을 전시하는 경위를 보여 준다(Wade, 27). 그의 분석에 중요한 것은, 투자를 안내하는 데서 미국의 핵심적 역할뿐만 아니라, 타이완과 한국의 예전 식민 권력인 동시에 전후 시대에 경제적 선도 국가이자 모델이라는 일본의 역할이다(Wade, 73~75). 다른 요인들로는 수출 증진과 함께 수입대체 정책의 전략적 사용, 기술 관료들의 육성, 반공산주의, 사회의 군사화가 포함된다. 이 연구와 유사하게, 웨이드는 또한 홍콩을 "너무 특별해서 하나의 등가적인 단위로서 다른 것들과 함께 놓을 수 없다"(Wade, 331)고 간주한다. "영국과 연계된 무역 회사들"과 "홍콩 정부를 운영하는 대다수 평생 국외이주자들"(Wade, 331)에 의해 홍콩의 산업화가 추진되었기 때문이다.

를 제공하고자 한다. 나는 역사적 모순들이 〈새로운 아시아 도시〉라는 특별한 형상화를 알려 주는 방식에 초점을 맞춤으로써 동아시아와 동남아시아에서의 포스트식민 공간이라는 개념을 구체화하고자 시도한다.

포스트식민적인 것에 관하여

이 연구에서 나의 과제는 포스트식민 문학 연구의 초점을 구체적인 공간의 역사와 경제사로 그냥 바꾸자는 것이 아니다. 나는 공간 속의 경험적 대상인 장소들이나 건물들보다 허구적 텍스트를 통해 접근되는 발전 공간의 **논리**와 **형태**에 관심을 갖는다. 나는 공간적 용어의 추상적 용법에 관심을 갖지 않는다. 아킬 굽타(Akhil Gupta)와 제임스 퍼거슨(James Ferguson)과 같은 인류학자들은, 최근 포스트식민 이론에서 지구적인 것 대 지역적인 것, 디아스포라, 경계들, 주변성과 같은 공간적 은유들에 과도하게 의존하는 태도가 정작 주된 초점이 되어야 할 것을 배제하고 있다고 본다. 여기서 "주된 초점이 되어야 할 것"이란 "문화적으로, 사회적으로, 경제적으로 상호 연결되고 상호 의존하는 공간들의 세상 속에서 차이를 **생산**하는 과정들"(Gupta/Ferguson, 43)이다. 그것은 지구화하는 세상에서 문화적 로컬리티들을 상상하는 방식들을 그저 추적하는 문제가 아니라, 우선 그 차이들을 생산했던 공간적 과정들을 간파하는 문제다.

포스트식민 연구는 이주와 디아스포라 문제들에 심취해 왔던 반면, 많은 포스트독립 국가들을 재형성하는 국내 이동과 도시의 괄목할 만한 산업적 변형들에 대해서는 별로 그렇게 하지 못했다. 우리가 "세상을 연결하면서도 [차별화하는] 공유된 역사적 과정들"(Gupta/Ferguson, 46)을 이해할 수 있는 방식들 중 하나는, 지구화하는 자본하에 국가에 의해 내부적으로 생산되는 공간의 차별화를 추적하는 것이다. 그래서 본서는 실질적인 문학 분석 및 영화 분석을 포함하고 있지만, 텍스트성의 정치에 의거하는 많은 포스트식민 연구에 공통된 해석적 방법론을 재생산하지는 않는다.

그러한 전략은 에드워드 사이드의 아주 영향력 있는 『오리엔탈리즘』(1978)에서, 문화 텍스트의 '세속성', 또는 가장 거리낌 없는 제국적 행위들의 이데올로기적 토대 역할을 문학과 예술이 하게 되는 방식을 밝혀내는 그의 작업에서 도출된다. 사이드 작업의 취지는 부정할 수 없다. 그럼에도 문학·예술과 제국적 행위 사이의 관계가 지니는 우선권은, 특히 (포스트)식민 문화 텍스트들의 복원과 가치화를 꾀하는 가운데 제국주의와 신제국주의에 저항하는 태도를 회복한다는 역전된 과제라는 결과를 낳고 말았다. 가장 전형적인 형태의 그런 문학 연구는 억압받는 주체 혹은 서발턴(subaltern* 하급 장교라는 원래의 뜻이 포스트식민 연구에서 권력에 접근하는 능력이 근본적으로 차단되는 구조화된 위치를 가리키는 이론적 개념으로 변형, 확장된 용어) 주체에 관해 쓰인 표현 속에서 진보적 행위자성(agency)을 찾아내며, 반식민적 사유와 문화를 설명한다는 중요한 과제로부터 이탈해 "정치를 텍스트성으로 효과적으로 대체하는 움직임"(Gandhi, 156)으로 나아갈 수 있다.[12]

실로 그러한 접근은 항상 좀 더 특수한 차이의 문화정치를 향한다는 목표를 갖는 포스트식민 분석의 상표가 되고 있다. 게다가, 배제되거나 억압된 문화들의 복원은 문학 텍스트나 다른 텍스트들을 특정한 문화의

12 이와 유사하게, 테리 이글턴은 인문학에서 '문화'가 그리는 이력을 설명하면서 정치적 소수자를 위한 정의와 문화 사이의 상대적으로 새로운 상관관계에 주목한다(Eagleton, 17).

정치적 저항이나 정체성의 진정한 표현과 똑같이 다루는 부수적인 문제를 초래한다.[13] 피터 홀와드(Peter Hallward)가 지적하듯, "우리가 창조적 표현을 특정 공동체나 문화 또는 어떤 다른 근간이 되는 현실의 직접적 반영과 똑같이 다룰 준비가 되어 있지 않다면, 우리는 (문화적 기원이나 규범에 대한 충실성에 의해 측정되는) **진정한 것**이라는 기준에 의존하지 않고 그 특정한 것(the specific)을 설명하는 방식을 찾아내야 한다."(Hallward, 39~40)

홀와드처럼 나는 그러한 접근법들의 문제점을 투명한 표현의 도구라는 문학과 더불어 자율적 문화들과 정체성들을 유일하게 고유한 연구 대상으로 여기는 태도에서 발견한다. 본서는 공간적 현실들과 생산양식들을, 또 그것들이 발생시키는 변천하는 모순적인 표현의 형상들을 전면에 부각시킴으로써 정체성으로서의 문화생산에 대한 강조와 공간에 대한 은유적 이해 둘 다를 넘어선다.

포스트식민 발전의 물질적이고 (문화적이라기보다) 공간적이며 (초국가적이라기보다) 국가적인 양상들에 유의하는 태도는 지구적 발전에 있는 기본적인 비대칭에 대한 근본적인 인식에 개입한다. 아이자즈 아마드(Aijaz Ahmad)는 이러한 배열을 "세계 자본주의의 다양한 층위들 사이의 간극들"(Ahmad, 316)이라고 부른다. 나는 그것을 공간 관계들을 불균등하게 생산하는 역할이라고 표현할 것이다. 아마드는 자신이 예리하게 지적한 다음 구절에서 인도의 포스트식민 딜레마를 이렇게 적고 있다.

13 혼성성에 관한 호미 바바의 연구에 의해 가장 잘 예증된, 문화들과 정체성들을 탈안정화하거나 문제화하는 기획조차도 그 비판적 초점과 연구 대상을 문화와 정체성으로 여전히 남겨 둔다. 펭 치아(Pheng Cheah)가 최근에 제안하고 있듯이, 언어의 자유와 양가성에 대한 바바의 강조는 "사회정치적 삶과 그 체계들을 기능하게 하는 데서 의미화와 문화적 재현의 역할을 과장한다."(*Inhuman Conditions*, 90)

> 유럽 국가들을 지배하고 종속시킬 외부의 제국주의 국가들, 훨씬 더 강력한 자본주의 나라들은 없었던 때에, 광물에서부터 농업 원료와 이루 셀 수 없는 수백만 명의 무급 노동에 이르기까지 세계의 자원들이 유럽의 축적을 위한 기초를 형성할 수 있었을 때, 유럽 인구의 광대한 저수지가 다른 대륙들로 그저 수출될 수 있었을 때, 유럽의 전환(transition)이 일어났다. …… 인도 자본주의가 먹여 살릴 수 없는 약 5억 명의 사람들을 인도는 어디로 보낼 수 있을 것인가? 또 우리의 경제를 불붙이고 다음 2백 년 동안 우리 국제수지의 균형을 보장할 수 있도록 인도 부르주아지는 누구의 광물을 채굴할 수 있을 것인가? 인도 부르주아지는 제국주의 자본과의 종속적 파트너관계 속에서 파괴될 자신만의 숲, 범람시킬 자신의 산, 댐으로 막아서 오염시킬 자신의 강, 일반화된 오염에 내맡겨질 자신의 농촌, 탄소로 가득한 공기로 질식시킬 자신의 도시만을 갖고 있을 뿐이다.(Ahmad, 315. 필자의 강조)

제국주의에 의한 불평등한 조건들에 대한 포스트식민 연구의 중요하고도 윤리적인 검토들 가운데, 우리는 공간의 불균등 발전에 관한 아마드의 특수한 질문을 본서의 핵심적 관심사로 제기할 수 있다. 제3세계 국가가 아마드에 의해 묘사된 종속적이고 옹색한 위상으로부터 발전하기를 시도한다는 것은 무슨 의미를 지닐까?

우리가 앞으로 살펴보겠지만, 이러한 비대칭적 조건들하에 추진되는 포스트식민 국가의 발전은 아시아 태평양에서 유독 두드러진다. 이 아시아 태평양에서는 국가 경제적 경관들, 정치적 이데올로기들, 상상의 공동체들, 미학적 반응들 모두가 〈새로운 아시아 도시들〉이라는 결정적으로 제한된 공간 속에서 서로 합쳐지고 겹쳐지며 반작용을 하고 있다. 그래서 이 연구는 후기 자본주의의 일반적 조건들을 일일이 제시하는 데도, 텍스트적 저항, 서발턴적 흔적들, 혼성적 문화정체성들을 검토하는 데도 전념하지 않는다.

나는 문학 텍스트나 영화 텍스트를 어떤 문화적 혹은 주관적 진실에 접근하기 위한 특권적 매체로서가 아니라, 포스트식민 발전의 가장 심오한 모순들을 기록하는 역사적 양피지로서 사용한다. 달리 말해 나는 문화나 정체성에 대한 투쟁보다 공간에 대한 투쟁이라는 견지에서 가장 잘 이해될 수 있는 포스트식민주의의 특정한 흐름을 탐색한다. 나는 일종의 포스트식민적인 역사적 발전이 있다는 점을 제시하고자 하는데, 그러한 발전의 주된 과정은 공간적이고 건축적인 변형에 관한 것이며, 이 과정은 다양한 허구적 텍스트들에서 읽힐 수 있는 형상들과 전위들 안에 가장 분명하게 기록되어 있다.

그러므로 『새로운 아시아 도시』는 예전에 배제된 권역이나 연구 대상을 포함시키고자 포스트식민 연구 영역을 재평가하고자 하는 것이 아니다. 오히려 〈새로운 아시아 도시〉에 관한 문학과 영화를 읽는 것은 식민주의와 지구화를 사유하는 새로운 방식으로 우리를 옮겨 가게 할 수 있다. 그러한 텍스트들은 다름 아닌 (포스트식민) 공간의 생산을 명료하게 하며 재창조하고 다시 상상하게 만든다. 따라서 **포스트식민**이라는 용어를 사용하는 나의 방식은 이렇게 바뀐 의미로 이해되어야 한다. 나는 이 용어를 식민 점령기 동안 그리고 그 후에 획득된 물질적, 사회적, 경제적, 정치적 배치구성(configurations) 속에서 발생하는 미학적 생산과 아울러 그러한 배치구성의 공간적 생산을 기술하는 것으로 받아들인다. 나는 식민 체제에서부터 포스트식민 체제로 이행하는 사이에 일어나는 권력의 "코드 전환"(Baucom, 「도시권Township」, 234)에, 또 이러한 전이를 거치는 작업이 공간화된 미학적 형태로 발생하는 방식에 특히 관심을 갖는다.

요약하자면, 식민 지도를 나의 프로젝트를 정의하는 한계선으로 받아들이기(한국과 타이완을 만주와 함께, 싱가포르를 말레이시아와 함께 연구할 것을 명하기)보다, 건축 비평과 근대화 연구에서 이미 인정된 〈새로운 아시아 도시〉라는 권역의 물질적 구성체를 나의 출발 지점으로 사용한다. 이러한 프로젝트는 근대성과 도시화에 대해 초기에 나온 여전히 지배적인 서구 세계의 이론화를, 또 이 권역에 관한 표준적인 포스트식민 설명 둘 다를 복합화하는 방식으로 20세기 후반의 몇몇 환태평양 도시적 장소들에 접근한다.[14]

3차원의 허구들: 모순, 형상화, 공간 형태

조세희의 1978년 중편 소설 『난장이가 쏘아 올린 작은 공』에 나오는 주인공들이자 판자촌(squatter)에 사는 가족의 십대 아이 세 명은 박정희 독재하에 남한의 산업화의 압박으로 인한 가혹한 현실과 직면한다. 드문드문 이어지는 이야기가 무허가 판자촌 가정을 유지하려는 가족의 고투를 상술한다. 그 고투는 문자 그대로 남한의 발전 와중에 일어나고 있다. 당시 도시 재개발법은 이들의 거주지를 파괴하고 그 자리를 중산층 거주자들을 위한 고층 아파트로 대체하겠다는 것을 선언하고 있다. 판자촌 거주자들이 집을 잃을 날이 가까이 다가오자, 아이들의 아버지(소설 제목에 나오는 난장이)의 행동은 점점 더 이상해진다. 그는 근처 공장의 굴뚝에 올라가 달을 향해 작은 공을 던진다. 이 이미지만으로도 육체,

14 환태평양 담론의 흥망성쇠에 관한 더 자세한 설명으로는, 크리스토퍼 코너리(Christopher Connery)의 「환태평양 담론」 참조. 여기서 그는 오리엔탈리즘, 근대화 이론, 유교적 본질주의, "잔존하는 미국 변경주의(frontierism)"에 의해 과잉 결정되는 환태평양 담론들의 방식뿐만 아니라, 환의 공간 위상학에 관해서도 되새긴다. 여기서 "환(rim)이란 통합하는 것이다. 환은 대양을 가로질러, 종족적 인종적 분할 선들을 가로질러 통합하는 것이다. …… 하나의 환은 얇다. 그것은 안정되어 있으면서도 불안정하다. 우리는 환에서 떨어질 수 있다. 환은 지평선이다. 자본, 역사, 시공간의 지평선이다."(Connery, 41)

건물, 사회 계급, 개인적 갈망 사이의 상호작용이 간결하게 환기되고 있다.

본서의 3장은 이 서사 이면에 있는 역사적 과정을 자세하게 보여 주면서도, 「작은 공」의 리얼리즘이나 정확성이 한국 문학에서 중요하더라도 거기에 주된 관심을 두지 않는다. 오히려 본서에 생명을 불어넣는 질문들은 육체, 건물, 도시 형태의 허구적 배열이 심층적으로 변화해 가는 사회적 공간적 관계들의 좌표(constellation)를 무대화하는 방식과 관계된다. 굴뚝 위에 올라간 난장이의 이미지는 서로 다른 스케일로 펼쳐지는 일련의 갈등과 투쟁을 드러낸다. 즉 그 스케일들은 판자촌에 거주하는 가족의 불안정한 육체적 정신적 상태, 서울의 도시 재개발이 지닌 가혹함, 노동자 계급과 중산층 계급 사이에 부상하는 대립, 고층 건물에 의한 저층 판자촌의 건축적 대체, 그리고 가장 큰 스케일로서는 제조업 수출국으로서 포스트식민 한국이 경쟁하는 새로운 지구적 경제 시스템 등이다.

그러한 허구적 재현들이 서울의 물질적 공간들에 대한 1대 1의 투명한 관계를 위해 읽혀서는 안 되며, 추상적이고 은유적인 텍스트적 발명으로서 읽혀서도 안 된다. 발쇼(Balshaw)와 케네디(Kennedy)가 서술하고 있는 대로, 역사적 과정들을 단순히 추적하는 이상으로 "도시주의의 문학적 시각적 재현들은 도시적 삶의 공포와 판타지를 그려 준다. 우리 모두가 읽기와 보기의 실천을 통해 그러한 공포와 판타지 안에서 살아간다." (Balshaw/Kennedy, 6) 일반적인 관점에서의 분석과 〈새로운 아시아 도시〉와 함께하는 우리의 특수한 분석을 위해 도시 형태의 형상 자체가 제공하는 방식을 좀 더 세밀하게 살펴보기로 하자.

건축과 도시 형태에 관한 연구는 두말할 나위 없이 근대성, 자본주의, 산업 발전, 정치적 구성체, 그리고 무엇보다도 모더니즘의 미학적 이론

1979년 서울시 잠실 구역의 고층 아파트 단지를 가로지르는 신설 지하철 노선. 에드워드 김이 찍은 사진(National Geographic/Getty Images)

들을 이해하는 데 핵심적인 것이었다. 우리는 『아케이드 프로젝트』에 나타난, 19세기 파리 시민들의 삶에 대한 발터 벤야민의 매혹을 생각하기만 하면 된다. 이탈리아의 도시와 농촌을 분석하여 역사의 '근본적인 동력'(Gramsci, 98)을 제창한 그람시, (1장에서 논의된) 『대지의 비참한 자들』 중 「분리된 도시」에 나오는 식민적 삶에 대한 프란츠 파농의 통렬한 비판, 『농촌과 도시』에서 레이먼드 윌리엄스가 추적한 자본주의의 변증법적 발전을 생각하기만 하면 된다. 좀 더 최근에는 포스트모더니즘 이론들과 지구화 이론들이 문학 연구나 그 밖의 다른 문화 연구만큼이나 도시 분석(예컨대 데이비드 하비, 프레드릭 제임슨, 사스키아 사센의 작업)으로부터 많이 나왔다.

아마 이 모든 연구들은 도시를 "근대 사회에 내재된 갈등구조 속에 있는 인식적 대상"(Im, 24)이라고 하는 임헌영의 주장으로 요약될 수 있을 것이다. 이러한 사상들이 유래하는 광범위한 학문분야들—문학 연구, 정치 이론, 인류학, 사회과학—은 대상으로서 도시가 무한한 다중적인 지각 방식을 조장하는 방식을 지적한다. 사라 너톨(Sarah Nuttall)과 아쉴 음벰베(Achille Mbembe)는 이 점을 다음과 같이 잘 표현한다.

> (지구적이건 아니건) 도시는 그저 일련의 하부구조, 기술, 법적 실체는 아니다. 이것들이 아무리 네트워크를 이루고 있더라도 그렇다. 또한 도시는 실제의 육체, 이미지, 형태, 발자국, 추억을 포괄한다. 특정한 도시 형태를 건설하는 데 동원되는 일상의 인간 노동은 물질적일 뿐만 아니라, 예술적이고 미학적이다.(「서론」, 8)

너톨이 다른 말로 표현하여 '도시다움city-ness'이라고 부르는 바를 살펴볼 때, 우리는 도시의 주민들을 둘러싸고 있는 수많은 "이미지, 형태, 발자국, 추억"뿐만 아니라 물질적인 건조 환경(built environment)과 도시 주민들의 여러 생생한 경험들을 다루고 있는 셈이다.

그렇지만 도시다움에 관한 많은 문학적 분석들의 핵심에는 다음과 같은 전제가 있다. 즉, 허구적 텍스트들의 역할은 묘사를 통해 도시 공간들과 인물들의 현실들을 보여 주는 것일 뿐이라는, 곧 비공간적인 문학 형식은 물질적인 외부 현실들을 투명하게 제시하는 것이라는 전제 이다. 이 허구적 텍스트는 거리, 군중, 공장, 상점, 판자촌과 그들 장소에 거주하는 사람들의 유형들—멋을 부리는 신사들, 고아들, 식민주의자들, 토착민들, 창녀들, 노동자들, 도박꾼들—에 관한 이야기를 제공한다. 여기서 우리는 **디킨스식**(Dickensian* 산업화로 인해 변모해 가는 도시 경관을 소설로 잘 그려 준 영국 소설가 찰스 디킨스를 가리킴)이라는 형용사가 특정한 종류의 도시 장면을 우선 함축하게 되는 경위를 생각할 수 있을지도 모른다. 프랑코 모레티(Franco Moretti)가 일련의 20세기 도시 작가들을 논평하면서 표현한 바.

"도시가 문학에 침투하고 문학이 도시에 대한 우리의 지각과 이해에 침투하는 것은 기본적으로 묘사를 통해서이다."(*Signs*, 111) 확실히 문학적 묘사란 "도시를 …… 단어로 소환하는 행위" 속에 무엇이 "만들어지는가" (Nuttall, 215)라는 질문에 답하는 한 가지 방식이다.[15]

그러나 더욱 복합적인 접근은 서사 형식(narrative form)과 도시 환경 사이의 더 광범위한 상동관계를 추적하는 것이다. 그러한 접근에서는 예컨대 소설의 어긋나는 스타일이 반향하게 되는 어떤 도시의 파편화된 지위를 밝혀낸다. 이러한 맥락에서 모레티는 좀 덜 묘사적인 작품들을 따라 근대 도시경험의 본질적인 요소들이 서사 형식 속에 포착되는 경위를 추적한다. 발자크의 위대한 파리 소설들이 제시하는 것은 파리라는 도시 공간에 대한 신빙성 있는 묘사라기보다, 사회 체계의 예기치 못한 변수들, 뒤틀린 운명, 뒤따르는 플롯상의 긴장과 놀라움을 통해 이야기되는 파리의 사회적 유동성이다(Moretti, *Signs*, 120).

파리에 대해 이런 식으로 이야기하는 것은 물리적(physical) 도시를 더 많이 감지할 수 있게 한다기보다 덜 감지할 수 있게 하는 결과를 낳는다. 즉, 물리적 도시는 "사회적 관계를 전개하는 네트워크로서 도시의 단순한 배경이 된다."(*Signs*, 112) 파리라는 메트로폴리스는 그저 배경으로서 뒷자리를 차지하며 도시(공간)는 서사(시간)에 종속된다. 실로 도시 형태를 바라보는 다중적 방식들이 있다면, 우리가 공간과 재현 사이의 관계를 투명한 묘사나 플롯의 배경으로 이해하는 것을 뛰어넘는 다른 어떤 방식들이 있을까? 본서 전체를 통해 내가 주장하는 바는, 물질적인 것과 문학적인 것 혹은 물리적인 공간과 재현적인 공간을 구분하는 바로 그런

15 최근 남아프리카 공화국의 도시 문학에 대한 너톨의 연구는 그런 방식으로 되어 있다. 먼저 이주노동자, 성난 백인, 불법 이민자, 사기꾼과 같은 요하네스버그의 특정한 '인물들'에게 초점을 맞추다가 다음에는 "작가다운, 메트로폴리탄 지도들"을 구성하는 거리, 카페, 교외, 캠퍼스와 같은 장소들에 렌즈를 맞춘다.

태도를 버려야 한다는 것이다.

나는 공간에 대한 좀 더 복합적인 이해로 나아가는 데 가장 도움이 되는 이론가는 프랑스 맑스주의 철학자인 앙리 르페브르(Henri Lefebvre)라고 생각한다. 그의 위대한 통찰은 그의 독창적인 『공간의 생산』에 개략적으로 나타난다. 그 내용은 공간의 사회적 생산 경위를, 또 그 생산이 많은 다른 기록판에 동시에 관여한다는 점을 우리가 이해할 필요가 있다는 것이다. 그에게 공간은 그저 사물들을 담을 텅 빈 용기가 아니다. "공간은 '주체'도 '객체'도 아니며 하나의 사회적 현실 …… 일련의 관계들과 형식들"(Lefebvre, 116)이다. 따라서 르페브르에게 공간 분석이란 (공간 실천과 상호 관계를 맺는) '살아진 것'(the lived), (공간의 재현들인) '생각된 것'(the conceived), (재현적 공간4인) '지각된 것'(the perceived)이라고 이름 붙인 세 가지의 기록판을 설명해야 하는 것이다.

첫 번째 범주인 **공간적 실천**(spatial practice)은 건물들, 광장들, 기념물들, 거리들과, 그것들을 사용할 사람들과 연관된 실천들과 능력들—예를 들어 "정부의 보조금을 받는 고층 주거 프로젝트에 따른 세입자의 일상 삶"(Lefebvre, 38) 등—을 포함한다. 두 번째 범주인 **공간의 재현들**(representations of space)은 "개념화된 공간, 즉 과학자들, 입안자들, 도시주의자들, 기술 관료적인 세분하는 자들, 사회적 공학자들의 공간"(Lefebvre, 38), 즉 설계 부서나 정부 관청의 추상적이고 관료적인 공간을 가리킨다. 마지막으로 세 번째 범주인 **재현적 공간**(representational space)은 "공간과 연루된 이미지들과 상징들을 통해 직접 살아지는 것이라서 '주민들'과 '사용자들'뿐만 아니라 몇몇 작가들과 철학들과 같이 [그 살아진 것을] **묘사하는** 이들과 일부 예술가들의 공간"(Lefebvre, 39)이다.

이 세 가지 기록판을 함께 연결하는 것은 "그 삼각관계(triad) 내부에 존재하는 변증법적 관계"(Lefebvre, 39)이다. 르페브르가 우리에게 보여 주는 것은, (사회적) 공간의 본질적 현실은 물질적, 실제적, 역사적, 이데올로기적, 상상적 수준들 모두에 동시에 존재해야 한다는 점이다. 그리하여 그는 물질적 공간들이 상상적 공간을 결정한다는 화살표의 방향뿐만 아니라 물질적 공간들과 상상적 공간들 사이의 단순하기 짝이 없는 대립을 축출하는 것을 돕는다. 그렇게 하는 것은 재현적 혹은 문학적 공간을 현실 세계를 들여다보는 묘사적 창문 이상으로 개념화하도록 해 준다. 그의 프로젝트는 한편으로 (데카르트적인, 수학적인) 철학 공간의 정신적 지도그리기에, 다른 한편으로 공간상의 사물들에 관한 연구(건축, 도시주의, 지리)에 단호하게 맞선다.

르페브르 사유의 고유한 변증법적 본성의 결과로서, 그의 개념적 틀은 정태적인 대립이나 단순한 이분법에 저항하며, 그 대신 "정신적인 이미지 작업, 건조 형태들에 대한 지각들, 사회적 실천"(Gottdiener, 131)이라는 '3조'(the triplicate)를 설정한다. 고트디에너는 화폐와 상품이라는 맑스의 범주들처럼 작동하는 르페브르식 공간에 대해 그것이 "사회적 관계들의 물질적 생산물(구체적인 것)이 되고, 관계들의 표명이자 관계 자체(추상적인 것)"(Gottdiener, 130)가 되는 방식을 요약해 준다. 그리하여 고트디에너는 공간, 권력, 사회적 관계들의 재생산 사이의 복합적인 관계를 주목한다.

중요하게도 마지막에 언급된 사회적 관계들은 일차적으로 자본주의하에서 공간적으로 재생산된다. 더 나아가 고트디에너는 "공간은 사회적 관계들의 매체이자 사회적 관계들에 영향을 미칠 수 있는 물질적 생산물"(Gottdiener, 132)이라는 개념을 도입함으로써 르페브르의 작업이 도시사회학을 혁신하게 된 경위에 주목한다. 달리 말하면 공간은 생산수단인 동시에 통제 수단이다. 이러한 연구는 공간을 계급, 상품, 생산관계에 맞먹는 중요한 연구 장소(topos)로 간주하면서 사회의 생산과 재생산에서 공간이 지니는 중심성을 주장한 르페브르를 진지하게 받아들이고 있는 셈이다.

공간에 대해 이렇게 혁명적인 사유 방식은 문학 분석과 문화 분석에 정확하게 어떤 의미를 지니는가? 그러한 사유는 우리더러 공간과 건조 형태(built form)를 서로 구분되는 물리적 대상(광장, 아파트, 혹은 공장)으로서, 또 복합적인 사회적 생산적 관계들로부터 초래되는 구체적인 추상들로서 동시에 연구하게 해 준다. 『새로운 아시아 도시』는 텍스트적 재현들의 공간적 현실을 주장함으로써 르페브르의 통찰을 활용한다.[16] 실로, 르페브르는 '공간의 재현들'(개념화된 추상적 공간)과 '재현적 공간'(살아진, 상상된 공간) 둘 다가 정신적 과정들, 개념들, 상상계 속에서 교류하는 방식을 우리에게 보여 준다. 즉, 전자인

> '공간의 재현들'은 효과적인 지식과 이데올로기에 의해 알려지는 공간적 **결들**(textures)에 개입하고 그 **결들**을 수정한다. …… 공간의 재현들이 수행하는 개입들은 구축(construction)을 통하여 발생한다. 달리 말하면 특정한 구조, 궁전이나 기념물과 같은 건물이 아니라, 프로젝트로서 인식된 건축을 통하여 발생한다. 여기서 프로젝트란 상징적 혹은 상상적 영역들 속으로 사라지지 않을 '재현들'을 요청하는 하나의 '결'과 하나의 공간적 맥락 안에 착근되어 있는(embedded) 것이

16 랭보(Rimbo)와 파리 코뮌에 관한 크리스틴 로스(Kristin Ross)의 연구는 르페브르에 의거하고 있는데, 건축된 형태들이 동시에 구체적 현실이자 사회적 관계임을 인정하는 분석의 예로서 영향력을 지닌다. 『사회적 공간의 출현』(*The Emergence of Social Space*)은 아서 랭보의 시에 작동 중인, 1871년 파리 코뮌의 실험적 사회적 공간을, 또 그 코뮌 공간 내부에 있는 시적 형식들을 읽고 있다. 로스는 집 안에서 '가두' 투쟁이 일어났고, 이웃하는 집들은 "측면에서 관통되었으며"(Ross, 37) 닫힌 내부를 복도로 바꾸었다고 지적한다. 이와 똑같이 랭보의 시도 내부와 외부, 개인 영역과 정치 영역을 혼동한다. 공간적인 것과 문학적인 것이라는 로스의 이중 수준 분석틀에서는 어느 한 수준이 다른 수준을 결정하지 않으면서, 유사성들이 건드려지고 상호관계 속에 놓인다.

다.(Lefebvre, 42)

'공간의 재현들'은 구축의 행위들에 의존하지만 무엇보다 일정한 이데올로기적 맥락들과 결들 내부에 있는 재현의 고정성을 목표로 삼는다. 그러한 고정성의 가장 전형적인 표현은 자본주의하에서 일어나는 공간과 권력의 공모이다. 이 공모로 인해 공간은 (상품과 유사하게) 바로 그 생산의 본성을 감춘다. '재현적 공간'은 이와 대조를 이룬다.

['재현적 공간']은 살아 있으며 말을 한다. 그것은 자아, 침대, 침실, 주거, 집 혹은 광장, 교회, 무덤과 같은 정동적인(affective) 핵심 혹은 중심을 지닌다. 재현적 공간은 열정의 장소, 행동의 장소, 살아진 상황들의 장소를 포옹하며 그리하여 곧장 시간을 함축한다. 결과적으로 재현적 공간은 방향성을 갖거나 상황적이거나 관계적일 수 있는 다양한 방식으로 자질(quality)을 지닐 수 있다. 재현적 공간은 본질적으로 질적이고 유동적이며 역동적이기 때문이다.(Lefebvre, 42)

르페브르는 '공간의 재현들'과 '재현적 공간'이라는 두 가지 용어를 물화하는 것을 경고하고 ("무엇이 [재현과 공간] 사이의 틈새들을 점유하는가?"[Lefebvre, 43] 하고 반복해서 묻는다.) 그렇지만 본서는 〈새로운 아시아 도시〉의 이질적인 윤곽들을 포괄하는, 공간의 재현들과 재현적 공간 사이의 겹치는 투쟁에 원칙적으로 관심을 갖는다. 말하자면 도시 형태들의 그릇된 일관성이나 소여(givenness, 所與)를 넘어서기 위해 우리는 시간성들과 (도시 형태)를 와해하는 "열정의 장소, 행동의 장소, 살아진 상황들의 장소"뿐만 아니라, 도시 형태를 고정하는 개입들과 동질화하는 힘들에 관심을 기울여야 한다. 이것이 의미하는 바는, 우리가 건축과 건조 환경을 역사적 과정들의 산물로 간주하는 동시에 그 역사들을 질서 짓고 말하는 중에 통합되는 **형상적 혹은 서사적** 요소들로서 간주할

수 있다는 것이다.[17]

그 건조 환경을 전면에 내세우는 문학 텍스트들은 그 텍스트들이 명백하게 이야기하는 즉각적인 물리적인(physical) 변화들에 대해서뿐만 아니라 건축적 형태에 의탁되어 있는 서로 경쟁하는 새로운 또 낡은 관계들, 이데올로기들, 상상계들에 대해 우리에게 말한다. 예컨대 우리의 난쟁이 이야기는 승리한 근대화 이야기를 도시 재개발, 계급 착취, 개인의 피폐함, 포스트식민 욕망들을 포함하는 다양한 경합적 관계들 속으로 터뜨리는 것으로 읽힐 수 있다.

이러한 탐구를 틀 짓는 또 다른 방식은 사회 체계 및 도시 체계에 일어나고 있는 3차원의 변화들이 2차원의 텍스트 형식들에 기록되는 경위를 좀 더 일반적으로 평가하는 것이다. 잘 알려져 있듯이 프레드릭 제임슨은 널리 영향을 미친 자신의 책 『정치적 무의식』에서 작품의 내부와 외부를 연결하는 문제와 씨름하여 왔다. 그는 작품을 그저 상부구조적 효과로 만들지 않고, 자신에게는 "전체로서의 사회적 관계들의 공시적 체계"인 외부의 사회적 세계에 텍스트적/문학적 분석을 어떻게 개방할 것인가 하는 방법 문제를 제기한다. 제임슨은 문학을 상징적 행위로 설정하면서, 허구적 텍스트를 환경과 연결시킨다. 환경이 "[문학 텍스트]를 상징적 결단이나 해결로 다가오게 하는 결정적 상황, 딜레마, 모순, 혹은 하부 텍스트"(Jameson, 42)가 되는 방식으로 말이다.

기계적인 표현적 인과성에 대한 알튀세르의 비판을 발전시키는 제임슨의 모델은 결단코 동형론을 따르지 않는다. 동형론에서는 하나의 수준

17 건축 이론가 앤서니 비들러(Anthony Vidler)는 『건축의 기괴함』(*The Architectural Uncanny*)과 『비뚤어진 공간』(*Warped Space*)에서 공간의 전제된 위계를 정신분석학적 시각에서 더 전복시키고 있다. 그는 어떤 건축과 공간이 근대적 주체성들에 대한 형식적 반응인 동시에 그 주체성들을 형성하는지 물음으로써 근대적 주체의 바로 그 존재론과, 내부/외부 구분의 순수성에 도전한다.

(물질적 세계)이 또 다른 수준(문학)에서 그저 표현될 뿐이다. 문학 텍스트는 오히려 자체의 부분적 자율성을 지닌다. 그래서 문학 텍스트는 마슈레에 따르면 "어떠한 대상이건 그것의 직접적인 재생산을 제시하지"(Macherey, 134) 않는 거울로서 작동한다. 그러한 거울은 불가피하게 부서진 거울이며 어떤 매개 없이는 우리가 접근하지 못하는, 〈역사〉(혹은 〈실재the Real〉의 '부재 원인')의 어떤 내용을 '간접적 형상화'를 통해 드러낸다. 제임슨은 이 역설에 대해 "문학 작품이나 문화적 대상은 또한 그것이 동시에 반작용하는 바로 그러한 상황을 처음으로 초래한 양 한다"(*Political Unconscious*, 82)고 쓴다.

이렇게 얽혀 있는 개념은, 알튀세르, 마슈레, 제임슨에게서 그러하듯, 궁극적으로 결정하는 조건들의 집합으로서 〈역사〉란 주도적인 생산양식과 다를 바 없음을 우리가 상기할 때, 더욱 명확하게 된다. 여기서 생산양식이란 생산수단(기계들, 원료들, 에너지)과 생산관계들(계급들과, 계급구조들의 재생산)을 가리키는 맑스주의 용어이다. 우리가 이 점을 상기할 때 허구적 텍스트와 환경(사회적 세계) 사이의 관계를 둘러싼 어려운 개념은 더욱 명확해진다. 모든 텍스트의 사회적 지반(ground)은 생산을 구조화하는 양식, 즉 정의상(by definition) 그 자체로 한 번에 결코 이해될 수 없는 전체성이다. 이는 주어진 언어가 한 번에 이해될 수 없고 그저 선택된 발언들을 통해서만 이해될 수 있는 것과 마찬가지다. 텍스트의 미학적 전체는 이 전체성을 대변하며 그 다양한 구조적 모순들과 이데올로기들의 양상들을 기록하고 골라낸다.

제임슨과 마슈레가 명료하게 밝혀내는 것은, 다른 체계들과 상호 관계 속에 있는 하나의 체계로서 문학적 재현이 행하는 적극적 역할이다. 문학적 재현은 달리 어떻게 지각될 수 없을 사회적 세계의 과정들에 접근하는 길을 제공한다. 그러므로 나의 관심을 끄는 것은 물리적 현실에 대한 텍스트의 정확성이나 상호관계가 아니라 공간적 구성체들의 바로 그 모순들이 텍스트 속에서 이야기되고 상상되는 방식이다.

우리는 텍스트를 보이지 않는 구조를 반영하는 상징적 해결로 봄으로써, 어떠한 역사적 양식이나 생산을 정의하는 사라지기 쉬운 공간성을 파헤칠 수 있다. 달리 말해 남한의 새로운 도시 경관을 구성하는 모든 과정들과 힘들에 관해 매개되지 않은 전체적 견해란 없다. 그렇다고 할 때, 난쟁이의 곤경은 물리적이고 사회적인 사실로서 서울에 통합되는 한 묶음의 공간 이데올로기들, 담론들, 실천들, 관계들을 표현한다.

후기 자본주의와 포스트식민 근대성

이제 〈새로운 아시아 도시〉에 관해 무엇을 말할 것인가? 그렇게 전례 없는 속도로 독자적인 근대성에 착수한 이 민족국가들(nations)에서 부상하고 있는 허구적 재현의 형태들에는 어떤 특징이 있는가? 먼저 우리는 근대의 건조 형태들에 착근되어 있는 사회적 생산적 과정이 지구적 과정들에 의해 부분적으로 결정된다는 점을 주목해야 한다. 말하자면 예전에 식민지였던 이 민족국가들은 앞서 아마드가 기술(記述)한 개발에 내포된 중심-주변의 물질적 이데올로기적 차별성(differential)을 포함한다.

이 차별성의 병적 원인을 이해하기 위해 『후기 자본주의』(1972, 1975)에 나오는 어니스트 만델(Ernest Mandel)의 독창적인 설명을 좀 자세히 상기해 보도록 하자. 만델의 책에서는 전후 시대야말로 자본주의의 이력에서 제3의 또 근본적으로 다른 단계를 나타낸다고 나온다. 초기 자유경쟁의 시기(1880년 이전)와 '고전적인' 제국적 자본주의(1880~1940)에 이어, 1960년대와 70년대는 메트로폴리탄 혹은 예전에 제국이었던 나라들과 주변부 나라들 사이에 시작되는 새로운 관계를 보여 주었다.

제국 시대는 비제국적 나라들을 세계시장의 영역에 끌어들이면서도 비제국적 나라들의 자본주의적 산업 발전을 자극하는 게 아니라, 메트로폴리스의 필요를 채우기 위해 원료, 먹을거리, 값싼 노동을 생산하기 위해 토착 산업을 파괴하는 일반적인 결과를 낳았다. 만델의 용어로 표현하자면, 자본주의적 경제 성장은 "개발과 저개발의 병치와 지속적인 결합"(Amin, 85)으로서 정의된다. 또한 "**자본 자체의 축적이야말로, 불균등한데도 서로 결합되는 자본 운동을 상호 결정하는 계기로서 개발과 저개발을 생산한다.**"(Amin, 85. 원문의 강조)

탈식민 시기를 뒤따른 이른바 후기 자본주의에서는 식민지 초과이윤의 단순한 수탈은 불균등한 교환에 의해 대체되고, 새로 탈식민화된 몇몇 나라들에 행해지는 산업생산 투자의 전환에 의해 대체된다.[18] 다국적 기업의 발흥과 더불어, 잉여가치(즉, 이윤)의 생산은 이제 "원료 영역을 벗어나 실제 제조업에서"(Amin, 324) 국제적으로 일어난다. "산업국들의 노동을 더욱 집약적인 것으로 간주한다는 사실"(Amin, 351)에서 보건대 저개발국들에서 다르게 평가되는 노동력은 불평등 교환을 초래하고, 다국적 자본주의 주자들에게 '가치 이전(transfer)'의 새로운 수단을 가져다준다.

그러한 변천(shift)의 증거는 기실 아시아 태평양 권역에서 가장 명확하게 펼쳐진다. 거기서 군사 전략적 융자와 더불어 일본 다국적 기업들과 미국 다국적 기업들은 그 권역의 새로운 산업화를 선도하였다. 예컨

18 만델은 이것을 원자재 산업에 일어난 이윤 감소의 결과, 한국전 이후 전반적인 가격 하락의 결과(Mandel, 64)라고, 또 제3의 기술 혁명이 낳은 결과라고 설명한다(Mandel, 64). 제3기술 혁명에서 통신과 수송의 새로운 기술들은 처음으로 생산의 국제화를 허용한다. 만델의 17장 「전체로서의 후기자본주의」(Late Capitalism as a Whole) 참조.

대 만델은 미국 시장과 일본 시장을 위해 트랜지스터 설비, 섬유, 시계 생산을 특히 남한, 타이완, 홍콩, 싱가포르로 이전시키는 것을 지적한다(Mandel, 373). 다국적 기업들은 새로운 이윤율뿐만 아니라 "이 시장들에 대한 **미래의** 지배"(Mandel, 347)를 확보하는 데 관심을 기울인다.

그렇듯 『후기 자본주의』는 아시아 태평양 지역들에 대한 기계 및 기술 수출이 지구적 자본주의의 새로운 국면을 표현하게 되는 방식을 설명한다. 이 새로운 국면은 "식민지들과 반식민지들에서 일어나고 있는 해방 운동들에 대한 그저 '전술적인' 반응"(Mandel, 347)으로만 이해될 수 없다는 것이다. 대신 우리는 이제 제3세계 중 선택된 지역들과 선택되지 않은 다른 지역들에서 지속되는 저개발에 의존하는 동시에 자체를 확장시키는 자본주의의 전개 방식을 이해하게 된다.

만델은 이러한 이전들과 변천들을 "자본 축적의 단 하나의 전 세계적인 과정을 보완하는 움직임들"(Mandel, 363)로 기술한다. 그렇다고 해서 우리가 외견상 전체화하는 그러한 과정들을 발생시키는 수많은 특수한 사회적, 문화적, 공간적 형태들을 인정하는 것을 막을 필요는 없다. 자본의 "단 하나의 전 세계적인 과정"은 역설적으로 다중적 운동들, 이질적 사건들, 모순적인 경향들로 항상 구성된다.

그런데 하나의 기본 수준에서 우리는 주변부의 특정 권역들과 메트로폴리스 사이에서 발생하는 보완적 과정들을 인식해야만 할 것이다. 포스트산업적인 서구 사회들로의 변천은 다른 권역들에 있는 식민지적 혹은 반(半) 산업적인 생산양식들로부터 산업적 생산양식들로 변천하는 것에 의거한다. 그러므로 개발 과정들과 산업화 과정들은 그냥 메트로폴리스에서 발생하는 것들의 모방이나 뒤늦은 판본이 아니라, 내부적으로 연결되어 있는 셈이다.[19] 『새로운 아시아 도시』가 1960년대에서 1980년대에

---

19 만델을 인정한다고 해서 이러한 변천이 국내와 권역에 미치는 불균등한 효과를 배제

이르는 〈새로운 아시아 도시〉의 미학적 생산에 초점을 두는 것은, 만델의 세 번째 단계 또는 후기 자본주의를 공고하게 하는 계기에 상응한다.

나의 분석은 지구적 자본주의의 더 크고 불균등한 힘의 영역에 대한 지역적 형태들과 반응들을 추적하는 데 투여된다. 제임슨이 각주에서 밝히듯, 자본주의의 세 번째 단계는 실제로 "아직껏 부상하지 못했던 가장 순수한 자본 형태"다. 그 단계는 "지금까지 조공 방식으로 관용하고 착취해 왔던 전자본주의 조직의 비지(鄙地, enclave, 고립된 영토)를 제거하기"(Postmodernism, 36) 때문이다. 그러므로 〈새로운 아시아 도시〉의 사라지기 쉬운 공간성 중 일부는 만델이 묘사하고 있는 그 과정에서 그 공간성이 하는 역할에 의해 설명되어야 한다. 그렇지 않으면 환태평양을 환호하는 담론에서 "미국, 일본, 동아시아의 신흥공업국들[NICs]과, 환태평양 개발도상국들의 제2층위(태국, 말레이시아, 중국의 해안 지방)는 초국가적인 자본의 상상이자, 공영권인 환(Rim) 안에 연관되고 만다."(Connery, 36)[20]

롭 윌슨(Rob Wilson)과 아리프 딜릭(Arif Dirlik)은 이러한 지정학적 상상계로부터 빠져나온, 태평양의 장소들과 인민(people)을 조사함으로써 이러한 팽창의 후원자 논리에 도전해 왔다.[21] 나 자신의 접근법은 그

하는 것은 아니다. 이 효과는 예컨대 동남아시아에 있는, 한국의 다국적 기업 삼성 혹은 현대와 같은 회사들이나, 본토 중국에서 지금 활동 중인 많은 타이완 제조 회사들이 행하고 있는 역할에서 감지된다.

20 여기서 물론 코너리(Connery)는 제국주의를 "대동아 공영권"이라며 선전한 악명 높은 일본의 미사여구를 언급하고 있다.

21 이 권역에 대한 나의 접근은 윌슨(Wilson)과 딜릭(Dirlik)에 의해 편집된 1995년 책 『문화생산의 공간으로서 아시아/태평양』(*Asia/Pacific as Space of Cultural Production*)의 접근에 빚지고 있다. 두 저자들은 냉전의 지리적 상상계와 초국가적 자본의 성공적인 흐름에 있는 '미래학'(futurology)에 의해 아시아/태평양과 환태평양(나는 이 용어들을 혼용한다) 담론이 포화되어 왔던 방식에 도전한다. 그러면서 그들은 "개별 나라들/섬들/국가들을 초월하는 지역연구, 범주에 얽매이지 않는 방식으로 세계체제

들의 접근법을 보완하면서 공간적 모순들과 연결들을 비판적으로 바라보는 것이다. 제3세계의 기적들과 호랑이들을 환기하는 것을 넘어 움직일 게 틀림없는 역사적 특성을 지닌 발전 내부에 있는 공간적 모순들과 연결들을 말이다.

그리하여 본서의 한 가지 목표는 르페브르의 연구가 우리에게 열어 준 사회공간적(sociospatial) 변증법의 "횡단적인 스케일의 종합(cross scalar synthesis)"(Soja, "Socio-Spayial Dialectic," 211)을 아시아 태평양에 부합할 수 있도록 하는 것이다. 만델과 마누엘 카스텔스(Manuel Castells)처럼 소자도 도시 계급들의 수직적인 공간적 관계들이 중심-주변부 관계들의 이차적인 수평적 공간 체계로써 덧씌워지는 방식에 관심을 기울인다. 소자는 르페브르 관련 주를 달면서 자본주의적 생산에 있는 지배적 관계들은 다음과 같다고 논의한다. 즉,

> [그 관계들은] 전체로서의 사회에서 재생산되는 게 아니라 전체로서의 공간에서 구체화되며 생산된 공간에서 재생산된다. 여기서 구체화되며 생산된 공간이란, 선진 자본주의에 의해 점차 점령되어 왔고 부분들로 파편화되어 왔으며 별도의 상품들로 동질화되어 왔으며, 통제의 위치들 속에 조직화되어 왔으며 지구적 스케일에 이르도록 확장되어 왔던 공간을 말한다.(Soja, 215)

『새로운 아시아 도시』가 문학 분석들과 영화 분석들을 통해 하고자 하는 바는, 텍스트 형식 속에 포착된 건조 형태들(built forms)이 "지역의 생산관계들과 더 광범위한 "중심-주변 구조"(Soja, 209) 양자에 의해 알려

분석과 연관되는 지역연구를 향하는 좀 더 비판적인 지향"(Wilson/Dirlik, 12)을 갖고서 이 권역의 개념화를 말하고자 시도한다. 그들에게 "상호작용하는 지구적 공간"의 역학을 추적하는 과제는 "대안적 주체성들과 헤테로글로시아적 공동체들"(Wilson/Dirlik, 12)의 형성을 고려하는 것이다.

지게 되는 방식을 추적하는 것이다. 특정한 역사적 계기에 있는 아시아 태평양을 다루는 허구들을 검토하는 것은, 공간의 생산이 지니는 '횡단적인 스케일'의 본성을 조사하는 한 가지 방식이다.

내가 사회적인 것, 건축적인 것, 지구적인 것 사이의 중첩을 읽어 내는 방식을 생각하기 위해 르페브르, 제임슨, 만델을 사용하여 왔다면, 이제 나는 발터 벤야민에게로 돌아갈 것이다. 거대한 기술적, 산업적, 도시적 변화의 계기들이 근대성의 과정들로서 어떻게 생각되고 상상되는지를 고려하기 위해서다. 『아케이드 프로젝트』에서 벤야민이 보여 준 〈제2제정 시대의 파리〉(Second Empire Paris* 1852~1870년의 나폴레옹 3세 치하의 제국)에 대한 매혹은, 1848년의 봉기 실패에 뒤이은 저 역사적 순간의 정치적 혁명에 의해서라기보다 기술 혁명에 의해 설명될 수 있다.

상품의 대량생산뿐만 아니라 철강과 유리 제조업에서 이룩된 진전은 파리 사람들이 건물들을 점유하고 쇼핑을 하러 가고 상품을 소비하고 도시 공간을 돌아다니는 방식을 변형시켰다. 벤야민은 자신의 특징적인(distinct) 사적 유물론 철학을 전진시키면서 19세기 산업 자본주의의 혁신을, 그 내부에 혁명적인 새로운 사회질서의 맹아를 잠재적으로 품고 있는 것으로 간주한다. 그는 새로운 기술들이 텍스트와 비슷한 어떤 것으로 기능을 발휘하는 방식을 기술한다. 기술들은 바로 표면 위에서 서로 갈등하고 경쟁하는 이미지로 그려진다(written).

예컨대 첫 번째로 나타난 '인공적인 건축재'인 새로운 철강 기술은 처음에는 고전적 기둥들의 하중을 견디는 익숙한 형태 속에 주조된다. 그러다가 나중에야 아케이드나 철도역과 같은 구조물의 건설을 좀 더 잘 표현하는 방식들로 사용된다. 새로운 건축재는 "낡은 것과 새 것이 상호 침투하는 집단적 의식 안에 있는 이미지들"(Benjamin, 4)에 상응하는 다중적인 표현 가능성들과 해석들을 끌어낸다. 새로운 건조 형태들과 더불어 발생하는 갈등 중인 이미지들의 바로 이러한 순간이 그 이미지들을 넘어서려는 욕망을 또한 방출한다는 것은 중요하다.

> 이 이미지들은 소망(wish)의 이미지들이다. 그것들 안에서 집단성(the collective)은 사회적 생산물의 미성숙과 생산의 사회적 조직에 있는 부적절함을 극복하고 변형시키려고 한다. 이와 동시에 이 소망의 이미지들 안에서 부상하는 것은 폐기된—그러나 가까운 과거를 포함하는—모든 것으로부터 자신을 떼어 놓으려는 단호한 노력이다. 이러한 경향들은 (새로운 것에 의해 자극을 받는) 상상력을 원초적인 과거로 쏠리게 한다. 각 시대는 후속 시대의 이미지들을 받아들이려는 꿈이 있는데, 거기서 후속 시대는 원초적 역사의 요소들(Urgeschischte), 말하자면 계급 없는 사회의 요소들과 결합되는 것처럼 보인다. 그리고 집단의 무의식 속에 비축된 그러한 사회의 경험들은, 지속되는 건축물에서부터 지나가는 패션에 이르기까지 수천 가지 삶의 모습 속에 그 흔적을 남겨 왔던 유토피아를 새로운 것과의 상호 침투를 통해 발생시킨다.(Benjamin, 4~5)

벤야민의 보들레르 연구와 더불어, 여기 요약된 "폐기된 모든 것으로부터 자신을 떼어 놓으려는 단호한 노력"과 같은 구절들이 유럽 근대성에 관한 가장 영향력 있는 이론화들 중 하나라면, 우리가 어떻게 거대한 기술적 진전과 그것에 수반되는 욕망의 와중에 있는 독특한 포스트식민 계기를 읽어 낼 것인가?

나는 20세기의 〈새로운 아시아 도시〉와 벤야민이 묘사하는 〈제2제정 시대의 파리〉 사이에 신기한 병행이 있다고 논의하는 바이다. 둘 다 사회적으로 혁명적인 시기는 아니었지만 도저히 믿을 수 없는 근대화가 일어나고 있는 순간이었다. 19세기 프랑스는 루이 나폴레옹의 반동적인 제2제정하에 중요하게 소개되는 새로운 기술들을 목격했다. 다른 한편 우리는 〈새로운 아시아 도시〉에서 식민 영토로부터 독립국가로 변천하는 모습을 신식민적 권위주의적 통치의 공고화와 함께 본다.

근대성의 시간성은 역설적으로 과거를 거부하면서도 '원초적 과거' 혹은 요소들(Urgeschichte)로 도약하기도 한다. 그러한 곳에서, 우리는 근대성을 위해 분투하는 많은 포스트식민 민족국가들에 의해 만들어진 식민 이전의 과거에 대한 이와 유사한 역설적인 환기를 생각할지도 모른다. 이러한 원초적 과거는 날짜를 말할 수 있는 역사적 과거가 아니라 식민 시절, 침입, 식민 시절의 기술들이 있기 이전인 유토피아의 계기로서 상상된 것이다. 그 과거는 아직 실현되지 않은 근대 포스트식민 민족국가의 판본을 그 상관물로서 갖는다.[22] 이러한 근거 때문에 포스트식민 근대성은 "사회적 생산물의 미성숙과 생산의 사회적 조직에 있는 부적절함을 극복하고 변형시키고자 하는" 것으로서 또한 이해될 수 있다. 낡은 것과 새로운 것이 상호 침투하는 이러한 순간에 우리는 "수천 가지 삶의 모습에 그 흔적을 남겨 왔던 유토피아"를 유사하게 간파할 수 있다.

그렇지만 나는 〈새로운 아시아 도시〉의 기술적 공간적 변천들은 〈제2제정 시대의 파리〉에서 겪은 그것들의 범위를 넘어선다고 주장한다. 키프니스와 다른 건축 이론가들이 그들 자신의 어휘를 갖고 기술해 왔듯이, 새로운 도시 형태들과 관계들의 우선성(primacy)은 〈새로운 아시아 도시〉의 생산양식을 공간 자체를 새로 생산할 게 틀림없는 그런 양식이라는 특징을 지니게 한다. "우리는 **공간에서 사물을 생산하는 데서부터 공간 자체를 생산하는** 데로 이행하여 왔다."(Elden, 94에서 인용된 르페브르)

본서에서 내가 검토하는 작품들에서는 "저 경쟁하는 소망의 이미지들"

22 여기서 나는 네그리튀드(Négritude* 흑인성의 아름다움과 자율성을 가치 있게 여김)와 같은 토착주의 운동을 생각 중이다. 이 운동은 식민주의자들이 당도하기 이전의, 식민 이전의 풍부함과 조화의 계기를 설정한다. 포스트식민 근대성들을 대안적 근대성들로 좀 도발적으로 이론화하는 작업에 대해서는 디립 파라메샤와르 가온까르(Dilip Parameshwar Gaonkar)가 편집한 선집(『대안적 근대성들』, 듀크 대학 출판부, 2001) 참조.

이라는, 생산양식과 그 상징적 표현을 둘러싼 모순들이야말로 새로운 공간을 창조하려는 노력과 일차적으로 관계가 있다. 새로운 도시 공간들과 민족 공간들의 창조를 둘러싼 투쟁들은 허구적 텍스트들에 의해 불완전하게 병합된 사회적, 물질적, 이데올로기적 세계를 구성한다. 그리하여 〈새로운 아시아 도시〉의 이와 같은 텍스트들은 공간의 이미지들과 이데올로기들을 낡은 것이건 새로운 것이건 일시적인 소란 상태 속에 환기하고 재배치한다. 그 소란 상태에서는 소망의 이미지들의 화해와 그 가능한 극복이야말로 미학적 충동의 과제가 된다.

3차원 형태들은 그저 건물들, 사람들, 사물들의 유형이나 모양의 정적인 묘사들 속에 서사화되지 않는다. 오히려 그 형식들은 건조 공간들을 실제 그대로이면서도 허구적인 대상들로서 사용하는 3차원의 허구들로 신기하게도 변천하는 과정을 겪게 된다. 우리가 앞에서 살펴보았듯이, 건조 환경은 개인적이고도 집단적인 욕망들과 판타지들이 거주하는 일차적 장소이다. 동시에, 이 형태들은 만들기 작업에 들어가면서도 부재하는 사회적 정치적 힘들과 지표적인 관계를 맺고 있다.

조세희의 이야기를 한 번 더 환기하자면, 굴뚝 장면은 공장 건물 꼭대기에 올라갔지만 저지된(stunted) 인물과 같은 단일한 도시 이미지와 관련해 개인적, 계급화된, 젠더화된, 민족적, 심지어 국제적 관계들의 좌표를 그려 준다. 그러한 텍스트화는 건조 형태들을 평면적인 묘사로 사용하는 것을 훨씬 넘어서는 복잡성을 드러내어 준다. 이 여러 층위들 때문에 파헤쳐지는 텍스트 자체가 3차원이 되니 그렇다. 도시 형태들과 그것들의 텍스트화는 우리의 욕망을 반영함과 아울러 우리에게 우리의 역사를 보여 준다.

나는 〈새로운 아시아 도시〉의 생산양식이 지닌 특별한 점을, 부분적으로는 지구적 경제에서 그것이 차지하는 위치에 의해 가능하게 된 그 극적인 공간 변형에 있다고 논의하여 왔다. 우리는 많은 〈새로운 아시아 도시〉 텍스트들이 자체를 생산하게 하는 주요한 사회적 힘들로서 도시의 건축 과정을 공통되게 전면에 내세운다는 점을 보게 될 것이다. 따라서 나는 〈새로운 아시아 도시〉에 특수한 일련의 모순들을, 특히 식민지/메트로폴리스, 농촌/도시, 육체/건물, 공/사, 민족/지구 사이의 이율배반들을 무대에 올리고 작품화하는 그러한 허구들의 방식을 찾아내기 위해 그 텍스트들을 읽는다. 달리 말해, 본서는 식민지에서 포스트식민지로 넘어가는 많은 역사적 전환들 중 몇몇을 구성하는, 아시아 태평양의 공간화된 발전 과정을 추적한다.

장들의 구성

짐작하는 대로, 모든 텍스트가 이 도시들의 사회적 현실을 구성하는 많은 코드들과 역사적 모순들을 전부 혹은 심지어 일부라도 다루는 것은 아니다. 각 장은 일정한 문학적 전략의 견지에서 공간 논리를 공유하는 몇몇 텍스트를 함께 묶어 주고 있다. 나의 목표는 이 시기의 세 장소로부터 모든 문화적 생산을 총망라하는 것(한 권의 책으로는 불가능한 과제)이 아니라, 공간적 도시 변형을 가장 도발적인 해명 방식으로 전면에 내세우는 선택된 텍스트들—소설, 단편소설, 시, 영화—을 함께 놓는 것이다. 이 연구는 그렇게 하는 가운데 초분과적(transdisciplinary) 방법론에 단단히 빚지고 있다. 본서는 한편으로 도시 개발의 경험적 역사들과 다른 한편으로 소설, 시, 영화의 텍스트적 분석 사이에서 왔다 갔다 한다.

본서는 각각 다른 스케일상의 초점을 갖는 3부로 조직되어 있다. 1부는 「식민 도시들」, 2부는 「전후 도시주의」, 3부는 「산업화하는 경관들」

이다. 제1부 1장 「식민 도시를 상상하기」는 역사적 이론적 관점에서 식민 도시의 개발을 추적함으로써 뒤따라 나오는 분석들의 개념적 기초를 세운다. 식민 도시들은 지구적 근대성, 자본주의, 제국주의의 견지에서 어떻게 이론화되어 왔는가? 포스트식민 시각은 현존하는 논쟁들에 무엇을 갖고 올 수 있으며, 현존하는 논쟁들에 동아시아와 동남아시아를 갖고 오는 것은 현존하는 이론들에 어떻게 도전하는가? 2장은 식민 자본의 이분법적(Manichean) 공간들의 문학적 재현물들을 검토하고, 그러한 논리가 새로운 리얼리즘 서사 스타일들과 초기 모더니즘 텍스트들의 추상적 묘사 둘 다에 실현되는 경위를 탐색한다. 나는 타이완 식민문학과 한국 식민문학에서의 그러한 리얼리즘이나 모더니즘의 출범 계기를 논증하기보다, 메트로폴리탄 공간들과 식민 공간들 사이의 노골적인 불일치가 특히 우 쭈오리우(吳濁流)의 『아시아의 고아들』, 염상섭의 『만세전』, 이상의 『날개』와 같은 식민적 글쓰기에서 무대화되는 경위에 관심을 갖는다.

나는 본서의 문학적 분석들과 영화 분석들을 맥락화하기 위해 두 번의 짧은 보론(*원서에서 transition이라고 표기된 것을 본서의 구성상 보론의 성격을 갖는다고 보아 '보론'이라는 표현을 쓰기로 함)을 사용한다. 탈식민화 직후의 시기로 이동하는 첫 번째 보론은 남한, 타이완, 싱가포르의 불균등 개발과 저개발(아민Amin, 프랭크Frank와 그 외 참조) 및 수출을 위한 생산과 이 나라들의 그 경제적 공간적 형성에 대한 좀 더 깊이 있는 설명을 제공한다. 그런 다음 제2부 「전후 도시주의」는 도시 재개발 과정들, 고층 아파트에서의 삶, 수출 주도 생산으로의 전환에 수반된 노동 형태의 생산 및 재생산에서 표현되는, 새롭게 합리화되는 도시의 공간적 논리를 다룬다. 이 분석은 외부적 시각과 내부적 시각으로부터 각각 실행된다. 3장은 정부와 지구적 자본주의의 제휴를 위한 환유적 도구로서 고층 건물의 문학적 동화

(assimilation) 과정을 추적한다. 3장은 고포셍(Goh Poh Seng), 조세희, 황춘밍의 단편소설을 검토한다. 4장은 강석경, 쑤 웨이쩐(蘇偉貞), 쑤-천 크리스틴 림(Su-Chen Christine Lim)의 작품들에서 사라지는 여성 주체를 틀 짓는 사사롭게 된 내면의 역할을 검토한다. 3장과 4장은 특징적인 서사적 비유들과 전략들, 개인의 주체성들을 상상하는 방식을 통해 도시 체계들과 그것들이 요구하는 노동 양식들의 적극적인 생산 방식을 탐색한다.

두 번째 보론은 공식적 민족주의들와 대안적 민족주의 둘 다의 발전주의적 지향이 갖는 함의를 포스트식민 민족에 관한 이론화들(카스텔스Castells, 치아Cheah, 파농Fanon, 앤더슨Anderson)을 통하여 짤막하게 검토한다. 뒤이어 나오는, 제3부 「산업화하는 경관들」을 구성하는 세 장들은 각각 〈새로운 아시아 도시〉의 한 장소와 그 대표적인 미학 장르를 자세히 다룬다. 여기서 나는 각 나라의 문화생산에 대한 대칭적인 설명을 제시하는 데 관심을 갖기보다 지역의 정치경제적 조건들과, 공식적 민족주의 담론의 독특한 울림 때문에 내가 선택한 특정한 미학적 형태 사이의 상호작용을 지속적으로 분석하는 데 더 관심을 기울인다. 제2부가 생산 지향적인 새로운 도시의 배경하에 개인들이 다시 상상되는 방식에 관심을 갖는다면, 제3부는 상품과 노동하는 육체의 유동적 운송을 위해 권역들이 연결되어 있는, 새로운 생산 공간으로서 민족 공간의 견지에서 집단성들이 형상화되는 방식에 관심을 갖는다. 5장은 에드윈 텀부(Edwin Thumboo, 1933~* 국립 싱가포르 대학 명예교수. 싱가포르 시인자자 소설가. 대표작으로 『신들도 죽을 수 있다(*Gods can die*, 1977)』, 『멀라이언 곁의 율리시즈(*Ulysses by the merlion*, 1979)』)와 아서 얍(Arthur Yap, 1943~2006* 싱가포르 시인이자 화가)의 (반)민족주의 시학과 대조되는 리콴유(李光耀)의 정치담론을 분석한다. 6장은 타이완 뉴시네마와 허우 샤오시엔(侯孝賢, 1947~* 타이완의 뉴웨이브 영화를 이끄는 대표적인 감독으로 영화 〈평꾸이에서 온 소년〉(1983), 〈연연풍진〉(1986), 〈비정성시〉(1989)로 유명하다.)의 초기 작품에 나오는 이주와 교통(transportation)의 비유를 검토한다. 마지막으로 7장에서 나는 민족생산성과 성장을 위한 독재자 박정희의 처방에 대한 하나의 반응으로서, 한국에서 인기 있는 **민중** 문학과 황석영의 작품을 살펴본다. 나는 제3부의 세 장 모두에서 공식 민족주의 담론들과 허구적 형식들은 새로운 공간들과 인간 공동체들 사이의 적절한 관계를 놓고 투쟁을 벌이는 것이라고 논의한다.

반복하건대 본서는 〈새로운 아시아 도시〉의 어긋나는(discordant) 공간들이야말로 우리가 근대성이라고 부르는 바를 보충하는 다른 역사들, 다른 투쟁들, 다른 욕망들을 코드화함을 보여 줄 것이다.

제1부

식민 도시들

1장

식민 도시를 상상하기

어떤 아주 기본적인 수준에서 제국주의는 당신이 소유하지 못한 땅, 멀리 떨어져 있고 다른 사람들이 살고 소유하고 있는 땅에 대해 생각하고, 거기 정착하는 것을 의미하며 그 땅을 소유하는 것을 의미한다.

—에드워드 사이드(Edward Said), 『문화와 제국주의』(*Culture and Imperialism*)

제국 프로젝트의 이름으로, 공간은 다음과 같은 욕망으로써 평가되고 덧씌워진다. '이방의' 영토로부터 수수한 경관을 창조하고, 먼 곳의 땅을 제국의 지도 속에 끌어들이며, 질서 잡힌 점령의 틀을 확립하고자 하는 욕망 말이다.

—제인 제이컵스(Jane M. Jacobs), 『제국의 경계: 포스트식민주의와 도시』(*Edge of Empire: Postcolonialism and the City*)

알제(Algiers)와 '웅크린 마을'

우리는 한 도시의 공간 역사를 어디서 시작할 것인가? 서울, 타이베이, 싱가포르는 주요 도시 정착지로서 다양한 이력을 지녀 왔다. 그렇지만 1장은 식민 통치하에서 그 도시들에 일어난 공간 전개를 발굴하는 데 헌

신할 것이다. 본서의 서론이 포스트식민 나라가 종속적 입장으로부터 개발을 시도하게 되는 경위라는 문제를 제기했다면, 먼저 그 종속적 입장은 어떤 공간적 메커니즘에 의해 얼마나 정확하게 실현되었는가 하는 문제를 제기한다. 이 과정은 포스트식민 이론과 도시 이론에서 어떻게 이해되어 왔는가? 또 서구-지향적인 도시 역사들은 식민 도시들로부터 무엇을 배울 수 있을 것인가?

이런 물음을 갖고 시작할 좋은 장소는 프란츠 파농의 『대지의 비참한 자들』 중에 많이 인용된 구절이다. 파농은 그 책에서 우리가 식민 도시에 관해 갖는 가장 풍성한 묘사들 중 하나를 제시한다. 파농에게 식민 세계의 문제는 바로 그것의 이분법적 태도이며, 이 태도의 심리적 효과들은 파농의 초기작인 『검은 피부, 하얀 가면』에 잘 기술되어 있다. 식민화된 세계에서 가장 커다란 반향을 지니게 된 것은 이중 체계의 공간 형태다. 좀 길지만 파농의 구절을 인용하면 다음과 같다.

> 식민 세계는 둘로 나누어진 세계다. 막사와 경찰서가 그 분할 선이나 경계를 이룬다. ……
>
> 토착민들이 살고 있는 구역은 정착민들이 거주하는 구역을 보충하는 게 아니다. 그 두 구역은 대립하고 있는데 더 높은 통일성으로 나아가기 위한 것이 아니다. 두 구역은 순수한 아리스토텔레스의 논리 법칙들에 순종하며 상호 배타성의 원리를 따른다. 두 조건의 화해는 가능하지 않다. 그중 하나는 여분의 것에 지나지 않기 때문이다. 정착민의 도시는 강력하게 건설된 도시이며, 모두 돌과 강철로 만들어져 있다. 그 도시는 환하게 불 켜져 있고 거리는 아스팔트로 포장되어 있으며, 쓰레기통들은 남은 모든 것들을 보이지 않게 소리 소문 없이 또 거의 생각될 여지없이 삼켜 버린다. 정착민의 발은 …… 튼튼한 구두에 의해 보호받는다. 어차피 길거리는 깨끗한 데다 구멍이나 돌멩이도 없다. 정착민의 도시는 잘 먹은 사람들의 도시이며 편안하게 잘 돌아가는 도시다. 그 도시의 배는 항상 좋은 것들로 배부르다. 정착민의 도시는 백인들의, 외국인들의 도시다.

> 식민화된 민족에 속한 도시 혹은 적어도 토착민의 도시, 니그로 마을, 메디나(Medina* 사우디아라비아 북서부의 도시, 이슬람교 제2의 성지로 모하메드의 무덤이 있음), 보호구역은 사악한 평판을 지닌 사람들로 가득한 악명의 도시다. 그들은 거기서 태어나고 죽지만 어디서 혹은 어떻게 태어나고 죽는 것인지는 거의 중요하지 않다. 그 도시는 공간이 없는 세계여서 사람들이 서로서로의 등을 밟고 산다. 토착민 마을은 빵, 고기, 구두, 석탄, 빛에 굶주리는 마을이다. 토착민 마을은 웅크린 마을, 무릎 꿇은 도시, 진흙탕을 구르는 도시다. 토착민 마을은 깜둥이들과 더러운 아랍인들의 마을이다. 토착민이 정착민 도시를 바라보는 눈길은 탐욕의 시선, 부러움의 시선이다. 그 눈길은 소유에 대한 그의 꿈들을, 소유의 모든 방식을 표현한다. 정착민의 식탁에 앉거나, 가능하다면 정착민의 침대에서 그의 백인 부인과 잠을 잤으면 하는 소원 말이다. 식민화된 남자는 시샘이 많은 남자다. 정착민은 이 점을 아주 잘 알고 있다. 그들의 눈길이 마주칠 때 정착민은 항상 방어적으로 "그들은 우리 자리를 차지하기를 원하지"라고 쓰라린 심정으로 확인한다. 그것은 사실이다. 자신을 정착민의 자리에 두고 싶은 꿈을 단 하루라도 꾸지 않는 토착민 남자는 없기 때문이다.(Fanon, 38~39)

이 설명에서 놀라운 점은 식민주의자에 대한 식민화된 사람의 살인 욕망으로써 끝난다는 것이 아니다. 그러한 결말은 결국 「폭력에 관하여」로부터 나온다. 이와 같은 식민 도시의 묘사는 『검은 피부, 하얀 가면』에서 낭랑하게 울려 퍼지는 탈식민화를 향한 외침 속으로 몇 쪽 들어가자 나온다. 그러한 묘사가 『검은 피부, 하얀 가면』의 중심을 차지한다는 점은 놀랍다. 파농은 '웅크린 마을'의 일상적이고 육체적이며 생생한 경험의 결과를 통해 생각하는 방식을 우리에게 제공한다. 거기서는 한편으로 밝음, 건강, 널찍함, 풍요로움이 다른 한편으로 배고픔, 어둠, 가난, 밀집이 배치되는, 공간과 삶에서의 대조가 역력하다. 달리 말해, 파농은 탈식민화의 도덕적 정치적 명령들이 이 이분법적 도시 공간들에서 어떻게 생산되고, 어떻게 가장 통렬하게 느껴지는가를 우리에게 보여 준다.

많은 도시 이론가들과 포스트식민 이론가들은 각기 조금씩 다른 강조점을 갖고 파농의 구절에 논평을 하여 왔다. 얀 바우컴(Ian Baucom)에게 파농의 구절은 "제국의 첫 번째 과업"인 "공간의 감시"(*Out of Place*, 102)를 기술하는 것이자, "모든 제국의 문화들은 식민적 친숙함의 한계를 표시하는 저 내부적 경계들을 세우고 지키기 위해 대부분 존재한다"(*Out of Place*, 103)는 점을 확증한다. 이러한 의미에서 식민 공간은 명백하게 행위를 처방하기 위해 작동한다. 이 관찰은 르페브르의 지적에 의해서도 확증된 바, 공간은 "할 것과 하지 말 것"(Lefebvre, 142)을 불가피하게 의미화하는 곳이다.

이것과 좀 다른 강조점을 갖는 제이넵 셀릭(Zeynap Çelik)은 파농의 구절을 식민 도시의 원형적 이미지를 제공하는 것으로 이해하고, 케빈 린치(Kevin Lynch)의 연구로부터 끌어온 공간의 읽힐 수 있음 혹은 '이미지 능력'의 중요성을 강조한다(Çelik, 2).[1] 지리학자의 공간이나 도시 입안자의 공간이라는 단순한 사실과 달리, 이미지들은 장소, 맥락, 감지하는 사람에 따라 우발적이며 르페브르의 재현적 공간의 유희와 같은 어떤 것 안에 있다. 즉 "똑같은 도시 이미지가 …… 다른 메시지를 의미화할 잠재력을 지닌다. 하나의 형태—심지어 투명한 것처럼 보이는 형태—는 수많은 관점들에서부터 관찰될 수 있으며, 물리적 양상에만 초점을 두는 것은 의미 있는 도시 분석을 허용하지 못한다."(Lefebvre, 4) 식민 시기 알제에 관한 셀릭의 연구는, 서로 경쟁하는 공간 담론들과 사회 담론들의 원천이자 대상인 도시에 대한 계획을 담당하는 프랑스 당국자들의 글들과 문서들을 검토한다.

도시 역사가 앤소니 킹(Anthony King)은 식민 지배의 도구로서 건축

1 도시 공간과 관련하여 이미지 능력(imageability)을 다루는 이론으로는, 케빈 린치(Kevin Lynch) 참조.

과 도시계획에 똑같이 관심을 기울인다. 그러나 그는 파농의 구절을 이분법적 도시 형태들이 포스트식민 시기에도 끈질기게 잔존하는 방식에 대한 경고로 읽는다. 그는 오래 살아남는 "구획들로 분할된 세계"에 관해 다음과 같이 쓰고 있다. "독립 직후의 시기에 대부분의 도시들은 수정되기도 했지만 그 기본 패턴은 종종 남아 있었다." 토착 엘리트들이 "오랜 식민 정착지의 확장된 구역으로 그저 흘러들어 왔기"(King, 283) 때문이다.

마지막으로, 란자나 칸나(Ranjana Khanna)는 폰테코르보(Pontecorvo)의 반식민 고전 영화 〈알제리 전투〉와 관련하여 파농의 구절에 관해 쓰고 있다. 이 영화는 악명 높게 분할된 도시 알제를 배경으로 알제리 인들의 저항을 그리고 있다. 칸나의 강조는 또한 미래성(futurity)의 문제를 다음과 같이 건드린다. "파농에게는 분할된 식민 도시의 바로 그 구조가 식민 삶과 포스트식민 삶의 시간성을 형성한다." 말하자면 파농의 도시는 "미래를 주장할 저 남아 있는 것들" 중 하나다("Post-Palliative," 10)

이와 같은 논평자들 사이에 다양한 의견 차이가 있지만, 그들의 해석들에는 중요한 통일성이 하나 있다. '공간 감시'(spatial policing)의 문제로부터 서로 경쟁하는 도시 이미지들에, 포스트식민지의 미래성에 이르기까지 이 모든 분석들이 함축하는 것은, 자본주의적-식민적 관계들의 모순들을 생산하고 유지하고 관리하는 짐이 식민 도시에 떨어진다는 점이다. 여기서 나의 목표는 단순히 그런 식민 도시들의 진실한 모습을 드러내자는 것이 아니라, 자본주의와 식민주의의 가장 근본적인 과정들이 공간에 대한 투쟁을 포함하는 경위를 보여 주자는 것이다. 사실 그 투쟁은 식민 도시에서 가장 분명하게 표명된다. 또한 그렇게 깊이 새겨지는 과정들은 본서의 후반부에서 분석될 포스트식민 도시 형태들과 관계가 있다.

1장은 몇 가지 스케일을 가로지르며 식민도시 현상을 검토한다. 우리는 파농에 의해 묘사된 심리적이고 생생한 친숙함에서 시작해, 맑스주의 사상가들의 세계-스케일 접근법과 도시 역사로 움직여 나간다. 나는 이렇게 다른 접근들을 연결하는 과정에서 식민 도시를, 근대성/식민성 체계의 서로 불일치하는 목적들(ends)을 연결하는 동시에 구성하는 '다리'로 혹은 결절 지점(nodal point)으로 설정한다. 『새로운 아시아 도시』는 제국적인 사회정치적 관계들의 (재)생산을 허용하는 종류의 공간에 관심을 갖는다. 그렇다면, 요점은 식민적 부과(imposition)의 근저에 있다는 한국, 타이완, 혹은 싱가포르의 어떤 '진실한' 식민 이전 공간에 접근하여 그 공간을 제국 공간과 대조하며 분석하자는 데 있지 않다.

오히려 나는 어떻게 해서 식민적/자본주의적 체계의 영토화가 다양한 공간들을 메트로폴, 식민지, 토착 영토로 적극 만들어 나가는지, 그리하여 다른 형식이 아닌 특정한 사회적 형식들의 재생산 조건들을 창조해 나가는지 그 경위에 관심을 갖는다. 1장은 식민 영토들을 생산하고 식민 영토들 내부에서 생산되는 서로 구분되는 공간 논리학을 탐색한다. 그런 다음 2장에서 그러한 식민 공간들의 텍스트화 과정 및 그 과정이 초래하는 심리-정동적(pshchoaffective) 차원들을 검토할 것이다.

제국 공간

앞서 언급한 파농의 구절은 제 기능을 하기 위해서는 잘못 인식되어야 하는 공간이라는 식민 공간의 모순적 본성을 잘 환기하여 보여 준다. 말하자면 서로를 부정하는 것 같은 구분되는 두 세계라고 하지만, 백인들의 "환하게 불 켜진 도시"를 정치적으로 경제적으로 도덕적으로 둘러싸고 있는 것은 "검둥이들과 더러운 아랍인들의 도시"인 메디나이다. 도시의 두 부분은 형식적으로 구분되어 있지만 실제로는 하나의 기능을 하는 체계를 구성하는 요소들이다. 더 나아가 그러한 공간은 인간의 행동을 중립적으로 담는 용기가 아니라 정치적 이데올로기적 생산의 매트릭스이다. 거기서 "생산은 …… 사물들의 엄밀하게 경제적인 생산뿐만 아니라 더 큰 철학적 개념인 '작품들의 생산, 지식의 생산, 체계의 생산, 사회를 구성하는 모든 것의 생산'을 뜻한다."(Elden, 94) 분할된 도시는 "굶주리는 도시"에서 보듯 물질적 식민 정책의 효과인 동시에, "검둥이들과 더러운 아랍인들의 도시"에서 보듯 사회 범주들을 한 번 더 강화한다. 실로, 식민공간 연구는 제국주의 자체의 더 광범위한 본성에 빛을 던져 준다.

르페브르를 따르자면 공간은 "도시 영역과 …… 일상 삶의 문제들을 포섭하기" 때문에, 서로 다른 스케일들을 가로지르며 공간의 문제틀이 독특하게 뻗어 나간다는 점을 우리는 이미 살펴보았다. 공간의 문제틀은 특정한 생산양식하에 있는 사회적 관계들이라는 질문뿐만 아니라 "그 관계들의 **재생산**이라는 문제"(Lefebvre, 89. 필자의 강조)를 제기한다. 공간은 사회적 관계들의 배치인 정치적 지배를 개인의 일상 경험과 그런 사회적 관계들의 미래성과 연결한다.

파농의 구절이 가리키는 바는, 식민 도시의 구축과 입안은 물질적 환경에서 일어나는 단순한 변화들보다 훨씬 많은 것을 의미화한다는 점이다. 즉 식민 도시의 구축과 입안은 가장 추상적인 정치적 경제적 체계들의 작동에 중요한 이데올로기적 기능들을 함께 실어 나른다. 제인 제이컵스는 어떻게 식민 도시가 "제국주의의 공간성을 구성하는 한 요소"가 되는지를 묘사한다. 즉 "제국적 상상들의 공간 질서가 급속하고도 능란하게 실현되었던 것도 바로 이 변경의 도시들에서였다. 또한 식민화된 땅들의 자원들이 제국의 심장인 도시들과 묶이고 다시 연결되었던 것도 바로 이 도시들을 통해서였다."(Jacobs, 4)

파농의 알제의 친숙한 공간들에서부터 보면 분석적 접근들의 스펙트럼상 다른 쪽 끝인 양 보이는 곳이 있다. 그곳에 제이컵스가 "기업 독점 자본에 기초한 축적의 국제적 틀과 국제노동분업"(Jacobs, 16)이라고 부른 것을 다루는 비판적 지리학이라는 분과 학문이 있다. 이러한 맑스적 전통은 우리의 간략한 관심을 받을 만하며, 파농 식으로 분할된 도시를 보충하는 것으로 간주될 수 있다. 이 설명들은 도시와 농촌 사이의 불일치를 자본주의적 발전을 서술하는 기원적인 공간적 차이로 설정한다.[2] 또한 이 설명들은 자본주의적 팽창의 핵심에 있는 수수께끼, 즉 한편으로 동질성/보편주의를, 다른 한편으로 차별화/불균등성을 향하는 이중 경향과 씨름한다.[3]

맑스가 관찰하듯, 자본주의의 가장 자명한 경향은 중심화하고 축적하는 것이다. 그리하여 "자본 자체는 그 수중에 있는 도구들과 일손들의 덩어리를 함께 묶는 외에 아무 일도 하지 않는다. 자본은 자체의 명령하에 일손들과 도구들을 함께 뭉친다. 그것이 바로 자본의 실제적 비축하기(real stockpiling)이다. 특별한 지점들에서 노동자들의 도구들과 함께 노동자들을 비축하는 것이다"(Smith, 122에 나온 맑스로부터의 인용)

자본주의는 중세 도시의 위치를 결정했던 자연의 위상학과 지리적 차별화—강들, 골짜기들, 항구들 등—에 기반을 두고 건설해 나가면서 점

2 레이먼드 윌리엄스의 『농촌과 도시』는 '개선'과 진보에 점차 종속되는 영국 공간의 과정을 추적하는 가운데 이러한 차별화에 대해 가장 유려하게 (문학적으로) 설명하는 책들 중 하나다.

3 스미스, 르페브르, 하비, 윌리엄스, 룩셈부르크의 연구에 덧붙여, 이 전통에서 널리 중요한 다른 저작들로는, 크리스틴 로스의 『사회적 공간의 출현』과 에드워드 소자(Edward W. Soja)의 『포스트모던 지리』(*Postmodern Geographies*)가 있다.

차 노동, 자본, 인프라 구조, 서비스를 도시들의 공간 형태들 속에 비축한다. 그 도시들은 정치적 예외성(이후 논의됨)을 갖고서 그저 노동과 값싼 식량의 제공자로서 농촌에 점점 더 대립적이게 된다. 그렇지만 지구적 차원에서 "생산 조건들 및 생산력 …… 수준의 평균화"를 향해 움직이는, 자본주의의 보편화 경향에도 불구하고, 식민지의 역할과 관련하여 차별화는 발생한다. 그 결과로 "유럽 식민주의자를 위해 원자재를 생산하는 것을 그 주요 기능으로 삼는 초기 식민 경제들의 특화"(Smith, 111)가 일어난다. 간단히 말하자면, 자본주의적 관계의 확산은 새 영토들에서 기대된 도시-농촌 구분을 반복하는 것이 아니라, 식민 영토를 원자재 보급자라는 역할에 종속시키는 결과를 빚는다.

데이비드 하비는 식민주의를 자본주의의 '공간적 고착'이라고 이론화하여 왔다. 이것과 관련해 그는 다음과 같이 지적한다. 자본주의적 생산의 시초가 되는 형식은 산업화 과정에서 자본, 노동자, 비참함을 뭉뚱그리는 것을 전형적으로 요구한다. 그러한 과정이 공간 인프라 구조의 한계선에 도달하여 물질적으로나 정치적으로나 지속 가능하지 않을 때, "공간 분산이 점차 매력적으로 보이기 시작한다."(Harvey, 418)[4] 이것은 자본주의적 공간의 불가피하게 모순적인 형태를 초래한다.

4 1895년에 세실 로드(Cecil Rhode)는 체계 외부의 이러한 '공간적 고착(fix)'으로서 식민지가 행하는 역할에 관한 가장 간결한 설명들 중 하나를 제공했다. "나는 어제 런던의 이스트 엔드(East End, 노동 계급 구역)에 있었고 실업자들의 모임에 참석했다. 나는 그저 '빵! 빵!'을 외치는 소리로 난무했던 격렬한 연설들을 들었다. 집에 돌아오는 길에 나는 그 장면에 대해 숙고했고 그 어느 때보다 제국주의의 중요성에 대해 확신하게 되었다. …… 내 마음 속의 생각은 이와 같은 사회 문제를 해결하는 것이다. 즉 유혈의 내전으로부터 4천만 명의 영국 주민들을 구하기 위해서는 우리 식민 정치가들은 잉여 인구를 정착시키고 우리 공장들과 탄광에서 생산된 상품들을 팔 새로운 시장을 제공할 새 땅을 획득해야만 한다. 내가 늘 말해 왔듯이, 〈제국〉은 빵과 버터의 문제다. 여러분이 내전을 피하고 싶다면, 제국주의자가 되어야 한다."(Lenin, 1:737에서 인용된 Rhodes)

자본주의의 공간 경제는 대치되고 모순적인 경향들에 포위되어 있다. 한편으로 공간적 장벽들과 권역적 구분들이 부수어져야 한다. 그렇지만 그 목적을 성취하는 수단은 극복해야 할 새로운 공간적 장애들을 형성하는 새로운 지리적 차별화의 생산을 초래한다. 자본주의의 지리적 조직은 가치 형태 내부에 있는 모순을 내면화한다. 바로 이것이 자본주의에 불가피한 불균등 발전 개념이 의미하는 바다.(Harvey, 417)

우리가 서론에서 만델의 개요를 보았듯이, 자본주의 발전은 세계의 특정 권역들에 필요한 저개발에 의존한다. 그런 식으로 필요한 불균등성은 레닌에 의해 일찍이 관찰되고 이론화되었다. 레닌의 「제국주의, 자본주의의 최고 단계」(1916)에서 자본의 논리는, 식민지의 공간 메커니즘을 통해 전파되어 왔으며 세계의 거대한 구역들(areas)을 굴욕적인 잉여노동 풀과 메트로폴리스의 제조 상품들을 위한 준비된 시장들로 전화시켜 왔다고 이해된다.[5] 여기서 프랑스, 영국, 독일, 미국, 일본, 러시아와 같은 주요 식민화하는 나라들은 세계의 부르주아지와 유사한 어떤 것으로, 그들의 프롤레타리아트로서 식민지 나라들을 착취한다. 근대 식민주의의 그러한 장치는 유럽의 농촌 지역들을 제조업 도시들의 생산 능력에 종속시키는 것을 전 지구적으로 재생산하는 효과를 거두게 한다. 이러한 선들을 따라 레이먼드 윌리엄스는 제국적인 것의 라벨을 '메트로폴리탄'이라는 것으로 진지하게 택하자고 우리를 촉구한다.

5 레닌은 자본의 역사적 진전을 금융 자본의 시기라는 특징을 갖는 독점주의적 제국주의적 단계로 추적해 나간다. 이 단계에서는 (이윤의 생산 체계)보다 금리 배당 체계가 우세하며 '후진국'으로의 자본 수출은 고국에서의 과잉 인구, 과잉 자본, 실업이라는 국내 문제를 완화하는 데 필요하다. 이것에 뒤따르는 정치 형태인 식민주의 안에서, 거대 사업 진지로서 가장 잘 생각될 수 있는 주요 자본주의 국가들은 먼저 생산을 위한 자원을 나눈 다음 그들 사이에 세계의 인구와 영토를 나눈다. 그리하여 "식민적 소유만이 경쟁자들 사이의 투쟁에 있기 마련인 모든 우연적인 요소들에 맞서 독점체들에게 완벽한 보증을 제공한다."(Lenin, 1: 740)

우리는 19세기에 단일 국가 내부에 귀속된 기능들의 분할이 전 세계로 확장되는 것이 무엇을 의미하는지 발견한다. …… 그리하여 도시와 농촌 모델은 경제적 관계들과 정치적 관계들에서 국민-국가의 경계를 넘어섰고 세계 모델로서 또한 도전받고 있는 모습이 보인다.(Country, 279)

로자 룩셈부르크는 외부의 공간적 고착들을 통해 자본주의의 위기를 일시적으로 극복한다는 자본주의관보다 더 급진적인 견해를 제안한다. 그녀는 자본주의에 고유한 팽창 의지를 예전에 이 비자본주의적 외부 영토들에 의존한 결과로 본다. 룩셈부르크는 맑스에 의해 『자본』에서 자본주의의 발생으로 설정된 '시초(primitive) 축적' 과정이 어떻게 해서 현재도 진행 중인 요청인지를 또, 그 요청의 한 형태가 식민 정책인지를 보여 준다. "애초부터 자본주의적 생산의 형태들과 법칙들은 전 지구를 생산력의 보고(창고)로서 포괄하는 것을 목표로 삼는다."(Luxemburg, 55~56)

여기서 자본주의적 세계와 비자본주의적 세계—룩셈부르크에 의해 '자연경제'라고 불리는—사이의 관계는 그저 내부적 긴장들을 완화하는 외부적 공간이 아니라, 필요한 개입과 변형의 관계를 이룬다. "그러므로 자본주의는 자체가 만나게 되는 자연 경제의 모든 역사적 형태들에 맞서 절멸의 투쟁을 항상 모든 곳에서 해야만 한다. 자연경제가 노예경제이건, 봉건주의건, 원시 공산주의건 혹은 가부장적 농업 경제이건 그렇다."(Luxemburg, 62~63) 그리하여 우리는 메트로폴과 식민지 사이의 역전된 의존 관계에 도달한다. 즉 식민 정책은 자본주의적 과정들을 유지하게 할 이러한 '절멸'의 효과를 거두는 데 필요한 정치적 형태에 지나지 않는 것이다. 스미스, 레닌, 하비, 룩셈부르크의 분석들은 제국주의를 통해 도시-농촌의 이분법을 확장하는 것을, 자본주의를 보조적으로 보충하는 것이라기보다 자본주의에 고유한 핵심적 모순을 표명하는 것으로 인식하게 한다.

이렇게 광범위한 틀들은 엄청나게 유용하다. 그러는 사이, 우리는 자본주의적 팽창의 지구적 작동이 파농의 웅크린 마을과 숱한 다른 형태들로 영토화되는 경위를 이해할 필요가 있다. 뒤따라 수반되어야 할 점은 단순히 원자재 생산자들, 자연 경제, 자본주의의 모순들을 외부적으로 표현하는 기능을 넘어 그 자체로서 복합적인 실체들로서 식민 영토들을 검토하는 것이다. 윌리엄스는 세계 규모의 제국주의를 통한 " '도시'에 의한 '농촌'의 침투, 변형, 종속"(*Country*, 286)의 지구적 스케일을 인식하여 왔다. 그러면서도 그는 또한 이 과정의 복합적인 내부적 의미를 주목한다. "제국주의적 지배 효과들 중 하나는 지배된 사회들 내부에서 외래적 발전 노선들을 내재적으로 따르는 과정들의 시작이었다. 농촌과 도시의 내부적 역사는 종종 아주 극적으로 식민 사회들과 비식민 사회들 내부에서 발생한다."(Williams, 286)

네자르 알사야드(Nezar AlSayyad)는 일련의 식민 실천들의 상세한 항목들과 거기서 초래되는 도시 형태들을 논의하여 왔다. 예컨대 스페인령 필리핀에서는 "스페인의 정복에 선행하는 도시 유산은 하나도 없었다"고 하지만 제국 통치자들은 라틴아메리카로부터 온 확실한 '청사진'을 가지고 있었다. 그 청사진은 "적은 수이기는 하지만 권역의 자본들, 광산 도시들, 요새들, 미션 무리들에 에워싸인 유일한 유럽 행정수도로 되어 있었다."("Urbanism," 7) 뉴델리에 있던 영국인들은 도시 수준 자체에서 호사그라아르 즈요티(Hosagrahar Jyoti)의 용어로 "제국주의를 위한 극장이자 제국극장"(알사야드의 「도시주의」에서 인용됨, 8)을 생산하는 "역할들과 공간들의 위계질서, '우리'와 '타자', '새것'과 '전통' 사이의 이러한 구분"을 강조하였다. 우리가 살펴보았듯이, 프랑스 사람들은 토착민 도시와 정착민 도시의 엄격한 구분을 강조하였고 그것으로 "보건 위생의 효과적인 창조"(AlSayyad, 8)를 초래하였다. 식민 시기의 상하이와 여러 항구도시들의 좀 더 자유방임적인 도시 배치들에 세워졌던 독특한 국제적인 '조차지'(租借地)와 같은 식민 도시주의의 많은 다른 모델들이 있다.[6] 알사야드의 표현을 따르자면, 이 모든 전개를 함께 묶어 주는 것은 오늘날의 도시 형태가 "식민 과거의 맥락에서 이해될 수 있을 뿐"이며, 또 그 형태가 "사회적으로 생산되고 따라서 지구적 과정들의 산물"(AlSayyad, 4)이라는 점이다.

지금까지 우리는 유럽의 메트로폴(metropole)에 비해 농촌이었던 식민 영토가 지정학적으로 종속되는 더 큰 틀 안에서 도시와 농촌의 내부 역사들이 전개되는 방식의 광범위한 모델을 스케치하여 왔다. 우리는 식민 공간들을 외부 영토로 또 메트로폴리탄 발전에 의존하는 것으로 보는 시각을 넘어 식민 공간의 문제틀이 그 분석의 다중적인 수준들을 한꺼번에 교차시키는 방식을 본다. 그 문제틀은 인종화된 식민 주체들의 심리정동적(psychoaffective) 차원들, 자본주의 세계체계라는 틀에서 본 도시의 역할, 자본주의 자체의 오지(hinterland)와 관련되는 내부 개발을 포함한다. 우리는 이제 동아시아 맥락에서 도시 개발의 이러한 내부 역사에, 특히 도시 이미지와 상징주의를 통해 식민 권력의 표현에 시선을 돌린다. 동시에 이 역사는 보편적이고 규범적인 발전 모델로서의 서구 도시주의를 문제 삼을 것이다.

동양과 서양의 행정 도시

카스텔스(Castells)는 두 기본적인 종류의 식민 도시를 생산적으로 구분

6 비교되는 도시 식민주의들에 관한 탁월한 많은 글을 보려면 네자르 알사야드(Nezar AlSayyad)에 의해 편집된 선집, 『지배 형태들』(*Forms of Dominance*) 참조.

해 내었다. 그 하나는 "무엇보다 행적인 기능을 특징으로 갖는" 식민 유형의 정착지이고, 다른 하나는 산업 중심지 혹은 고국과 직접 연결되는 "통로, 수문 Gateway 도시"(*Urban Question*, 45)다. 우리가 이 유형학을 사용할 때, 일본 제국에 원자재와 방어 영토를 제공하는 식민 오지로서 개발된 한국과 타이완은 '행정 도시'라는 정의를 모범적으로 보여 주는 도시들을 전시한다는 점을 발견한다. (당시 경성 혹은 일본어로는 케이조Keijo라고 알려진) 서울과 타이베이(일본어로는 타이호꾸Taihoku)는 자체 농촌과의 관계에서는 도시 중심지로서 성장하는 동시에, 메트로폴리탄 정부를 공간적으로 생산하는 셈이다. 그리하여 식민지의 행정 도시는 새로운 토착 도시 인구의 장소로 기능하고 반식민 운동의 잠재적 지점이 된다(이는 놀랍지 않은 일이다). 뿐만 아니라 식민지의 행정 도시는 중심화된 식민 권력의 자리인 더 큰 제국의 마디지점(node)으로 기능한다.

이와 대조적으로 카스텔스의 두 번째 범주는 "지역의 무역 관료주의와, 제국주의 사업가들 및 그들을 보호하는 장치 사이의 밀접한 연결을 개시하는, 무역경제의 도시 형태"(Castells, 45)를 기술한다. 이러한 도시 범주의 전형이 싱가포르와 홍콩이다. 이 도시들은 식민 생산성의 공간으로서 여겨진 적이 한 번도 없고 동남아시아, 중국, 인도, 유럽 사이의 무역을 위한 무관세 지점(stations)으로 여겨졌다. 싱가포르는 말레이 지역의 술탄들에 의해 통제된 구역에 있던 작은 어촌에서부터 성장하는데 텅 빈 슬레이트(slate)라고 상상된다. 예컨대 "싱가포르는 섬에 위치하여 있고 애초에 경제적 지대라곤 없는, 무역에 걸림돌이 될 토착 관습이나 정부 간섭으로부터 자유로웠던 사적 기업들에 입각하여 외래적인 창조로써 이룩할 수 있었던 것을 드러냈다(Dale, 10)는 식이다. 전형적인 통로 도시로서 싱가포르는 그것의 중간적 매개 위치와 인구구성(중국 이민자들)을 경유해 상품들을 교환하면서 영국의 지구적 무역과 말레이 내지에서 생산된 원자재(대부분 고무와 주석) 사이의 이전(transfer) 지점이 된다. 우리는 1장의 후반부에서 무역항 문제로 돌아갈 것이다. 이 섹션은 행정 도시로 변형하는 데 요구되는 공간 논리를 좀 더 자세히 살펴본다. 우리의 비교 지점은 유럽 제국의 행정 중심지들의 전개 과정이며, 거기서부터 논의를 시작할 것이다.

근대도시의 선구자인 중세 시대 유럽의 도시 정착지는 많은 다른 도시 전통들과 구분되는 사회적 법적 지위를 갖고 있었다. 유럽 중세도시의 시민들은 봉건 영주에 속박된 농노 상태의 바깥에서 법적 지위를 누렸고, 그러한 도시는 자치적 실체였다. 도시에서 봉건 영주로부터의 정치적 법적 분리는 도시의 주민들에게 독특한 수준의 자율성을 부여했다. 이에 대해 도시 역사가인 루이스 멈포드(Louis Mumford)는 다음과 같이 설명한다.

> 도시의 해방은 경제적 삶에 효율적 질서를 가져오는 한 단계였다. 돈으로 교역을 대체하고, 도시의 단편적 일이나 계절 고용으로 삶의 서비스를 대체하는 방식, 짧게 말해서 …… 신분에서부터 계약으로 …… 이전을 가져왔던 것이다. 자치 도시는 사실 땅 소유자와 땅의 정착 주민들 사이의 사회적 계약에 기초를 두었기 때문이다.(Mumford, 24)

서구의 도시 영역과 농촌 영역 사이의 이러한 구분은 중국 전반(ecumene)에서 생산되었던 도시의 양상과는 달랐다. 중국 도시들은 서구와 대조적으로 "농촌 주변의 정부(government)와 구분되는 정부를 소유하지 않았으며 따라서 농촌 구역과 별도로 갈라놓는 어떠한 자치적 정체성을 가지고 있지 않았다."(Xu, 82에 나온 Joseph Needham의 인용) 중세 한국 도시들도 "관료 계급을 위한 거주와 소비의 장소"(Im, 24)였을 뿐이듯 말이다. 중국 도시들이나 한국 도시들은 종종 성벽을 쳤지만, 이것은 농촌과 도시 사이의 법적 분리라기보다 제국 조직을 상징하였다.

그러나 17세기와 18세기 유럽에서는 그 구분의 성격이 바뀌기 시작했다. 푸코는 유럽 "도시가 더 이상 특권의 장소로, 들판, 숲, 도로의 영토에 있는 예외로서 간주되지 않았고"(Foucault, 368) 결국 도시의 주변 영토와 통합되고 말았다. 이러한 변천은 중상자본주의와, "민족국가에서 보통 초점이 맞춰지는 중앙집권적인 독재 혹은 과두정치"(Mumford, 75)의 새로운 정치적 틀의 발흥과 결부되어 있었다. 도시국가들의 주권을 대체하면서 수도는 증가하는 인구와 영토를 관리하는 데 필요한 강력한 관료주의의 지점으로 발전하여 나갔다.

방어적으로 성벽을 친 중세 도시와 달리, '바로크 도시'라는 멈포드의 용어는 새로운 민족국가 군대들의 통로뿐만 아니라 정치적 경제적 중앙집권화에 필요한 표준화, 형식적 입안, 스케일의 원칙들을 표현한다. 멈포드는 "바로크 정신의 위대한 승리들 중 하나는, **극단적으로 멀리 떨어져 있는 것과 극단적으로 세부적인 것을 포용하면서** 공간을 조직하고, 공간을 연속되게 하고, 공간을 척도와 질서로 축소하고, 넓이의 한계를 확장한 것이었다."(Mumford, 91. 첨가된 강조) 이에 대해 푸코도 유사하게 관찰하면서 중세의 "지역화는 확장(extension)에 의해 대체되었다"(Foucault, 350)고, 그리하여 도시 때문에 처음에 개발된 합리성과 통치성이 이제 국가의 스케일로 확장되었다고 지적한다.

> 국가는 큰 도시와 비슷하며 수도는 그 도시의 주요 광장과 비슷하고 도로들은 그 도시의 거리들과 비슷하다는 전제에 따라 개발된 영토를 통치하기 위한 일련의 유토피아들 혹은 프로젝트들이 있다. 도시들의 체계가 전체 영토로 확장될 때만큼 감시(policing) 체계가 집약적이고 효율적일 때 하나의 국가가 잘 조직될 것이다. …… 도시 모델은 하나의 국가 전체에

적용되는 규제들을 위한 매트릭스가 되었다.(Foucault, 369)

여기서 국가의 영토가 하나의 도시처럼 은유적으로 기능한다는 점을 주목하자. "수도는 그 도시의 주요 광장과 비슷하고 도로들은 그 도시의 거리들과 비슷하다." 놀랍게도, 멈포드와 푸코는 "관리되고 감시될 극단적으로 멀리 떨어져 있는" 영토들의 축도인 식민 공간이 고국의 도시 형태들을 발전시키는 데서 행했던 역할을 생략한다. 또한 멀리 떨어져 있는 영토들을 통치하기 위한 '매트릭스'로서 도시들의 확장 가능한 은유성이 중화 세계에서의 도시 개념의 역전된 형태라는 점도 주목하기로 하자.

중화 세계에서 도시들은 공간적으로는 구분되지만 정치적으로나 법적으로나 차별화되지 않았다. 도시들이 서구에 있게 되었을 때와 달리, 중화 세계에서 도시들은 어떠한 의미에서건 영토 권력구조의 소우주는 아니었고 그럴 수도 없었다. 제국주의가 동양에 분명 존재했지만, 그 제국주의는 외국 영토들을 가로지르는 정치적 주권의 균등하고 동질적인 침투의 상상을 요구하지 않았다. 중화 세계의 권역들에서 근대적 서구 스타일의 식민주의가 실행되기 위해서는, 영토에 대한 도시의 이러한 특수한 관계가 수입되어야만 했다. 그리하여 제국주의의 첫 번째 과업 중 하나는 새로운 식민 도시들을 극적으로 재구축하거나 건설하는 것이었다. 그러한 과정은 동아시아에서 분명하게 보인다. 동아시아는 근대 제국주의 세계 체계 속에 병합될 세계의 마지막 권역들 중 하나다.

서울과 타이베이에서 일어난 이러한 과정들을 이해하기 위해 일본 제국의 구체적인 역사가 고려되어야 한다. 근대화에 관한 1868년의 메이지 유신 프로그램과 '문명과 계몽'(bunmei kaika) 원리들의 채택 이후, 근대적인 유럽적 산업 민족국가를 창출하는 데 사용되었던 수단들과 방법들만이 가장 효과적인 것으로 고려되었다. 메이지 일본의 독특한 연대기를 보면, 메이지 일본(1868~1912)의 근대 산업 민족국가로의 구축은 일본과 그 식민 영토들 둘 다의 동시적 공간 변형에 의존했다. 말하자면 일본은 근대적 식민주의 논리에 동의함과 동시에, 민족국가 너머로 도시 모델을 확장한다는 푸코의 묘사를 체계화한 셈이다.

근대국가의 제국적 말뚝을 이해한 일본인들은 도쿄대학의 서구 기술과 과학 연구에 전념하는 분과들 한편에 신중하게도 식민 연구 강좌를 개설했다. 메이지 시대에 외국 전문가들을 고용하는 정책(oyatoi)은 법, 금융, 군사, 과학, 문화에서 훈련받은 약 3천 명의 구미 전문가들을 일본에 오도록 했다. 그렇지만 "지금까지 가장 많았던 오야토이는 건설부와 연루되었으며 공학과 건축 분야의 전문가들이었다. 이것 자체가 국가한테 건설이 얼마나 중요한가를 입증하는 지표였다."(Coaldrake, 216~217)

새로운 건설 과학은 메트로폴을 변형하고 근대화하는 데 사용될 최우선의 것이었다. 에도(Edo* 도쿄의 옛 이름)의 쇼군(Shogun* 과거 일본 장군)의 중심지를 대체하고 새로 지명된 수도 도쿄는 "국가의 업무수행과 근대 산업의 발전, 상업과 교육을 위해"(Coaldrake, 208) 재구축되었다. 유럽식의 고전적 재개발 스타일로 디자인된 장엄한 정부 건물들과 함께, 일본의 새로운 제국 중심지는 네오바로크 식의 도쿄 역(1914)을 자랑했다. 당시 도쿄 역은 새로 진행 중인 가로(街路)에 의해 〈제국광장〉과 연결되고 있었다. 70미터 넓이의 가로는 "눈에 띄는 배런 오스망(Baron Haussmann)의 제2제정(*나폴레옹 3세가 통치한 1852~1870년의 제2제정 시기의 프랑스 정부체계, 파리 개조사업을 벌였다) 파리와 같은 당대 유럽 도시들의 극적인 조망-입안(vista-planning)을 반영하였다."(Coaldrake, 227)

일본 군대 체계에도 적잖은 근대적 기관들의 편리함에 일본의 공간을 개방한 것은 주요 식민 수도들에도 동시에 실행된 것이었다. 일본 스타일의 도시계획과 공공 건축은 서구에 의해 주도된 식민 노력에 적절하지 않다고 생각되었기 때문에, 일본 제국주의는 식민주의자의 전통적 스타일의 이미지가 아니라 유럽 스타일의 이미지에 따라 창조되었다. 그래서 원래의 근대성과 식민적 파생물 사이에 전제된 경계는 흐릿하게 되었다.[7](Coaldrake, 7)

일본 제국에 가장 중요한 두 도시였던 서울과 타이베이에서 식민 정부에 의해 처음 착수된 행동들 중 하나는 도시의 성벽을 제거하는 것이었다. 전통적인 중국의 도시계획에 따른 성벽 있는 도시는 중국의 제국 통치의 위대한 상징들 중 하나였다. 타이베이에서는 청(Qing) 왕조(1644~1911)의 감독하에 성벽 하나가 세워졌다. 청 왕조는 1875년에 타이완을 후지 주(Fujian province)의 현(縣)으로 만들었다(일본이 점령하기 직전인 1895년에 타이완은 주province로 승격되었다). 천 씬-추(Chen Hsin-chu)가 그 섬을 관리하는 초대 주지사(magistrate)로서 파견된 후에, 5천미터 길이에 6미터 높이의 성벽을 쌓는 일이 1878년에 시작되었고 근대 타이베이의 심장부라고 할 것을 포위했다(Selya, 22). 한국이 중국 정치와 문화와 수세기 동안 조공 관계를 맺어 온 것은, 중국 스타일의 성벽이 조선 왕조(1392~1910)의 수도(당시 한성이라고 알려짐)를 오랫동안 포위했다는 것을 뜻했다.

타이베이와 서울의 성벽들에는 방향을 나타내는 성문들이 있었다. 일본인들은 이 문들로 사람들이 다니는 것을 허용했다. 이 문들은 예전에 성벽이 있던 도시의 거의 유일한 잔재로 오늘날 남아 있다. (먼저 타이완에서) 도시의 절들은 파괴되고 그것과 함께, 일본인들은 서구의 합리적 입안을 따르는 원리들과 일치하게끔 공간을 재조직했다. 즉, 거리를 일

7 일본에서 서구 스타일의 제국주의 문제에 관해서는 나의 글 「제국적 흉내」(Imperial Mimicry) 참조.

직선으로 만들고 넓히며 획일적인 도시 블록들을 창조하는 식이었다. 그리하여 식민 시기 이전에 중국의 영향을 받은 도시 입안과 일본에 의해 통제된 공간 사이의 역사적 대조는 서구 스타일 식민주의의 편리함 탓이라고 할 수 있다.

건축으로 보자면, 한국과 타이완에서 거대한 신바로크식 식민 행정부 건물들은 새로 지배된 땅 위에 우뚝 서서 흙점(geomantic) 원칙들(중국어로는 펑수이fengshui, 한국어로는 풍수風水)에 기초한 건축 권력의 전통적인 축들을 와해하기 위해 건설되었다. 한국에 있었던 총독부 건물은 이치로 노무루(Nomuru)와 함께 프랑스 건축가 조르쥬 드 라랑드(George de Lalande)에 의해 1912년에 설계되었고 한국의 왕궁인 경복궁 바로 앞뜰에 지어졌다. 이것은 경복궁을 도시와 그 이정표인 광화문으로부터 효과적으로 차단하였다. 타이완의 청(Qing) 행정부의 구조물들도 중요한 건물들을 북쪽에 위치시켜 남쪽을 바라볼 것을 명하는 풍수의 원칙들을 따르도록 유사하게 설계되어 있었다. 도시 역사가 씨아 추-조(夏鑄九)는 "일본 식민주의자들이 일본의 상징인 '떠오르는 태양'을 경배하도록 건물들의 방향을 동쪽을 향하게끔 폭력적으로 바꾸었던"(Hsia, 11) 경위를 기술하고 있다.

신고전주의적 스타일과 신바로크식 스타일들로 된 새로운 기념비적 공공건물들은, 새로운 일본 체계들의 근대성을 상징하였을 뿐만 아니라 일본적인 것의 권위를 구체화했다. 철도역, 은행들, 무역 사무실들, 시청들은 범제국적 철도 망, 근대 금융, 무역체계들, 관료화된 식민 정부를 나타냈다. 식민화하는 프랑스인들과 영국인들처럼 식민화하는 일본인들에게, 공간적 입안은 일상 삶에 적극 개입하고 식민 권력에 상징적인 권위를 부여했다. 그러나 우리는 식민적 근대화와 고국에서의 근대화 사이의 연관 정도가 다른 제국들보다 일본에서 훨씬 더 크다는 것을 본다.

일존 중앙정부에 의해 1912~1922년에 건설된 〈타이완 담배와 와인 전매청〉
〈작은 풀잎 예술 학교〉의 호의로 실림.

도쿄의 의식적인 근대화야말로 제국의 중심이라는 그 새로운 역할에서 유일하게 사리에 맞게 되기 때문이다.

카스텔스가 말하는 첫 번째 종류의 도시를 가리키는 예로서 서울과 타이베이는, 좀 동어반복이기는 하지만, 효과적으로 식민적 메트로폴, 즉 제국 권력과 권위를 작동시키는 지대가 된다. 그러한 도시는 식민주의자/식민화된 사람과 상호 관련되는 도시 형태의 파농 식 이중성을 드러내며, 고국 일본과 식민 한국 혹은 타이완 영토 사이의 지리적 위계를 반향하고 안정시킨다. 킹(King)은 탁월한 인도 행정도시인 델리를 분석하면서 식민 사회의 일반적 경향들을 기술하였다. 식민 당국에 의한 델리의 새로운 조직과 땅의 일반적 재분배하에, 델리는 "(구 도시에서의) 종교적 종족적 카스트적 사회적 직업적 기준과 연루되어 있던, 영토에 근거한 전통적인 사회구조의 부분적인 파괴"(King, 31)를 겪는다. 또 델리는 "점령적 사회경제적 인종적 집단화들과 연결되어 있는, 영토에 기초한 새로운 계급 체계의 건설"(King, 31)에 임한 셈이다.

이것은 서구에서 전근대로부터 근대적 산업 사회로의 변천과 피상적으로는 유사할지도 모르지만 근본적인 차이들을 지닌다. 정치적으로 자율적인 정착들과 대조적으로, 여기서는 이익 때문에 도시 형태들에 영향을 미치고 싶어 하는 소수자들과, 입안한 당국의 통제들 사이에 아무런 이해관계상의 갈등이 없다. 식민주의하에서 도시 형태들과 통제들은 똑같은 체계들이기 때문이다. 그리하여 메트로폴리스에서는 종종 발견되지 않는, 자유와 느슨함이 식민 도시 입안에는 있었던 것이다.[8] 더 나아가 카스텔스는 서구의 산업화에 서구의 도시화가 유력하게 연결되어 있었던 반면, 식민지들 자체는 2차 산업의 증가를 애초에 거의 보지 못했다는 점을 지적한다. 오히려 "산업화의 서구적 과정이 끼친 영향"(*Urban Question*, 46. 좀 바뀐 강조임)이 식민적 도시화의 조건을 결정짓는다. 농촌으로부터 이주하도록 더 많은 압박을 가하는 것은, 도시에 몰려 있는 일자리들이라기보다 메트로폴의 개발을 도와주는 와해적인 농촌 경제의 재조직이다.

또한 일상 삶의 수준에서 그러한 프로그램은 다중적인 공간적 모순들을 산출했다. 식민 지배를 유지하면서 서구의 공적 공간 형태들을 재생산하는 것은 내적으로 갈등적 요소를 지닌 프로젝트이다. 그래서 일본인들은 타이베이에서 새로운 시민적 공간들을 만드는 데 기여했다. 그것과 동시에 식민주의의 위계적 구조는 "자율적인 시민 사회와 시민들을 위한

---

8 식민지 모로코가 프랑스의 도시계획을 시험해 보는 실험실이 되었던 방식을 위해서는 폴 라비노(Paul Rabinow)의 『프랑스의 근대』(*French Modern*) 참조. "공공선을 위해 자산을 몰수하고, 투기를 통제하고, 집단성을 위해 개선으로부터 나오는 이익을 보전할"(Rabinow, 292) 식민 권력은 프랑스에서는 결코 실현될 수 없었다. 여기서 '메디나'와 유럽 도시 사이의 분리 또한 모로코 도시계획의 한 가지 통합적 특징이었다는 점을 주목하라.

어떠한 공적 공간"(Hsia, 12)도 방해하였다.

절이나 다른 기관들에 부착되어 있는 뜰이 유일한 공적 공간을 구성하는 전통적인 중국식 도시계획(Xu, 199)과 달리, 타이베이의 공회당(Public Hall)은 개방된 유럽 스타일의 광장과 인접하도록 건설되었다. 그렇지만 광장의 공적 출현은 다른 쪽에 있는 경찰 본부의 존재에 의해 부정되었다고, 씨아(Hsia)는 논의한다. "국가에 의해 통제되는 공공 영역은 식민적인 의존적 도시의 아이러니로, 공공 영역의 부재를 상징한다."(Hsia, 12) 공공 영역이 존재하면서도 부재하는 것은 식민 권력 관계들의 절합 지점으로서 식민 도시의 역할에 정확하게 기인하다. 도시는 더 큰 식민적 메트로폴리탄 공간들이 의미를 갖게 되는 모순적 과정들과 구조들을 구현한다. 그러므로 토착 인구, 식민 정착민들, 행정가들 사이의 이음새에 위치한 식민 도시는 지구적 자본주의 체계를 생산하는 소란스럽지만 활기찬 지점이다.

여기서 서구 도시에서 파생된 것도 서구도시로부터의 일탈도 아니며 그 자체로 "독특한 실체들"(King, 31)로 식민 도시를 이해하는 킹의 논의가 유용하다. 킹에게 식민 도시는 근대성/식민성이라는 양자의 기능을 발생시키는 통로가 되는 바로 그 마디(node)이다. 킹은 식민 도시를 "횡단-문화적 연구의 실험실"로 간주한다. 그 식민 도시에 대한 조사는 "우리한테 메트로폴리탄 사회의 고유한 핵심적인 특징들을 말해 줄 수 있다." "메트로폴리탄 사회만 연구해서는 절대 분명해지지 않는 …… 특징들"(King, 13) 말이다. 킹은 또한 문자 앞에 선 호미 바바의 정신으로 '제3의 문화'나 혼종성의 영역을 이론화한다. 그것은 " '중립적'인 산포 상황에서 그저 제2의 문화와 상호작용한 결과로서가 아니라 반드시 식민주의의 결과로서 출현하는 문화다."(King, 59)

델리에서 제3의 식민 문화는 "관념 체계들, 의미들과 상징들, 사회구조, 사회적 관계들 및 행위 패턴들의 체계들을 포괄하는 하나의 제도적 인 체계"(King, 65)를 코드화하는 영국 공간과 인도 공간의 결합으로서 이해된다. 일본 사례도 유사하게 혼종적이다. 한국과 타이완에 수출된 도시 제도는 절대로 단순하게 일본적이지 않았다. 킹은 '제3의 문화'라는 용어를 사용하지만, 나는 킹의 개념을 일차적으로 문화적 배치구성이라기보다 공간적 배치구성이라고 이해할 것을 주장한다. 그것은 제3의 항목을 창조하기 위해 단순히 토착 문화에 영국 (혹은 일본) 문화를 첨가하는 문제가 아니다. 그것은 식민 정착, 행정 섹션, 병영과 같은 식민 공간 형태들이 지역의 주거 패턴들과 적극적이고 복합적으로 상호 침투하는 식민적인 만남 자체의 생산을 추적하는 문제다.[9] 우리가 2장에서 보게 될 터인데, 그렇게 역설적인 연결들과 단절들의 체계가 가장 명백한 것은 바로 식민 도시에서다.

통로 도시를 세계화하기(worlding)

우리의 두 번째 도시 유형인 카스텔스의 무역 혹은 통로 도시 또한 메트

9 마누엘 카스텔스도 이와 유사하게 메트로폴리탄 포스트식민 (혹은 그의 언어로는 '종속적') 도시화를 단 하나의 통합된 구조의 분리된 구성요소로서 분석할 필요성을 강조하여 왔다. 그는 비서구에 종종 적용되는 유럽중심적 도시계획 개념들을 피하기 위해 포스트식민 도시화에 관한 특별한 이론을 제안한다. '과도한 도시화', '조숙한 메트로폴리스', '저개발'이라는 용어는 모두 1세계의 발전 패턴을 규범으로 삼고 있어서 피해야 한다는 것이다. 지금까지 분석에서 분리된 "요소들"이 하나의 일관된 "공간의 구조적 이론"을 형성하기 위해 연합한다(*Urban Question*, 125). "공간 분석 분야로 역사유물론의 근본적 개념들을 확장하려는"(Castells, 125) 카스텔스의 프로그램에서 '저개발'이라는 보통 개념은 "기형적인 구조로 착취되고 지배되는" 개념이 되는 것이 선호된다 (Castells, 43에서 인용된 Charles Bettlheim).

로폴리탄 도시화의 기형 판본으로나 단순한 의존적 대상으로서가 아니라, 지구적 자본주의 공간 생산과 일상적 재생산에서의 주요한 마디(node)로서 이해되어야 한다. 여기서 마르틴 하이데거의 풍부한 연구는 좀 더 철학적인 양식으로 식민 도시의 제3의 공간을 다시 사유한다는 점에서 유용하다. 르페브르, 파농, 킹처럼 공간에 관한 하이데거의 저작들은 존재, 권력, 또 (하이데거의 글을 읽는 나의 방식인데) 지정학이라는 더 큰 문제들과 일상 삶의 장소들을 연결한다. 「건물, 주거, 사유」(Building, Dwelling, Thinking)라는 하이데거의 1951년 에세이는 내가 기술해 왔던, 마디(node)라는 도시 형태들의 속성들을 드러낸다는 점에서 적절하다.

하이데거의 예술 이론에 붙인 칸나(Khanna)의 주석에서는 "예술 작품들은 세계를 열어젖혀 사람들이 세계 내 존재 방식을 상상할 수 있게 하는 작업을 한다"고 쓰여 있다. 이러한 의미에서 "세계화하는(worlding) 예술은 '존재의 드러냄'(unconcealedness of being)을 수행한다. 그 예술은 세계 내에 존재하는 새로운 방식을 가지고 오기 때문이다. 동시에 그 방식에 수반되는 대지의 은폐(concealedness)와 함께 말이다."(*Dark Continents*, 3) '존재의 본질적 투쟁'은 하이데거에게는 세계를 연상시키는 밝고 열려 있는 것을 향하는 경향과, 대지(earth)를 연상시키는 은폐되고 숨어 있는 어두운 것을 향한 경향 사이에서 발생한다. 칸나는 "식민화된 공간을 환상적 '대지'로 대체하는 스피박의 유추(analogy)"("Rani," 253 n 18)를 발전시켜 대지에 잠재된 자원들을, 철저하게 실현된 세계의 사회적 정치적 공간과 대립하는 것으로 본다.

이러한 세계화의 창조적이지만 항상 폭력적인 과정은 지구적 식민주의의 기획을 이해하는 데 유용하다. 이 기획에서는 "대지로부터 세계로 넘어가는 것이 지도 그리기를 통해, 땅의 전유를 통해, 또 대지의 원자재를 '세계'의 정치경제적 지리적 범주로 변환시키는 것을 통해 공간에 대한 식민적 통제를 확립하는 것을 뜻한다."(*Dark Continents*, 4) 이 과정에서 은폐되거나 억압되어야 하는 것은 식민 세계의 어두운 대륙들, 즉 여성과 원시적인 것이다. 나는 이렇게 도발적인 개념들을 끌고 와서 도시적인 것 혹은 메트로폴리탄적인 것이 세계로 구획되는 동안, 농촌적인 것 혹은 식민적 대지를 종속시키고 은폐시키는 명백하게 공간적인 메커니즘을 탐문할 것이다.

하이데거는 위치도 공간도 그저 존재하는 것이 아니라 "장소들을 구축하여 공간들을 세우고 만나게 하는"(Heidegger, 360) 건설 행위로 이해한다. 생산되는 것이라는 공간의 본성은 명확해진다. "공간은 본질상 자체를 위해 그 여백(room)이 만들어져 왔던 것, 그 경계 속으로 밀쳐지는 그러한 것이다. 여백이 만들어지는 그곳은 항상 인정되며, 그리하여 다리와 같은 그러한 장소의 힘에 의해 연결되고 모이는 그러한 곳이다. **따라서 공간은 '공간'으로부터가 아니라 장소들(locales)로부터 그 본질적 존재성을 받아들인다.**"(Heidegger, 356. 원본의 강조임)

하이데거의 사유는 건조 형태들(built forms)을, 메트로폴(metropole)과 식민지와 같은 대립되는 공간을 모으고 연결하고 존재성을 부여하는 지점, 위치, '다리'로 생각하도록 우리를 초대한다. 거주/건물에 관한 하이데거의 개념은 "정착과 숙식을 위해 자유롭게 된 장소(place)"를 "그 여백이 만들어져 왔던 것"(Heidegger, 356)으로 보는 개념에 기초를 두고 있음을 주지하도록 하자. 이러한 개념들은, 자연 경제들을 파괴하고 지금까지 '미점유된' 땅을 개간하여 자신의 정착지를 세운다는 식민화 논리를 정의하는 제스처를 견지한다. 진리/현현(presencing, alethia)에 대한 하이데거의 이해는 타자들을 은폐하거나 닫아버림과 동시에 특정한 존재 방식들을 드러내는 과정이기도 하다.[10]

이와 같은 식민 공간의 개간(혹은 재건축) 중에 일어나는 것은, 전유 가능한 영토로서의 땅의 출현 혹은 드러냄(unconcealedness)과 동시에 식민지 이전의 자연경제들과 사회 체계들의 은폐 과정이다. 푸코에게 돌아가 보자. 그러면 하나의 도시가 하나의 국가를 지배하듯 제국 수도가 영토를 지배할 전제 조건은, 제국 수도에 의해 지배되고 각인된 개간 공간 안에서 세계를 드러내는 것이라는 점을 보게 된다. 타이베이와 서울에 있던 일본 제국의 건물들은, 식민화의 바로 그 건설 행위들을 통해 사후적으로 성취되는, 식민지라는 타이완 공간과 한국 공간의 종속성의 상징을 사취한다. 그리하여 전체 식민지의 서발턴 역할은 행정 도시를 통한 세계화의 정치적/사회적 형태에 의해 주어진 현실이기도 하다. 여기서 우리는 지구적/식민적 체계에 그 존재성을 부여하게 되는 중요한 도시의 경위를, 식민 도시가 중요한 틈새 위치가 되는 경위를 본다.

식민적 정착의 두 번째 종류는 기이한 공간적 동어반복을 통해 비슷하게 작동한다. 일본 제국에서 일본과 그 식민 항구인 타이완의 기룽(基隆) 또는 한국의 부산 사이의 연결들은 "[식민지] 자체의 영토 내부에 있는 연결들보다 더욱 강하기까지 했다."(Hsia, 9) 기룽과 부산이 나머지 식민 영토보다 일본과 더 많이 통합되어 있을 정도로 말이다. 식민 항구도시의 모범적인 예로서 싱가포르는 그 전략적 위치로 말미암아 문자 그대로 식민 체계의 재활성화를 허용했던 지점이다. 싱가포르는 차이나 루트(China Route)를 따르는 안전한 항구와, 말레이 군도에 접근하는 지점을 필요로 하는 영국 동인도 회사의 동기에 따라 '창설'되었다(Dale, 2). 스탬포드 래플스(Stamford Raffles)가 지역의 말레이 통치자들과 맺은 조약들을 통해 싱가포르 섬의 소유권을 확보한 이후, 런던에 있는 인도 사무

10 반 고흐 그림과 그리스 사원을 최상의 삽화로 놓는 하이데거의 논의를 위해서는 「예술 작품의 기원」 참조.

소로 그 소유권을 이양했던 1858년까지 싱가포르는 동인도 회사에 의해 운영되는 무역 전진기지로 있었다(Dale, 4). 자체의 자원이 거의 없었던 싱가포르는 애초에 거의 순수하게 무역하기 위한 지점이었을 뿐이다. “동인도 회사에 가장 많은 이익을 보장해 주었던 것은 인도와 중국 사이의 무역, 즉 인도의 면화와 마약, 중국의 차 사이의 거래였다.”(Dale, 7)

싱가포르의 역사는 래플스가 당도했던 1819년에 불가피하게 시작된다. 래플스와 그의 부하들이 식물이 자라는 곳을 개간하고 싱가포르 강에 배수 시설을 하고, 땅을 배분하기 시작할 때까지 싱가포르에는 아무것도 없다고 가정된다(Dale, 13). 다른 배치에서 보면, 다시금 싱가포르는 지구적 무역의 한 마디로서 식민 도시가 작동하는 방식을 드러내 준다. 동남아시아, 인도, 중국을 원자재 생산자라는 역할 속에 조직하는 것을 돕는 한편 이러한 무역 흐름의 중개지로서 이익을 거두는 영국 제국 권력을 강화하는 것을 도와주는 식민 도시 말이다. 그리하여 싱가포르의 설립은 인도와 중국을 (영국을 위한) 병행 가능하며 이익을 거둘 수 있는 무역 블록으로 구획하는 결정적인 계기가 된다. 뿐만 아니라, 20세기 초반에 이르면 세계의 주석과 고무 중 많은 양을 공급해 주는 곳으로서 말라야(Malaya)와 네덜란드령 동인도를 새로 드러내 주는 결정적인 계기가 된다.[11] 그러나 다수의 이민 노동력과 더불어 공간의 작동은 일본 행정도시에서 관찰되었던 것과 달라진다. 일본 행정도시는 토착 주체들을 식민 주체로 변형하기 위해 건축과 구역을 재조정하기(rezoning)를 적극

11 제국 열강들이 착수한 ‘세계화’의 경쟁적 체계들은 공간성의 서로 충돌하는 판본들로 결국은 전쟁으로 유도된다. 이것은 놀랍지 않다. 연계된 무역 영토들에 대한 영국의 비전과 동아시아에 대한 일본의 전면적이고 위계적인 개념화를 대조해 보라. “일본의 식민적 지정학적 구조의 초점은 일본의 내지였다. 그 하위 서클은 호카이도(Hokaitou)와 류뀨(Ryukyu)를 포함했다. 그보다 더 외곽을 구성하는 서클이 한국, 타이완, 만주, 중국이다. 그 사이 가장 멀리 있는 서클, 즉 제국의 가장자리는 동남아시아와 태평양의 섬들을 포괄했다(Hsia, 9)

사용한다.

싱가포르에서 두 종류의 도시들은 모두 종족적 분리라는 질서를 근본적으로 갖는다. 그때 이 질서는 "편의에 근거하여, 각 공동체는 너무 달라서 밀접한 통합은 갈등을 산출하리라는 믿음에 근거하여"(Dale, 15) 있었다. 대다수 인구가 중국계였으며, 이들은 "서구 상품을 수입했던 유럽 상인들과, 자체의 산물을 제조된 상품과 교환했던 동남아시아 생산자들 사이를 [연결하는]"(Dale, 8) 중간상인으로서 영국에 의해 활용되었다. 이러한 노동의 인종적 분할은 인종들의 계획된 공간 분할에 반향되고 있었다. 데일(Dale)은 초기 도시에 관해 다음과 같이 쓰고 있다.

> 유럽 구역은 정부 부문과 북쪽의 아랍 구역 사이에 있는 로코르(Rochor) 평원의 광범위한 지점을 점유하고 있었다. 아랍 구역은 술탄(Sultan) 후세인에게 할당된 20헥타르의 캄퐁 글람(Kampong Glam)에 인접한 주어진 땅이었다. 바다를 두려워하는 민족인 부기 인들(Bugis* 인도네시아 셀레베스 Sulawesi 섬의 남부 반도를 중심으로 분포된 부족으로 아랍 구역을 이룸)은 해안을 따라 더 동쪽으로 옮겨 갔다. 상업 구역과 인접한, 강의 서쪽 구역 전체는 중국 공동체들(*중국 화교 구역)에 할당되었다. 인도인들이나 출리아 인들(Chulias* 무슬림 상인들로 말레이 구역을 이룸)은 더 상류 쪽의 땅을 할당받았다.(Dale, 14~15)

중국의 전쟁과 기근을 피해 상가포르로 계속 도망쳐 왔던 중국 이민들의 유입은 1930년에 24만 2천 명이라는 숫자에 도달에 절정에 이르렀고(Dale, 21) 중국 구역에 만성적으로 과도하게 밀집된 가게 집(shophouse)들을 양산하게 하였다. 서울이나 타이베이의 고도로 합주된 행정적/상징적 식민 역할들과 달리, 싱가포르는 무관세 무역 지점이라는 이데올로기의 육체적 구현물로서 가장 잘 이해될 것이다. 조화로운 지구적 무역업에서 각기 제 위치를 찾으리라는 전제에 따라 서로 다른 구역들이 다

1930년대 싱가포르 행정부 구역.
앞쪽에 있는 것이 〈빅토리아 기념 홀〉(Victoria Memorial Hall)이며, 오른편 건물이 대법원, 뒤쪽 언던 위에 있는 것은 포트 캐닝(Fort Canning) 군사 본부이다.
(Popperfoto/Getty Images에 의한 사진)

른 종족 집단에 그저 할당되었을 뿐이다.

그렇지만 다른 정치적 형태들 및 노동 패턴들과 서로 관계를 맺고 있는 인종적으로 분리된 구역들을 갖고 있는 식민 싱가포르의 모순들은 제국적 체계에 의해 요구된 세계화의 결과에 지나지 않는다. 그저 인적 에너지 자원들로 밝혀진 중국 노동자들과 연루된 도시 형태는 사치스러운 영국 주거 섹션들과 웅장한 정부 사무실과 반드시 대립을 이룬다. 중국 구역의 과도하게 밀집된 더러운 삶의 조건들은 고상함과 위생에 관한 영국의 감각을 모욕하는 것이었다. 그렇지만 어떤 의미에서는 그러한 중국 구역들은 식민무역 체계에 요구되는 형태였다. 여(Yeoh)는 1층에서 하는 장사와 2층에 있는 수많은 주거용 입방체를 결합하는 좁은 2층짜리 구조물로 되어 있는 가게 집 체계와, 그것이 식민 경제에 얼마나 합당한 것인가에 대해 다음과 같이 쓰고 있다.

> 생산적인 일과 소비의 물리적 통합은 통근을 폐기함으로써 교통비를 최소화했을 뿐만 아니라, (1921년 도표에 따르면 적어도 10만 명 혹은 30퍼센트 이상이라는) 다수의 중국인들, 즉 임시직에 의존하거나 서비스 부문 일에 종사하는 중국인들이 잠재적인 고용주나 고객들과 쉽게 만나도록 중앙 구역 (혹은 항구 가까운 곳)에 남아 있도록 허용했다. ……
>
> 이렇게 입방체 형태로 삶의 공간을 세부 분할하는 체계는 비싼 월세를 명했던 도시 공간의 중심 구역에 하부 세입자들도 살 수 있게 하는 메커니즘 기능을 했다. 입방체 체계는 노동 계급으로 하여금 월세를 지불하는 숙박을 최소화하게 했다. 집이나 완벽한 방은 아니더라도 노동계급들의 생계수단 안에서 가능했던, 좀 높은 월세를 지불하는 숙박 말이다.(Yeoh, 144)

여기서 우리는 생산력을 비축하는 자본주의의 친숙한 경향을 인식한다. 그러나 싱가포르의 식민 도시 체계는 이 경향에다, 제국주의 무역체계에 필요한 매개적 노동인구와 인종적 분리의 복합화를 추가한다. 초기 유럽 산업 중심지들과 달리 식민 도시의 더러움은 개혁을 입안하는 대상으로서 언급될 수 없다. 왜냐하면 그 더러움은 명백히 싱가포르의 경제적 존재 이유와 일치했기 때문이다. 따라서 제국적 의미(sense)에서는 허용될 수 없었던 만큼, 인종에 근거한 노동 체계를 철저하게 조사하지 않으면서 노동 계급들의 더러운 조건들은 어둠에 대한 아시아인들의 일반적 선호 탓이라고 간단하게 치부되었고, 비위생적인 차이나타운은 마지못한 영국 주거 법령에 의해 거의 변화되지 못했다.

어떤 영국 의사는 이 문제를 놓고 다음과 같이 논평했다. “아시아인은 기거하는 집에 들어오는 공기를 좋아하지 않는다. 그래서 그곳에 얼마나 많은 창문이나 환풍기가 있는지는 중요하지 않다. 아시아 사람은 늘 그것들을 닫는 데 열성이다. …… 여러분이 [아시아 사람]에게 방을 많이 내주어 봤자 [전혀] 대수롭지 않다. 그들은 함께 뭉쳐 살 테니까 그렇다." (Yeoh, 142에서 인용된 클레니 박사Dr. Glennie의 말) 실로 1918년에 이르자 입방체 주거를 불법화하려는 시도는 그저 폐기되었다(Yeoh, 148). 1850년대 중국인들의 폭동은 영국 정부로 하여금, 도시를 외국 상선이나 외국의 침략으로부터가 아니라 차이나타운에서 더 있을 소요로부터 보호하는 새로운 요새를 짓게 하였다(Yeoh, 17). 이러한 군사적 요새화는 이렇게 내부적으로 모순적인 공간 체계를 궁극적으로 보장해 주었다. 이것에 대해 데일은 다음과 같이 쓰고 있다.

> 표면적으로 보면, 번창하고 부유한 특히 유럽인 구역의 삶은 결코 그다지 유쾌한 것은 아니었다. 당시는 초록 잔디로 에워싸인 아름다운 집에 우아하게 살고, 수행하는 하인들의 보살핌을 받는 시대였다. 싱가포르는 아시아적 기준으로 보면 예외적으로 깨끗한 도시였고, 도시의 중심과 패션 감각이 있는 주거 구역들은 세심하게 유지되었다. 그러나 대다수 인구가 더러움 속에서 살았다. 영양실조에다 유아 사망률은 높았다. 1930년대에 대부분의 유럽인들은 더 밀집된 도시 부문들의 가난, 슬럼가, 범죄를 잊고 살 수 있었다.(Dale, 21)

여기서 우리는 식민 체계에 의해 생산된 근본적인 공간 불일치로 돌아간다. 세계의 한 구역을 지배자, 이윤을 거두는 자, 소비자로 드러내고 세계의 다른 부분을 자연 자원들이나 노동자원들의 보유지로 각인하는 가운데 현현(presencing)과 은폐(concealing) 사이에서 각축하는 하이데거 식 투쟁은 빛의 구역과 어둠의 구역 사이의 현저한 대조를 통해 그것 자체를 도시 수준에서 표명한다. 그때 그 차이들은 더 어두운 인종들과 더 어두운 환경들 사이의 연계에 의해 편리하게 설명된다. 식민 행정 도시의 모순된 공간들처럼, 인종적으로 분리된 싱가포르 식 도시 공간은 식민주의에 고유한 착취의 결과이자 정당화이다.

이렇게 소란스런 이중성은 일정한 정도로 모든 식민 도시들에서 발견될 것이다. 킹은 델리라는 식민 도시 내부에 있는 분명한 구분들을 묘사하면서 유사한 결론에 도달한다. 싱가포르처럼, 델리의 식민 도시 정착지, 즉 식민화하는 사람들이 거주하는 도시 부문은 "사람들이 잘못 알고서 20세기 초반 중상층 계급 사람들이 기거하는 유럽 교외와 비교하기도 하는" 구역이며, 큰 주거 구역과 열린 공간, 수도, 하수구, 전화, 전기와 같은 근대적 삶의 안락함이라는 특징을 지닌다(King, 33). 이와 대조적으로 싱가포르의 차이나타운처럼, 토착 도시로의 영구 이민은 근대적 삶의 안락들이나 교통 체계들 없이 극단적으로 밀집한 주거와 스쾃 정착지들로 귀결된다(King, 33~34).

데일의 싱가포르와 파농의 알제처럼, 킹은 '식민 도시의 사회적 공간적 구조'를 그저 정교하게 말하고 있을 뿐이다. 그렇지만 그의 묘사는 두 세계의 공존에 의해 생산되는 필수적인 **오인**(misrecognition)을 드러낸다. 식민 도시의 정착지에 도착한 누군가가 자신의 구역을 식민 인도의 수도라기보다 중상층 유럽인들이 거주하는 교외라고 아마도 잘못 알 테니까 그렇다. 이와 똑같이, 싱가포르의 유럽인 구역의 '우아한 삶'은 차이나타운의 가게 집들을 망각할 것을 불가피하게 요구한다. 싱가포르의 바로 그러한 감각적 경험은 그 한 면을 폐제할 것을 요구한다. 물론 그러한 역설은 식민지의 대지에 가해진 자원들과 노동만을 산출하라는 불가능한 요구로부터 나온다. 그 사이 다른 토착적 전식민적 혹은 이민적 존재 방식들은 식민주의에 불가피한 초과로서 봉쇄된다.

행정 중심지와 항구도시라는, 식민 도시의 두 범주는 식민주의의 모순적 형태들을 통해 세워지고 작동된다. 우선, 식민 도시주의는 메트로폴

1930년경의 싱가포르 보트 부두와 가게 집들
(Popper foto/Getty Images에 의한 사진)

리탄 도시 개발에 관한 설명과 어긋나는 것 같다. 파농의 '깜둥이들' 도시나 싱가포르의 음침한 차이나타운은 도시화, 문명화, 무역의 진보적 역사 외부에 있다. 그렇지만 좀 더 큰 세계 체계 시각과 그 도시들의 구체적인 역사로부터 조사해 보는 것은 제국주의와 근대성과 관련된 그 도시들의 본질적인 기능을 드러내 준다. 식민지와 메트로폴 사이의 교량으로서 그 도시들은 이러한 영토적 구분들 자체를 생산하는 데서 결정적이다. 내부적으로나 외부적으로나 그러한 공간들은 역설, 분할, 배제, 모순을 풍부하게 갖는다.

우리는 다음과 같이 시작했던 파농의 이분법적 묘사를 냉혹하게 돌아보는 자신을 발견한다. "두 구역은 대립하고 있는데 더 높은 통일성으로 나아가기 위한 것이 아니다.” 식민 도시의 이질적 형태들 내부에서 우리는 진행 와중에 있는 그러한 세계화의 세밀한 과정들을 고려해야만 한다. 일련의 어떤 물질적, 경제적, 문화적, 심지어 심리학적 존재 방식들은 도시 체계에 의해 드러나고 질서를 갖는다.

우리는 서울과 타이베이와 같은 식민 행정도시의 드러냄(unconcealing)이, 풍수지리적인 도시 관점으로부터 서구-일본의 합리화된 도시주의에 입각한 관점으로 변천하는 과정에 개입하는 경위를 살펴보았다. 제국의 중심과 환유적으로 연결되어 있는 행정도시는 메트로폴리탄 중심(국가 건물들, 은행들, 사업들, 정착민들의 주거 구역들)의 부분들을 복사할 뿐만 아니라, 토착 영토에 질서를 잡고 통제하는 수단들(병영, 경찰서, 무역독점)을 보유한다. 이와 유사하게. 여(Yeoh)가 지적한 바, 통로 도시의 코스모폴리탄 지구적 기능들은 “식민 통치를 확립하고 체계화하며 유지하는 그 정점에 있는 역할과 분리해서는 이해될 수 없다.”(Yeoh, 1)

다음 2장은 우리의 초점을 바꾸어서 그러한 근대적 도시 형태들을 동화시키고 그것들에 반응하는 식민 문학의 방식을 탐색할 것이다. 바우컴(Baucom)이 자신의 ‘도시권 모더니즘’이라는 개념에서 논의했듯, 그러한 도시들은 근대성 외부에 있지 않다. “근대성은 하나의 사물이 아니라, 하나의 체계, 즉 연결들과 적극적인 단절들의 체계, 축적과 착취의 체계, 개발과 영락의 체계”(“Township,” 237)이기 때문이다. 그렇게 복합적인 힘들의 연결망으로서 식민 도시 형태들은 근대성과 반식민주의의 문학적 표현들 안에서 전면에 나타난다.

2장
아시아의 고아들: 근대성과 식민 문학

근대성은 도시들의 삶에 압축되어 있는 특징적인 생산양식에 의해 발생되었으며, 산업화하는 세계 전체를 거쳐 굴절되었는데 특히 반(半)주변부와 아시아의 식민 영역들에서 그렇다.

—해리 해러투니언(Harry D. Harootunian), 『역사의 요동』(*History's Disquiet*)

어긋나는 근대성(Discrepant Modernity)

염상섭의 1924년 소설 『만세전』[1]은 식민 한국(혹은 당시 조선이라고 알려진)을 가장 완벽하게 재현하는 작품으로 논할 수 있다. 그 소설에서

1 염상섭의 소설이 1919년의 저항 운동에 이르기까지 식민 사회를 그린 만큼, '만세'는 보통 '3·1운동'으로 번역된다. 이 운동은 〈파리 평화 회담〉에서 위드로우 윌슨 대통령에 의해 선포된 약소국들의 자결권에 직접 고무되었다. 일본에서 공부하던 학생들에 의해 선도된 대중 항의는 경성에서 집결되었고, 〈조선 독립 선언문〉이 낭독되었다. 이 운동은 국제적인 관심을 거의 받지 못한 채, 일본 경찰에 의해 무자비하게 진압되었다.

화자 이인화는 일본에서 유학 중이었는데 아내가 중병에 걸리자 귀국 요청을 받는다. 그는 아내에 대해서는 거의 신경을 쓰지 않고 도쿄에서 남쪽으로 기차를 타고 간 일, 배를 타고 부산으로 간 일, 그런 다음 한반도에서 경성(서울)으로 기차를 타고 올라간 일에 대해 이야기를 한다. 『만세전』은 새로운 수송 체계를 따라 인화의 통행하는 과정을, 또 급속도로 근대화하는 도시들을 거쳐 지나가는 과정을 우울, 죽음, 쇠락의 지배적인 느낌을 갖고 묘사한다.

인화는 경성으로 가는 기차에서 여행 중인 세일즈맨을 만난다. 세련되고 일본화된 학생에게 열렬히 말을 걸고 싶어 하던 이 남자는 인화에게 전통적인 조선의 분묘와 대립되는 도시의 공동묘지에 대한 식민정부의 주장에 관해 물어본다. 그 세일즈맨은 헌병에 의해 다른 곳으로 가기 전에 못 믿겠다는 듯이 "일본에는 진짜로 공동묘지가 있나요?"(Yŏm, 105/119* 『만세전』, 문학사상사, 2004) 하고 묻는다.[2] 화자 인화는 최근에 형수의 매장에 관해 형과 나누었던 대화를 생각하며 찌푸린 표정으로 "예기치 않게 이 세일즈맨도 무덤을 거론하고 있었다"(Yŏm, 104/118)고 지적한다. 『만세전』 중에서 가장 빈번하게 논의되는 장면에서 주인공은 어떤 조선 여성 죄수를 가혹하게 대하는 과정을 관찰하고 지역의 젊은이들이 "썩어가는 양배추 잎처럼 생긴 얼굴들"을 갖게 된 경위를 지목한다. 그는 "이것이 살아 있는 걸까? 모든 이가 죽었다! …… 이것은 무덤이야! 구더기로 들끓는 무덤이라구!"(Yŏm, 111/125)

도쿄의 코스모폴리탄 쾌적함(과 술집 일본 여자의 관심)을 즐기고 있었던 박식하고 철학적인 문학 생도에게, 도시화하는 조선의 경관을 거쳐가는 그의 여행은 음침한 식민 사회의 모습을 가시화한다. 물론 눈에 띄

2 달리 주를 달지 않고 나오는 『만세전』의 영어 번역은 모두 저자가 한 것이다. 한국어본(『만세전』, 문학과사상사, 2004) 쪽수를 함께 병기하였다.

는 것은, 조선 공간들의 바로 그 근대성을 죽음과도 같고 소멸해 가는 무엇으로 주인공이 경험한다는 점이다.

2장은 1920년대 중반부터 1945년에 독립되기 직전까지 출간된 한국 텍스트들과 타이완 텍스트들에 나타난 식민 영토의 재현들을 심문하면서[3] 식민 거주라는 문제에 관심을 기울인다. 2장 내내 나오는 핵심 비유는 **어긋남**(the discrepant)이다. 이것은 에드워드 사이드에 의해 단일한 견해로는 볼 수 없는 연결들과 관계들을 만드는 방식이라고 기술된 대위법적 관점을 말한다. 사이드에게 이 어긋나는 경험을 경유하는 사유하기란 필수적인 중대한 과제다. "우리는 각기 특정한 의제, 발전 속도, 자체의 내부 규정들, 외부 관계들의 그 내적 일관성과 체계를 갖는 서로 어긋나면서도 공존하고 서로 상호작용하는 경험들을 통해 사유하고 그 경험들을 함께 해석할 수 있어야 한다."(Said, 32) 이인화를 뒤흔드는 경성 경험은 이렇게 어긋나는 경험의 정수라고 묘사될 수 있을 것이다.

이제 우리는 1장의 식민 시기 동아시아 공간의 역사를 기반으로, 식민 도시 공간들의 근대화에 의해 활용 가능하게 된 개념적 틀들을, 또 그것들이 리얼리즘 문학 양식과 모더니즘 문학 양식에서 실현되는 방식을 탐색할 수 있을 것이다. 과정들, 힘들, 욕망들의 배열을 망라하는 핵심 개념인 근대성에 관한 질문은 두 가지 비교 방식으로 제기된다. 첫 번째는 리얼리즘적 묘사와 모더니즘적 추상의 문학 전략들을 일깨우는 개념으로서 근대성을 대하는 것이고, 두 번째는 샤를 보들레르와 게오르그 짐

---

3 일부 신문의 문예란에 기고된 것을 제외하고는 식민 시기 싱가포르 문학이나 말레이 문학은 거의 없다. 옹윤와(Wong Yoon Wah)는 이와 같은 빈약함에 대해 다음과 같이 쓰고 있다. "제2차 세계 대전 종전 이전에 나온 중국어 문학의 양은 얼마 되지 않는데, 드문 예를 제외하면 질에서도 떨어진다. 그 글쓰기는 중국에 있는 독자들을 위한 것과, 지역의 중국인들을 겨냥해 쓰인 것, 두 그룹으로 나눌 수 있다. 그러나 두 종류 다 일차적으로 공리주의적이고 정치적이다."(Wong, 15) 식민 시기 중에 비영국 인구에 의해 영어로 쓰인 작품 또한 얼마 되지 않았다.

멜과 같은 작가들에 의해 정전화된 도시 근대성에 관한 좀 더 광범위한 서구 개념과 비교되는 것으로서 근대성을 대하는 것이다. 나는 이렇게 다양한 가치를 개입시키는 연구를 착수하면서 "비유럽 식민지들의 근대성은 유럽 근대성의 식민적 핵심만큼 논쟁의 여지없이 명백하다"(Barlow, 1)는 타니 바로우(Tani E. Barlow)의 진술을 나의 출발점으로 삼는다.[4] 타이베이와 경성이라는 식민 도시의 중심들이 그렇게 검토되는 것은, 근대성의 실존적 모순들을 그 미세한 일상 수준에서 드러내는 방식을 찾기 위해서이다. 그 모순들은 역으로 문학 형식에 새로운 요구를 한다.

1장에서 식민 도시는 본질상 마디의(nodal) 모순이며, 메트로폴리스도 식민지도 아니고 오히려 그 구분을 생산하는 것이라고 한 점을 상기하도록 하자. 2장에서 자본주의, 식민주의, 근대성의 서로 겹치는 의미들을 성찰하느라고 이 어긋남에 말을 거는 것은 세 텍스트의 문학적 분석이다. 여러 서사들은 이렇게 모순적인 근대성을 그 형식과 내용 양쪽에서 최상으로 매개하는 것으로서의 도시를 공통으로 가지고 있다. 나는 바로 이 점을 입증할 것이다. 예컨대 염상섭의 『만세전』에서 도쿄에서 보낸 이인화의 태평스런 삶과 조선의 음울한 현실들 사이의 완강한 어긋남은 새로운 종류의 개념적 틀과 서사 전략을 요구한다. 궁극적으로는 하나의

4 문자 그대로 유럽 근대성들은 식민지의 물질, 무역, 노동에 의한 부에 근거하고 있었다. 혹은 월터 미뇰로(Walter Mignolo)가 요약하듯, "식민성 없이는 근대성도 없다."(Mignolo, 43) 2장에서 나는 '근대성/식민성'에 관한 미뇰로의 규정에 빚지고 있다. 라이언Ryan 주교 외 몇 사람은 사전, 지문 찍기, 형법 체계, 전신 연결망, 의학 연구와 같은 형태로 식민지에서 메트로폴로의 신기술 이전에 주목함으로써 이 이중적 개념을 확증해 준다(Ryan, 24). 일본 제국의 경우 더 오랜 유럽 제국과 비교하노라면 , 메트로폴리탄 근대성들과 식민지 근대성들의 동시성은 더욱 명백해진다. 일본이 최초로 식민지로 만든 타이완(1895년)의 경우, 메이지 유신에서 개시된 근대화 추진(1868)을 곧 뒤따랐다는 점에서 그렇다.

일관된 반식민 비판으로 합쳐질 면밀한 관찰들, 자세한 묘사들, 철학적 성찰들을 수행하기 위해서 그렇다.

2장의 첫 번째 부분에서 나는 염상섭의 『만세전』을 타이완 작가 우쭈오리우(吳濁流* 1900~1970)의 『아시아의 고아』(1945)(일본어로는 Aija no koji, 중국어로는 Yaxiya de gu'er)와 함께 검토함으로써 도시적 어긋남의 경험이 반식민 리얼리즘 문학을 구조화하는 경위를 고려한다. 두 번째 섹션에서 나는 이상의 『날개』(1937)를 면밀하게 읽음으로써 경성이라는 주변부 식민지에서 생산된 눈에 띄게 모더니즘적인 문학의 등장을 고려한다. 식민성이 명백하지만 보이지 않는, 유럽 근대성이나 일본 근대성의 핵심이라면, 파농적인 식민 도시의 이중성은 반식민 사상을 자극할 뿐만 아니라 그렇게 흩어진 체계의 양상들을 연결하고 압축하는 독특한 인식소적 관점을 제공할 것이다.

2장에 동기를 부여하는 질문들은 다음과 같이 요약될 수 있다. 19세기 말엽과 20세기 초반에 중화 세계가 소멸하고 "동아시아를 휩쓸었던 근대화 운동"(Fulton, "Historical," 620)이 일어났던 특수한 지정학적 상황이 어떻게 그 권역의 문학적 근대성들에 영향을 끼친 것일까? 근대적 도시 삶, 소비, 여행, 젠더, 일상성에 관해 잘 연구된 질문들은 식민 영토에서는 어떻게 달리 진술될 것인가? 식민 세계의 어긋나는 공간들은 어떻게 도구, 통로, 권력 기관, 자유의 장소 혹은 감옥으로서 형상화되고 상상된 것일까? 짧게 말해 어떤 종류의 근대성이 그것들 안에서 경험되었던 것일까?

해외 유학생들, 고아들, 도시 형태의 리얼리즘

앞에서 살펴본 『만세전』의 짤막한 장면이 나타내듯, 조선을 외부 세계와 부정적으로 비교하는 비유는 식민 시기에 강력하였다. 실로, 해외 조선 유학생들의 경험을 묘사하는 초기 서사들은, 조선의 식민화를 피하기 위한 하나의 방식으로서 서구/일본 노선을 따라 조선을 근대화하고자 했던 19세기 말의 개혁 담론들과 많은 부분을 공유했다.

우리는 한국 근대문학의 시작을, '신소설'이라고 공통적으로 알려져 있는 장르를, 바로 그러한 비교주의적이고 개혁 지향적인 이론들을 위해 요구되는 언어적 도구라고 생각할 수 있다. 1906년부터 연재 형식으로 발간되었던 이인직의 『혈의 누』는 중국의 영향을 받은, 놀라운 이야기들, 전기적 소설들, 비공식 역사들과 같은 장르들로부터 결별하는 작품이었다. 토착 조선어(한글)를 사용하고 사회적 현실에 초점을 맞춘 『혈의 누』의 면모는 새로웠다. 당대 현실의 조건들에 맞서는 한 개인의 진전을 지속적으로 묘사한 것도 새로웠다.[5] 나아가 『혈의 누』에서는 근대 일본이나 미국의 리얼리즘적 묘사들이 후진적인 조선과 대조되는 명백한 공간적 대조를 나타낸다는 기능을 수행하고, 민족들 사이의 발전의 위계에 물리적 형태와 내용을 부여한다. 그러므로 리얼리즘은 18세기와

5 고전 중국어로 된 문학은 개혁 시대에 계급에 기초한 체계가 붕괴될 때까지 가장 위신 있는 문학 형식으로 간주되었다. 개혁 시대에 공무원 시험과 학자-관료 직업은 끝장났다. 좀 더 자세한 내용을 보려면 김형규, 「중국어로 쓰인 조선 소설」 참조. 일상적인 토착 조선 소설(한글의 자음과 모음에 따라 쓰인 문학)은 17세기 이후 대중성을 확보해 나갔지만 대체로 여성들이 읽는 낮은 수준의 문학 형식이었다. 20세기가 시작될 무렵에, "중국 문학의 영향력은 쇠퇴했고 한글을 사용하는 다양한 문학 형식들이 독립신문, 대한매일신보, 그 밖의 많은 다른 신문들을 통해 대중에게로 확장되었다."(권영민, 「20세기 초기 소설」, 390) 『혈의 누』가 나온 지 몇 년 후 1917년에 출간된 이광수의 『무정』은, 『혈의 누』 다음으로 가장 중요한 근대 문학적 성취라고, 김형규의 『한국문학의 이해』와 같은 한국민족 문학사 책에서 보통 지명된다. 『무정』에서는 열등성이나 개인적 주체성에 관한 근대적 감각이 그 표현을 찾는다. 이러한 이유 때문에 근대 한국문학은 종종 1917년에 시작된다고 한다. 과도기라고 간주되는, 1917년 이전의 몇 년 동안 적극적인 실험을 거친 뒤 『무정』이 나온 것이다.

19세기에 걸쳐 발전된 유럽 장르에 필적하는 동양 장르라고 간단하게 이해될 수 없다.

아시아 문학에서 리얼리즘 장르는 자본주의적 중간 계급의 발흥 및 세속적 시야와 연결되지 않았다. 오히려 서구 및 일본의 영향을 받은 근대성이 전통 문화와 사회에 전유되고 대립되는 여러 방식 중 하나가 리얼리즘 장르였다. 3·1독립운동의 실패로 환상에서 깨어난 조선 작가들에게 몇 가지 선택지가 열려 있었다. "상징주의 시인들처럼 도피주의적이거나, 민족주의자들처럼 선전을 일삼거나, 또 맑스주의적일 수 있었다." (O'Rourke, 651) 문학적 리얼리즘은 삶을 '있는 그대로' 그리고자 하는 맑스주의적 양식으로 연계되었다.[6] 문학적 리얼리즘은 카프(KAPF* Korean Artista Proletaria Federacio, 1925~1935)의 기치 아래 통합되어 잠깐 추진되었던 프롤레타리아 문학(노동 문학) 운동의 형태를 띠었다. 카프 작가들은 문학을 계급의식과 노동자 연대를 고양시키는 수단으로 보았고, 산업화에 대한 비판을 일본에 반대하는 반식민주의와 혼합시키면서 "노동자들을 예술과 정치의 핵심 주제로 만들었다."(Barraclough, 347) 염상섭, 김동인, 현진건과 같은 작가들 또한 유럽 자연주의의 영향을 받았고 "인간을 억압적 사회에서 사는 존재로, 성(性), 분노, 가난, 결혼체계, 정치체계와 같은 힘들의 희생물로 보았다. 이 힘들은 불가피하게 패배와 파괴를 유도하였다."(O'Rourke, 652)[7] 자연주의 양식을 의식적으로 사용한 몇몇 조선 작가들 중 한 사람인 염상섭은 정치적 의식의 고양이라는 문학의 기능을 무시하지 않는다.

그리하여 조선에서의 리얼리즘은, 리얼리즘의 서구적 전개와 달리, 제

---

6 일본에서 교육받은 조선 작가들의 리얼리즘 파는 졸라, 모파상, 톨스토이, 투르게네프, 도스토예프스키, 와일드의 번역 작품에 영향을 받았다.

7 이러한 종류의 문학 리얼리즘을 보여 주는 최상의 예들은 김동인의 「감자」와 현진건의 「운수 좋은 날」이다.

도적 억압을 묘사한다는 좌파적 과업과 사회라는 실험실 내부에 있는 개인에 대한 자연주의적 관심 둘 다와 긴밀하게 연결되어 있었다.[8] 『만세전』은 노동자 소설도 아니며 개인에게 끼친 환경의 영향만 다룬 작품도 아니다. 이 소설을 전형적인 리얼리즘 양식과 구분해 주는 것은, 위계와 모순에 의해 경험되고 묘사되며 표시되는 일본과 조선의 근대도시 공간들의 특수한 방식이다.

『만세전』의 서사적 음조 자체가 도시 공간에 대한 대조적 경험들에 의해 전달된다. 도쿄에 있는 화자이자 주인공인 인화는 귀국하라는 전보를 받은 후 자신이 느끼는 불편함에 기이하게도 초점을 맞출 수도 그 불편함의 정체를 알 수도 없자, 그는 다음과 같은 명상에 빠진다. "마음은 어찌하여 그렇다고 꼭 집어 말할 수 없이 …… 조바심이 나서 못 견딜 지경이다. 자기 자신에게 대한 반항인지, 자기 이외의 무엇에 대한 반항인지 그것조차 뚜렷이 알 수 없으면서 …… 터무니없는 울분이 가슴 속에서 용심지 같이 치밀어 올라왔다."(Yŏm, 21, 1부/32) 조금 후 "나는 참을 수 없어 포병공창 앞으로 달아나는 전차에 뛰어올랐다."(Yŏm, 21~22, 1부/33) 일단 화자가 전차에 올라타자, 일본의 새로운 공장에 통근하는 노동자들을 무덤덤하게 훑어보는데 "노역과 기한에 오그라진 피부가 뒤틀린 얼굴밖에"(Yŏm, 21~22, 1부/33) 비치지 않는다.

이와 같은 장면에서 도쿄의 도시적 근대성은 그 군사주의적이고 착취적인 측면(포병 공창, 뒤틀리고 오그라진 노동자들)을 너무나 분명하게

8 도시 빈민으로 사는 비참한 부부의 이야기를 그리고 있는 김동인의 「감자」는 이러한 환경을 묘사한 유명한 작품이다. 이야기의 시작은 이렇다. "싸움, 간통 …… 칠성읍 …… 그들은 한때 농부 ……"(Kim, 16/24* 『감자』, 신원문화사, 1996) 도덕적 타락은 이러한 공간들 내부에 자리 잡고 있는 것으로 이해된다. "빈민가 주민들의 주요 직업은 비럭질이었다. …… 복녀는 나머지 사람들과 비럭질을 하기 시작했다."(Kim, 17~18/25~26)

전시한다. 그렇지만 주인공은 자신의 고뇌가 어디서 기인하는지 고집스럽게도 알지 못한다. 그는 (일본) 프롤레타리아트의 광경에 혐오와 동정심을 느끼는 동안에도 인간의 욕망과 추구에 대해 고상하게 성찰한다. "제일 순진하고 아름다운 것은 전차 속에서나 거리에서 청춘남녀가 본능적으로 이성의 미(美)를 부산히 찾는 것"(Yŏm, 23, 1부/34)이다.

인화의 귀국은 자신의 고뇌를 구체적이고도 비판적인 시야 속에 초점을 두게 한다. 그는 연락선 대합실에서 정지당하고 검색을 받을 뿐만 아니라 배에 승선한 3등실 승객 무리 가운데서 자신의 좌석을 빼앗긴다. 게다가 헌병의 계속되는 감시는 화자를 그 여행 내내 정체를 알 수 있는 긴장에 빠트린다. 안지나(An Ji-na)가 지적하듯, "연락선에서 겪은 인화의 경험은 근대성이라기보다 식민성이라는 자신의 위치를 인식하게 만들며," "개인적 좌절에서부터 민족주의적 저항의식이 싹트게 되는 것은" 바로 이러한 서사 메커니즘의 반복을 통해서이다.(저자의 번역, 183) 인화는 민족을 근대 시기로 이끌 사람들, "신시대 신지식의 선구인 [듯이 치어다보는] 일본 유학생"(Yŏm, 102, 6부/116) 중 한 사람이라는 데 대한 자부심과 확신을 갖고 있다. 그렇지만 근대성의 지점으로서 일본과 조선 사이의 충격적인 불균형은 인화로 하여금 식민지 근대화에 의해 구체화되는 모순과 불평등에 대한 새로운 인식을 갖게 한다. 짧게 말해 그의 의식은 어긋나는 공간 경험을 통해 정치화된 것이다.

그리하여 메트로폴리스 공간과 식민 공간에 대한 파노라마식 묘사가 『만세전』의 진정한 서사 대상이 된다. 일본에서 공부하다 막 조선에 돌아온 주인공 인화에게 조선 공간에 침투하는 도시적 형태들은 식민주의자들의 비도덕적이기는 하지만 코스모폴리탄적인 형태들에 의해 받는 유혹을 가리킨다. 일본에서 밤새 배를 타고 부산에 도착한 인화는 급속하게 변화하는 도시 경관을 다음과 같이 조망한다.

"부두를 뒤에 두고 서편으로 꼽들어서 전찻길을 끼고 큰길을 암만 가야 좌우편에 2층집이 쭉 늘어섰을 뿐이요, 조선 사람의 집이라고는 하나도 눈에 띄는 것이 없다.

...... 한 집 줄고 두 집 둘며, 열 집이 바뀌고 백 집이 바뀌어 스러져 가는 집은 헐리고 어느 틈에 새 집이 서고, 단층집은 2층으로 변하며, 온돌(ondol)[9]이 다다미(tatami)가 되고 석유불이 전등불이 된 것이었다.

"아무개 집이 이번에 도로로 들어간다데."

하며 곰방담뱃대에 엽초를 다져 넣고 빽빽 빨아 가며 소견 삼아 숙덕거리다가, 자고 나면 벌써 곡괭이질 부삽질에 며칠 동안 어수선하다가 전차가 놓이고, 자동차가 진흙 덩어리를 튀기며 뿡뿡거리고 달아나가고, 딸꾹나막신 소리가 날마다 늘어가고, 우편국이 들어와 앉고, 군아가 헐리고 헌병주재소가 들어와 앉는다. 주막이니 술집이니 하는 것이 파리채를 날리는 동안에 어느덧 한구석에 유곽이 생기어 사미센(三味線) 소리가 찌링찌링 난다. ...... 세상이 편리하게 되었다.

"우리 고을엔 전등도 달게 되고 전차도 개통되었네. 구경 오제. 얌전한 요릿집도 두서넛 생겼네 ...... 자네 왜갈보 구경했나? 한번 보여 줌세."(Im, 27~28에서 인용된 소설의 5부)

식민체계는 조선 공간의 점진적 파괴와 대체를 통해 이행된다. 즉 전통적인 한옥은 2층짜리 근대 주거지를 만드느라 부서지고, 그 주거지의 외양은 문자 그대로 바뀐다. 게다가 도시 환경의 물리적 변화는 이 공간의 현상학적 경험을 바꾼다. "날마다 더 커지는" 게다 소리가 그렇듯, 이제 건설 현장의 소음들과 차 소리들이 공기를 채운다. 유곽과 파출소는 전등과 전차만큼이나 식민지 근대성의 체계이다. 이러한 묘사에서 가장 괄목할 만한 점은, 신축 건물과 전등을 환영하는 흥분된 목소리를 몹시 경멸하는 주인공 이인화의 비판적 관점이 식민 공간의 메트로폴리탄 구조를 달리 경험하는 데서 발생한다는 것이다.

9 바닥을 데우는 전통적인 한국 난방체계.

술집, 레스토랑, 전차는 단순히 도쿄의 근대성을 가리키는 지표이다. 그런데 식민지에 옮겨 심어진 그것들은 국내의 견해나 메트로폴리탄 견해 어느 하나만으로는 조선 문제를 이해할 수 없게 한다. 실로 무덤과 장례 절차에 관한 논의는 도시화에 병행하는 섬뜩한 측면을 나타낸다. 농촌의 가족 묘지로부터 대중 도시 무덤으로 이동하는 것은 농촌 인구의 도시 이동을 모방한다.

『만세전』의 플롯이 이미 암시하듯, 조선의 바뀐 공간들을 둘러싼 수많은 자세한 묘사들은 특히 여성을 얽히게 하는 병든 식민 사회와 서로 관계를 맺고 있다. 주인공은 부산에 남아 있는 이웃이 혹시 있나 찾아보다가, 조선인들이 거주하는 2층짜리 일본식 가옥이 모여 있는 초라한 구역을 발견하는 것으로 수소문을 헛되이 끝낸다(Yŏm, 65~66/79). 이어서 그는 일본 국숫집에 들리는데, 그곳에서 음식을 나르는 한일 혼혈인 처녀를 만난다. 조선인 어머니를 버렸으며 자신과 멀어진 일본인 아버지를 찾겠다는 꿈을 그녀는 버리지 않는다. 일본식 거주공간을 위해 자신의 한옥을 아주 쉽사리 포기하는 조선인들처럼, 그녀도 자신에게 명백하게 있는 조선인에 대한 자기혐오를 드러낸다. "조선 사람 어머니에게 길러져 자라면서도 조선말보다는 일본말을 하고 조선옷보다는 일본 옷을 입고, 딸자식으로 태어났으면서도 조선 사람인 어머니보다는 일본 사람인 아버지를 찾아가겠다."(Yŏm, 73, 5부/87) 그녀에게 있다고 가정되는 혼성의 경험은 조선 정체성 대 일본 정체성의 이분법을 확증할 뿐이다. 주인공이 형님 집을 방문하기 위해 김천에 있는 다음 정거장에 내렸을 때, 도시의 물리적 변화는 다시금 그 내부의 사회적 퇴행을 알리는 단서가 된다.

우리는 한참 동안 잠자코 걷다가, 형님 집으로 들어가는 동구까지 와서 전에 보지 못하던 일본 사람의 상점이 길가로 하나 생기고 골목 안으로 들어서서도 두 집 문에 일본 사람의 문패가 붙은 것을 보다가,

"그동안에 꽤 변하였군요!"

하며 형님을 치어다보니까 형님은 조금도 이상할 것이 없다는 듯이 태연무심히 고개만 끄덕끄덕하였다.(Yŏm, 80, 6부/94)

화자는 형님 집의 앞문이 전보다 더 망가진 모습을 주시한 후에, 형님이 두 번째 부인을 취하는 조선의 오랜 풍습을 따른 사실을 뒤이어 밝힌다. 그 풍습은 첫 번째 부인이 아들을 낳지 못할 때 아들을 얻기 위해 후처라도 딸을 빨리 치우려는 빈곤한 집에서 여자를 데려오는 것이다. 두 명의 형수라는 이 거북한 장면을 관찰하노라면, 외래적 주거, 식민화된 민족, 후진적인 젠더 관계라는 모티브는 기이하면서도 서로 깊이 얽히게 된다. "머리도 안 빗은 조그만 늙은 아씨가 마루 끝에서 왔다 갔다 하는 것이 창에 붙인 유리 밖으로 마주 내다보일 제, 시들어 가는 강국 같다는 생각이 머릿속에 떠올라 왔다. 어쩐지 가엾어 보이었다."(Yŏm, 80, 6부/96) 안지나가 논평하듯, "한 사건이나 심각한 관찰 후에 텍스트의 각 부분에는 여성과 관련된 관찰이 뒤따른다."(An, 179. 저자의 번역) 진전을 나타내기는커녕 2층집이라는 건축적 변화, 일본식 가게들, 빛나는 창문들은 더 낡은 사회적 형태들 중에서도 특히 젠더 관계들로 퇴행하는 조선을 실제로 표시한다. 식민지 근대성의 전도유망한 표면은 경기 좋은 (일본) 사업들, 전차들, 계속되는 건설, 증가하는 자산 가치로 이루어진다. 그런데 이 표면은 바로 이 발전에 의해 생계를 압박받는 조선인들의 일상 삶에 역전된 효과를 초래한다. 그리하여 리얼리즘적인 구체적 묘사는 이 서사에서 중요한 역할을 행한다. 화자가 이러한 인식에 도달하는 것은 어긋나는 도시주의를 보도하는 과정을 통해서이기 때문이다.

결국, 화자는 '근대화하는' 공간의 역전된 논리가 조선인들의 둔한 논

리와 병행하게 되는 경위를 이해한다. 화자가 기차에서 만난 젊은 세일즈맨은, 주인공과 달리, 자신의 전통적인 긴 머리를 자르기를 거부하고 서구식 옷을 입지 않는 이유를 설명한다. 자신의 옷차림새를 통해 그 젊은이는 '개화'를 기꺼이 받아들이는 태도를 나타내기보다, 식민 언어(내지어內地語, 문자 그대로 '내부의 땅 언어')를 말할 능력도 없으면서 근대적인 옷을 차려입는다고 일본인으로부터 더 나쁜 취급을 받으리라는 것을 인식하고 있다. 그러므로 완전히 무식한 요보(yobo* 조선인들을 가리키는 경멸적 용어)인 척 하는 것이 더 안전하다. 화자는 이러한 논리에 의해 "공포, 경계, 미본, 가식, 굴복, 도회, 비굴……. 이러한 모든 것에 숨어 사는 것이 조선 사람의 가장 유리한 생활방도요, 현명한 처세술"(Yŏm, 104, 6부/118)임을 성찰한다. 근대성의 똑같은 형태 이면에 있는 이렇게 다른 논리에 대한 인식은 이번에는 화자한테 중요한 변화를 초래한다. 즉 냉담한 유학생으로부터 비판적인 반식민주의자로, 개인적인 무질서로부터 민족주의적 분노로 말이다.

화자의 시각에서 보면, 세일즈맨의 역전된 논리는 근대성에 대한 다른 이해를 설정한다. 서구의 도시적 주체성들은 소비주의와 개인주의자적인 자기-재발명이라는 특징을 지닌다. 그 주체성들의 패러다임적 모델은 보들레르의 댄디(dandy)나 벤야민의 산보자(flaneur)와 같은 유명한 형상들로써 상징되어 왔다. 이 형상들은 쇼핑 아케이드, 군중, 가스등과 같은 19세기 유럽의 새로운 근대성에 유쾌하게 감추어져 있다. 여기서 나는 다음과 같은 근대성의 더 광범위한 의미를 주장하는 제니퍼 로빈슨(Jennifer Robinson)을 환기한다.

> 많은 다른 곳에 있는 사람들이 도시적 삶의 새로운 방식을 발명하고, 신기함, 혁신, 새 유행의 생산과 순환에 매혹된다는 점을 감식하는 것 말이다. 마샬 버먼의 구절로 말하자면, 근대성은 변화하는 아마도 근대화하는

세계에서 스스로 '고향에 있다'고 여기는 사람들의 광범위하고 다양한 방식을 탐색한다는 의미를 지니는 개념이다.(Robinson, 66)

로빈슨은 미국, 잠비아, 브라질, 말레이시아의 도시적 문화 실천의 예를 살펴보면서 "도시를 (이미 발명적인) 전통적 실천들을 끊임없이 재발명하는 지점으로 틀 짓는"(Robinson, 90) 도시적 근대성 개념을 주장한다. 우리가 이러한 방식의 사유를 따르노라면, 조선 요보를 일본화된 서구 근대성 외부에 남아 있는 배제된 반근대적인 것이라고 가정할 수 없다. 오히려 일본의 편견을 완화하는 방식으로 전통적인 옷과 헤어스타일을 유지하는 세일즈맨의 행동은 몇몇 조선 방식들과 협상하는 것이자 그 방식들을 다시 혁신하는 것이다. 그 행동은 세일즈맨과, 소설에 나오는 다른 조선인들을 가장 순수한 형태의 근대적인 주체로서 표시한다.

소설의 끝부분에 가서 인화와 독자가 이해하게 되는 것은 식민 도시의 독특한 틀 내부에서 발생하는 근대성/식민성의 단일한 과정은 계급, 인종, 젠더를 가로질러 근본적으로 다른 경험들과 반응들을 생산한다는 점이다. 이것이 어긋나는 근대성의 의미를 이해하는 한 가지 방식이다. 교육받은 세련된 주인공은 조선인들을 후진적이고 비근대적이라고 비판하지만, 근대성과 식민성은 분리될 수 없다. 궁극적으로 "근대성은 [한국] 민족주의를 지지하는 그의 합리적 선택이기도 하다."(An, 184, 저자의 번역)

이렇게 말한다고 해서 『만세전』이 인화에 의해 새로이 발견된 반식민적 입장에 일치하는 행동의 인식 가능한 여정에 만족한다는 것은 아니다. 소설의 제목에도 불구하고, 실제 3·1운동 사건에 이르는 서사는 나오지 않는다. 결국 우리의 주인공은 공동묘지에 아내를 매장하고, 아내의 죽음에 양심의 가책을 느끼면서도 공부를 계속하기 위해 일본으로 돌아간다. 그렇지만 이 소설이 성취하는 것은 도시주의, 건축, 젠더 관계,

일상 실천과 같은 식민지 근대성의 핵심 형태를 "내재적 일관성과 외재적 연관체계"(Said, 32)를 통해, 말하자면 어긋나는 비판적 양식을 통해 조망하는 전략이다.

『만세전』과 비교해 보면, 우 쭈오리우(吳濁流, 타이완 소설가, 1900~1970)의 『아시아의 고아』(*Orphan of Asia** 그의 대표작인 이 작품은 반半자전적 이야기로서, 허구적 주인공 후 타이밍胡太明의 식민 시기 경험을, 타이완 사람이 되는 데 내재된 모호함과 긴장을 그린다. 타이완 정체성을 탐색하는 핵심 텍스트이다.)는 정치적 각성의 명백한 서사를 그다지 제공하지 않는다.[10] 『아시아의 고아』는 1945년에 완성되었는데 처음에 일본어로 쓰인 신기한 텍스트이다. 이 작품은 자서전임을 천명하며 그 플롯은 좀 두서가 없지만, 타이완 정체성을 선구적으로 검토한 작품이자 타이완 소설을 개척한 작품으로 환영을 받아 왔다. 『아시아의 고아』는 부유한 농민의 아들인 후 타이밍(胡太明)의 삶을 따

10 두 다른 매혹적인 타이완의 식민 시기 텍스트들은 양 귀(楊逵)의 「신문 배달원」(1932)와 추 티엔-젠(Chu Tien-Jen)의 1936년 단편소설 「가을의 노트」(Qin xin)다. 「신문 배달원」은 도쿄에서 공부하는 또 다른 타이완 학생에 관한 것이다. 그 학생은 도쿄에서 신문을 배달하는 자신의 힘든 일을 통해 자본주의 근대성의 더 큰 모순들을 이해하게 됨으로써 정치화된다. 그가 도쿄에서 처음 발견하는 빛나는 일본 근대성의 틈새들은 도쿄에서 살아남기 위해 고투하는 실업자와 저임금을 받는 사람들의 애처로운 삶의 조건을 통해 드러난다. 「가을의 노트」는 타이완 남부에 살고 있는 나이 든 중국 농부를 따라간다. 그 농부는 일본 통치 40주년을 기념하느라 타이베이에서 개최된 무역박람회 '전시'(Exhibit)를 일본 돈으로 방문한다. 수도 타이베이를 방문한 주인 양반(Master) 투-웬(Tou-wen)은 새로운 언어를 말할 수도 없고 많이 변해 버린 도시와 뭔가 협상할 수도 없는 자신을 발견한다. 여기서 근대 도시계획과 무역박람회의 실행은 중국 도시의 예전 공간 질서를 문자 그대로 대체한다. 주인 양반 투-웬은 타이베이 거리에 "더 이상 옛날 이름이 없다"(Chu, 27)는 것에 실망한다. 타이베이가 산업화된 일본 제국의 쇼 케이스로 바뀌어 버린 동안 농촌은 광고와 철도의 망을 통해 이 새로운 메트로폴리스 공간을 위한 식민 청중으로 호명된다. 타이완의 생산성을 위해 교환가치의 헤게모니가 타이완/중국 정체성을 폭력적으로 대체할 것을 요구한다. 농부는 이것을 이해한다. 그래서 작품의 말미에 나오는 이야기에 정동적인(affective) 낙담이 배어 있다.

라가고 있으며 타이완의 농촌에서 양육되는 과정, 제국의 중심인 일본과 반(反)제국 저항의 지점인 중국에서 교육받고 여행하는 과정을 자세히 기술하고 있다. 이 작품의 제목에 있는 비유는 물론 타이완을 고아로 여기는 것이다. 타이완은 일본에도 중국에도 속하지 않는 "불길한 상황에 처해 있는 섬"(Wu, 98)[11]이며 두 오랜 강국 사이에 끼여 있다.

타이밍은 일본 식민주의자들에 의해서는 문명화되지 못한 야만인으로, 또 본토 사람들에 의해서는 일본 스파이로 동시에 간주된다. 그는 세계적 사건들의 소용돌이 속에 독특하게 사로잡혀 있다. 그는 일본 지배하의 타이완에서 성장하고 교사가 되며, 일본 대학에서 (물리학) 학사를 취득한 최초의 타이완 사람 중 한 사람이 된다. 일본인들이 중국 영토를 침략하기 시작했을 때 그는 난징에서 살고 있다가 나중에 일본제국 군대를 위한 통역자로 일하기 위해 징집된다. 제2차 세계 대전이 시작됨에 따라 그는 결국 야만적인 군사 통치로 하락하는 타이완을 목도한다. 중국, 일본, 타이완이라는 세 영토 사이를 왔다 갔다 하는 그의 모습은 레오 칭(Leo Ching)으로 하여금 『아시아의 고아』를 "3중의 의식"(Leo, 177)을 그린 모범적인 예로, 또 그런 "정체성의 투쟁 자체가 역사적으로 유도된 식민 조건이 되는"(Leo, 185~186) 방식을 드러내는 것으로 이론화하게 한다.

『만세전』에 대해 그랬듯이, 우리는 우(Wu)의 리얼리즘 문제를 역사적 맥락 속에 놓아야 한다. 리얼리즘 장르는 식민 삶의 빈곤과 절망을 정확하게 묘사했던, 타이완의 광범위한 좌파 반식민 문학에 만연했다. 그러는 동안 문학 언어를 선택하거나 발전시키는 데서 겪는 어려움은 타이완 사람들에게는 아마 좀 더 복잡했을 것이다. 덴턴은 "중국 문학의 근대성을 논의하는 데 필요한 도구"(Denton, 291)인 본토의 5·4운동 이 서구에

11 모든 영어 인용은 이완니스 멘타자스(Ioannis Mentazas)의 번역에서 가져온 것이다.

서보다 덜 순차적 혹은 발전적인 형태로 문학 스타일을 흡수하고 발전시켜 나갔던 방식을 기술한다. 덴턴에 따르면 "전통적인 이데올로기가 은폐했던 현실을 드러내는 것"(Denton, 291)은 결정적이었고, 예컨대 탁월한 5·4운동 작가 마오 둔(矛盾)은 " '자연주의'를 증진시켰고, 농부들의 경제적 곤경이나 상하이에서 작동되는 자본주의의 내부적 과정을 다루는 리얼리즘적 소설들과 단편들을 썼다."(Denton, 294)

그러나 많은 5·4운동 작가들이 새로운 문학적 언어와 미학적 형태를 창조하는 데 리얼리즘과 똑같이 관심을 기울였다. "이 초창기에 모든 작가들이 새로운 민족문학 언어를 형성하는 데 참여하고 있었다. 근대 이전의 토속어와 혼합된 언어, 리앙 치짜오(梁啓超)의 '새로운 스타일', 서구 및 일본의 문법 형태들, 외래 차용어들, 고전 중국어의 잔재들을 갖고 말이다."(Denton, 292) 더 나아가 클리먼은 식민 시절 타이완에서 언어 선택을 둘러싼 서로 경쟁하는 요인들이 서로 경합하는 경위를 기술한다. 여기서 그 요인들로는 지금까지 고전 중국어의 용법과 실제 회화체 중국어 사이의 거대한 차이, 많은 사람들이 감지한 바 근대화하는/서구화하는 일본어의 성격, 토속 문학을 옹호했던 5·4운동의 영향이 포함된다. 이 토속 문학은 민난어(Minnan)와 하카어(Hakka)를 말했던 대부분의 타이완 사람들로서는 거의 알아차릴 수 없는 북부 만다린 회화체에 근거하고 있었다. 클리먼의 설명에 따르면, "타이완에서 그 결과는 4중의 논쟁이었다. 고전 중국어와 토속 만다린 어, 토속 만다린 어와 토속 타이완어, 고전 중국어와 근대 일본어, 토속 타이완 어와 근대 일본어 사이의 논쟁 말이다."(Kleeman, 146~147)

염상섭처럼 우(Wu) 또한 일본어로 번역된 유럽 작가들의 작품을 읽었고, 그의 세대 중 많은 이들처럼 일본어로 작품을 썼다. 1930년대 타이완에 이르면 일본 지배하에 토착민들의 억압과 무기력을 묘사했던 비관적인 자연주의가 문단을 지배했다. 낙관적이고 드러나게 레닌적인 1932년 단편소설 「신문 배달 소년」(Paperboy)으로 널리 알려진 양 쿠이(楊逵)와 같은 좌파 작가들은 (일본어로 또한 쓰인) 비관적인 자연주의 문학에 반대하는 글을 썼다.[12] 그러므로 우의 리얼리즘은 언어의 지각된 투명성뿐만 아니라, 본토 5·4운동에 대한 반응들, 일본을 거친 서구의 영향력과도 관계가 있다. 이러한 혼합은 언어, 장르, 스타일의 과도하게 복잡한 정치로 귀결된다.[13]

일본 통치의 마지막 몇 년 동안 실행된 엄격한 검열하에 우(Wu)는 『아시아의 고아』를 쓰느라 생명을 잃을 뻔한 위험을 감수하기까지 했다. 그 작품이 "일본 식민주의에 반대하는 결정적인 행동이자 저항의 상징"(Ching, 178)인 만큼 그랬다. 그러나 그렇게 용감한 행동과 대조되게, 우의 주인공 타이밍은 염상섭의 인화 못지않게 놀랍게도 수동적이고 비효

12 제인 패리시 양(Jane Parish Yang)의 연구에 따르면 타이완 어로 된 격주 간 『타이완 민바오』(*Taiwan minbao*)는 5·4 운동의 문학에 큰 영향을 받은 타이완 토착어 운동 기관이었다. 라이 호/라이 헤(Lai Ho/Lai He)는 토착어 글쓰기를 유행시킨 가장 중요한 타이완 작가였다. 당시의 문단에 대한 양(Yang)의 설명 참조.

13 타이완 식민 문학에 관한 클리먼의 자세한 연구에서 그녀는 이와 같은 논쟁들에서 생기는, 언어를 선택하는 세 가지 일반적인 태도를 다음과 같이 기술한다. "중국과의 연계가 여전히 강했고 식민 정부는 아직 공격적인 언어동화 정책을 펼치지 않았던 점령 초반기에 대부분의 지식인들이 선호하는 언어는 중국어였다. 식민화의 진전과 더불어 대륙과의 연계가 점점 약해졌을 때, 타이완 지식인들은 새로이 지역화된 토착 에스닉 정체성을 강화했던 타이완 어와, 부상하는 제국에의 참여를 약속했던 식민주의자들의 언어인 일본어 사이에서 선택하느라 씨름하기 시작했다. 양 쿠이(楊逵), 장 웬후안(張文環), 루 헤루오(呂赫若)와 같은 제2세대 타이완 작가들은 이즈음에 성년에 이르렀다. 그들의 문학은 이러한 언어적 경로와 관련하여 그것을 지배하는 양가성을 반영한다. 점령 후반기에 '제국-신민(kominka) 작가'라는 새로운 종류의 작가 군이 대두했다. 대부분의 이런 작가들에게 중국이란 자신들의 조상이 지닌 머나먼 부적절한 추억에 지나지 않았으며, 그들은 중국어 문자에 대해 잘 알지 못했다."(Kleeman, 123) 일본 교육 체계의 엄청난 성공은 1941년에 전체 인구의 57퍼센트가 일어로 교육받고 있거나 교육받았다는 사실에 의해 측정될 수 있다(Kleeman, 142).

과적인 행위주체다. 그는 정치보다 순수한 지식에 대한 믿음에 완고하게 고착된 정치적 방관자인 자신을 거듭 발견한다. 일본에 있는 자신의 타이완 친구가 평등을 위해 일어설 때, 학생으로서 그는 친구 옆에 불편하게 선다. 나중에 그의 본토 아내가 난징의 반일본 회합에서 큰소리로 고함칠 때도 그는 말없이 지켜본다. 그가 타이완 사람이고 '일본 신민'이라는 이유로 중국에서 투옥될 때, 자신이 교사로 있던 여자 중학교 출신인 예전 학생들에 의해 구조되기를 기다리기만 할 뿐이며, 일본 군대에 잠시 있은 후 약한 신경 때문에 제대하게 된다. 소설의 마지막 대목에서 그는 자신의 일본인 친구 사또(Sato)의 영향력 덕분에 군 방위를 위한 징용을 결국 면제받는다.

『만세전』과 유사하게 우의 소설이 반식민 저항을 적극 기대하지 않는다면, 식민주의의 위선에서 귀결되는 깊은 심리적 혼란을 그리는 데서는 성공한다. 젊은 타이밍은 처음에 타이완의 고향 마을 근처에 있는 식민 학교 선생으로서 일한다. 그 학교에서 일본 방식의 근대성과 세련됨에 대한 그의 경의는 (젊은 일본인 선생 히사꼬Hisako를 향한 그의 애정에서 명확해지는데) 평화로운 타이완 사람에 대한 경찰 폭력에 의해, 또 일본인 선생들과 타이완 선생들 사이의 심하게 눈에 띄는 부당한 관계에 의해 손상된다.(Wu, 99) 『아시아의 고아』에서 아마 최고로 훌륭한 대목은, 식민 주인들에게서 호의와 지위를 따내고자 일본어, 일본 예절, 일본 이름을 기꺼이 채택하며 아첨하는 타이완 사람들에 대한 통렬한 묘사일 것이다. 그러면서도 동시에 타이밍 자신은 어떤 방식으로건 식민 체계에서 도망치지도 그 체계에 적극 저항하지도 않는다. 그는 타이완에 대한 점점 더 전제적인 일본의 통치에 증오심을 품고 있지만, 그 체계의 산물로서 단호하게 남는다. 소설이 진행됨에 따라 그는 식민주의자의 학교를 위해 또 일본군의 심문과 고문을 위한 통역자로서 일할 뿐만 아니라, 부패한 관료주의적 정부 부처를 위해서도, 마지막으로 "선전국의 요청에 따라 만들어지는"(Wu, 226) 슬로건을 발행하는 지적 저널을 위해서도 일한다.

타이밍은 한반도를 따라 강박적으로 음울하게 여행하는 이인화와 다른 서사적 음조를 지닌다. 그렇지만 더 큰 지정학적 제국 체계들에 관해 명징하게 깨닫는 타이밍의 가장 심오한 순간 또한 어긋나는 공간 경험을 통해 발생한다. 피상적인 수준에서 보면 『아시아의 고아』는 여행담처럼 읽힌다. 핑 후이 리아오(廖炳惠)가 지적했듯, 중국 섹션은 1942~1943년의 우(Wu)의 일기 난킹 차간(Nanking Chagan: 난킹 일기 또는 난킹에 대한 뒤섞인 감정들)을 면밀하게 따르고 있다. 리아오는 중국과 타이완에 관해 각기 글을 썼던 식민 일본의 지성인들과 예술가들인 아쿠타가와 리우노수케(芥川龍之介)와 이쉬까와 끼니치로(石川欽一郎)를 들면서 그들의 글쓰기에 우의 일기와 『아시아의 고아』가 크게 빚지고 있다고 추정한다.(Liao, "Travel," 285)

하나의 여행담에 상당히 적절하게도, 거기 나오는 도쿄나 상하이 묘사에서 고향이나 타이완의 윤곽을 그려 주면서도 민족적 성품을 비교하고 확실하게 하려는 충동을 우리는 발견한다. 그렇지만 그 과제는 독특하게도 우(Wu)에게서는 어렵게 된다. "그의 해석학적 코드가 자신과 아무런 관계도 없는[혹은 서발턴 관계만 맺는] 일본과 중국의 두 메트로폴리탄 중심에 의해 역설적으로 제공되고 있기 때문이다."(Liao, 294) 타이밍의 일본 메트로폴리스 경험과 중국 메트로폴리스 경험을 고려해 보자. 먼저 도쿄에 대해 "교통이 무서웠다. 사람들 무리, 바쁜 기계들, 전차들, 자동차들이 끝없는 흐름 속에 공격적으로 움직이니 그랬다. …… 타이완 출신 젊은 남자의 부유하는 눈동자로 보면[행인들은] 걷는 게 아니라 종종걸음 치는 것 같았다. 도쿄에서는 왜 이토록 많은 사람들이 바쁜지 그는 궁금했다."(Wu, 54) 상하이에 대해서는 다음 구절이 나온다.

> 진짜 살아 있는 중국의 한 편린, 즉 상하이 시는 자신이 나라에 대해 지녀 왔던 경박하고 철 지난 개념들을 부수어 버렸다. 프랑스 정착지의 근대적이고 서구적인 분위기는 젊은 타이완 사람에게 자신은 결국 시골 호박이라는 생각을 절실하게 하도록 했다. 상당히 가시적인 젊은 여성들의 근대적 옷차림은 5천 년 된 성숙한 문화의 아우라를 감추는 데 성공하지 못했다.(Wu, 98)

앞의 두 구절에서 함축적으로 묘사된 제3의 민족문화는 그것이 아닌 것에 의해 부정적으로 정의되는 타이완 문화다. "타이완 출신 젊은 남자의 부유하는 눈동자"와 "시골 호박"은 그 감각들로는 거의 메트로폴리스의 강렬함과 함께 발맞출 수 없는 주체를 나타낸다. 서로를 견주며 일본 문명과 중국 문명을 정의하는 데에 관심을 두는 동안 가장 획기적인 것은, 소설의 나머지 대목에 나오듯, 식민 타이완에 관한 비교적인(comparative) 공간적 제시들이다. 식민지에서 변화하는 읍, 거리, 건물에 관한 자세한 묘사는 민속성과 근대성에 관한 더 진전된 비교적 성찰뿐만 아니라 『만세전』에 그토록 핵심적인 특이하게 어긋나는 시각을 발생시킨다. 달리 말해 메트로폴의 공간에 견주어 읽힌 타이완 공간은 근대화하는 제국 프로젝트의 더 큰 모순들을 담아내면서 투명하게 만든다.

먼저 타이밍의 고향에 생긴 변화된 공간들에 관한 암시는 미묘하게 등장한다. 타이밍은 난징 감옥에서 탈출한 후에 상하이를 경유해 "음침한 고향 땅"에 당도하고 보니 자신의 고향 마을이 "크게 변했는데 새롭고 좀 더 생동감 있게 느껴졌다. 주요 도로는 훨씬 널찍해졌고 풍성하게 자란 유칼립투스 나무가 양쪽에 들어서 있었다. 이 가로수 길 아래로 한 대의 버스가, 하루에 네댓 번 정도 부딪히다 보니 찌그러진 구형이기는 하지만 아무튼 문명의 냄새를 남기고 있었다."(Wu, 157) 새것을 위해 옛것은 분명 버려지니 고향 집의 제사 지내던 방은 이제 거미집으로 덮여 있고, 그 사당(묘廟)에 씌어 있던 글자도 세월과 더불어 희미해진다.(Wu, 157)

문명과 전통적인 중국 관습은 익히 예견할 법하게 서로 맞지 않는 것처럼 보인다. 그러나 그가 가족과 마을 사람들의 환영을 받은 지 얼마 되지 않아, 가장 오래되고 가장 충성스런 식민지 타이완에 일본이 사정없이 하사한 것은 근대성의 축복이라기보다 가속화된 전쟁 사역(effort)임을 깨닫는다. 현금 '기부', '자발적' 징용, 금속 수집운동, 쌀 할당량, 타락한 일본 장교들의 계속되는 위협적인 현존이 『아시아의 고아』의 마지막 두 장을 점점 더 읽기 괴롭게 만든다. 이 소설의 서사는 민족 정체성이나 민족성의 문제에 겉으로는 별로 관심 없어 보이지만, 마을 사람들이 타이밍에게 말해 주는 일화를 통해 주로 제공되는 이러한 어려움들의 장황한 탄식이 된다.

타이밍의 탐욕적인 형 즈깡(Zhigang)은 일본 통치의 모순을 문자 그대로 뼈저리게 느끼게 한다. 욕심 많고 부패한 정부 중개자인 그는 타이완의 도덕과 건축 양자에 일어나는 하향적 변천을 상징한다. "또한 즈깡은 중개자가 되자 집 안에 신토(Shinto) 제단과 다다미방을 만드는 식으로 자기의 집을 일본 스타일로 고쳤다. 이것은 그 마을에서는 아주 특별한 경우였다."(Wu, 164) 실로 즈깡의 집 어느 부분도 일본화를 벗어나지 못한다. "그에게 새로운 체계는 강한 나무 냄새가 나는 삼목으로 만들어진 욕조를 지닌 새 목욕탕을 설치하는 것을 뜻했다. 게다가 …… 그는 목욕탕을 더 전형적인 일본식 색조로 다시 칠하기까지 했다. 변기 또한 일본식으로 다시 고쳤다."(Wu, 167)

이러한 묘사가 타이밍의 형이 지닌 과도함을 서사적으로 풍자하는 증거 기능을 하는 것처럼 보이는 사이, 건축의 운명과 민족적/정치적 운명의 융합은 일상적인 것이 된다. 건축의 변천은 정치적 동일시에서 일어나는 더 깊은 변천을 그저 은유적으로만 나타내지 않는다. 오히려 그러한 변천은 즈깡의 새로 일본화된 변기를 그렇게 서사화하는 가운데 개념적으로 이용 가능한 것이 된다. "새로운 체계는 새 목욕탕을 설치하는 것을 **뜻했다**."(첨가된 강조) 건축과 도시주의에 관여하는 더 진전된 두 장면은 더 강력한 서사적 목소리를 최종적으로 재촉한다.

첫 번째 장면은 타이밍의 가족과 관개 조합 사이에 늘어진 논쟁을 뒤따라 나온다. 관개 조합 사람은 타이밍의 어머니가 갖고 있는 초라한 바나나 플랜테이션을 주목하고는 거기서 사용된 물에 세금을 매길 것을 주장한다. 타이밍이 반대하자, 당국은 타이밍 가족더러 연못에 대한 세금을 지불하지 않으면 연못을 제거할 것이라고 선포한다. 화가 치민 타이밍은 자신의 사건을 논의할 당국 자체의 부서장과 말하러 간다. "〈관개조합〉은 그 지역의 본청보다 더 빛나는 장엄한 2층 건물을 점유했다. 그 전체 시설은 틀림없이 대중의 땀과 피에서 짜낸 부당한 세금으로 충당되어 왔을 것이다. 타이밍은 걱정되면서도 문을 밀고 들어갔다."(Wu, 183~184) 그 만남은 잘못되며 타이밍은 더욱 좌절되고 혐오로 들끓게 된 채 떠난다. 그렇지만 그가 나가다가 본 것은 그야말로 가장 충격적인 장면이었다.

> 그가 〈관개 조합〉 건물을 나섰을 때, 뒤편에 열 지어 있는 일곱 여덟 채의 매력적인 아파트 건물들을 보았다. 그 건물들은 〈관개 조합〉에 고용되어 있는 사람들을 위한 주거 시설이었다. 그 복합단지의 내부에서부터 현재 카페에 유행하는 통속적인 일본 팝송이 축음기 레코드로 울려 퍼지고 있었다. 바로 이것이야말로 관개 사업이라는 명목으로 민중의 피땀으로부터 긁어모은 돈이 이룩한 바였다!(Wu, 185)

식민 체계의 위선과 부정의는 새 아파트 건물들과 "울려 퍼지는" 현재 유행하는 일본 음악과 같은 그 가장 근대적 형태에서 가장 예리하게 감지된다. 이것이야말로 식민 체계에 맞서 타이밍이 실제로 행동할지도 모른다는 생각을 독자더러 하게 하는 몇몇 순간 중 하나다. "타이밍은 그러한 생각과 함께 자신 안에서 용솟음치는 불명확한 적개심을 느꼈다. 그가 그러한 적개심으로 불타오르는 자신의 눈을 들어 올렸을 때, '소란으로 가득 차 보이는'(Wu, 185) 하얀 구름을 보았다." 여기서 공간 현실의 묘사적 핍진성은 플롯에 대한 믿음직한 배경을 생산할 뿐만 아니라, 플롯 자체가 된다. 바로 이것이 타이밍으로 하여금 부정의에 대해 마음으로부터 또 지적으로 이해하는 것을 허용한다.

칭(Ching)은 『아시아의 고아』에서 공간과 움직임이 갖는 중요성에 관해 써 왔는데 세 나라를 왔다 갔다 하는 타이밍의 여행은 "이 장소들의 모순을 강조한다"고 제시한다. 칭은 계속해서 다음과 같이 지적한다.

> 위치들(locations)은 사람들, 건물들, 경관들로 붐빌 뿐만 아니라 감정들, 감성들, 정서들로 또한 투여되어 있다. 타이밍은 식민주의, 근대화, 민족주의 내부에 있는 모순들의 유사한 도식화(동화와 차별, 메트로폴리탄 중심과 식민 주변부, 상상계와 현실계)라는 견지에서 각 장소에 있는 통약불가능성을 감지하게 된다.(Ching, 197)

『아시아의 고아』라는 서사에 나오는 식민적 건조 형태들과 공간들은 단순한 위치 이상이며, 통약불가능성과 어긋남에 관한 강력한 감각을 도출한다. 소설의 거의 끝머리에 나오는 한 구절에서 타이밍과 그의 일본인 친구 사토(Sato)는 타이베이 거리를 걷고 있다. 이 지점에 이르기까지 식민지의 수도는 소설에서 거의 아무런 역할도 한 적이 없다. 타이밍은 항상 자신의 마을에서 지룽(Jeelung)이라는 항구도시로, 그 다음에는 일본이나 중국으로 여행하기 때문이다. 그러나 이 장면에서 전시 식민지의 긴박한 모순은 도시의 거리로부터 저절로 확 타오른다.

> 여름의 햇빛은 달구어진 뜨거운 아스팔트 위에서 번쩍거렸다. 타이밍과 사토는 뒤에서 울려 나오는 목소리들의 합창을 들었다. 그 노래는 태평양 전쟁을 위한 행군용 군가였다. 젊은 타이완 사관생도들로 구성된 〈제국 훈련 분대Imperial Training Squad〉가 지나가고 있었다. 두 남자는 천천히 걷고 있었기 때문에 그 분대는 재빨리 따라와 그들을 지나쳤다. 그 생도들은 4열 횡대로 행진하고 있었는데 군복은 많이 헤져 있었고 그들의 외양은 거의 애처로울 지경이었다. 사토는 스쳐 지나가는 생도들을 보고 "저것 좀 봐. 난타당한 패잔병들 같아 보여. 저 여자들 좀 봐!"라고 말했다.
>
> 사토는 최고로 좋은 기모노를 입고 길을 따라 걸어오고 있는 일본 여자들 무리를 가리키고 있었다. 사토는 타이밍에게 "엄청난 대조 아냐?"라고 말했다. 두 사람이 똑같은 생각을 하고 있다는 것을 아는 데 더 이상 아무 말도 필요 없었다.(Wu, 224)

물론 그 초라한 타이완 군대는 잘 차려입은 일본 숙녀들과 완전히 병치된다. 한 문단 뒤에 사토는 "과자 가게와 식당 앞에 훌륭한 옷차림을 한 일본 주부들과 거만한 신사들의 긴 구불구불한 행렬은 …… 타이완 사람들과 같은 비참함을 곧 느끼게 될 거야"(Wu, 224)라고 논평한다. 도시의 일본인들과 그들의 번창하는 사업과 함께 잘 정돈된 군인들의 행렬은 질서 잡힌 일본 근대성의 상징이 되어야 하는데 더 이상 유지될 수 없는 일본 제국의 모순들을 증명하는 것으로 판명된다. 초라한 군인들과 일본 엘리트라는 두 행렬의 구성체는 대칭적이면서도 반대되는 건축적 형상들을 불러온다. 하나는 식민 문명의 세련됨을 상징하고 다른 하나는 그 문명을 유지하는 군사적 수단이다.[14]

---

14 우 쭈오리우(吳濁流)의 1968년 회상록 『무화과 나무』(*Wu Hua Guo*)에 나오는 다음

전시 노역을 위해 스스로를 희생하라고 타이완 사람들에게 가해지는 압박이 너무 심해서 감출 수 없게 된다. 미국이 필리핀의 라이트 섬(Leyte* 필리핀 중부 비사얀 제도 동부에 있는 섬)을 침략한 이후의 상황에 대해 타이밍은 다음과 같이 말한다. "일본인들은 운명에 쫓기는 것처럼 보이기 시작했다. 일본 제국의 상징인 총독 건물조차도 음울한 상복 차림을 한 것처럼 보였다."(Wu, 232) 소설의 마지막에 이르러 일본 제국의 패배가 임박하지만 타이밍과 그의 가족에게 그것은 너무 늦게 온 셈이다. 그의 어머니는 죽고, 그의 배다른 남동생 즈난(Zhinan)은 제국 복무 시설 건축 장소의 끔찍한 조건을 겪은 후 거의 빈사 상태로 돌아온다. 소설은 온전한 정신을 놓아 버린 타이밍이 이리저리 방황하면서 "백주 대낮의 강도"인 일본과 "제국의 심부름을 하는 소년"(Wu, 246)인 타이완 둘 다를 비난하는 구절을 정신없이 소리치는 장면으로 끝난다.

앞의 논의에서 명확하게 다루지 못한 것은 『아시아의 고아』의 서사 형식의 기이함이다. 인물들은 플롯에 아무 효과도 내지 못한 채 나타나고 사라진다. 타이밍이 아내와 딸을 본토에 남겨 두고 떠난 이후 그들은 어떻게 되었는지 아무 소식도 듣지 못할 뿐만 아니라 그들의 부재는 소설의 나머지 대목에서 겨우 두어 줄로만 나올 뿐이다. 다른 인물들도 묘사되고는 사라지며, 한참 뒤에 그들이 다시 등장할 때는 또다시 묘사되어

묘사와 비교해 보라. 그 묘사에서는 산업 생산물이 전시되고 있을 뿐만 아니라, 선주민 문화와 일본군 왕실은 똑같이 건축적으로 질서 잡힌 스펙터클이다. "그해[1916년]는 일본 제국에 타이완이 합병된 지 20주년 되는 해였다. 산업 증진 박람회가 그 사건을 기념하기 위해 조직되었더랬다. …… 왕세자 키티쉬라까와(Kitishirakawa)의 부인이 기룽(Keelung)에서부터 왔을 때, 환영식은 휘황찬란했다. 대포 소리가 귀를 먹게 할 정도로 크게 울려 퍼진 다음, 군악대의 금관악기 소리가 울려 퍼졌다. 군악대 뒤로 멋지게 차려입은 제국 군대의 장군들은 위엄 있는 장교용 군마에 올라타 있었다. 그들 뒤로 완벽한 대열을 이룬 보병들이 분대 종렬로 퍼레이드를 하며 지나갔다. 그때 타닥타닥하는 소리를 내며 두 마리의 말이 끄는 마차를 타고 온 왕세자 부인이 단상에 올라가 있던 총독의 안내를 받았다."(Wu, 80)

야 할 정도다. 사회의 특정한 양상들은 이제 리얼리즘의 관습이라고 인식된 바에 따라 묘사되는데, 『아시아의 고아』에서는 익히 알려진 역사적 사건 외에 서사적 구축이나 일관성 있는 주인공의 전개가 거의 없다. 나는 리얼리즘적 플롯 노선을 대신하면서, 주체의 내면적 전개를 가능하게 하는 것은, 특정한 계시적 순간에 이해되는 건축적 도시적 경험이라고 제시한다. 이 순간은 관개 조합 아파트 바깥에, 타이베이 거리를 따라 행군하는 초라한 군인들의 장면에, 총독 관저의 애처로운 정면에 있다.

실로 『아시아의 고아』의 정치적 정서적 통찰은, 타이밍 자신의 모험이나 개인적인 일본인들(개인으로서는 절대 웃음거리가 되지 않는)과의 상호작용보다, 어긋나는 식민 공간 경험들 및 이 경험들에 의해 체현되는 내적 모순들과 더 많은 관계를 맺고 있다. 『만세전』이 식민 조선의 표면적 근대성에다 음울함의 문학 은유적 이면을 설정한다면, 『아시아의 고아』는 식민주의의 근대적 형태 속에 구축된 착취에 대한 순간적인 이해를 통해 더 큰 체계를 흘낏 보게 한다. 타이완의 해석학적 코드는 아직 존재하지 않을지라도, 『아시아의 고아』의 주요 공간 형상과 비판적 장치는 고아가 된 섬이라는 것이다. 그 구축된 공간을 통해 묘사되는 영토는, 일본과 중국에 대한 불편한 욕망과 불신 가운데 화자가 왔다 갔다 하며 횡단하게 되는 틈새 공간이다.

지금까지 논의된 두 소설은 서로 다른 서사적 정동(affect)과 내부성의 등기부를 경유해 작동한다. 그렇지만 두 소설은 그 주인공들이 거주하고 묘사하는 어긋나는 공간들로부터 일차적인 도덕적 정치적 서사적 동력을 성취한다. 그러한 묘사들은 식민지의 억압된 분위기를 직접 보여 주기 위해 또는 그러한 환경에 대한 개인의 반응을 연구하기 위해 독자로 하여금 사회적 현실에 몰입하는 것을 막아 주는 기능을 한다. 차라리 식민 도시적 건조 형태들의 리얼리즘적 제시는, 반식민주의의 핵심적인 문제를 작동시키는 역할, 즉 식민 체계의 폭력적이고 착취적인 근거를 개념화하고 또박또박 밝히는 작업을 위해 중요하다.

이와 동시에, 도시적 형태들은 또한 근대적 욕망들과 지각들의 경합 장소로서 작동한다. 일본의 식민적 근대성이 유지될 수 없는 것으로 보이더라도, 전통적인 마을 형태나 전통적인 삶은 미신적인 것과 여성적인 것(인화의 죽어 가는 아내, 후진적인 마을 여성에 대한 타이밍의 이해 불능)과 동일시된다. 미신적인 것과 여성적인 것은 새로운 것과 합리적인 것에 접근하기 위해서는 부정되어야 한다. 여성이 그런 것처럼 도시가 상대적인 문명과 진보의 주요 기표라면, 식민 공간과 메트로폴리탄 공간 사이의 어긋남은 똑같이 식민적 불안과 자기비판의 원천이 된다.

조선에 복사된 일본식 근대도시는 염상섭으로 하여금 식민화된 사람들에게 강요된 예속을 비난하는 것을 허용한다. 우리는 우 쭈오리우에게서 식민적 부정의와 타이완의 수동성에 대한 분노의 요동을 본다. 염상섭에게 식민적 도시화는 근대 프로젝트에 고유한 불평등한 바로 그 구조의 물질적 시각적 대응물이다. 여기서 근대 프로젝트란 후진적이고 계몽되지 못한 공간을 산업화와 착취를 통해 현재로 끌고 들어오는 것이다. 우 쭈오리우에게 그러한 불평등은 식민 영토의 특정한 공간에서 일어나는 계시의 순간을 경유해 지각된다. 식민 도시는 식민적인 것과 메트로폴리탄적인 것의 구분을 통용케 하는 공간 형태가 아니다. 식민 도시는 근대성과 억압적인 권위 메커니즘의 빛나는 봉화이다. 식민 도시가 문학 형태로 위치를 바꾸는 가운데, 식민주의에 의해 요구되는 그 독특한 공간 생산양식은 문학적 리얼리즘의 탁월한 대상이자 비판받는 대상 둘 다로 부상한다.

자동사적(intransitive) 모더니즘과 『날개』

그러나 앞에서 나온 대위법적 관점을 통해서가 아니라 어긋나는 도시의 은둔적 공간 내부에서 형성되는 모더니즘 문학과 모더니스트 주체성은 어떻게 되는 것일까? 나는 어긋나는 경험을 통한 반식민주의 입장을 구축하는 데만 초점을 두기보다 바로 그러한 공간적 불일치에 내포된 심리적 실존적 의미에 또한 관심을 둔다. 다시금, 나의 논의는 건축과 도시주의의 중요한 역할을, 식민 권력 체계를 매개하는 건조 형태라는 데, 또 일상 삶의 물리적 외피라는 데 있다고 본다. 다음에 나오는 분석은 식민 도시의 물리적 윤곽들이 문학의 윤곽에 의해 '재현적 공간'(르페브르)으로 제시되는 또 다른 수단을 추적한다. 여기서 나는 오인(誤認)의 요구에 따라 대안적인 문학 모더니즘이 생산되는 방식에 관심을 돌려, 1936년에 간행된 이상의 『날개』를 식민 문학의 또 다른 모범적 작품으로 고려하고자 한다.

우리는 1장에서 식민 도시 공간의 변형이 메트로폴리탄 산업 체계에 일어난 변화와 얼마나 밀접하게 연관되어 있는가를 논의했다. 한국의 최초 도시화와 노동계급 성장의 역사는 이러한 틀 안에서 이해될 수 있을 것이다. 1920년에 이르러 전통적인 봉건체계의 와해로부터 귀결된 농촌 대탈출은 "경성[서울], 평양, 부산, 인천의 빠르게 성장하는 산업 중심에 있는 공장, 광산, 건설 현장을 향하고 있었다. 네 도시와 다른 도시들은 1944년에 이르러 도시화된 인구를 13.2퍼센트로 증가시킨다(Soon-Won Park, 135).[15] 국내의 다른 장소보다 도쿄를 더 닮아 간 경성은 자체의 식량 산업을 감축시키고 있었으며 주로 면방직 산업과 기계 산업에서의

15 노동자들의 두 번째 집단적 대이동은 만주와 일본의 더 큰 제국 노동시장에서 일자리를 얻어 준다는 약속에 따른 것이었다.

소비재 생산을 확장시키고 있었다.(Soon-Won Park, 138) 이와 동시에 새 법령은 화폐 경제를 도입하려는 노력을 통해 국내의 식량 생산을 제한하였다(Chulwoo Lee, 40~41). 식민 시기 말엽에 75만 명에 달하는 일본인 거주자들은 대부분 큰 메트로폴리스 구역에 살고 있으면서 소비 수요에 기여하였다.

그러나 도시화의 분명한 증가와 산업 변천에도 불구하고 비농업 부문에서 임금노동자 수를 조사한 1928년의 정부 통계를 보면 "기록된 1백 16만 명의 도시 노동자들 대부분이 …… 일용직 노동자, 가내 노동자, 공장 및 광산 노동자로 구성된 '잡역부'였다. 즉 비공식 경제의 노동자들이었다."(Park, 134) 이것은 "도시를 향한 돌진은 일반적으로 도시의 **끌어당김**보다 농촌의 **밀어내기** 결과, 말하자면 도시 사회의 역동주의를 표현한다기보다 농촌 사회의 와해라는 측면을 훨씬 더 많이 갖는다"(*Urban Question*, 134)라는 카스텔스의 지적을 확증한다. 지역 엘리트와 이주 일본인 공동체에 의해 후원받는 싹트는 소비 사회와 비고용 토착민들의 점점 증가하는 인구 사이의 불일치는 파농이 말한 두 갈래진 식민 세계의 바로 그 조건을 이룬다. 하이데거의 어휘를 다시 한 번 환기하자면, 그 식민 세계는 식민 관료주의와 메트로폴리탄 소비자를 위해 깨끗하게 치워진 혹은 '세계화된'(worlded) 공간과, 식민적 '대지'를 위해 남아 있는 공간 사이에서 일어난 투쟁의 결과다.

1936년에 간행된 이상의 『날개』는 이러한 배경에 맞서 쓰인 작품인데, 한국 모더니즘 소설의 절정이라고 종종 간주된다. 2장의 앞 섹션에서는 리얼리즘 문학 운동의 개요를, 도시 거주자들을 압도하는 가난을 묘사하고 기록하고자 했다고 설명한 바 있다. 『날개』는 고도의 스타일을 추구하는 모더니즘을 위해 리얼리즘 문학 운동으로부터 두드러지게 떨어져 나온다. 그런데 식민 시대 동아시아에서 문학적 모더니즘은 리얼리즘도 그렇지만, 19세기를 지배한 재현 양식을 거부한다는 식의 19세기 유럽 모더니즘에 들어맞는 발전적 관계로 단순하게 이해될 수 없다. 염상섭이 『만세전』으로 리얼리즘 소설을 개척한 10년 이후, 1930년대 중반은 리얼리즘 문학의 많은 실천가들에게 정치적 자극을 주었던 좌파 운동의 강요된 와해를 목격했다. 모든 일본 영토들에서 '문화 통치'라는 좀 더 부드러운 시기는 제2차 중일 전쟁을 예상하게 하는 군사적 선전에 굴복했다. 작가들은 새롭게 완강해지는 검열에 대응하고 그들의 새로운 환경을 다루기 위해 좀 더 추상적인 문학 기교를 사용하는 데로 자연스럽게 기울어 갔다. 기나긴 서구 계보 혹은 확립된 리얼리즘 문학 스타일이 없던 "1930년 중반은 근대 한국 소설의 초기 정점을 증언했다."(Fulton, "Historical," 631)

실로, 『날개』가 많은 비평가들에게 주었던 강력한 인상은 그 작품의 놀라운 모더니즘이다. 『날개』는 전적으로 주인공의 내적 독백으로 이야기되고 있다. 많은 서구 모더니즘 텍스트들과 함께 『날개』는 세상을 질서 잡고 지각하는 좀 지루하지만 불안한 주체성을 공유한다. 『날개』의 성마른 음조는 도스토예프스키의 『지하로부터의 수기』(*Notes from the Underground*)를 생각나게 하며 『날개』 안에 나오는 몇몇 고유명사도 도스토예프스키, 위고(Hugo), 맑스를 포함한다. 이 작품을 통해 우리는 일본 식민 학교에서 교육받고 총독 건축 사무소에서 일한 이상이 식민 지식인을 마비시키는 경험, 즉 교육을 받았지만 일본 통치에 의해 시민적 참여나 의미 있는 고용으로부터 배제되는 경험을 그리고 있다고 아주 잘 추정할 수 있다. 그는 식민 도시 인구의 많은 '잡역부' 중 하나일 뿐이다. 나는 이러한 독법을 더 밀고 나가, 식민 도시의 특징적인 공간과 텍스트의 실험적 서사 공간 사이에 있는 연관을 끌어내어 보고 싶다.

곧장 우리는 주인공이 거주하는 공간과 그가 맺고 있는 신기한 관계를 주목한다. 그는 자기 환경에 대한 완전한 만족스러움을 선포함으로써 시작한다.

> 나는 어디까지든지 내 방이—집이 아니다. 집은 없다—마음에 들었다. 방 안의 기온은 내 체온을 위하여 쾌적하였고 방 안의 침침한 정도가 또한 내 안력을 위하여 쾌적하였다. 나는 내 방 이상의 서늘한 방도 또 따뜻한 방도 희망하지는 않았다. 내 방은 나 하나를 위하여 요만한 정도를 꾸준히 지키는 것 같아 늘 내 방이 감사하였고 나는 또 이런 방을 위하여 이 세상에 태어난 것만 같았다.(*The Wings*, 11/72* 『날개』, 문학과지성사, 2001)[16]

이 이야기는 행동도, 대화도, 성격의 진전도 거의 없다. 이 짧은 이야기의 서사적 긴장은 독자에 의해 상당히 분명하게 이해되는 바와 화자에 의해 부인되는 바 사이의 간극 때문에 생산된다. 여기서 간극이란 화자가 식민지 경성의 창녀촌에서 아내와 살고 있고 아내의 일과 그녀의 '손님' 방문을 편리하게 무시하며 더군다나 아내의 노동으로 먹고 산다는 사실이다. 그는 순진하게도 "아내에게 직업이 있었던가? 나는 아내의 직업이 무엇인지 알 수 없다. 만일 아내에게 직업이 없었다면, 같이 직업이 없는 나처럼 외출할 필요가 생기지 않을 것인데—아내는 외출한다. 외출할 뿐만 아니라 내객이 많다. 아내에게 내객이 많은 날은 나는 온종일 내 방에서 이불을 쓰고 누워 있어야만 된다."(*The Wings*, 16/78) 화자의 봉인되고 은둔하는 정신적 삶과 그 세계의 압축된 공간성은 서로를 반향한다. 그의 방은 자신을 위해 "자체를 유지하는" 살아 있는 우주가 되며 "잘 만들어진 양복"처럼 그에게 잘 맞는다. 그사이 그는 옆방에서 진행 중인 교환 관계에 의해 전혀 물들지 않은 채 도전하듯 남아 있다. 그리하

16 달리 주를 달지 않았다면, 모든 인용문의 출처는 안정효와 제임스 리의 번역본이다. 한국어 본(『날개』, 문학과지성사, 2001) 쪽수를 함께 병기하였다.

여 『날개』의 두 중심인물은 주인공과, 그 자신이 점유하는 공간인 것처럼 보인다.

애초에, 화자의 실존적 범위는 그의 방-우주라는 환경에 있는 미묘한 차이들에 국한된다. 『날개』의 전반 앞부분에 나오는 사건들은 잠에서 깨어난 그가 문틈으로 햇빛이 들어오는지 아닌지, 아내가 있는지 나갔는지, 전깃불이 커져 있는지 꺼졌는지를 확정하고, 아내의 화장품이 불빛 속에 비치는 모습을 감상하고, 먹고, 피로를 느끼고 잠자는 것 등이다. 이 텍스트의 폐쇄공포증은 심리적이기도 하고 공간적이기도 하지만 어느 것이 어느 것을 결정하는지는 분명치 않다.

한편으로 자신에게 심취한 회의적이고 근대적인 개인의 주체성은 작은 상자 속에서 분명 고립된 것이다. 다른 한편으로 환경의 제한성이 그러한 주체성을 생산할 수도 있다. 어느 경우건, 플롯의 전개는 그의 잠자리 머리맡에 있는 동전, 아내가 정적으로 그에게 남겨 놓는 동전의 신비하면서도 지겨운 외양이라는 자족적인 실존을 망쳐 놓고 있다. 동전이 쌓이자, 결국 아내는 화자에게 동전을 넣어 둘 상자를 주는데 화자는 이에 촉발되어 침대에서 일어나 돈의 기원을 순진하게 연구한다. "깨달았다. 아내가 쓰는 돈은 내게는 다만 실없는 사람들로밖에 보이지 않는 까닭 모를 내객들이 놓고 가는 것에 틀림없으리라는 것을 나는 깨달았다. 그러나 왜 그들 내객은 돈을 놓고 가나, 내 아내는 그 돈을 받아야 되나 하는 예의 관념이 내게는 도무지 알 수 없는 것이었다."(*The Wings*, 18/81) 여기서 더 나아가 화자는 다음과 같이 말한다.

> "왜 아내의 내객들이 아내에게 돈을 놓고 가나 하는 것이 풀 수 없는 의문인 것같이 왜 아내는 나에게 돈을 놓고 가나 하는 것도 역시 나에게는 똑같이 풀 수 없는 의문이었다. 내 비록 아내가 내게 돈을 놓고 가는 것이 싫지 않았다 하더라도 그것은 다만 고것이 내 손가락에 닿는 순간에서부터

고 벙어리 주둥이에서 자취를 감추기까지의 하잘것없는 짧은 촉각이 좋았달 뿐이지 그 이상 아무 기쁨도 없다."(*The Wings*, 19~20/82~83)

화자는 동전의 물질성 말고는 모조리 거부함으로써 돈의 교환가치라는 개념을, 서비스가 수행되는 이유를 철석같이 거부한다. 이러한 태도(그는 나중에 이 금고를 변소에 밀어 넣는다)와 "아내가 손수 벙어리를 사용하였으면"(*The Wings*, 20/83) 하는 희망을 통해, 우리는 노동, 돈, 상품 사이의 상호의존 관계를 거부하는 화자를 이해한다. 이 관계야말로 바로 식민 조선의 모든 것과 그 젠더 역할을 재구조화하는 것이다. 화자는 일하는 아내로부터 돈을 받음으로써 여성화되고 있을 뿐만 아니라 이러한 역할 전도는 그들의 주거를 둘러싼 공간 배열로 의미화된다. 화자는 전통적으로 보호받는 여성의 공간인 내방 혹은 안방을 점유하고 있는 반면 그의 아내는 바깥 남성의 구역인 사랑방에서 지내고 있다.[17]

이야기는 곧 의지 사이의 이상한 싸움으로 전개된다. 화자는 저녁마다 외출하기를 욕망한다. 그렇지만 그는 아내의 마지막 손님이 떠날 시간인 자정을 넘겨서야 돌아오라는 아내의 명령을 준수하는 데 계속 실패한다. 거리를 방황하는 화자는 벤야민의 산보자를 좀 이상하게 반향하는 것이다. 산보자의 형상처럼 그는 군중의 일부이자 군중의 문턱(threshold) 관찰자이다. 그러나 그것은 산보자의 재정적 의존성과 여유 시간 때문이 아니라 바로 그 반대 때문이다. 그는 무직자이며 돈을 쓰는 법도 모르는 것 같다. 5원을 받아 든 그는 거리를 이리저리 어슬렁거리는 데서 일종의 자유를 발견한다.

그렇지만 "돈은 물론 한 푼도 쓰지 않았다. 돈을 쓸 아무 엄두도 나지 않았다. 나는 오래전에 돈을 쓰는 기능을 완전히 상실한 것 같았다."(*The*

17 젠더화된 공간과 가족계획에 관한 좀 더 자세한 논의는 4장 참조.

Wings, 21~22/85) 아내는 내객과 함께 있고 너무 일찍 돌아왔다고 꾸지람을 들은 후 화자는 자신의 무능한 소비능력에 대해 다음과 같이 한탄한다. "내가 그 5원 돈을 써 버릴 수가 있었던들 나는 자정 안에 집에 돌아올 수 없었을 것이다. 그러나 거리는 너무 복잡하였고 사람은 너무도 들끓었다. 나는 어느 사람을 붙들고 그 5원 돈을 내어 주어야 할지 갈피를 잡을 수가 없었다. 그러는 동안에 나는 여지없이 피곤해 버리고 말았던 것이다."(*The Wings*, 24~25/89)

세상의 모더니스트들처럼 화자는 군중으로 번잡한 거리에 대한 양가적인 관계를 전시한다. 마샬 버먼과 같은 근대 이론가들에게는 단편적이고 유입되는 도시 경험은 "[근대 삶의] 물질적 정신적 힘의 융합, 근대적 자아와 근대적 환경의 친숙한 통일성"(Berman, 132)을 포착하는 그 방식 때문에 찬양받는다. 그러나 우리는 식민 맥락에서는 그러한 통일성을 근본적으로 가로막는 장애물을 주지하여야 한다. 최원식은 이상의 다른 이야기와 관련해 타자들이 현란한 도시 속으로 편하게 뛰어든다고 해도, "[이상]의 나에게 거리는 공포"(Choi, 131)임을 지적한다. 보들레르의 파리와 달리, "금기의 짙은 그물 속에 사로잡힌 식민화된 경성의 거리는 창조적인 역동주의의 가능성을 그 근원에서 방해받아 왔다."(Choi, 131) 돈의 기능을 받아들일 수 없는 무능력은 주인공으로 하여금 사람을 지치게 하는 혼란일 뿐인 근대도시 공간을 충분히 탐색하는 것을 방해한다. 화자는 아내에게 몇 원의 돈을 돌려주면서 돈의 기쁨을 어느 정도 발견한다고 생각한다. "그 돈 5원을 아내 손에 쥐여 주고 …… 느낄 수 있었던 쾌감을 나는 무엇이라고 설명할 수가 없었다. 내객들이 내 아내에게 돈 놓고 가는 심리며 내 아내가 내게 돈 놓고 가는 심리의 비밀을 나는 알아낸 것 같아서 여간 즐거운 것이 아니다.(*The Wings*, 26~27/91) 그러나 화자는 돈의 상징적 교환가치를 거부하면서 돈을 유통으로부터 제거하여 선물로서의 돈을 제시하는 것을 고집한다.

돈과 공간 사이의 오해된 관계가 이상의 텍스트를 깊이 구조화한다. 우리는 식민주의의 일반적 규칙을 따라 메트로폴이 명령하는 화폐경제의 논리에 의해 지역 생산이 대체되는 경위를 본다. 짐멜(Simmel)이 이런 논리를 "모든 질과 개성을 순수하게 양적인 수준으로 환원시킨다"고 이론화한 것은 유명하다. 이 논리는 새로운 공간 형태와 사회 형태로 귀결된다. "근대도시는 …… 시장을 위한 생산, 말하자면 생산자들 자체의 실제 비전의 영역에 한 번도 등장하지 않는 전적으로 미지의 구매자들을 위한 생산에 의해 거의 배타적으로 공급된다."(Simmel, 71) 짐멜은 "모두에게 공통된 것"으로서 화폐의 절대적인 편평화 효과만이 미지의 개인들을 알 만한(knowable) 생산과 소비 공동체들의 부재 속에서 서로 연관시켜 주는 방식을 보여 준다.

화폐는 자본주의 이전부터 오래 존재했지만 식민 체계에서 이제 무역, 상품 교환, 제국 경제의 새로운 체계들을 통합하는 도구가 된다. 그런데 식민 도시는 상품들에 대한 일반적인 구매력을 허용하지 않으면서도 메트로폴로부터 상품 유통을 용이하게 하기 때문에, 화폐는 짐멜의 이론화에서보다 더욱 날카롭게 식민 주체를 소외시킨다. 주인공의 순진한 해결은 도시 공간과 화폐의 유통 둘 다에 의해 조금도 접촉되지 않은 채 그냥 남아 있는 것이다. 메트로폴리스의 신참자이지만 그 생산양식으로부터 배제된 이상의 화자는 자본주의적 조직하에서 화폐의 기본 기능조차 받아들일 수 없으며 "내가 누구한테 저 돈을 써 버릴지"도 알지 못함으로써 소비자로서도 실패한다. 그리하여 『날개』는 근대도시의 교환 공간이나 교환 관계에 들어갈 수 없는 남자의 특이하게 식민적-근대적인 곤경을 극화한다. 버먼의 이상적인 근대적 주체와 달리, 그 남자는 자기 삶의 물질적 정신적 힘을 서로 융합시킬 수도 없다. 다른 한편, 그의 아내는

자신을 상품이라는 바로 그 수준으로 내몰면서 그 힘들을 너무 잘 모두 융합시켰다.[18]

해러투니언(Harrotunian)은 근대성의 세계적 경험에서 도시가 갖는 커다란 중요성에 관해 써 왔다. 그는 다음과 같이 쓰고 있다.

> 산업화 시대와 대중 사회의 확립 시기 중인 근대성에서 역사의 장소들은 도시들, 팽창하는 산업 지역들이며, 그들의 경험들은 일상적인 것이다. 그리하여 당대의 장면을, 현재의 지금을 구성하는 것은 더 이상 농촌 일반이 아니라 도시들이다. 이러한 장면은 일상의 경험을 형상화하는 동시에, 그 경험을 구현하는 공간을 제공하기도 하는 무대다. …… 일상성의 근대성은 거리, 건물, 새로운 체계, 지속적인 움직임, 사적인 것과 공적인 것 사이의 끊임없는 상호 관계다. 이것들은 큰 사건이건 작은 사건이건 똑같이 등록한다.(Harrotunian, 19)

해러투니언에게 근대도시의 일상성은 근대도시를 구조화하는 "끊임없는 상호 관계"[들]을 통합하는 틀이다. 이 일상의 범주는 식민 도시의 새로운 건물, 기구, 대상을 '현재의 지금'으로서 수렴시키는 것을 허용하며, 일상 경험의 대상 및 공간과의 작은 관계를 통해 자아를 이해하는 것을 허용한다. 이와 유사하게 크리스틴 로스(Ross)에게 일상은 "모든 특정 행위들이 제거되었을 때 남아 있는 것"이며 주관적인 것과 객관적인 것을 연결하는 것이다.(Ross, 9) 그러나 이상의 텍스트는 그러한 공간을 발생시켜 왔던 생산양식을 부인하면서 실존의 일상성을 시도한다.

식민화된 사람의 관점에서 보면, 식민지 근대성에 의해 생산된 도시 경험은 전혀 통합하는 것이 아니라 오히려 탈구시키는 것이다. 우리는 이상의 모더니즘적 접근을 『만세전』과 『아시아의 고아』에서 생산된 비

---

18 「매춘, 도박」(Convolute O)에 나오는 창녀와, 상품과 창녀의 관계를 보려면 벤야민 참조. "창녀에게 사랑은 상품과의 감정이입을 숭배하는 것이다."(Benjamin, 511)

판적인 주체성의 대안적 형성으로서 간주할 수 있을지도 모른다. 그 주체성은 어긋나는 식민 공간의 (비)논리를 묘사하고 합리적으로 이해함으로써 식민주의를 통과하는 여정을 작업하고 있기 때문이다. 이상에게는 일상적인 도시적 대상들을 의미의 특권적인 담지자로 제시하는 대신에, 도시 관계들과 도시 체계들의 현실을 피하기 위해 일정한 공간들 **내부로** 일부 후퇴하는 움직임이 있다. 여기서 동전, 자신의 자족적인 방, 아내의 언제나 매혹적인 화장품과 같은 사물들의 표면적 물질성에 대한 고착이 일어난다. 이것들은 창녀촌과 처분 가능한 상품 둘 다에 작동하는 화폐의 교환 기능을 정확하게 부인하는 경험 양식들이고, 보들레르에 의해 개시된 근대도시에 대한 현란한 찬양과는 매우 다른 감정 구조를 생산하는 경험 양식들이다.

어느 날, 『날개』의 주인공은 자신에게 수면제를 점점 더 많이 먹여 자신을 죽이려고 하는 아내를 발각하기 직전에 낮잠에서 깨어나는데 아내의 침대 위에서 커다랗게 기지개를 한번 펴 보고 "이렇게도 편안하고 즐거운 세월을 하느님께 흠씬 자랑하여 주고 싶었다. 나는 참 세상의 아무것과도 교섭을 가지지 않는다. 하느님도 아마 나를 칭찬할 수도 처벌할 수도 없는 것 같다."(*The Wings*, 34/101) 이 완벽한 독립 상태에 관한 판타지를 위한 형상 혹은 '공간 알리바이'(벤야민을 따라)는 화자의 감옥 같은 방이다. 이 방은 화자 자신이 최소한의 음식, 위로, 오락을 찾을 수 있었던 경성의 나머지 부분과도 분리되어 있는 것 같다.

이렇게 안전한 공간을 떠나려는 그의 욕망은 위기를 생산한다. 도시의 다른 공간에서는 식민 도시와 실제로 연관된 일상성으로부터 자신을 보호하려는 그러한 알리바이는 유지될 수 없다. 화자는 앞서 거리에서 하던 방황이 실패로 끝난 후에 경성 역에서 놀라운 것을 발견한다. 그것은 다방인데 익명성을 갖고 있어서 또 "선불리 서투른 시계를 보고 그것을 밑고 시간 전에 집에 돌아갔다가 큰 코를 다쳐서는"(*The Wings*, 31/96~97) 안 되도록 하는 정확한 큰 시계를 갖고 있어서 그를 매혹한다. 한 부스에 앉아 있는 그의 공간에 대한 이해는 철도 역 카페의 부산한 분위기기와 맞지 않는다.

> 나는 한 복스에 아무것도 없는 것과 마주 앉아서 잘 끓은 커피를 마셨다. 총총한 가운데 여객들은 그래도 한잔 커피가 즐거운가 보다. 얼른얼른 마시고 무얼 좀 생각하는 것같이 담벼락도 좀 쳐다보고 하다가 곧 나가 버린다. 서글프다. 그러나 내게는 이 서글픈 분위기가 거리의 티룸들의 거추장스러운 분위기보다는 절실하고 마음에 들었다. 이따금 들리는 날카로운 혹은 우렁찬 기적소리가 모차르트보다도 더 가깝다.(*The Wings*, 31. 수정된 번역/97)

벤치, 티룸tearoom, 홀, 복스(부스booth를 뜻하는)와 같은 단어들은 모두 텍스트에 영어 발음으로 나와 있으며 이 새로운 구조물들이 공간과 언어로 입장하는 것을 강조한다. 화자가 직관에 대항하며 최종적으로 타자와의 친밀성과 연관성을 느끼는 것은 가장 익명적인 식민 건축 공간에서다. 티룸의 바로 그 일시성에서 그가 발견하는 따뜻한 인간성은 아내의 방에서 일어나는 친밀성에 대한 그의 부인을 역전하는 셈이다. 그리하여 우리는 일상성의 공간에서 심미적 역전을 발견한다. 이 역전은 주체와 환경, 물질적인 것과 정신적인 것, 공적인 것과 사적인 것의 통합보다 오히려 탈연계(delinking)에 각인된다.

나는 『날개』에 나타난 일상 공간의 제시를 1939년 사후에 발간된 이상의 좀 더 인습적인 모더니즘적 글 「도쿄」의 그것과 대조하고 싶다. 여기 메트로폴리탄 수도에서 화자는 근대도시의 새로운 에코시스템에 기쁨을 느낀다. 거기서는 가솔린 연기가 공기를 대체하고 큰 건물이 도시의 '점유자'가 되며 "차가 구두 같은 기능을 하고" 경관은 네온사인, 커피

건축가 수카모토 야수시가 1922~1925년에 건설한 네오바로크식 서울역.
이 사진은 1945년에 일본으로부터 해방된 직후에 찍은 것이다.
(George Silk/Time & Life Pictures/Getty Images에 의한 사진)

숍, 애드벌룬 선전, 백화점으로 구성된다(*Tokyo*, 97). 도시 거주자들의 다양한 일상 행위를 통해 전체 지구가 시공간의 동시성 속으로 끌려 들어간다. 프랑스 풍 카페에서 차를 마시고, 〈일본 신극장 운동〉(*Tokyo*, 97)을 보러 가며, 브라질 커피의 실존을 숙고하고 일본 백화점의 시적 이름들을, "미추코시(Mitsukoshi), 맞추짜카야(Matsuzakaya), 이토야(Ito ya), 쉬로키야(Shirokiya), 맞추아(Matsua)"를 암송한다.(*Tokyo*, 99) 「도쿄」에는 숍 걸, 아파트, 네온, 프롬머네이드(promenade* 산책), 택시와 같이 장소들, 브랜드 이름, 보편적으로 근대적인 체계들을 가리키는 영어 발음으로 표기된 단어들과 근대적(modern으로 제시된)이라는 형용사로

흩뿌려져 있다.

그리하여 도쿄의 코스모폴리탄 근대성은 나머지 세계의 도시 중심지들을 현존하게 만드는 국제적인 개념들, 대상들, 스타일들, 주체성들의 미친 환상적 혼합이다. 이것들은 화자로 하여금 "내가 뉴욕 브로드웨이에 있더라도 똑같은 실망감을 느꼈으리라"(*Tokyo*, 96)하고 냉담한 어조로 불평하게 한다. 나는 『날개』에 나오는 일상성은 국제소비 문화의 이 환상적인(phantasmagoric) 세계와 달리, 완벽하게 자동사적이라고 주장한다. 식민 도시는 나머지 세계가 입장하는 공간이라기보다 무엇보다 메트로폴리탄 권력관계들과 선택된 상품들을 식민지로 이전하여 제국적 통제의 논리를 확장하는 사회적 물질적 메커니즘이다. 식민 도시의 논리는 도쿄라는 분주한 공간의 유쾌한 이질성보다 오인(誤認)을 요구하는 서로 모순적이고 대립하는 도시 구성요소들에서 표명된다.

1장에서 우리는 파농의 알제로 말할 것 같으면 식민 도시 내부에 있는 서로 반대되는 구성요소를 '웅크린 마을'과 '철과 돌로 된 도시'로 보았다. 이상의 경성으로 말할 것 같으면 그 요소들은 한편으로 초라한 창녀촌 구역과, 다른 한편으로 일본인이 지은 철도역과 백화점으로 부산한 상가들로 되어 있다. 식민 도시의 어긋남과 직면해 식민주의자의 집, 침대, 아내에 대한 격렬한 욕망에 사로잡히는 파농의 식민 주체와 달리, 이상의 이야기에서는 일본인에 대한 어떠한 언급도 생각도 없다. 그가 접근하지 못하는 것은 자신의 아내와 침대다. 두 경우에, 여성은 남성 주체가 소유하거나 소유하지 못한 물질적 선(善)으로서 간주되고 있을 뿐이다.

더 나아가 일본 제국주의에 대한 우(Wu)의 묘사에서 보듯, 식민 공간들의 구조는 식민주의자들의 권력을 휘두르기 위해 그들의 즉각적인 현존을 실제로 필요로 하지도 않는다. 파농의 『대지의 비참한 자들』에서 나온 구절은 두 영역 사이의 물질적 차이가 토착민의 엄청난 심리적 반작용을 생산하기에 충분하다는 점을 익히 보여 주었다. 이와 유사하게 이상의 화자가 겪는 심리적 혼란은 인물이나 플롯의 기능이라기보다 공간 형태에 응결된 참을 수 없는 사회관계의 기능이다.

최원식은 이러한 심미적인 것에 관해 다음과 같이 논평한다. "그의 필명 '상'(문자 그대로, 상자)이 암시하듯, [그의] 모더니즘은 '거리의 모더니즘'이 아니라 애처로운 '뒷방 모더니즘'이다." 포장도로와 근대적 건물에 의해 화자의 세상은 "도시에 남아 있던 농촌 감각들"(Choi, 137)로부터 소외되어 있지만 도쿄에 분명히 있는 코스모폴리탄 문화의 가능성도 거부된다. 이러한 세상은 아내의 직업, 의사(疑似) 공적 공간, 경성의 증가하는 소비주의로부터 공간적으로 도피한 연쇄로 이루어진다. 백화점에 전념하는 구조가 이 이야기의 클라이맥스를 이루는 바로 그 배경이 된다.

맨프리드 타푸리(Manfred Tafuri)에 따르면, 백화점의 역사는 대중의 자기교육에서 백화점이 하는 역할과 연계되어 있다. 백화점에서 군중은 자신들 자체를 상품과 함께하는 스펙터클로 보게끔 교육받는다. 생산적 조직이라는 근대도시의 기능은 정확하게 "소비 이데올로기가 …… 대중에게 도시의 정확한 용도라는 이데올로기로서 제공되어야 하는 이유"(Tafuri, 83~84)가 된다. 메트로폴에서 온 상품들을 식민 도시에서 스펙터클화하는 것은 더욱 중요한 이데올로기적 역할을 행한다.[19] 식민지 경성에서 일본의 상품 문화는 (1930년에 지어진) 미추코시(Mitsukoshi) 백화점

19 제이슨 쿠오(Jason C. Kuo)는 일본의 식민지에서 열리는 박람회의 이와 유사한 기능에 관해 다음과 같이 쓰고 있다. "19세기 후반과 20세기 초반 이래 세계의 다른 곳에서 열리는 산업 전시회와 세계 박람회처럼, 타이완 통치 40주년을 기념하는 뜻에서 열린 식민 정부의 1935년 전시회야말로 제국주의 개념과 구축의 고전적인 모범이었다. 그 전시회는 식민지의 원자재로부터 파생된 제조 상품을 강조하면서 산업적 상업적 제국(일본)의 물질적 문화를 과시했다"(Kuo, 24)

을 통해 확정적으로 도입되었다. 이 백화점은 가장 장엄하고 가장 수준 높은 백화점으로서 일본이나 상류층 조선 고객에게 가장 영합하는 것이었다.

이상의 동창생인 오세미(Oh Seumi)에 의해 디자인된 이 4층짜리 소비의 기념비는 경성 도심지에서 사람들의 눈길을 끄는 주요한 장소였다. 지금 그곳은 유행을 선도하는 명동에 있는 신세계 백화점 자리다. 이상의 화자는 고객과 하는 아내의 경제적 행위를 우연히 목격하고서는 급박한 마음으로 경성 역의 친숙한 티룸을 향해 나아간다. 그러나 현금을 갖고 오는 것을 잊어버린 그는 다른 쪽으로 더 방황하다가, 도시의 전체 시야를 일람하는 미추코시 백화점의 보기 좋은 지붕 정원에 멈춰 선다. 여기서부터 그는 자신의 삶과 자기 주변의 이상한 세상에 대해 명상을 펼친다.

> 나는 또 회탁(*'회색의 탁한'이라는 뜻)의 거리를 내려다보았다. 거기서는 피곤한 생활이 똑 금붕어 지느러미처럼 흐늑흐늑 허비적거렸다. 눈에 보이지 않는 끈적끈적한 줄에 엉켜서 헤어나지들을 못한다. 나는 피로와 공복 때문에 무너져 들어가는 몸뚱이를 끌고 그 회탁의 거리 속으로 섞여 들어가지 않는 수도 없다 생각하였다.(*The Wings*, 38~39/107)

주인공은 "눈에 보이지 않는 끈적끈적한 줄"—식민 체계를 정의하는 경제적 의존이라는 관계—을 내내 부인하여 왔다. 그러나 아내의 직업과 도시 공간이 더 이상 그에게 그러한 부인을 허용하지 않는다. 그가 자신의 날개를 다시 발견하기 직전에, 도시의 빈약한 물질적 통일성은 그 구성 부분들 속으로 해체되는 것 같다.

> 이때 뚜우 하고 정오 사이렌이 울었다. 사람들은 모두 네 활개를 펴고

닭처럼 푸드덕거리는 것 같고 온갖 유리와 강철과 대리석과 지폐와 잉크가 부글부글 끓고 수선을 떨고 하는 것 같은 찰나, 그야말로 현란을 극한 정오다.

나는 불현듯이 겨드랑이가 가렵다. 아하, 그것은 내 인공의 날개가 돋았던 자국이다. 오늘은 없는 이 날개. 머릿속에서는 희망과 야심의 말소된 페이지가 딕셔너리 넘어가듯 번뜩였다.(*The Wings*, 39~40/108)

이러한 계시적 순간에 사람들, 건물 재료, 돈의 총합인 도시는 자체적으로 만족스러운 것으로 인식된다. 그러나 그 도시는 주인공 자신이 근본적인 소외를 스스로 인식하면서 맞서는 조직이기도 하다. 이러한 깨달음은 그로 하여금 소용돌이치는 삶에서부터 자신을 최종적으로 해방시키도록 촉구한다. 가장 순수하게 근대적인 자살 방법이라는, 큰 건물에서 떨어지기라는 수단에 의해서 말이다.[20]

타푸리는 국제적 자본주의 관계에 의해 구조화되는 근대도시가 "비개연성, 다중기능성, 다중성, 유기적 구조의 결핍"(Tafuri, 124)이라는 특징을 전형적으로 전시한다고 주장하여 왔다. 근대도시는 그 유럽 도시 거주자나 식민 도시 거주자 모두에게 심미적 모더니즘의 가능성뿐만 아니라 똑같은 소외 효과를 생산한다고 논의될 수 있다. 그러나 정착자들의 주거 구역, 식민 행정부 건물, 주변화된 토착 사회를 따라 늘어선 상업과 상품에 전념하는 새로운 스펙터클들이라는 식민 도시의 상이한 부문들 사이의 구조적 모순은 식민 도시의 근대성을 독특하게 만든다.

보들레르에게서부터 해러투니언과 버먼에 이르는 비평가들이 기술한 도시적 근대성에 대한 감각과 달리, 식민 도시의 살아 있는 일상 경험은

20 여기서 우리는 본서에서 분석되고 있는 〈새로운 아시아 도시〉 문학에서 자살 플롯 장치가 얼마나 자주 반복되는지 주목해야만 한다. 공장 굴뚝과 고층 호텔에서 하는 자살을 보려면 3장 참조, 고층 주택 블록에서 하는 자살을 보려면 4장 참조.

과거나 현재 혹은 이곳과 저곳을 통합하지 못하고 오히려 식민화된 사람들의 종속적 지위를 확증하는 경향을 띤다. 경성 도심지에 자리한 미추코시 백화점의 존재나 식민 타이베이의 고소득층을 위한 상점들은 근대 식민지 공간성을 정확하게 구체화한다. 그 상점들은 교환가치와 소비주의 교육을 제공할 **뿐만 아니라** 토착 사회의 실제 피폐함을 합법화하는 구조들이다.

식민 도시의 근대성이 다른 근대성들과 구조적으로 다르다면 우리는 이상의 문학 스타일의 모범적 모더니즘에 대해 무엇을 말할 수 있을까? 제임슨은 '모더니즘과 제국주의'에 관한 자신의 글에서 근대 유럽의 민족문학에서 "전체로서의 경제 체계의 의미심장한 구조적 구획(segment)은 이제 다른 곳에, 메트로폴리스를 넘어, 고국의 일상 삶과 실존적 경험 외부에 위치를 갖고 있어서" 그 경험은 "이제 더 이상 내재적으로 포착될 수 없게 된다"(Jameson, 50~51)고 진술한다. 역으로 이 경제 체계의 다른 끝에 있는 "식민 주체는 제국적 관계를 수반하는 제1세계나 메트로폴리탄 삶의 특이한 변형들을 기록할 수 없다."(Jameson, 60) 제임슨은 아일랜드를 "두 통약 불가능한 현실 …… 메트로폴리스의 현실과 식민지의 현실들을 동시에 갖는"(Jameson, 60) 실존성에 의해 구분되는 예외적인 경우로 제시한다. 그럴 때, 식민 도시, 특히 경성과 타이베이와 같이 고도로 발전된 식민 도시들 또한 이 '둘 다'의 예외적 구조에 동참하는 셈이 된다.

우리는 제임슨의 '통약 불가능한 현실'을 2장 내내 '어긋나는' 것이라고 기술하여 왔던 것과 병행한다고 설정할 수 있겠다. 제임슨은 재현의 수준에서 전체성에 대한 그 불완전한 접근에 대한 메트로폴리탄 문학의 반응이 "새로운 공간 언어이며, 그래서 모더니즘적 '스타일'이 이제 재현할 수 없는 전체성의 …… 표식이자 대체물이 되어 가는 경위를 보여 준다."

(Jameson, 58) 달리 말하면 메트로폴의 일상 삶에서 불가피하게 억압된 공간성이 텍스트의 수준에서 다시 등장한다.[21] 나는 외국 지배의 주체로서 또 새로운 소비자에 근거를 둔 정체성과 삶의 형태로서 호명된 도시의 식민화된 사람은 제국의 경제와 정치체계 양쪽 모두를 실제로 증언하는 예상치 못한 인식소적 특권의 위치에 있다고 주장한다.

그렇지만 제임슨이 지적하고 『날개』가 보여 주듯, 양쪽은 통약불가능하다. 그것이 개인의 심리에 미치는 효과는 궁극적으로 파괴적이다. 그때 이것이 모더니즘적 식민 텍스트에 뜻하는 바는 부재하는 세계를 대표하는 새로운 텍스트적 공간이 아니라, 너무 많은 세상으로써 텍스트를 범람시켜 심리학적으로 유지할 수 없는 그러한 공간을 반드시 잘못 읽거나 폐쇄하기를 재촉한다는 것이다. 식민 도시의 이분법적이고 어긋나는 현실들은 텍스트의 은둔적 형식과 고도로 내부화된 근대주체를 형성하며 우리에게 문학 모더니즘의 대안적 계보를 제시하여 준다.

(식민적) 모더니즘

유럽 제국주의와 일본 제국주의에서 토착 사회의 전통적인 공간 형태들을 통제하고 대체하는 것은 식민 도시의 1차적 기능일 뿐만 아니라 식민

21 일본인 나츠메 소세키(夏目漱石)의 1914년에 나온 독창적인 모더니즘 텍스트 『코코로』(*Kokoro*)에 대한 제임스 후지(James A. Fuji)의 설명은 흥미로운 비교 거리이다. 후지는 자신의 설명에서 "일본 근대성의 제국적 차원"(Fuji, 200)에 유의한다. 후지는 그 텍스트의 자의식적 텍스트성을, 제국 권력을 통해 "죽어 버린" 과거로부터 재창조하기와 병행시킨다. "무력한 침묵과 죽음이 『꼬꼬로』에서 확실히 서사적 행위에 불을 붙이고 고무하는 만큼, 일본 자체의 신랄한 역사와의 대면은 일본을 서구 열강의 제국주의 궤적을 모방하도록 유도하고, 그 지도 위에 자체의 압제 역사를 말하도록 유도할 것이다."(Fuji, 217)

체계가 시공간을 가로질러 자체를 펼치거나 세계화(worlded)를 하는 방식이기도 하다. 그렇지만 대상이자 도구, 환경이자 경험인 도시 자체도 귀국하는 해외 유학생을 통해서건 식민 혹은 메트로폴리탄 수도 방문을 통해서건 그 수도의 폐쇄공포적인 공간에 대한 일상적인 경험을 통해서건, 토착 사회의 전통적인 공간 형태들을 통제하고 대체하는 과정을 이해하는 감각적(perceptual) 렌즈이기도 하다.

게오르그 루카치의 이론화에서 소설은 "삶의 광범위한 전체성이 더 이상 직접적으로 주어지지 않는"(*Theory*, 56) 사회에 고유한 예술 형식이다. 그의 설명에 따르면 개인의 발전에 기초를 두고 정교하게 조직된 소설은 서사시에서의 존재와 공동체의 원초적 통합성을 대신한다. 새로운 비유기적 문학의 핵심 징조는 그 "건축적 구성"(Lukács, 67)이며, 순수 서사시와 소설 사이의 과도기적 형상인 단테에서 "우리는 유기적인 것을 분명히 정복하는 건축적인 것의 모습을 본다."(Lukács, 68)

『만세전』과 『아시아의 고아』에서는 건축적인 것이 토속적인 것을 대신하는 그러한 과도기적 계기가 나온다. 우리는 그러한 계기가 문학 형식의 조직 논리에서 뿐만 아니라 근대적 경관 수준에서도 발생한다고 말할 수 있을 것이다. 염상섭과 우 쭈오리우의 주인공들에게 식민 개발의 본성은 서로 대조되는 메트로폴리탄 공간과 식민 공간을 통해 서사 작업을 하고 묘사함으로써 이해되고 결국 비판받는다. 우리가 살펴본 바, 지구적 공간 체계는 자체의 가장 (불)일치하는 표현을 식민 도시 자체, 즉 근대적이고 코스모폴리탄적이면서 토착적이고 전근대적인 도시 형태에서 발견한다.

『만세전』의 인화가 일본화된 도시의 편의들에 갖는 회한, 『아시아의 고아』의 타이밍이 형의 새집에 갖는 경멸, 자신의 삶을 일본 상품들 사이에서 끝내는 이상의 주인공에 의해 드러나듯 식민 도시의 어긋나는 공간적 물질적 경험은 근본적으로 소외적이고 탈안정화하는 것이다. 그렇다면 우리는 식민주의의 공간 조직은 매개되지 않은 삶의 세계를 대체하는 루카치의 '건축적' 소설과 같은 리얼리즘적 서사들과, 구조적으로 불가능한 시각을 보상하는 모더니즘적 문체론(stylistics) 둘 다를 동시에 생산한다는 점을 발견한다.

각각의 분리된 건물이나 광장은 경험 수준에서는 하나의 제국적 혹은 토착적 공간이라고 의식적으로 등록될 수 없다는 점을 명심하도록 하자. 한국의 식민지 근대성에 관해 말했듯이, 그런 만남은 "분리된 일본, 서구 혹은 한국 부분들 속으로 분해될 수 없다."(Shin and Robinson, 12) 그러나 동시에 그러한 공간 현실은 문화와 상품의 국제적 흐름에 의해 알려지는 '지금'에 상응하는 창조적 근대성을 향하지도 않는다. 오히려 식민화된 사람의 시각에서 보면, 식민 도시는 자체의 이탈적이고 제한적인 공간성을 완강하게 전면화한다. 이것은 일종의 '봉쇄된 모더니즘'이라고 불릴 수도 있겠지만, 나는 이미 다르게 목록화된 유럽과 식민 세계의 모더니즘들에 대한 합법적 대응물로 보는 것을 더 선호한다.

버먼은 "근대적 삶은 그 내부의 불행과 고뇌로부터 도저히 떼어 낼 수 없는 특징적인 진정한 아름다움을 갖는다"(Berman, 141)고 주장한다. 그는 근대성의 이러한 양면이 대체로 분리되어 왔다는 점을 주목하는 데 실패한다. 여기서 근대성의 양면이란 제국 국가의 성장하는 메트로폴리스들에 축적되는 아름다움과, 식민지에 체계적으로 수출되는 불행을 말한다. 그렇다면 그 둘을 실제로 분리할 수 없는 유일한 지점은 둘 다의 기초를 이루고 있는 바로 그 위치인 식민 도시이다. 그리하여 최종적으로 우리는 식민 도시를 통해 또 그 주변에서 발견되는 모든 어긋남들, 갈망들, 혼란들, 희망들이야말로 소위 근대적 삶들의 가장 진정한 표현이라고 주장할 수 있을 것이다.

『새로운 아시아 도시』의 제1부는 특정한 식민 도시 형태들과 그것들의 문학 속에서의 병합을 통해 지구적 자본주의의 영토화 과정을 검토하였다. 제2부 「전후 도시주의」로 넘어가면 우리는 관련되면서도 새로운 질문들과 대면하게 된다. 즉 타이완, 한국, 싱가포르가 일본 및 영국 식민주의자들로부터 '해방'된 이후에 그러한 영토화의 힘과 반응은 어떻게 재형상화되는가? 독자적인 근대성을 구축하려는 시도는 식민 시기에 분명 있었던 공간적 모순들을 부정하는가 해결하는가? 다음 3, 4장에서 나는 민족 산업의 변형, 도시 재개발, 인구성장, 재생된 가부장제하에 생산된 공간들과 주체성들의 문학적 구축을 분석한다.

보론1
수출 생산과 텅 빈 명부

> 주변부 국가들은 정치적 독립을 되찾은 후, 불평등한 조건에서나마 산업화에 착수했다. 산업의 부족이라는, 주변부 국가들 사이에 공유된 결핍은 예전에는 외견상의 동질성이라는 것을 유발했다. 그런데 그 동질성은 반쯤 산업화된(semi-industrialized) 3세계와 산업화를 전혀 시작하지 않았던 4세계 사이의 점증하는 차별화에 굴복하기에 이르렀다.
>
> —사미르 아민(Samir Amin), 『전후 시대를 다시 읽기』(*Re-Reading the Postwar Period*)

제1부 「식민 도시」는 식민 도시주의가 제국주의 체계를 생산하고 유지하는 데, 또 그 체계의 모순을 감지하고 은폐하는 데 유용하게 되는 방식을 우리에게 보여 주었다. 본서의 나머지 제2부와 제3부는 전후 시대, 특히 1960년대 중반부터 1980년대 중반까지를 다룬다. 이 시기에 아시아의 호랑이 국가들은 강렬한 산업화와 도시화를 진척시켰다. 동아시아 혹은 동남아시아의 많은 단일 국가를 대상으로 한 연구와 달리, 나는 제2차 세계 대전이 끝나고 경제적으로 도약하는 시기 사이의 중요한 시대를 자세히 다루지 않는다. 대신에 이 짧은 보론은 제2부 「전후 도시주의」의

이론적 주제적 초점을 소개할 뿐만 아니라 식민 시기로부터 그 이후 시대로 변천하기까지 그 과도기 역할을 할 것이다.

한국, 타이완, 싱가포르의 전후 시대란 1945년에 연합국에 의해 일본 점령으로부터 해방되면서 시작되었다. 타이완에서 그 시작은 **반환**(retro cession), 즉 민족주의 당(국민당)의 장제스가 이끌었던 본토 중화민국(Republic of China, ROC) 정부로의 복귀라는 용어로 규정되었다. 이것은 처음에는 축하할 대의였다. 그러나 당시 타이완은 전 유(陳毅) 총통의 통치하에 있었는데 중화민국은 일본이 남겨 둔 권력구조와 민족 산업을 재빨리 장악했다. 1947년의 2·28대학살에서 본토와 타이완 사이의 긴장이 마침내 분출되었다. 시장에서 본토 관리들과 지역 담배 상인 사이에 격투가 벌어진 후에 3만 명에 이르는 타이완 사람들이 살해되었다. 1949년에, 타이완 섬에 대한 본토의 지배는 마오쩌둥의 공산당과의 내전에서 패배한 장제스와 국민당의 퇴각에 의해 공고하게 되었다.

한국에서 1945년은 일본으로부터의 해방과 동시에 북쪽은 소련에 의해 통제받고 남쪽은 미국에 의해 통제받는 한반도의 분단을 보았던 해이다. 1948년에 이르러 양쪽은 제각기 정통성을 지닌 국가라고 주장했고, 이는 1950년에 북쪽이 남쪽을 침략함으로써 반도를 다시 통일하고자 시도하는 배경이 되었다. 전쟁은 3년 동안 계속되었으며 미국 및 그 우방국들과 중국을 개입시켰고, 수백 만 명은 아닐지라도 수십만 명의 사상자를 내었다. 그리하여 일본 식민 통치의 결말은 일본의 두 주요 식민지에 격동기를 예고하였다. 즉 타이완에서는 영토 반환과 국민당의 도착이 세계에서 가장 오랜 계엄령 시대를, 한국전쟁에서는 냉전 시대의 첫 번째 '열전'(hot war)을 구성하면서 냉전의 최후 전선 중 하나를 초래한 셈이다.

식민 시대의 이러한 갑작스런 종결과 대조적으로 해협식민지(海峽植

民地, Straits Settlements* 말레이 반도의 남부 말라카 해협에 면한 피낭 · 말라카 · 싱가포르와 부속 도서로 이루어진 구舊영국령 식민지. 지금은 독립하여 싱가포르는 공화국이 되었고, 그 밖의 곳은 말레이시아에 속한다. 1786~1819년 동인도회사東印度會社가 네덜란드로부터 획득한 식민지로, 1826년에 일괄하여 해협식민지가 되었으며, 영국 제국무역帝國貿易의 거점이었다.)의 경우 일본 점령(1942~1945)의 종결과 더불어 영국의 귀환과 일그러진 말레이 반도 위기(Malayan Emergency, 1948~1960* 1940년대 말에 식민지 운영의 막대한 비용에 고심하던 영국은 마샬 플랜으로 영국에 전쟁복구 비용을 대 주고 있는 미국의 비위를 맞추기 위해 말레이 반도에 있는 공산주의자 중국인들의 봉기를 방해하고자 군사적 통치를 더욱 강화함으로써 초래된 긴급 상황), 즉 대체로 중국 민족에 속하며 공산주의에 고무된 말레이 민족 해방군과 영국 사이의 게릴라전을 지켜보았다. 말레이 반도(Malaya)는 한편으로는 이 게릴라 투쟁 때문에 또 한편으로는 1950년대와 60년대의 더 광범위한 탈식민화 흐름의 결과로 1957년에 독립을 획득하였다.

1946년 이래 분리된 직할 식민지로서 관리되어 왔던 싱가포르는 1959년에야 자치를 성취했다. 그러한 지체는 중국 공산주의에 대한 영국의 우려 때문이었다고 말할 수 있다. 싱가포르는 1963년에 〈말레이시아 연방〉(Federation of Malaysia)에 합류했을 때 영국으로부터 완전한 독립을 획득했지만 2년 후에 말레이 연합에서 탈퇴하여 오늘날의 도시국가가 되었다.[1] 리콴유의 좌파 성향의 인민행동당(People's Action Party, PAP)은 부분적으로는 그 맹렬한 반식민 입장 때문에 1959년에 최초의 자치 선거에서 승리를 거두었지만 나중에 그 당은 점점 더 권위주의이고 반공산주의적으로 되고 만다. 이와 같은 민족 장면들은 그 자체로 익히 한 권의 책이 될 만한데 마지막 5, 6, 7장에서 각기 더 자세히 다루어질 것이다.

---

1 이 연구의 범위를 넘어서지만 - 또한 1949년 이후의 그 특이한 발전을, 공산주의 중국의 가장자리에 있는 영국 자본주의의 전진기지라는 위치에 빚지고 있다.

여기서는 이 지역들에서 포스트식민성이라는 주요 요소야말로 냉전 맥락 속에서의 정치적 정통성이라는 지속적인 문제와 관련 있다는 점에 주목하기로 하자.

좀 더 광범위한 정치적 조망을 갖고 이 시대를 볼 때 1958년에 이르는 10년 기간의 핵심적인 특징들은, 사미르 아민의 요약을 따르자면 미국 헤게모니의 공고화, 동유럽에서의 소련의 중요성, 아시아 및 아프리카의 3세계 해방운동과 소련의 동맹이었다. 아민은 "역사상 처음으로 주권국가 체계가 전 지구로 확장되었다."(Amin, 28~29) 그 확장은 "서구 나라들에서는 포디즘, 동유럽 나라들에서는 소비에트주의, 3세계에서는 발전주의"(Amin, 11)라는 광범위한 세 가지 정치적 형식들하에서 일어났다.

포스트식민 연구는 반식민 해방운동에, 토착 관점에서 다시 쓰는 문화정치학에 제대로 관심을 가진 반면, 독립 직후에 3세계를 근본적으로 형성해 왔던 발전 이론과 발전 정책에는 관심을 덜 기울여 왔던 편이다. 내가 이해하기로는, 포스트식민성은 일본이나 영국 통치의 문화적 유산을 배타적으로 가리키는 것이 아니라 새로 주조된 민족주의 깃발 아래 정치경제를 변형시키려는 포스트독립 국가들의 복합적인 노력을 가리킨다.

1960년대 후반에 앙드레 군터 프랑크(Andre Gunder Frank), 사미르 아민, 그 밖의 이른바 종속을 사유하는 사람들은 이러한 노력과 관련된 어려움들을 중요하게 이론화하기 시작했다. 그들은 단순한 미개발(**un**develoment, 개발되지 않는 자원들)과 대립되는 3세계의 저개발(**under**development, 연장된 구조적인 빈곤화) 조건들이, 자본주의 발전의 역사로부터 배제된 것이 아니라 바로 그 역사 안에 포함되어 연결되고 있는 방식을 설명한다. 이러한 현상은 프랑크의 용어로는 3세계의 '위성화'이다. 그리하여 "우리가 이와 같은 메트로폴리스-위성 구조를 검토할 때, 각 위성은 이 구조로부터 자본 잉여나 경제 잉여를 빨아들이고 이 잉여의 일부를 모든 위성을 거느린 세계의 메트로폴리스로 향하도록 하는 도구 역할을 한다는 점을 발견한다."("Development of Underdevelopment," 6)[2]

전후 시대의 경제적 지혜 속에서 많은 3세계 나라들은 수입 대체 노선을 따라 산업화에 나서도록 고무되었다. 그 나라들은 원자재 생산자, 무역 항구, 수입된 메트로폴리탄 상품들의 소비자—저 "자본을 빨아들이는 도구들"—라는 자신들의 식민 경제적 성격을 벗어 버리고자 하였다. 그리하여 국내 소비를 위한 선택된 제조업들을 건설함으로써 외국 수입에 대한 의존을 대체하는, 자율적이고 균형을 갖춘 경제를 만들어 가고자 하였다. 서구에서의 포디즘처럼, 이러한 경제는 국내 노동자의 구매력 증가를 요구할 것이며 더 양호하게 분배된 소득 구조를 촉진할 것이다(Frank, *Crisis*, 4). 그러나 1950년대 중반까지 원자재 가격의 하락은 3세계 나라들의 환율을 하락시켰다. 소규모 국내 시장dl 서구의 효율적인 규모의 경제를 대체하는 것을 불가능하게 할 것이라는 점은 명백하게 되었다. 이렇게 잘못된 출발을 한 이후, 수입 대체는 3세계의 정체로부터 벗어나는 황금 티켓으로서는 대체로 폐기되고 말았다(Frank, *Crisis*, 4).

동아시아와 동남아시아 개발은 이러한 근대화 논리로 일차적으로 이해되어 왔다. 그러한 근대화 논리에서 아시아의 호랑이 국가들은 일본의 수출지향적인 산업화된 자본주의 발전 모델을 따르면서 특이하게 성공을 거두었다.[3](Frank, 3) 예전에 한국과 타이완을 식민지로 점령하다가 이제 미국에 의해 점령된 나라라는, 전후 지구적 경제 상황에서 일본이 역설적으로 갖는 위치는 정식으로 주목되어야 한다. 일본은 초강국 미국

2 사실 프랑크는 이후 가장 저개발된 곳은 영국 벵골이나 스페인의 산토도밍고처럼 제국주의적 개발과 가장 밀접하게 연계된 지역들임을 발견한다.

3 예컨대 프레드릭 디요(Frederic D. Deyo), 존 라이(John Lie), 로렌스 라우(Lawrence J. Lau), 제임스 리빙스톤(James M. Livingstone) 참조.

으로부터 엄청난 자금을 빌려 동아시아 권역의 경제적 모터이자 반공산주의의 주축이 되라고 고무받았다. 예컨대 남한은 1965년에서야 일본과 외교관계를 정상화했다. 그렇듯 일본은 예전 식민지나 전시 영토와 절합된 관계를 맺고 있으면서도 동아시아 권역의 몇몇 개발도상국들에게 발전 모델이자 간접적 투자자가 되었던 셈이다. 게다가 1970년대까지, 일본의 노동 비용과 수출 비용은 상승했고, 이는 몇몇 이웃 나라들로 하여금 특히 값싼 전자 제품과 섬유제품을 생산하는 가운데 세계시장에 진입하게 하였다.

그러나 이러한 이야기는 보기보다는 덜 직선적인 과정을 둘러싼 것이다. 수출용 생산은 여러 중요한 방식으로 수입 대체의 원리로부터 결별하고 전적으로 새로운 근대화 모델을 구성한다. 이 모델은 오늘날의 개발도상국한테 의심의 여지가 없는 것으로 되었지만 그 기원은 재론해 볼 만하다. 어니스트 우트레히트(Ernest Utrecht)는 수출 생산비의 상승을 초래한 주요 요소로, 1950년대 후반과 1960년대 초반에 "기업 활동이 선진국에서 개발도상국으로 갑작스레 엄청나게 유출된"(Utrecht, 140) 점을 주목한다. 물론 이러한 유출은 새로 독립한 많은 포스트식민 국가들에서 일어났는데, 이 모든 국가들은 당시 세계를 휩쓸고 있던 특히 공산주의의 사회적 불안과 실업을 관리하는 방법을 찾고 있었다(Utrecht, 141). 이러한 사회적 호소를 넘어, "두 번째 목적은 해외 자본의 운용에 참여함으로써 [새로 독립한 많은 포스트식민 국가들] 자체의 국내 자본을 유발하려는 것이었다. 그렇게 하는 것은 우선 떠오르는 민족 매판 부르주아지의 경제적, 사회적, 정치적 입장을 강화하는 것이다."(Utrecht, 141)

이러한 산업화 모델은 섬유, 구두, 장난감, 가발, 가죽, 전자제품과 같은 경공업 소비자 제품들과 더불어 보통 시작한다. 그 모델은 수입 대체와 달리 내부 소비가 아니라 세계시장을 겨냥한다. 이 세계시장은 보통

75에서 90퍼센트의 상품들이 향하고 있는 미국과 유럽의 거대한 제1세계 시장을 사실상 말한다(Utrecht, 143). 이 모델에서는 값싼 노동을 찾는 다국적 기업들에 의해 자금을 지원받거나 지방 정부와 파트너 관계를 맺는 경우가 수입대체보다 더 많았을 것 같다. 많은 수출국들이 일부 수입대체 산업을 갖고 있었지만, 1970년대 초반에 이르면 어떤 나라들이 수출 루트를 확정적으로 선택했는지가 확연해졌다.

1972년에 이르자 주도적인 제조업 수출국들은 홍콩, 유고슬라비아, 남한, 싱가포르, 인도, 브라질, 멕시코였다(Frank, *Crisis*, 98). 실로 싱가포르 수출품의 50퍼센트는 다국적 기업을 위해 일하는 현지 노동자에 의해 생산되었다(Frank, 99). 1960년대 초반에 부상하는 3세계 근대화의 주요 후보국들은 브라질, 멕시코, 석유를 생산하는 중동이었다(Frank, 6). 이 나라들은 성공하는 데 필요한 충분한 노동, 자원, 땅을 갖고 있다고 생각되었던 것이다. 특히 우리는 프랑크의 명부에 올라와 있는 작은 나라인 홍콩, 싱가포르, 남한이 그러한 생각과 불일치한다는 점에 즉시 강한 인상을 받는다.

작은 국가들이 명부에 올라간 방식들 중 하나는, 자유무역 지대나 산업 단지(industrial park)로 또한 알려져 있는 수출생산 지대(Export Production Zone, EPZ)를 통해서였다. 이 지대는 수출주도형 산업화의 궁극적인 표현이다. 수출생산 지대는 새넌(Shannon) 공항(*아일랜드 공화국의 세 주요 국제공항 중 하나) 구역을 재개발하기 위해 1959년에 아일랜드에서 처음으로 고안되었는데, 그 첫 번째 진정한 수출생산 지대는 1966년에 타이완 남부의 가오슝(Kaohsiung)에서 설립되었다. 그것은 한국의 주요한 마산수출생산지대(1970)를 비롯해 남한의 이리, 싱가포르의 주롱(Jurong* 싱가포르 남서부에 있는 임해 공업지구), 타이완의 난지(Nanzih* 타이완 북부에 있는 가인슝 시의 구역)를 포함하여 전 세계의 많은 다른 그런 지대들의 모델이 되었다.

1987년에 〈국제노동기구〉(International Labour Organization)는 싱가포르와 홍콩과 같은 식민 성격을 지닌 항구들과 달리 수출생산 지대가 지니는 참신함을 다음과 같이 묘사했다. 즉 예전의 항구들은 "다른 곳에서 생산된 상품들의 보관, 환적(*선적 이동), 재수출에 방향을 필수적으로 맞추고 있었으며 기존 무역 루트들을 따라 발견될 수 있었다. 수출생산 지대의 본질은 그저 보관이나 무역을 위한 것만이 아니라 제조 목적의 지대로 개발한다는 개념에 있다."(ILO, 1) 수출생산 지대의 미덕은 그 인프라와 수송 시설이 설치되는 곳이면 어느 곳이건 입지를 할 수 있다는 점이다. 또 수출생산 지대가 해외의 제조업체들을 끌어들이는 데서 거둔 성공은 전 세계적인 현상이 되었다. 1970년에 전 세계적으로 오로지 10개국만이 20개의 수출생산 지대를 모두 가졌는데 1986년에 이르면 46개국이 175개의 지대를 갖게 되었고 조성 중인 지대의 숫자는 더 많았다(ILO, 2). 게다가 3세계 산업화의 성공과, 수출생산 지대의 제조업 노동 비율 사이에 매우 높은 상관관계가 존재한다. 1986년에 수출생산 지대를 활용하는 나라 중에 최상위권 6개국은 (미국 국경에서 하는 마킬라도라[maquiladora* 값싼 노동력을 이용하여 조립 · 수출하는 멕시코의 외국계 공장] 산업 탓이 압도적인) 멕시코, 싱가포르, 대한민국, 홍콩, 말레이시아, 타이완(ILO, 8)이었다. 우리는 강력한 수출 지향적 개발에 참여하는 나라들을 위해 선전되는 7에서 18퍼센트라는 경제성장률을 여기서 전형적으로 찾아볼 수 있다(Utrecht, 50).

그러나 이 나라들의 종속적인 경제를 떨쳐 버린다는 견지에서 보자면, 수출생산 지대와 수출생산의 이득은 그다지 명확하지 않다. 프랑크에 따르면, 그러한 발전은 자원 배분을 왜곡시켜 국내 발전을 방해하고 해외의 초국적 기업들에게 매력적인 수출생산 지대를 제공하는 방향으로 기울어지게 되고, 대외 부채를 조장한다. 이 나라들은 인프라 구축을 위해 돈을 빌려야 하기 때문이다(예컨대 남한은 1976년에 70억 달러의 부채를 지고 있었다). 그런 식의 개발은 또한 최저임금, 비숙련 노동을 고무하며 특히 젊은 여성노동자들을 선호한다. 이 여성 노동자들은 수출생산지대의 노동력 중에 70에서 90퍼센트를 차지하며, 기술 이전을 금지하는데, 생산이 "기계화된 부문활동들과 단순하고도 반복적이며 육체적인 부문 활동들로 나누어지기"(Frank, *Crisis*, 104) 때문이다.

〈국제노동기구〉는 수출생산 지대가 나머지 자국 경제의 퇴행적 기술연관을 고무할 것이라고 지적한다. 그 이유는 다국적 기업들이 유발하는 간접고용은 종종 원자재들, 부품 부문들, 기본적인 서비스들의 공급에만 국한되기(Frank, 74) 때문이다. 더 나아가 우트레히트(Utrecht)는 수출을 위한 생산과 구분되는, 실재적이고 통합된 경제 성장은 매년 약 1에서 3퍼센트에 근접한 비율로 다시 산정되어야 한다고 논의한다. 또 그는 이러한 종류의 개발은 기껏해야 한 줌의 매판 엘리트 수중에 부를 집중시킬 뿐이라고 논의한다(Utrecht, 153).

쭈 잉(Zhu Ying* 뉴욕시립대 미디어문화과 교수, 중국영화 및 미디어 전공)이 논평했듯, 수출생산 지대의 역사는 그러한 개발이 경제적인 과정인 만큼 정치적인 과정이라는 점에서 특히 우리의 흥미를 끈다(Zhu, 62). 예컨대 미국이 원조를 철회하겠다고 위협하자 한국과 타이완은 두 나라에서 시작된 수출 대체 정책의 잠재력이 한계에 도달했던 순간에 수출주도 생산으로 선회했다(Zhu, 117~119). 한국과 타이완 두 나라 모두 새로 도시인이 된 인구가 많았다. 한국은 사람들을 황폐화시킨 내전 이후 막대한 재건을 필요로 하였다. 말레이시아로부터 분리된 여파와 1964년의 인종 폭동 여파에 휩쓸린 싱가포르는 자체의 역할을 다시 찾아낼 필요가 있었다. 싱가포르는 자체의 역할을 식민 무역항으로부터 재발명할 필요가 있었고. 노동력 수출국으로서 외부로 시선을 돌릴 필요가 있었다. 짧게 말해 천연 자원도 부족한 이 세 나라는 인구를 흡수하고 안정화시킬 새로운 거대한 산업을 필요로 했다.

아민은 더 나아가 한국과 타이완은 이스라엘과 더불어 "전후 시대 내내 미국의 원조를 많이 받았다"(Amin, 109)는 점을 지적한다. 그러므로 아시아의 용들이 거둔 수출 생산의 상대적 성공은, 그들의 특정한 내부 조건들, 식민 유산들, 전후 수십 년 동안 있었던 동맹에 견주어 타진되어야 한다.[4](Amin, 4) 프랑크는 다음과 같이 쓰고 있다.

> '수출주도 성장'의 진전을 위한 '모델들'은 1960년대의 남한, 타이완, 홍콩과 싱가포르와 같은 도시국가들이었다. 각각의 경우, (남한, 타이완, 홍콩은 사회주의를 막는 요새라는) 기존 체제의 정치적 지원은 경제적으로 '생존 가능하고' 정치적으로 '안정된' 성장 모델을 창조하는 데서 일정한 역할을 했던 것 같다.(*Crisis*, 100)

달리 말해 우리는 지구적 자본주의의 신식민적 배치에 저항한다기보다 활용하는 불평등한 교환의 새로운 관계에 굴복한 식민 시기의 중심-주변부 관계가, 이러한 개발의 외견상 순수하게 경제적인 성격에서 표현되는 것을 본다. 이러한 방식으로 서론에 나온 만델의 논의를 상기하자면, 특정한 포스트식민지들은 자신들을 다른 포스트식민지들과 구별하기 시작한다. 지오반니 아리기(Giovanni Arrighi)는 미국의 군사적 경제적 헤게모니의 냉전 기획이 "자본주의적 역사에서 가장 커다란 체계 팽창 중 하나를 출범시키는 데서 고도로 성공한"(Arrighi, 58) 경위를 주목했

4 여기서 우리는 또한 린든 존슨 대통령과 박정희 대통령 사이의 거래에 대해 생각할 수 있다. 그 거래는 베트남 전쟁에서 싸울 30만 명의 남한 군인들을 보내 주는 대신 인프라 구조와 군사 보조를 받기로 한 것이었다. 자세한 내용을 보려면 7장 참조.

다. 그러나 이러한 팽창은 노동의 재조직화와 동원, 냉전 정치, 마지막으로 포스트식민 민족을 위한 다양한 비전들을 둘러싼 투쟁이 내포된 복잡한 과정이다.

이러한 연구를 하기 위해 수출주도형 개발과 수출생산 지대의 가장 결정적인 양상은 그 둘을 떠맡고 있는 **공간의 논리**다. 다시금, 이 공간의 논리를 앞서 초기의 수입대체 모델과 구분하는 것이 유용하다.

> 이러한 제조 수출은 원래 어느 정도로는 수입 대체를 위해 발전된 산업생산의 단순한 확장이다. 그렇지만 좀 더 종종 산업 수출의 증진은 문자 그대로 백지 상태로부터 시작한다. 필요한 인프라(공장 건물과 생산설비)가 편평한 땅 한 뙈기에 공급되고, 가공될 재료들은 저 멀리서(종종 지구의 다른 쪽에서) 가져오게 된다. 이 재료들을 가공하는 노동은 주변의 농촌 혹은 도시 지역에서부터 공급된다. 이와 같은 '새로운 산업 발전'의 원형은 '자유생산' 지대 혹은 '수출증진' 지대이다. 이 지대들은 '세계시장'에 수출하기 위해 섬유와 전자 부품을 전문적으로 생산한다.(Frank, *Crisis*, 97)

〈국제노동기구〉는 수출생산 지대의 텅 빈 명부라는 특성에서 그것의 호소력이 나온다는 점을 시인한다. "입안자의 꿈으로서 수출자유 지대"라는 특성은 문자 그대로 영(0)에서 출발함으로써 전통적인 장애물들, 지역의 역사들, 미비하게 기능하는 인프라를 회피하는 것이다(Frank, 3). 텅 빈 명부의 공간 논리는 새로운 아시아 도시들에서 일어난 도시 성장과 재개발의 더 광범위한 본성을, "이 재료들을 가공하는 노동은 주변의 농촌 혹은 도시 지역에서부터 공급되게" 하는 바로 그 메커니즘들을 알려 왔다. 여기서 중요한 점은 바로 그 방식을 인식하는 것이다.

게다가 우리가 1장에서 보았듯이 이 도시들을 백지 상태의 공간으로 다루는 것은 눈에 띄게 새로운 것도 아니다. 일본인들은 서구의 합리주의적 입안 원칙을 따라 경성과 타이베이를 이미 근본적으로 재조직했다.

그사이 영국인들은 싱가포르에 앞서 말레이인들이 살았던 섬의 흔적을 효과적으로 삭제했다. 우리는 어떻게 하여 수출 증진이 전후 몇 십 년을 정의하는 새로운 특징이 되었는지 그 방식을 주목하여 왔다. 그렇다면, 제국 권력에 의해 생산적인 공간으로서 이미 효율적으로 재조직된 포스트식민지들의 경우, 수출 증진이 가장 손쉽게 채택되었다고 한들 놀랄 일은 아니다.

다음 3, 4장에서 우리의 초점은 그렇게 심오하게 다시 형성된 도시 환경에 있는 거주의 본성이다. 그 거주의 본성은 수출생산 지대, 공단들, 혹은 더 작은 공장 공간들에 의해 직접적으로 또 간접적으로 영향을 받는다. 경제학자들이 지적하듯, 수출생산은 고립된 수출생산 지대로 귀결되지 않고 그 지대는 "전국적 수준의 수출 지향적 개발 전략의 일부를 구성할 게 틀림없다."(Zhu, 91) 에너지의 그러한 재조직은 고층 아파트 주거의 도입과 공간의 새로운 국내 배열뿐만 아니라 농촌에서 도시로의 대규모 이동(이미 도시가 된 싱가포르는 예외이지만), 정부의 도시 재개발 계획, 공장 노동의 만연, 여성 노동력의 대규모 동원을 포함한 숱한 사회적 공간적 변형들을 초래한다. 달리 말해 제1부에서 우리가 식민 도시를 지구적 제국주의를 '세계화하는'(worlding) 마디(node)로 보았다면, 제2부에서 우리는 새로운 종류의 지구적 체계에 있는 마디로서 포스트독립 도시들에 관심을 기울인다.

다시 한 번 말하는데 우리가 경험적인 경제적 분석들을 넘어 다음과 같은 질문들을 물을 수 있는 것은 바로 문학을 통해서이다. 즉 개인은 수출 지향적으로 산업화하는 새로운 도시의 견지에서 또 그 도시에 맞서 어떻게 다시 상상될 것인가? 이러한 재상상은 포스트식민적 성공 이야기들의 단순한 서사를 어떻게 복합화할 것인가? 또한 일정한 소설 형식들은 이 문제들과 모순들을 어떻게 채택하고 동화하며 혹은 해결할 것인가? 다음에 나오는 3, 4장은 사회적 관계의 생산과 재생산에서 공간이 하는 역할에 관한 르페브르의 질문을 좀 더 집중적으로 파헤칠 것이다. "어느 공간이건 사회적 관계를 함축하고 보유하며 숨긴다. 또 하나의 공간은 하나의 사물이 아니라 오히려 사물들(대상들과 생산물들) 사이의 일련의 관계라는 사실에도 불구하고 그렇다"(Lefebvre, 82~83)고 하는 르페브르를 다시 상기하기를 바란다. 공간의 문제틀은 권력의 형상화들을 무기력하고 고정된 형태들('공간의 재현들')로 은폐하는 공간의 경향 주위를 선회하며, 유동적인 상상계와 해석들('재현적 공간')로써 와해시키는 공간의 잠재력 주위를 선회한다. 그러나 이것이 선하거나 나쁜 공간 형태나 재현들을 확인하는 단순한 과정은 아니라는 점을 주지하도록 하자. 르페브르는 공간에 있는 가치들을 직설적으로 읽어 낼 수 있는 능력(readability)이라는 개념을 공간의 이데올로기적 물질적 기능화에 대한 좀 더 복합적인 이해로써 대체해야 한다고 본다.

> 인지할 수 있는 능력(intelligibility)의 자국은 그것이 드러내는 것보다 훨씬 더 많은 것을 감춘다. 바로 그 자국은 가시화/읽을 수 있음이라는 '것'과 그것이 지탱하는 함정을 은폐한다. 예를 들어 그 자국은 수직적인 '것', 즉 건방짐, 권력 의지, 군사적이고 경찰 같은 사내의 전시, 팰러스(phallus)에 대한 언급, 남성주의적인 잔혹함의 공간적 유추를 은폐한다. …… 생산된 공간에서는 행위가 '의미'를 재생산한다. 어느 '누구'도 그 의미에 관해 설명을 제시하지 않더라도 그렇다.(Lefebvre, 144)

다음 섹션인 제2부의 과제는 생산된 공간을 구성하는 이질적인 행위들, 경험들, 시각들을 통해 그 공간에 대한 "설명을 [제공하는]" 바로 그것이다.

그리하여 뒤따르는 장들은 생산지향적인 〈새로운 아시아 도시〉의 단선적인 논리에 광범위하게 도전하는 일련의 질문들과 텍스트들을 다룬다. 3장에서는 공장들, 아파트 블록들, 도시의 건설 현장들에 거주하는 새로운 프롤레타리아트를 다루는 〈새로운 아시아 도시〉 이야기들이 언급된다. 나는 그 이야기들에 나오는 육체와 건물의 융합을 검토한다. 나는 이 텍스트들을 느슨한 교양소설 형식의 견지에서 분석한다. 교양소설 형식은 서구 근대성에서 젊음을 문제화하는 동시에 사회적 세계의 고정성 속에 병합되라고 요구하는 문학 장르이다. 이와 동시에 공간 자체에 관한 일종의 교양 소설을 통해 나는 〈새로운 아시아 도시〉의 도시 미학의 역사적 전개에 관심을 기울인다.[5]

4장에서 나는 〈새로운 아시아 도시〉 주거 공간의 여성화된 내면 공간들로 초점을 돌려 가정성(dometicity)을 둘러싼 모순들, 변화하는 젠더 역할, 여성 노동을 검토한다. 노동계급 여성들이 아시아 호랑이 국가들의 경제 성장을 위해 값싼 노동을 제공하는 데서 중요한 역할을 하는 바로 그 시점에서 새로운 주거 형태들은 그들에게 다른 요구를 하고 있었다. 내가 보는 텍스트들은 여성을 부재하는 것으로 형상화함으로써 또 도시 공간을 여성을 수용할 수 있는 동시에 할 수 없는 미장센으로 형상화함으로써 이 딜레마를 해소하고 있다.

5 나는 이 구절을 제안해 준 악바르 아바스(Ackbar Abbas)에게 고마움을 표한다.

제2부

전후 도시주의

3장

인간 성장의 서사 대 도시 재개발의 서사

> 주택개발청(HDB) 주택단지는 그 시작에 불과했고, 그 고도의 폭발이었던 바로 이 '새로운' 밀도야말로 아시아적인 것의 기호가 될 것이다.
>
> —렘 쿨하스(Rem Koolhaas), 「싱가포르 송라인즈」(Singapore Songlines)

성장과 분리: 〈새로운 아시아 도시〉의 차원성(dimensionality)

1960년대와 70년대 서울과 싱가포르와 타이완의 팽창은 세 곳의 경제에 활력을 준 수출-지향 생산의 논리에 크게 빚진 어떤 도시적인 미학을 서로 연관되면서도 구별되는 방식으로 공유하고 있다. 이 미학을 검토하기 위해 나는 두 가지의 개념적 틀을 사용하는데, 이 틀들은 각각 도시적인 변형과 문학적인 변형을 다룬다. 첫째, 내가 질문하려는 것은 포스트식민적인 〈새로운 아시아 도시〉의 차원성에 관한 것이다. 요컨대 산업 도시들이 수평적으로 팽창하는 메트로폴리스의 경험과는 대조적으로, 지리에서나 자원에서나 제한된 〈새로운 아시아 도시〉에서의 성장은 고도, 밀도, 끊임없는 재개발에 의해 그 전형성을 드러낸다는 것이다. 유럽 메트로폴리스의 주민들이 도시의 끝없는 확장에 압도당했을 수도 있었던 데 비해, 〈새로운 아시아 도시〉의 주체들은 새로움과 반복과 불길한 압축이라는 그 도시의 결정적인 특질에 의해 소외된다.

둘째, 그러한 공간적 현실성들(realities)을 문학적으로 재작업한다는 견지에서, 나는 프랑코 모레티에 의해 논의된 바 있는 유럽 교양소설 모델에 따라 한국과 싱가포르와 타이완의 단편소설들을 숙고할 것이다. 이 소설들은 새롭게 변천하는 포스트식민적 도시경관을 배경으로 하나의 독특한 문제로서 청춘을 제기한다. 다시 한 번 우리가 단언해야만 하는 것은 그러한 도시들이 지구적 근대성의 근본적 구성 요소였다는 점뿐만 아니라, 이 근대성은 그 도시들의 서구 상대들과는 얼마간 차이가 있어 보인다는 점이다.

앞서 우리가 식민 도시들과 이 도시들의 서로 어긋나는 공간들을 놓고 보았듯, 포스트식민 도시들도 어떤 미학뿐만 아니라 발전의 차원성을 드러낸다.(유럽의 전전前戰모더니즘들의 뒤늦은 판본들일) 그 미학과 발전의 차원성은 유럽의 전전 모더니즘들과 조응하지 않으며, 전후의 포드주의적이고 소비주의적인 사회들(혹은 서구의 포스트모더니즘)과도 조응하지 않는다.[1] 그래서 인간적인 관점과 도시적인 관점과 경제적인 관점을 가로지르며 서로 연계된 **성장** 개념을 심문하는 것이 바로 3장의 틀을

1 앤소니 킹(Anthony D. King)은 일찍이 " '보편적으로 적용 가능한 도시 이론'이라고 예전에 받아들여진 많은 부분이 비역사적인 서구 에스노중심주의에 기반을 두어 왔다"고, 그러한 모델들과 이론들은 "비서구 세계에 있는 대다수 도시들에 들어맞지 않는다"(King, 14)고 지적했다. 그와 유사하게 벵-후아트 추아(Beng-huat Chua)도 싱가포르와 관련하여 주변부 도시들은 "지구적 자본주의와 떼려야 뗄 수 없이 얽혀 있다"고, 그래서 "자본주의의 문화적 근대성"의 산물이기는 마찬가지라고 제대로 지적하고 있다("World Cities," 985).

이룬다.

즉각적으로 우리의 주목을 요하는 역설은, 제3세계의 발전 담론에서 성장이 여전히 중심적인 것임은 이론의 여지가 없는데 정작 가장 경이로운 성장은 아시아에서 지리적으로 가장 작을 뿐만 아니라 자원 소장의 면에서도 빈약하기 짝이 없는 영토들에서 일어났다는 점이다. 덕분에 그 국가들은 '경제적인 불가사의들' 또는 '인공적인 기적들'이라는 별칭을 갖게 되었다.[2] 실제로 우리는 이 도시들에서의 포스트식민적 발전에 대한 질문을 인간적인 성장이 어떻게 통제되고 지시되어 생산의 성장으로 변형되는가라는 견지에서 생각해 볼 수 있다.[3]

반면에, 교양소설 문학에 대한 모레티의 잘 알려진 설명은 성장을 개인과 사회의 관계라는 견지에서 다룬다. 서구에서 이른바 '교양 소설'은 전통적인 배움의 도제 모델에서 벗어나는 변천과 더불어 출현하는데, 이는 근대성 특유의 새로운 유동성에 조응한다. 고전적인 교양소설에서, 젊은 개인의 교육과 도덕적 성장 또는 발전은 문제화되기는 하지만 궁극적으로는 사회적 세계의 더 큰 요청들과 일치되고 이 요청들을 내면화한다. 모레티는 교양소설이 개인적 욕망과 사회적 욕망의 갈등을 어떻게 상연하는지를 묘사하며, 다음과 같은 역설적인 정식화에 도달한다. "나는 내가 어쨌거나 **해야만** 하는 일을 하기를 **갈망**한다."(*The Way of the World*, 21/53)

모레티가 제시하듯이 "교양소설의 구조는 필연적으로 **내재적으로 모순적인**"(앞의 책, 6/31) 것이라면, 청춘과 안정성 또는 개인과 세상 사이의 상동적인 일련의 긴장을 감당하면서도 성장에 대해 온전히 상이한 통

---

2 예컨대 존 워로노프(Wornoff) 참조.

3 우리는 남한과 북한 사이의 냉전 분할, 공산당한테 본토를 빼앗긴 국민당, 1965년 말레이시아로부터 축출된 싱가포르와 같은 민족 분할이 생산성에 반대하는 접근에 행했던 역할을 또한 고려하여야 한다.

념에 입각한 〈새로운 아시아 도시〉 소설들을 과연 우리는 어떻게 읽어야 할 것인가? 달리 말하자면, 도시의 성장과 전통적 공동체로부터의 분리와 개인의 교양 형성이 제국 열강들의 발전 도상에서 의미했던 것과는 어마어마하게 상이한 것들을 의미하는 근대적인 도시 형태와 문학 형식 양자에 대해 과연 우리는 무엇을 할 수 있을까? 내가 제시하는 것은 앞의 '보론'에서 묘사된 전후 국제 노동분업이, 주변부가 불균등 구도 아래 산업화에 착수하게 되었던 국제 노동분업이 청춘과 도시적 근대성 양자에 상정되는 상징적 차원들을 재검토하기를 요구한다는 점이다.

우리는 1장의 비교사적인 성찰에 근거하여, 이 세 곳의 도시 환경에 일어난 폭넓은 변화들을, 또 이 변화들이 내가 검토하는 소설 텍스트들과 어떻게 관련되는지를 다시 성찰해야만 한다. 1945년 이후의 서울을 생각해 보자. 거기에서는 식민지 만주와 식민 본국인 일본에서 살던 조선인들의 대대적인 귀환이 있었고, 그 뒤를 이어 한국전쟁이 끝나고 삶의 터전을 잃은 농촌 주민들과 월남한 피난민들의 유입이 있었다. 1960년대와 70년대 산업화의 압력으로 인해 이농의 또 다른 급증이 시작되었다. 이러한 단계들마다 적당한 주거 시설의 결핍은 무허가 주택 건축으로 귀결되었고. 1960년대 후반에 이르자 무허가 주택은 건물의 약 30%를 차지했고 서울의 지배적인 물리적 특징을 이루었다(Li, 43).

1960년대 말에 정부는 빈민가 철거 기획과 고층 공영주택을 후원했고 공공 기금을 사용하기보다는 이윤을 목적으로 하는 사기업과 건설 계약을 했다. 일레인 김과 최현무(1998)에 따르면, 최초의 고층 공영아파트가 1970년에 무너져서 32명이 사망했고, 결국 이 새로운 건축은 트라우마를 갖고서 도입되었다(Kim/Choi, 113). 그 후에 무허가 정착지의 대대적인 재개발이 이어졌고 이는 서울의 산업적 근대성의 고통스러운 측면이긴 하지만 여하튼 그 근대성을 정의하는 것으로 간주될 수 있다. 이러한 이

유만으로도, 도시 재개발을 다룬 조세희의 1978년 소설집의 표제작 「난장이가 쏘아올린 작은 공」은 그토록 인상적일 수 있었고, 후배 세대의 대학생들과 노동운동가들에게 비공식적인 필독서가 될 수 있었다. 민족의 미래 전망에 관한 어떠한 이견도 거의 용납되지 않던 그 시절에 "산업화가 약속하는 밝아 보이는 미래의 이면에 과연 무엇이 있을 것인지"(Kim, 98)를 용감하게 질문했던 이가 바로 조세희였노라고, 김윤식은 쓰고 있다.

싱가포르는 20세기 중반에 영국 치하의 엄청 혼잡하며 가난하고 불안정하던 상업 도시에서부터 세련되고 부유하며 능률적인 독립 도시국가로 변형하는 모습을 보여 주었다. 그러한 싱가포르 사례는 그 외부에 있는 여러 문화 논객들의 주목을 끌었다. 그중에서 아마도 가장 저명한 이가 건축가 렘 쿨하스일 것이다. 그는 "모더니즘의 영웅들"이 제시했던 이미 신뢰를 잃어버린 "전전 도시주의"(Koolhaas, 1034)가 포스트식민적인 아시아 도시에서 예상치 못한 터를 찾게 된 데에 기이한 무엇인가가, 어쩌면 부당한 무엇인가가 있다는 점에 주목한다.[4] 쿨하스에게 싱가포르의 성공이라는 '미스터리'는, "확대된 권위주의를 가정하는 것과 아시아적 심성은 속을 헤아릴 길 없는 본성을 지닌다고 여기는 것 사이에서 유예된 채로"(Koolhaas, 1037) 불만족스럽게 남아 있다.

하지만 1950년대 싱가포르에서 전망해 본다면, 싱가포르는 르 코르뷔지에의 저 악명 높은 1922년의 "300만 명의 도시"계획을 빼다 박은 도시

---

4 쿨하스(Koolhasss)는 자신의 글 「싱가포르 송라인즈: 포템킨 메트로폴리스의 초상 혹은 백지의 30년」(Singapore Songlines: Portait of a Potemkin Metropolis or Thirty Years of Tabula Rasa)에서 윌리엄 깁슨(William Gibson)을 포함한 다른 서구인들이 싱가포르의 "경악할 만큼 지나친 새로움"(Koolhasss, 1019)을 의심스런 눈초리로 반응하여 왔다는 점을 또한 지적한다. 깁슨은 싱가포르의 지나친 새로움을 "죽음의 형벌을 받는 디즈니랜드"(Koolhasss에서 인용된 Gibson, 1013)라는 용어로 말했다.

계획안을 채택했던 셈이니 별로 미스터리할 것도 없다. 윌리엄 림(Lim)은 영국이 일본에게서 막 되돌려 받은 도시의 불결한 조건들을 우리에게 환기시켜 준다. "빈민들은 다 허물어져 가는 가게 겸 주택에 있는 좁은 방 안에 한데 엉켜 지냈는데, 그 안의 생활 조건은 거의 참을 수 없는 지경이었고" "목재와 니파야자나무 잎으로 지은 무허가 정착촌이 섬 전역에서 엄청나게 늘어나고 있었다."(Lim, 168) 1961년에 독립 싱가포르 의회는 〈유엔기술지원국〉(U. N. Technical Assistance Administration)의 도움을 받았는데, 이 기구는 "집수 구역을 중앙에 놓고 그 주변을 원형으로 둘러싸는 고밀도 공공 주거단지"로써 섬의 대부분을 채우는 것을 지지했다(Chua, *Political Legitimacy*, 36). 바로 전 해인 1960년에 설립된 〈주택개발청〉(Housing and Development Board)은 30년간 60만 호가 넘는 공공주택을 짓게 되며 주민의 90%가 여기에 거주하게 된다(Lim, 139)고 한다.

대량 이주에서 비롯되는 사회적 갈등을 한국보다 덜 겪으면서 이루어졌지만 싱가포르의 도시 재개발 역시 이 나라 근대성의 중심적인 특성으로 이해되어야만 한다. 영어로 쓰인 최초의 싱가포르 소설[5]이라고 흔히 간주되는 고포셍(Goh Poh Seng)의 1972년 작 『우리가 너무 오래 꿈꾼다면』(*If We Dream Too Long*)은, 아주 오래 집권하고 있던 인민행동당(People's Action Party)이 2차 5개년 계획을 시행 중이었고 싱가포르 주민 대다수가 주택개발청 아파트에서 살게 된 와중에 나왔다. 1964년의 인종 폭동과 1965년 말레이시아로부터의 분리로부터 트라우마를 겪은 후, 인민행동당이 이끌던 근대성이 공고해지던 시절이 소설의 배경을 이룬다. 『작은 공』이 도시화에 의해 초래된 관료적이고 정치적인 폭력을 재현한

5 싱가포르의 다언어적 문학 경관에 관해 더 많은 것을 알려면, Wang Yoon Wah, Liaw Yock Fang, Arthur Yap 외 모두 참조.

것 때문에 주목받는다면, 『우리가 꿈꾼다면』은 그러한 근대화 과정에 내포된 심리적 복합성에 초점을 맞춘다. 고포생의 소설은 1976년에 〈싱가포르국립도서진흥위원회〉(National Book Development Council of Singapore) 상을 수상했고, 그 후 널리 번역되어 왔으며 영어권 포스트식민 문학의 주요 교재로 사용되어 왔다.

타이완에서는 공산당이 중국 본토를 장악하자, "1백 50만 명이 넘는 국민당 군인과 피난민이 타이완으로 몰려들어 와 총인구가 5백만에서 6백 50만 명 이상으로 늘어났다"(Li, 33)고 추산된다. 한국에서처럼, 이러한 전후 이주는 1960년대 산업화의 와중에 일어난 대대적인 이농에 의해 격화되었는데, 1946년에 27만 명에 불과하던 타이베이 인구는 1960년대에 2백만 명 이상으로 급증했다(Li, 35). 1960년에 타이완 도시 인구의 25%가 무허가 거주지에 살고 있었는데도, 국민당 정부는 1960년대 내내 예산의 무려 75%를 국방비로 지출하고 있었으며(Li, 34), 1980년대까지 공영주택을 주요 정책으로 채택하지 않았다. 타이완은 수출지향 공업화에 의존한다는 면에서는 남한과 싱가포르와 유사했는데, 공영주택을 대형 재벌을 위한 또 하나의 영리 산업으로 만들지는 않았다. 또한 타이완에서 공영주택은 싱가포르에서처럼 "생산에 연계된 발전으로서의 국가건설계획"(Li, 55)의 일부도 아니었다.

〈새로운 아시아 도시〉 성장의 또 다른 역설 속에서, 우리가 보게 되는 것은 한 측면에서는 타이완의 도시들이 공업주도형 민족성장의 동력이었는데도, 다른 측면에서는 그 도시들이 자본의 조직화 논리와 심층에서 어긋난 채로 남아 있었다는 점이다. 이 시기로부터 타이완 문학을 조망하는 연구는 어느 것이건 hsiang-t'u wen-hsueh[6]의 범주(토착문학, 문자 그대로는 '향토문학'이라는 범주)를 바로 언급한다. 향토 운동은 전후에

6 hsiang-t'u wen-hsueh는 피닌(Pinyin) 어로는 xiangtu wenxue이다.

교육받은 도시 작가들이 선호하는, 서구적인 영감하에 밀폐된 모더니즘 문학에 일부 반발한다. 그래서 이 향토 운동은 "현지의 보통 사람들"(Faurot, 3)에 관해 쓰고 "꾸밈없는 리얼리즘으로 농촌의 삶을 묘사하는"(Chang, "Modernism", 151) 하나의 권역적인(regional) 문학 또는 민족주의적인 문학이라고 대개 주장된다. 1960년대 초 70년대 말 황춘밍(黃春明, 1935~* 소설을 중심으로 수필, 시, 아동문학, 희곡, 그림 등 다양한 장르에서 창작 활동을 하고 있는 대표적인 타이완 작가)의 단편들은 향토문학 운동의 초석을 놓았으며, 도시와 농촌의 생활방식들 사이의 바로 그 커져 가는 모순들과 씨름한다.

좀 더 상세하게 개별 텍스트를 논의하기에 앞서, 우리는 서구의 신흥 산업도시들을 둘러싼 담론들을 짧게라도 검토해야만 한다. 그러한 검토는 근대 도시주의에 대한 비교 분석의 틀을 짜는 것을 도와준다. 근대도시의 등장에 대한 막스 베버의 영향력 있는 이해에는 공간과 주거(dwelling)에 관한 전통적인 개념들이 더 이상 존재하지 않으며, '주거'와 도시는 양립될 수 없는 것으로 제시된다. 달코(Dal Co)가 설명하듯이, "베버에게 도시란 그것이 처음 등장한 이래로, 인간이 자연 및 환경과 맺는 유기적이고 대지적인(telluric) 유대의 단절을 나타낸다. 왜냐하면 도시는 **예전에 그 장소에 이방인이었던 사람들**의 집단적 정착지로 등장하기 때문이다."(Dal Co, 34, 원문의 강조) 그러므로 도시란 정의상 이방인들의 도시인 셈이다.

오스발트 슈펭글러(Oswald Spengler)는 1922년에 펴낸 『서구의 몰락』에 실린 「도시의 혼」이라는 에세이에서 근대적인 주거의 단절되고 이동하는 특성의 결과들을 대단히 두려워하면서 탐사한다. 이 초창기 도시 이론가에게, 땅과의 분리는 농촌이 도시에 종속되고 "모든 위대한 문화가 도시 문화가 되는"(Spengler, 65/344* 『서구의 몰락』, 양해림 옮김, 책세상, 2008) 계기일 뿐만 아니라 문명이 쇠퇴하기 시작하는 지점이기도 하다. 슈펭글러에게는, 전통적으로 땅과 맺던 유대의 상호작용들이 화폐("경제적 교섭의 순수 형태로서의 화폐는 수학적 세계나 논리적 세계의 양과 마찬가지로 현실actuality에 의해 제한되지 않는 가능 범위를 지니고 있다."[Spengler, 74/356])에 의해 대체된 것은 근대도시의 근본적인 차원 이동을 표시하며, 이러한 차원 이동은 건조 환경(built environment)에서 가장 잘 식별된다. 슈펭글러는 이렇게 공간의 근대화를 겪고 있는 오래된 도시의 전망에 대해 공포심을 갖고 다음과 같이 상상한다.

> 바야흐로, 오랜 성숙한 도시들은 …… 난잡한 집단(formless masses)을 이루며 모든 방향으로 흘러넘치기 시작하고, 황폐해져 가는 농촌을 겹쳐 쌓인 연립주택들과 실용적인 건물들로 잠식하기 시작하고, 옛날의 고상한 외관을 철거나 개축을 통해 파괴하기 시작한다. 우리가 옛 탑들 중 하나로부터 집들의 바다를 내려다보노라면, 유기적인 성장의 끝과 함께 무기적인 그래서 **무제한적인 집단화의 고삐 풀린 과정**(unrestrained process of massing without limit)의 시작을 알리는 정확한 시대를 바로 한 역사적 존재의 이러한 석화(石化) 속에서 우리는 감지할 것이다.(Spengler, 76~77/359. 저자의 강조/국역본 부분 수정)

끝없는 집단화(endless massing)의 방향성은 결단코 수평적이다. "교외와 별장지가 넓은 농촌으로 침입해 간다."(Spengler, 78/360~361) 요컨대 "바로 그 때문에 인과율만 있고 운명은 없으며, 단지 팽창만 있고 살아 있는 방향은 없다."(Spengler, 85/371) 근대적인 주거라고 여전히 그렇게 불릴 수 있다면, 그것은 추상적 합리성에 또 '팽창과 양의 차원들'에 종속되어 간다.[7] 하지만 근대성의 과정은 메트로폴리스의 "순수하게

7 헨리 러셀 히치콕(Henry-Russell Hitchcock)과 필립 존슨(Philip Johnson)의 독창적인 논문 「국제적 스타일: 1922년 이후의 건축」에서도, 또 이때 마천루 건축 기술이 확립되었는데도, 저자들은 "수평성이 …… 정동(affect)의 견지에서 판단되는 바, 국제적 스

수평적인 공간 미학"(Dal Co, 27에서 재인용된 로사리오 아순토Rosario Assunto)로 귀결되지 않는다.

그 과정은 또한 농촌의 나머지를 가로지르며 또 실로 추상적인 '지구적 공간'이라는 르페브르의 개념에 딱 들어맞는 세계—슈펭글러에게는 '지방'(the provinces)—를 가로지르는, 그에 걸맞은 텅 빈 공간을 상정한다. 르페브르에 따르면, 1920년 무렵에 "공간이 지각되기 시작했고"(Lefebvre, 125), 예술에서의 평면들의 분해와 교대를 내포하는 새로운 공간의식, 건축에서의 특권적인 측면인 파사드(facade)의 사라짐, '지구적 공간'의 발견이라는 세 가지를 초래했다. 여기서 '지구적 공간'은 "채워지기를 기다리는 공백으로서, 식민화되기를 기다리는 매체로서, 추상성 속에서 확립되었다."(Lefebvre, 125) 슈펭글러와 르페브르의 시기구분 둘 다, 글로벌 식민 공간을 통상 인정하는 1884년 베를린 회의(Berlin Conference)와 '아프리카 쟁탈전'이 있은 지 수십 년 뒤에 나오지만, 슈펭글러의 '무제한적인 팽창'은 바로 이렇게 미학적이면서 사회적인 사실을 묘사한다. 즉, 글로벌 공간으로 무한 팽창할 가능성은 대량생산, 도시화, 산업화의 등장과 겹친다는 사실 말이다.[8]

베버에게 근대 시장경제의 상승은 생산과 소비의 분리로 귀결되며, 생산이든 소비든 어느 한 활동의 지배가 도시의 특정한 유형론으로 귀결된

타일 중 가장 눈에 띄는 특징"(Hitchcock/Johnson, 65~66)이라는 점을 확증한다.

8 공간에 대한 이러한 합리화는 19세기 후반에 새로 정의된 경관 범주에 대한 매혹과 또한 연결되어 있다. 크리스틴 로스(Kristen Ross)는 비들 더 라 블라쉬(Vidal de la Blache)에 의해 선도된, 대학의 지리학 분과의 발전을 "경관주의(landscapism)의 과학"(Ross, 85)이라는 용어로 기술한다. 이 용어는 부르주아의 양적 계산법, 산업의 합리화, 유럽 상업적 이해관계의 지구적 확장과 일치했다. 로스의 말로 표현하자면 "서구 기독교적 식민주의는 비들 식의 학문적 지리학이 제공하는 것을 도와줄 공간의 특정한 구축을 요구한다. 자연적인, 말하자면 비역사적인, 모든 대타성(alterity* 대안성과 타자성의 부정성을 동시에 넘어서기 위한 용어)이 부재하는 공간 구축 말이다."(Ross, 87) 또한 미첼(W. J. T. Mitchell)의 중요한 연구서 『경관과 권력』 참조.

다. '소비자 도시'는 상인들의 활동을 지탱해 주는 "특수한 경제적 특성을 지닌 다수 소비자들"(Weber, 27)로 특징지어진다. 반면에, '생산자 도시'는 "외부 구역에 공급을 한다는 면에서 근대적 유형을 나타내는 공장과 매뉴팩처와 가내공장"(Weber, 27)의 본고장이라고 할 수 있겠다. 세 번째 범주는 '상업 도시'로, 국제 금융과 교역 및 해운을 지탱하는 도시이다(Weber, 28). 근대에 어울리는 새로운 유형의 도시—생산자 도시—에 관한 베버의 논평은 산업화, 공간의 제국적 분할, 도시 형태가 겹쳐 있음을 강조한다. 하지만 우리가 보기에 생산자 도시에 대해 베버가 파악하는 특징은 자국 시장과 식민지 시장에 상품을 제공했던 유럽의 공업 메트로폴리스들을 모델로 삼은 것이었다.

그것에 비해 전후의 수출 지향적인 〈새로운 아시아 도시〉는 생산자 도시를 전혀 새로운 수준으로, 생산과 소비의 분리가 민족적인 선을 따라 이루어지며 식민 시기의 분할이 새로운 방식으로 다시 강화되는 그런 수준으로 끌어올린다.[9] 이것은 우리를 다음과 같은 질문들로 이끈다. 전후 서울·싱가포르·타이베이의 특정한 발전 패턴들은 어떻게 그것들 **고유의** 유형론을 구성하는가? 포스트식민성의 분석틀은 산업 도시들에 대한 예전의 설명들을 '이방인들의 도시' 운운을 뛰어넘는 방향으로 또는 새롭게 대중화/대량화된(massified) 미학의 방향으로 어떻게 규정할 것인가? 그러한 도시적이고 국가적이고 지구적인 복합적 힘들을 재현하기 위해 어떤 새로운 전략들이 등장하는가?

후술할 부분에서, 나는 그러한 문학적 전략들이 특히 건축적 형상화에 어떻게 의지하는가를 보여 주겠다. 레이먼드 윌리엄스를 따라, 나는 물

9 한국의 식민주의자 일본은 유럽과 똑같은 도시화와 산업화를 겪지 않았다. 그렇지만, 메이지(Meiji) 시대(1868~1912)에 유럽으로부터 수입된 기술적, 경제적, 문화적, 건축적 형태들을 접했다. 이와 유사하게 일본의 식민지들은 일본의 발전과 근대화에 핵심적이다. 자세한 내용을 위해서는 1장 참조.

리적 형태들의 인격화된 재현이란 "평범한 물리적 관찰로 접근할 수 없는 저 사회적 체계들과 결과들"(*Country*, 156)을 지각할 수 있게 하는 것이라고 이해한다. 성장 스토리에서 그러한 전략들은 육화된 주체성들을, 이 주체성들이 건설되는 이면의 논리에 연결할 뿐만 아니라 이 주체성들이 거주하는 구조들에도 연결한다. 인간적인 것과 건축적인 것의 문학적 혼합은 개인과 세계에 관한 〈새로운 아시아 도시〉 특유의 새로운 형상화를 우리에게 제시한다.

압축, 성장, 아파트 단지:
조세희의 「난장이가 쏘아올린 작은 공」

남한이 스펙터클한 경제 성장을 구가하던 초창기인 1970년대 한국문학을 박정희 군부독재의 1972년 유신 개혁이라는 특정 맥락에서 이해하는 것은 중요하다. 조남현이 쓰듯이, "정치적 퇴행과 아찔한 경제 성장은 70년대에 한국인들이 대처해야만 했던 쌍둥이 현실이었다."(Cho, 45) 계엄령이 떨어지고 "생산 혹은 수출 목표를 달성하려는 [정부의] 가혹한 압력"(Woronoff, 100)이 가해지던 시절에, 조세희의 난장이가 조국의 강압적인 진보에 의해 소외된 원형적인 '작은 사람'(small man)의 형상이 되었다는 점은 전혀 이상하지 않다. 조세희의 작품들은 애초에 여러 상이한 잡지들에 연작 형식으로 출판되었다. 「칼날」은 1975년 『문학 사상』에, 「작은 공」은 1976년 『문학과 지성』에 게재되었다. 1978년에 출판된 작품집은 상이한 인물들의 시각에서, 또 서사 스타일의 변주 속에서 이야기되는 다수의 동일 플롯으로 짜인 일련의 상호 연계된 단편들로 되어 있다. 그 책은 즉각 대중과 평단의 찬사를 받았고, 1979년에 동인문학상을 수상했다.

1942년에 태어난 조세희는 이른바 한글세대—식민지 시기의 일본어 또는 고전적인 한자보다는 한글로 교육받은 제1세대 한국 작가—의 일원이었다. 조세희의 작품들은 이 시기의 (7장에서 논의할 황석영의 노동자 문학과 같은) 사회적 리얼리즘 작품들과 다른 형식상의 특징을 지닌다. 그것은 조세희 단편들의 탈구된(disjointed) 시점과 빈번하게 이동하는 어조와 목소리이다. 플롯은 유일한 초점이 아니다. 오히려 사건들은 분산되어 있다가, 이야기들의 연결 안에서만 더 큰 서사적 그림 속으로 모인다. 예컨대, 우리가 「작은 공」이 끝난 뒤에 벌어진 형제들의 폭력에 대해 알게 되는 것은, 다른 이야기들에 나오는 사건을 통해서일 뿐이다. 하지만 그의 이야기들이 다루는 주제는 계급투쟁과 주거 분쟁(「작은 공」), 환경오염(「기계 도시」), 사회의 군사화(「뫼비우스의 띠」)를 포함하여 1970년대에 가장 긴급한 사회 변화들과 갈등들이었다. 전반적으로 보아 조세희의 작품집은 프롤레타리아 문학('노동 문학')의 더 큰 전통 안에 있는 전후 한국 작품들 중에서 가장 중요한 부류에 속한다. 조세희의 표제작은 새로운 포스트식민적 현실들을 확고하게 다루면서도 꿈같은 시퀀스들을 취하고 있으며 3중의 서사적 목소리로 이루어져, 각 장별로 한 가족의 아이들이 각자 이야기를 풀어 나가고 있다. 이야기의 구조를 이루는 것은 섬세하게 다듬어진 "대립적 세계관과 미학"(Kim, 「대립적 세계관과 미학」, 277)이다. 이야기의 구조는 계급적 차이들에 대한 지적 각성의 증대뿐만 아니라 성장과 축소에 대한 더욱 저절로 우러나오는 이해에 의거한다. 이 중편에서 조세희는 근대화의 갈등적 힘들을 작은 것과 큰 것의 변증법과 인간적인 것과 건축적인 것의 변증법을 통해 제시한다.

「작은 공」은 근대화를 향한 민족의 돌진에서 뒤처진 주변화된 인간 낙오자인 난장이 주인공 김불이 일가를 통해 전개된다. 가장 명확한 것은, 이 중편이 사회의 특정 부문, 즉 당시 서울 주민의 다수가 그랬듯 공장 노동과 잡역으로 그날 벌어 그날 먹고사는, 무허가 판자촌의 판잣집을 점유하고 있는 도시 빈민을 문학적으로 압축한 이야기라는 점이다. 아마도 서울의 변두리일 '낙원구 행복동'은 벽돌 공장의 그림자에 덮여 있으며 결코 천국이 아니다. 우리는 사이사이 들어간 회상의 도움을 받아, 새로운 고층 아파트 단지 건설을 위해 서울시가 그 가족의 집을 파괴하려는 목전의 일에 관한 이야기를 듣는다.

도시의 역사를 연구하는 김과 최(1998)는 도시를 재개발하는 절차 중 쫓겨 나가는 무단 거주자 가구들에게 새 아파트 입주권이 주어지는 과정을 기술하였다. 그렇지만 대부분의 무단 거주자들에게 임차 비용과 이사 비용은 감당할 수 없을 정도로 많이 들어서, 그들의 유일한 선택은 자신들의 주거권을 (때로는 불법적으로) 중산층 구매자들 또는 중개인들에게 팔고 도시 중심에서 더 먼 곳으로 옮겨 가는 것이다(Kim and Choi, 140~145). 「작은 공」은 이 과정의 노골적인 부정의에 대한 이야기일 뿐만 아니라, 이 새로운 공간들과 구조들을 더 큰 사회 경제적 변혁의 관점에서 읽을 수 있도록 하려는 시도로도 읽힐 수 있다. 세 아이의 내면의 심리적 갈등들은 이 이야기에 결정적인 서사적 특징들이다. 그런 점에서 우리는 청춘과 발전과 유동성이라는 익숙한 교양소설의 문제들을 동시에 인식한다. 하지만 서구의 부르주아 교양소설과 달리, 조세희의 성장 서사는 더욱 문학적인 측면을 결정적으로 지닌다.

1장의 회상에서는 가족들이 그들의 판잣집을 지었던 사건에 대한 강렬한 향수를 드러낸다. "우리에게는 그때가 제일 행복했고" 또 "하루하루가 즐거웠다."(Cho Se-Hŭi, 133/89* 『난장이가 쏘아 올린 작은 공』, 문학과 지성사, 1993)[10] 소설의 나머지 부분에서는 삶을 제한하고 부인하는 구조들에 몰두

1969년 서울 금화구의 신축 공공아파트들

한다. 자기 집을 짓는 '즐거운' 일과 대조적으로, 영수와 영호가 학교를 그만두고 억지로 해야 했던 공장 일은 회사의 성장과 개인의 성장 사이에서 하나의 제로섬 게임에 불과했다. 어울리지 않는 단순함과 리듬감을 갖춘 한국어로 쓰인 문장에서는, 언어 자체가 성장이 저지된 듯 또는 불완전한 듯 보이며 그렇게 빈민가에 사는 이들의 왜소해진 위상의 메아리가 된다.

> 점심시간이 삼십 분밖에 안 되었다. 우리는 한 공장에서 일했지만 격리된 생활을 했다. 노동자들 모두가 격리된 상태에서 일만 했다. …… 서로 어울리지 못하고 간격을 둔 채 땀만 뻘뻘 흘렸다. …… 탁한 공기와 소음 속에서 밤중까지 일을 했다. …… 그래서 자랄 나이에 제대로 자라지 못하는 발육 부진 현상을 우리는 나타냈다.(Cho, 143~144/106~107)

10 모든 영어 인용은 브루스(Bruce)와 루-찬 풀튼(Ju-Chan Fulton)의 번역을 참조함.* 이후 작품으로부터의 인용에서 앞 페이지는 영어판, 뒤 페이지는 한글판(『난장이가 쏘아 올린 작은 공』, 문학과 지성사, 1993)의 출처를 가리킨다.

정말 문자 그대로, 노동자들 자신의 성장을 위해 필요한 에너지가 회사를 위한 경제성장과 국민경제의 더 큰 요청 속으로 빨려 들어간다. 계속 '늘어나는' 노동시간으로 인해 노동자들은 물리적으로 '줄어들고', 노동자들의 성장은 생산성의 극대화를 위해 저지된다. 노동자들에게 공포와 규율을 심어 주려고 회사 사장이 사용하는 단어는 '불황'인데, 이는 인간 성장과 경제 성장의 상반되는 기준을 강조한다. 피고용인들이 상황을 공유함("우리", "우리를/우리에게")에도 불구하고, 노동 공간은 노동자들을 '격리된 상태로' 일하도록 한다. 공장의 성장이 민족의 발전을 위해서 본질적인 것이긴 하지만, 노동자들의 성장에는 대립적인 것이다. 두 소년이 노조를 만들어 파업을 일으키자 다른 노동자들에게 배반당하고 해고된다.(Cho, 150/116)

국가의 비호를 받는 거대 **재벌들**이 이끄는 경제성장의 모순들과 가장 극적으로 대치하는 인물은 딸 영희다.[11] 가장 좋은 가격에 입주권을 팔려고 가족들이 신경을 곤두세워 암시장을 살피고 있을 때, 승용차를 탄 사내 하나가 동사무소에 나타나 남은 입주권을 모두 사들인다. 이름은 나오지 않지만 그는 분명 부동산과 건설업을 하는 부잣집, 재벌이 틀림없는 그런 집의 아들이다. 그의 주요 사업은 부유한 강남에서 아파트를 파는 일이다. 그런데다 그는 도시재개발 입주권을 불법으로 중개하여 과외 수익을 올린다. 영희는 자신에 대한 그의 관심을 알아차리고, 가족들의 빼앗긴 입주권을 다시 훔쳐오고자 그에게 자신의 몸을 파는 데 동의한다. 그의 성욕을 채워주는 하녀로 그와 함께 여러 날을 지내면서 영희는 자신의 삶을 규정해 온 사회체계를 이해하게 된다. 그녀의 약함은 그의 강함과 정비례하며, 그런 만큼 그와의 섹스 관계마저도 그 이분법에 의해 추동된다.

11 재벌에 대한 좀 더 깊이 있는 논의를 위해서는 7장 참조.

우리는 출생부터 달랐다. 나의 첫 울음은 비명으로 들렸다고 어머니는 말했다. 나의 첫 호흡이 지옥의 불길처럼 뜨거웠을지도 모를 일이다. 나는 모태에서 충분한 영양을 보급받지 못했다. 그의 출생은 따뜻한 것이었다. 나의 첫 호흡은 상처 난 곳에 산을 흘려 넣는 아픔이었지만, 그의 첫 호흡은 편안하고 달콤한 것이었다. 성장 기반도 달랐다. 그에게는 선택할 것이 많았다. 나나 두 오빠는 주어지는 것 이외의 것을 가져 본 경험이 없다. 어머니는 주머니가 없는 옷을 우리들에게 입혔다. 그는 자라면서 더욱 강해졌지만 우리는 자라면서 반대로 약해졌다. 그가 나를 원했다. 그는 원하고 또 원했다.(Cho, 160/131~132)

공장의 논리에서 보듯, 영희의 약함을 직접적으로 심지어 인과적으로 초래한 것은 바로 재벌 아들의 건강한 성장이다. 이것은 "그는 …… 더욱 강해졌고요."와 "우리는 …… 반대로 약해졌어요."(『난장이』, 113)라는 두 부분의 언어적 등가성을 지닌 한국어 문장에서 훨씬 더 명확하게 드러난다. 배 속에 있을 때부터[12] 그들 둘의 삶은 젠더화된 상반성을 띠는 것으로 제시된다. 남성성과 행복과 강함과 성장의 한쪽이 있고, 여성성과 고통과 영양 결핍의 다른 한쪽이 있다. 그들 삶의 차이들은 주거의 관점에서 사회적 계급들의 생물학적 물질적 재생산을 통해 가장 직접적으로 의미화된다. 배 속에서의 그들의 대조적인 주거가 후일의 고층아파트와 무허가 판잣집이라는 형태를 예고하며 결정한다. 조세희의 작품에서 대조적인 도시 형태들에는 두 겹의 기능이 있다. 그 하나는 계급적 폭력의 첫 사건인 난장이의 판잣집 철거가 현행 계급적 불평등의 원인이라는 것이다. 나머지 하나는 작품의 주요 해석학적 장치라는 기능인데, 자칫 지각할 수 없었을 사회구조들을 건조 형태들로 재현한다.

영희는 현금 및 칼과 함께 입주권 서류를 몰래 확보한 후에 새로 개발

12 이 놀라운 이미지를 지적해 준 란자나 칸나(Ranjana Khanna)에게 감사드린다.

중인 강남 소재의 **재벌** 회사 아파트 건물 현장 사무소에서 입주 신청을 해야 한다. 호흡이 짧고 연결이 끊어지듯 이어지는 조세희의 서사는 또 다시 군더더기 하나 없는 최소한의 구문과 어휘로 이어진다.

> 남산 터널을 빠져 제3한강교를 건넜다. 벌판에 서 있는 그의 아파트가 보였다. 나는 가방을 열고 안에 들어 있는 그의 칼을 만져 보았다. 상아로 만든 칼자루 윗부분에 작은 구슬만한 쇠가 붙어 있었다. 그것을 누르면 칼날이 튀어나온다는 것을 나는 알고 있었다. 주택공사 입구에서 차를 세웠다. 많은 사람들이 공사 정문을 향해 걸어갔다. 나는 서둘러 그들 속으로 들어갔다. 가만히 서 있어도 앞으로 밀려갔다. 나는 사람들에게 밀려 마당 안으로 들어갔다. 하얀 건물이 햇빛을 반사해 눈이 부셨다.(Cho, 166/138~139)

영희의 최후의 영웅적 행동이 펼쳐지는 장면에서, "그의 아파트"는 **재벌** 아들인 그 자신을 대신한다. 아파트의 남근적인 자세는 영희로 하여금 칼을 만지작거리며 잠재적인 거세 제스처를 취하도록 하는 데 충분하다. 그사이 아파트는 위협하듯 "벌판에 서 있는" 셈이다. 그늘진 판자촌과의 극명한 대조 속에서, 아파트 건물은 접근하는 모든 이들의 눈을 부시게 한다. 아파트 건물 자체를 국가와 재벌이 주도하는 발전의 유형적인 물리적 표현으로 이해하는 것을 통해 영희와 재벌 아들의 관계가 환유적으로 반복된다. 「작은 공」의 구도 안에서, 두 계급의 사람들은 두 유형의 주거와 두 건축 미학과의 환유적 관계를 전시한다. 환하게 빛나는 현대적인 아파트 건물은 마치 재벌이 국민경제를 지배하듯이 벌판을 지배하는 데 반해, 무허가 판자촌처럼 손으로 지은 낡은 집은 마침내 먼지가 되고 만다.

낙원구에 돌아온 영희는 집은 헐리고 아버지는 죽었다는 것을 알게 된다. 그때 집에 사는 사람의 몸과 그 집의 접속이 확인된다. 벽돌 공장 굴뚝에 올라가 떨어진(혹은 뛰어내린) 아버지는 철거반 사람들에 의해 발견되었는데, 그의 조각난 몸은 집의 잔해와 문자 그대로 합쳐진다.

그런 서사의 이면에 있는 사회적 조건들은 쉽게 식별된다. 남한처럼 발전 도상에 있는 포스트식민 사회가 후기 자본주의 조건 안에서 열등한 지위에 의거하여 경제적 독립과 성장을 추구하기를 강제당하는 것이 얼마나 짐스러운 일인지를 우리는 알고 있다. 제국의 도시들과 민족들은 비가시적인 식민지들의 생산력에 부분적으로 근거하여 성장을 경험했고, 이는 팽창과 수평성을 통해 지각되는 미학으로 귀결되었던 것이다.

이와 대조적으로 조세희의 소설에서는 이 정치적이고 생산적인 장치 전부를 민족 공간의 내면으로 흡수하고 있고, 그것은 고도(height)와 압축의 기하학을 통해 표현되는 권력의 집중성을 산출한다. 이 시기 민족의 성장과 개인의 성장 사이의 비상한 괴리는 어렴풋이 보이는 고층아파트 건물 형상에 의해 서사 수준에서 해소된다. 난장이의 집을 파괴함과 아울러 **재벌** 경제에 부를 추가하는 것이 바로 이 거대한 건축적 신체이다. 개인 의지 대 사회적 형성이라는 교양소설의 딜레마를 고려한다면, 「작은 공」에서 답하지 않고 남겨진 질문은 민족 중에 가장 작은 사람들이 과연 어느 정도나 사태 개선을 기대할 수 있겠는가, 혹은 민족의 지속적인 성장은 자신들의 축소만을 뜻할 것인가 하는 점이다.

예컨대 텍스트 안의 다양한 계기들에서 돌이킬 수 없도록 망각 속으로 축소되는 주체의 반경은 간명하게 죽음이라고 상상된다. 영희에게서, 회색 지평으로서의 죽음의 이미지는 자기 가족의 스케일에 대한 성찰로 필연적으로 귀결된다.

> 우리의 생활은 회색이다. 집을 나온 다음에야 나는 밖에서 우리의 집을 들여다볼 수 있었다. 회색에 감싸인 집과 식구들은 축소된 모습을 나에게 드러냈다. 식구들은 이마를 맞댄 채 식사하고, 이마를 맞대고 이야기했다.

> 작은 목소리라 나는 알아들을 수 없었다. 아버지의 실제 모습보다도 작게 축소된 어머니가 부엌으로 들어가다 말고 하늘을 쳐다보았다.(Cho, 157/127)

식구들이 난장이 아버지보다도 작게 축소될 뿐만 아니라 집도 "축소된 [모습을] …… 드러냈다." 이와 비슷하게 영호에게도 "내가 마지막 눈을 감는 날의 일도 생각"하는 것이 "나의 몸은 아버지보다도 작게 느껴"짐을 함축할 것이다.(Cho, 149/115) 달리 말하자면 강자와 약자 사이에서, 키가 큰 사람과 난장이 사이에서, 조세희의 대립적 미학은 독자의 연민을 끌어내는 하나의 극적 설정 이상이거나 산업화의 다른 쪽에서 젊은 노동자들이 기다리고 있는 것이 무엇인지를 묻는 하나의 극적 설정 이상이다. 또한 그의 미학은 개인적 성장 및 사회적 세계와의 화해라고 하는 교양소설의 관심을 문자 그대로—또는 비극적으로—개작(reworking)하는 것이기도 하다.

여기서 개인과 사회의 화해 불가능성에 대한 해법은 신체와 건축을 흐릿하게 함으로써 주어진다. 즉, 개인의 성장 대 국가/**재벌**의 성장에 관한 질문은 증축되는 고층아파트 이미지를 통해 환기되도록 제기된다. 이러한 이미지는 민족화된 남성주의적 재개발 양식을 통해 문자 그대로 난장이 가족과 공동체를 대체한다. 인물들과 독자들은 다음과 같은 두 가지 이해에 도달한다. 먼저 민족화된 착취의 집중적 구조는 사회 한 부문의 성장이 다른 부문의 축소에 달려 있음을 뜻한다는 것이다. 또 개인을 그 혹은 그녀의 환경과 화해시키는 정형화된 교양소설은 없다는 것이다. 민족의 기반이 되는 노동을 행하는 이들에게, 젊음은 난장이다움과 합쳐진다. 여기서 난장이다움은 생물학적 일탈 또는 연대기적인 단계가 아니라 삶을 구조화하는 차원이다.

표준화, 계열성, 주택개발청 아파트: 고포셍의 『우리가 너무 오래 꿈꾼다면』

고포셍(Goh Poh Seng, 1936~2010* 싱가포르의 극작가, 소설가, 시인)의 『우리가 너무 오래 꿈꾼다면』을 고찰하기에 앞서 초창기 포스트식민 싱가포르의 정치적 사회적 상황을 상기할 필요가 있다. 추아(Chua)는 "새로운 미래를 갈망하는 사회"와 "발전 지향적인 정부를 강력하게 지지[했던]" 주민들에 의해 1959년에 좌파 성향의 인민행동당이 어떻게 처음으로 선출되었는지를 설명한다(*Political Legitimacy*, 160). 싱가포르의 도시 공간을 거의 총체적으로 합리화하기 위해서는 강한 정부의 지도력이 필수적이었다. 또 필요할 때, 사유지도 수용할 공권력을, 이목을 끌 만한 주택개발청을 통해 실현될 권력을 행사해야 했다. 영국이 세계적 수준의 항만 및 금융·교역·통신 설비를 포함하여 훌륭한 "수출입항 기반시설"을 싱가포르에 마련하긴 했지만, 늘 그렇듯이 건강·교육·주거 같은 기본적인 사회적 필요들은 간과했다(Ho, 216). 1960년대 초반에, 리콴유의 인민행동당의 핵심적인 이데올로기적 관심사는 물질적 발전과 "독립적인 섬나라의 생존"(Chua, *Political Legitimacy*, 130)이었다. 남한에서처럼, 이 생존의 수사학은 정부를 실용주의 철학으로 무장시켰고, 이 철학은 수출지향 공업과 서비스업의 저돌적인 발전으로 번역되었다.

남한의 급속한 산업 발전에 의해 사회 내에서 제압된 새로운 한 부문을 처음 문학적으로 재현한 이가 조세희라면, 고포셍은 우울해하는 주인공 광멩(Kwang Meng)을 통해 더욱 친숙한 포스트식민적 감수성을 전해준다. 광멩은 "과거 식민적인 싱가포르와 현재 포스트식민적인 싱가포르를 내내 표류하며 자신의 고유한 조건을 과거와 현재 어느 쪽과도 상상 속에서 연결하지 못하는"(Koh Tai Ann, "Intertextual Selves," 178) 인물이다. 부분적으로 이러한 차이들이 말해 주는 것은, 이 두 작가들의 문학적 정치적인 환경과 관련된 둘 사이의 괴리이다. 조세희는 전후 새로운 세대 한국 작가들의 일원이다. 그의 작품은 한국 토착어인 한글로 된 문학적 전통의 결핍뿐만 아니라 일제 강점과 한국전쟁의 유린에 뒤이은 난폭한 독재를 감당하고 있다. 그러므로 그의 작품은 공공연히 노동과 정치문화를 둘러싼 국내 투쟁들에 관심을 표명한다.

다른 한편, 조세희보다 조금 이른 1936년에 태어난 고포생은 중국계 영국 식민주체로 쿠알라룸푸르에서 학교를 다녔고 더블린의 유니버시티 칼리지(University College)에서 의학 학위를 받았다. 따라서 그의 소설은 모순들의 다른 집합에 더 많은 초점을 맞추고 있다. 말하자면, 항구도시의 더욱 세계시민주의적인 역사를 반영하며, 독재는 아니지만 권위주의적인 인민행동당하에서 진행된 항구도시의 변형을 반영하는 영어로 중국계 싱가포르인의 소설을 어떻게 쓸 것인가에 초점을 둔다. 우리는 공통된 문학적 전략들과 형상들을 추적하면서도, 이 두 맥락에서 **포스트식민**의 상이한 의미들을 또한 유념해야 할 것이다. 타이완의 경우에 이 두 맥락은 또 다시 상이해질 것이다.

고포생의 소설은 "민족적인 문화적 정체성 …… 현지 감수성의 토착적 관용어와 표현들"을 창조하려는 시도일 뿐만 아니라 "동시대 싱가포르의 경험을 비판적으로 재현하려는 최초의 진지한 시도"(Koh, "Telling Stories," 131, 137)로 간주된다. 그의 소설은 순조롭게 상승하던 인민행동당 시절을 바라보는 하나의 창인데, 그 시절에 평균적인 시민은 민족의 급속한 진보를 바라보는 것 말고는 별로 할 일이 없었다. 실로 고포생의 작품은 국가의 현저한 능동성 앞에서 평균적인 시민이 강제당하는 수동성을 묘사한다고 이해하는 편이 아마도 가장 잘 이해하는 것일 터이다. 고전적인 교양소설에서 유동성과 내면성이 자본주의적 근대성의 주체를 정의하듯, 쾅멩은 자신이 처해 있는 사회 구조로부터의 자유를 갈망하는 젊은이이다. 이 갈망은 그의 개성을 통해 표현된다. 따라서 그의 소설은 "**자기결정**과, 그와 마찬가지로 엄정한 **사회화** 요구 사이의 갈등"(Moretti, *The Way of the World*, 15/44* 프랑코 모레티, 『세상의 이치』, 성은애 옮김, 문학동네, 2005)을 따라간다. 교양소설의 전형적인 해법—가령 제인 오스틴의 『오만과 편견』에 나오는 베넷(Bennet)과 다아시(Darcy)의 결혼이 그 완벽한 보기인데—은 개인의 욕망을 사회적 세계의 더 큰 합리성과 화해시키는 데 있다. 즉 "사회적 통합의 논리가 내면화되어, 개인이 그것을 바로 자신의' 욕망으로 …… 인식하는"(Koh, 67/135) 데 있는 셈이다. 또 다시 우리는 그러한 화해가 〈새로운 아시아 도시〉 주체에게는 상이한 형태를 띠는 모습을 보게 될 것이다.

코 타이 안(Koh Tai Ann)에 의해 '내면적 망명'으로 묘사된, 고포셍의 쾅멩은 해운 회사의 하급 직원이고, 대학에 갈 만큼 똑똑하지도 넉넉하지도 않으며, 구식민지 경제와 결부되어 있어서 그 수가 줄어들고 있는 화이트칼라 직무 훈련만 받았다. 그의 실존은 단조로운 사무실 일과, 작은 주택개발청 아파트에서의 가정생활과, 작부와의 시큰둥한 짓거리로 채워졌다. 모레티라면 소설 고유의 자리라고 확정할 그곳, 즉 '중간에서' 서사가 발생하는데, "소설은 보통 '중간에' 머물러 있으며, 그곳에서 전형적으로 근대적인 감정과 '일상적 삶'과 '통상적인 관리'의 향유를 발견하거나 아마도 창조한다."(Koh, 12/40) 달리 말하자면 쾅멩은 자신의 개인적 욕망들이 사회적 현실성과 엇갈리면서도 별 볼 일 없는 주인공으로 제격이다. 그의 삶은 "세속적인 근대 싱가포르"(Goh, 75)의 따분한 물리적 환경들을 통해 공간적으로 표현되는데, 이 환경들 안에서 독특하게 그만의 것이라 여겨지는 것은 하나도 없다. 그의 관성적인 일과는 버스를 기다리는 긴 줄에 의해 지배되고, 그의 7층 아파트는 수많은 다른 아파트들과 구별되지 않고, 그의 사유는 "그렇게 타이거 맥주로 갈증을 달래고 타이거 맨이 되라"(Goh, 64)는 광고 문구의 포괄적인 언어에 의해 빈번하게 침투된다.

그렇지만, 모든 소설에서 그런 것처럼, 이러한 평범함에도 특이한 무엇인가가 있다. 쾅멩은 "자신의 나날엔 널찍함이 없어"(Goh, 24)라고 불평한다. 소설이 그 도시에 관해 우리에게 제공하는 설명을 따르자면, 쾅멩의 밀실공포증이라는 독특한 감정을 낳은 것은 추상적이고 기능적인 공간의 압도적인 표준화이다. 도시의 밀도는 실제로 도시 재개발을 통해 많이 축소되었다. 공간의 합리화는 폭력적인 도시 재개발의 기표라기보다는, 삶의 모든 측면에 새로운 민족국가의 생산성 지향이 스며드는 방식을 시사한다. 여기서 권력 집중성의 약간 상이한 판본, 즉 민족의 생존이라는 명목으로 국제시장을 지향하는 생산의 판본이 심리공간적(psychospatial) 층위에서 밀실공포증으로 귀결된다.

공간적인 소외와 더불어, 급속한 도시적 변형이 야기한 격심한 시간적 불화가 쾅멩의 대단히 개인적인 지각들을 괴롭힌다. 아버지와 함께 버스를 타고 직장에 가는 하루의 일과를 행하면서 쾅멩은 당면한 현재의 아버지를 보기보다 식민 시기 유년시절의 아버지를 기억하기를 더 좋아한다. "그는 아버지 옆에 앉아 있지만 아버지를 쳐다보지 않으며"(Goh, 29), 그들이 함께 살던 차이나타운 가게 집과 자전거를 함께 타던 저녁을 즐겁게 회상한다. 그는 "이제 길에서 자전거를 타는 이들도 별로 없고, 점점 늘어나는 자동차들한테 길은 넘어가 버렸다. 자전거 없는 도시, 싱가포르"(Goh, 29)를 알아차린다. 차이나타운으로의 심리적 회귀는 또한 영국 식민지 도시의 종족별 집단 거주지(enclave) 체계로의 회귀인데, 그것은 말레이인들과 인도인들과 중국인들을 영국인들의 널찍한 주거 구역에서 떨어진 비좁은 구역에 모여 있게 한 체계이다.[13] 인민행동당의 도시 재개발 프로그램은 혼잡을 완화하고 분리를 통한 차별을 제거하지만 물리적 또는 심리적 자유를 향한 움직임으로 지각되지는 않는다.

포스트식민 싱가포르는 메트로폴리스에서와 아주 똑같은 도시 형태들을 활용하는데도, 산업화에 의한 세상의 개화라는 메트로폴리스적인 감각과는 대조되는 특유의 전위(displacement)의 미학으로 특징지어진다. 대량생산되는 건물들과 상품들의 증대는 오히려 하나의 도시체계에 의한 선행 도시체계의 총체적 말소를 가리키기 때문이다. 윌리엄 림(William Lim)은 "단 한 세대의 일하는 삶이라는 범위 안에서 물리적 환경이 엄청 발전되었고 육안으로 알아보기 어려울 정도로 달라졌다"고 쓰면서, 그러한 급속한 변화가 잠재적으로 "그 나라에 사는 이들에게 심리적인 혼란을 가져온다"(Lim, 169)고 부언한다. 그리하여 사람들을 둘러싼 직접적인 환경의 급속한 근대화는 도시의 부정적인 공간성에 대한 강한 감각을 낳는다. 싱가포르는 차이나타운 자체를 밀어 버림으로써 차이나타운의 생활방식을 대체해 버린 도시이다. 바로 "싱가포르는 자전거 없는 도시"이다. 우리가 교양소설에서 보게 되는 내면적 발전과 외면적 발전 간의 불화는 여기서 상이한 정도의 시공간적 탈구(dislocation)를 청산하도록 해야 한다.

콰멩의 아노미(anomie)는 산업사회에 징후적인 계열성(seriality)의 관점에서 이해될 수도 있겠다. 사르트르의 이 개념에 대한 프레드릭 제임슨의 논의 안에서, 계열성은 "내가 다른 사람들과 맺는 기본적인 관계를 통계적인 익명성이라고 묘사할 법한 어떤 것이 되도록 하는" 조건이다. 달리 말하면, "버스를 기다리거나 신문을 읽거나 신호등을 보고 멈춰서는 등 산업문명에 특유한 대부분의 행동을 수행할 때 나는 혼자인 것 같

13 물론 이것은 영국령 델리로부터 네덜란드령 바타비아(Batavia)에 이르는 표준적인 식민 도시 실천이었다. 1장에 나오는 싱가포르와 다른 식민 도시들에 대한 논의 참조.

지만 실제로는 동일한 상황에서 다른 모든 사람들이 하고 있는 것과 똑같은 행동을 하고 있을 따름이다. 이것은 외적이기보다는 내적인 동일성 identity이다"(*Marxism and Form,* 여홍상 · 김영희 옮김, 『변증법적 문학이론의 전개』, 창작과 비평사, 248/252). 계열성의 전제 조건은 근대적인 메트로폴리스의 바로 그 체계들을 대신하는 사물들과 맺는 일정한 관계이다. 사르트르가 '실천적 관성'의 사물들이라고 명명한 것들에는 "지하철, 경찰관의 제복, 수표책, 인도, 달력 …… 하나의 체계**처럼** 기능하며, 더 정연하고 간접적인 어떤 것과 인간이 맺는 직접적인 관계를 대체하는 [사물]"(Sartre, 245) 같은 것들이 포함된다. 1960년대 후반 싱가포르인들에게 주택개발청 아파트는 분명히 그러한 실천적 관성의 사물이며, 주거단지와 산업적인 '뉴타운'을 갖고 오래된 공동체 형태들과 가치들 및 관계들을 적극적으로 대체하는 국가 체계이다.[14] 주택개발청 이전의 삶을 "꿈꾸듯 흐릿한 기억"으로부터 소환해 내려고 애쓰는 콩멩은 그가 한때 살던 집의 아래층 식료품 가게에 그득했던 광경과 냄새와 소리를 회상한다.

> 말려 절인 생선, 줄에 엮여 철사 고리에 매달린 적갈색의 중국 소시지, 쌀자루, 코코넛 기름 통조림, 두부 요리, 검은 콩 소스 병, 검은 재에 보존된 절인 오리 알 상자, 주홍색 초, 향, 말려 기름에 잰 오리 …… 이 모든 냄새들이 우기 배수로에서 나는 숨 막히는 쓰레기 냄새와 뒤섞인다.(Goh, 40)

이 자극적인 보고를 기억해 낸 곳은 가장 계열적인 공간인 엘리베이

14 여기서 도시의 재개발 이전에 싱가포르는 손대지 않은 마을이었다고 말하려는 것은 아니다. 싱가포르는 늘 도시적이었고 이주민들의 사회였다. 그런 만큼 '전통적인 싱가포르'라는 용어는 모순어법이다.

터, 즉 광멩이 "다른 이들 모두가 똑같은 상황에서 하는 그것"만을 할 수 있을 뿐인 바로 그곳이다. 그렇게 단색인 그의 삶의 표면 아래 도사리고 있는 것은 강렬한 색과 향의 싱가포르를 향한 그의 향수와 연결된, 차별화(differentiation)에 대한 모호한 갈망이다. 광멩은 일에서 벗어나 수영하러 가면서 도시로부터의 소외와 아울러 도시에 대한 지루한 친숙함 둘 다를 느낀다.

> 갑자기, 모든 것이 낯설고 기이해지기까지 했다. 거리 위의 바쁜 사람들에게 연루된 어떤 것을 그 순간의 그는 이해할 수 없었다. 차량들, 가로등 기둥들, 깜박이는 신호등, 자신의 발소리 등, 이 모든 것들이 그에게서 멀어졌다. 그는 대낮의 몽유병 환자 같았다. 그는 도심으로부터, 소음과 군중으로부터 도망치고 싶은 충동을 느꼈다. 아! 청록빛깔의 강으로, 아! 진정한 이방인의 도시들로 가자. 도대체 거기에 어떻게 접근할 것인가!(Goh, 80)

현저한 도시적 변형이 한창이던 싱가포르는 포스트식민 근대성의 모든 어색함을 구현하고 있다. 어느 모로 보나 **지금의** 싱가포르는 "차량들, 가로등 기둥들, 깜박이는 신호등"과 같은 여느 산업사회의 장비들을 뽐내는 이방인의 도시**이다.** 하지만 그 도시는 만족감을 주지 못한다. "아! 진정한 이방인의 도시들로 가자." 또한 싱가포르의 성장에 관한 우려는, 도시의 중심들로 농촌 이주민들이 유입됨에 따라 만들어지는 베버의 '이방인들의 도시' 논리를 따르지 않는다. 차라리 고포셍은 돌연 출현하는 어떤 이방인의 도시를 정적인 주체의 시각에서 묘사한다. 이러한 곤경의 정서적 결과가 밀실공포증이고, 이방인의 도시 안에 있으면서도 여전히 그런 도시를 욕망하는 기괴한(uncanny) 감정이다.

정부의 관점에서는, 식민지 수출입항을 "다국적 기구들의 제조업 수출 플랫폼"(Ho, 219)으로 다시 꾸리기 위해 오로지 건조 환경의 대대적인 재편을 필요로 했을 따름이다. 표준화된 "고층 컨테이너"에서의 주거는 그저 당장의 과밀 문제에 대응하는 것만이 아니라, 정기적인 임대료 지불에 거주자들을 묶어 두고 그들이 공식 경제에 진입하도록 독려함에 의해 효율적이고 매력적인 노동력이 되도록 인민을 훈련하는 방식으로 보일 수 있다(Chua, *Political Legitimacy*, 135). 그래서, 쿨하스에게는 불일치하는 열대 근대성의 증거로 여겨질 수도 있었을 그것이 실은 글로벌 시장의 주문들 및 이 주문들에 의해 촉진되는 다양한 형태의 국내 근대화를 내포한 훨씬 더 복합적인 과정인 셈이다. 조세희의 「작은 공」에서처럼, 우리에게 여전히 남아 있는 질문은 도시의 형태들 및 도시가 지닌 압축과 계열성이라는 특질을 통해 이러한 과정들을 헤아릴 수 있는 개인의 능력에 관한 질문이다.

쾅멩의 관점에서는, 발전을 향한 허기로 인해 조성된 정연한 공간들과의 개인적인 화해란 있을 수 없는 것 같다. 살아남아야 한다는 애초의 민족적 긴박함은 이제 묻혀 버리는 중이고, 순수하고 합리적인 형태의 해법들만 남겨 놓고 있다. 하지만 짧게나마 쾅멩은 이웃에 사는 교사 분 테익(Boon Teik)과 친구가 되는데, 분 테익은 공간적인 재접속과 유의미한 실존의 가능성을 제시하는 것처럼 보인다. 분 테익의 "우아하게 꾸민" 주택개발청 아파트는 토산품인 밀납 염색 천, 반 고흐의 그림들, 일본풍 꽃꽂이를 갖추고 있고, 도스토예프스키와 헤밍웨이와 나라얀(Narayan* 10 October 1906~1913 May 2001, 인도계 앵글로 작가로 인도 남부 말구디Malgudi 시를 배경으로 한 소설들로 유명하며 인도계 앵글로 소설이라는 분야를 주도함)을 포함한 그의 권장도서들 역시 교육적으로 세계시민주의적이다(Goh, 134). 바로 이 대목에서 우리는 개인과 사회 사이의 잠재적인 교양소설 투의 화해를 본다.

하지만 쾅멩이 사르트르의 『유예』(*The Reprieve*)를 읽기 시작하는 그 순간, 막 열렸던 이 세계는 돌연 꽉 닫혀 버린다. 그의 아버지가 뇌졸중으로 쓰러져 일을 할 수 없게 되자, 광멩이 가족의 생계를 책임지게 된다. 이제부터 광멩은 더 나은 삶의 백일몽을 감히 꾸어 볼 수도 없고, 심지어 분 테잌(또는 인민행동당)의 처방된 세계시민주의적인 근대성의 비전조차 꿈꿀 수 없다. 대신에 그는 동생들이 학업을 마칠 때까지 지루한 직장에 매달려야만 한다.

여기서 관건은 광멩과 새로운 도시 환경 사이의 관계가 건축에 대한 반복적인 불임의 묘사들에 의해 상징되는 그런 소외의 관계가 아니라는 것이다. 물론 이러한 묘사들이 싱가포르 문학에서 나름의 의의를 갖기는 하지만 말이다. 또한 교육과 경험이 있어도 개인으로 하여금 사회 속에서 자신에게 걸맞은 장소에 자리를 잡도록 하지 못하는, 교양소설 플롯의 실패가 이러한 환경 탓만도 아니라는 것이다. 차라리 그 소설은 주택개발청 아파트라는 형식을 사용하여 광멩의 포스트식민적 아노미에 기여한 다수의 모순적 관계들을 형상화한다. 도시와의 대립 속에서 형상화되는 광멩의 주체성은 일련의 상이한 공간적 심리적 경제적 관계들을 표현해 준다. 개인과 더 크고 계열화된 사회 사이의 관계, 아버지와 아들의 관계, 싱가포르의 식민 과거와 현재의 관계, 현존하는 도시와 도시의 부정적 공간들 사이의 관계 말이다. 재개발이 진행되는 도시 전체 범위와 분 테잌의 아파트라는 소우주라는 스케일의 양 극단에서 주거 단지는 포스트식민 싱가포르가 그 안에서 경쟁해야만 하는 새로운 지구적 경제체계를, 또 개인과 그 체계와의 적합한 연관을 각각 신호한다. 이러한 관계가 산출하는 일련의 서사적 층들을 3차원적인 것이라고 묘사하는 것이 적절할 수 있겠다. 소설의 말미에 광멩은 전형적인 교양소설 플롯에 따라 성공한 것도 실패한 것도 아니었다. 그의 경로는 전혀 다른 것으로, 이 경로에서 그는 도시의 공간들과 맺는 광범위한 비유적 관계들을 따라 오로지 진보해 가거나 나선형으로 나아가야만 한다.

소설의 말미에서 쾅멩은 계열화된 삶에 딱 맞는 쾌락들로 돌아가서 〈해피 바〉를 다시 찾는다. 거기서 "그는 술을 마셨고 호스티스들과 춤추는 선원들을 보았으며, 이글거리는 눈을 가진 여인이 노래하는 소리를 들었다. 그의 존재가 드럼의 거친 비트에 맞춰 두근대는 것 같았다"(Goh, 176). "진정한 이방인"으로 어딘가로 가겠다는 생각을 더 이상 품을 수 없는 쾅멩은 집에 남아서 반복적인 주거 단지의 경관을 통해 자신의 삶을 명상한다. "그는 머리 위로 거의 보름달에 가까운 달을 쳐다보고 놀랐다. 쾅멩은 발코니로 나와 아파트 단지를 가로질러 저 멀리 하늘에서 도시의 숱한 조명들 덕택에 비치는 희미한 달빛을 쳐다보았고, 똑같이 생긴 이웃 단지는 환한 은빛으로 그 윤곽을 보이며 서 있었다"(Goh, 175). 여기서, 쾅멩은 "환한 은빛으로" 비춰지고 있는 단지들의 이상한 아름다움을 마침내 자각하게 된다. 자신의 삶이 아버지의 삶과 "동일할" 것이고 아버지가 겪었던 침묵의 긴박함을 재생할 것이라는 점을 이해하는 것도 바로 이 지점에서다. 비록 패배한 불임의 양식으로이긴 하지만 여하튼 자신의 내면성과 아파트의 외면적 형태를 화해시킬 수 있는 것도 바로 이 지점에서다. 「작은 공」의 마지막에서 그런 것처럼, 바로 이 마지막 장면에서 거주자와 건물의 호환성은 〈새로운 아시아 도시〉의 위상에 특유한 공간적-문학적인 작동에 의해 완벽하게 매개된다. 조세희의 난장이가 박정희의 한국에서 국가주도 성장과 개인 성장 사이의 해소할 수 없는 적대를 드러냈다면, 고포셍의 소설은 인민행동당에 의해 주도된 싱가포르 근대화의 덜 폭력적이긴 하지만 휩쓸어 버리는 논리를 묘사한다. 싱가포르는 쿨하스가 "아시아적인 것의 기호"라고 본 "새로운 밀도"(Koolhaas, 1057)만이 아니라, 근대적인 기념비이며, 〈새로운 아시아 도시〉에서의 합리화된 성장의 구현이다.

향토문학, 황춘밍, 미망(illusion)의 건축

징 왕(Jing Wang)은 향토 운동의 기원이 "점령기 토착 타이완 문학"(Wang, 60)으로 소급되며, 1970년대 그 운동의 대중적 부활은 "민족주의를 향한 대중의 갈증을 충족시켜 주었다."(Wang, 44)고 썼다. 다수의 주변부 산업화 사회의 패턴을 따라, 도시를 위한 값싼 노동 대부분을 제공했고 또 쌀 가격을 시장 수준 아래로 설정함으로써 인간 성장을 위한 값싼 연료를 제공했던 것은 농업 부문이었다(Woronoff, 76). 1960년대 국민당의 공식적인 경제 정책은, 다소 전도된 논리로, 상이한 영역들의 상호의존을 인정했고, "공업의 힘으로 농업을 발전시키고 해외무역의 힘으로 공업을 발전시키는 것"(Wang, 83)을 옹호했다. 같은 장르의 다른 주요 작가들인 왕 투(Wang T'o)와 첸 잉-천(Ch'en Ying-chen)[15]처럼, 황춘밍의 작품들 대다수가 농촌에 그 기반을 견고하게 두고 있으며, 서구화와 산업화에 반대하는 투쟁을 "변화하는 사회 안에서 견뎌 내고 있는 약자의 도덕적 승리"(Wang, 54)로 흔히 묘사한다는 점에 하등 의아할 것이 없다.

타이완의 문학적 경관은 도시의 경관을 그리더라도 애초에 농촌을 강조한다는 점에서 남한과 싱가포르의 문학적 경관과 좀 상이하다. 성-쉥 이본느 창(Sung-Sheng Yvonne Chang)은 1960년대와 70년대를 지배했던 문학적 실천의 주요 두 진영을 다음과 같이 설명한다. 그중 한 진영은 『현대문학』이라는 잡지와 국립대만대학을 중심으로 모인 모더니스트들로 도덕 · 휴머니즘 · 소외라는 자유주의적이고 실존주의적인 질문들을 중국 관용어로 고심했다. 이 진영과 대조를 이루는 나머지 진영은 『계간

15 첸의 '워싱턴 건축' 이야기에 대한 논의를 위해서는 6장 참조.

문학』을 근거지로 삼은 토착주의자들로 자신들의 문학적 실천을 "타이완의 사회경제 체계를 바꾸어야 한다고 믿는"(Chang, *Modernism*, 150) 정치적 액티비즘에 맞췄다. 창은 이러한 특성을 언제나 양극화할 것은 아니며, 토착주의자들이 배타적으로 농촌에 관해서만 썼던 것도 아니고, 타이완 전역에서 벌어지고 있던 일은 정확히 도시와 농촌 사이의 변천하는 관계였다는 점을 보여 준다.

그렇지만 향토 운동은 1971년에 국민당 주관으로 열린 〈문예작가 전국 심포지엄〉에서 모더니즘 대 토착주의 논쟁이라는 통용되던 수사법에 따라 공격받았다. 이 유명한 대회에서, 향토 운동은 좌파적이라고 비난받았으며 (모순되게도) 지방주의(localism)와 분리주의를 조장한다고도 비난받았다(Hsiau, 71). 씨아우(Hsiau)가 자신의 책에서 주목하는 것은 『포르모사』(*Formosa, Meilitao*)라는 정치 잡지가 조직한 집회가 폭력과 대대적인 체포로 막을 내린 1979년 가오슝(Kaohsiung) 사건 이후에야 비로소 국민당에 반대하는 정치 세력이 '당외'라는 깃발 아래 뭉쳤다는 점이다. 가오슝 사건의 결과는 타이완 사회의 전반적인 정치화였고, 이로 인해 작가들은 " '2·28' 학살, 계엄령하의 생활, 민족 정체성 문제 같은 예민한 사회정치적 쟁점들을 다양하게 다루게"(Hsiau, 96) 되었다.

이런 설명대로라면, 타이완의 문화적 민족주의는 정치적 민족주의에 선행했던 것이 아니거나, 또는 선행할 수 없었다. 더욱이, 종종 향토문학 운동이 분리적인 타이완 정체성 운동에 부합한다고 이해되긴 했어도 그 작가들은 우선적으로 전후 타이완 자본주의 발전의 신식민적 구조에 대응했던 것이고 그 작가들의 지방주의(localism)가 반드시 "중국 민족주의와 양립 불가능한"(Hsiau, 72) 것은 아니었다고 씨아우는 제안한다. 실제로 황춘밍은 "타이완은 중국의 일부이기 때문에 타이완의 문제들은 중국의 문제들이기도 하다"(Hsiau, 72)는 주장을 펼 수 있었다.[16] 향토 작가들이 타이완 민족의 특성을 재현한다는 시도 이상으로 의식적으로 맞섰던 상대는 서구의 영향을 받은 타이완의 도시 작가들이 모인 모더니즘 집단이었고 그들의 폐쇄적인 시와 문학이었다. 왕(Wang)이 이해한 바, 향토문학은 민족 주권, 본토인의 지배, 미국화, 계급 갈등을 표면화하는 매개가 되었다.

이러한 많은 논쟁들이 귀착되었던 것은 실존하는 두 생산양식—농업적 양식과 공업적 양식—사이의 투쟁이었고, 이 투쟁은 탄력적인 '대립원리'를 통해 농민과 노동자, 피착취자와 자본가, 타이완 인과 본토인, 토착인과 중국인 같은 다수의 대립적 쌍들을 동원할 수 있었다. "이렇게 분류되는 이원적 구도들은 전부 농촌 대 도시라는 우선적인 축을 중심으로 작동한다."(Hsiau, 48)는 점에 왕은 주목하고 있다. 그리하여 "도시와 농촌은 대립적인 생산양식이라는 면과 그것들이 중국인의 의식에 각각 효과를 발휘하는 면에서뿐만 아니라, 그것들이 각각 대표하는 경제 부문들 사이의 보충적인 대립이라는 면에서도 하나의 변증법적인 쌍을 형성한다."(Hsiau, 56) 그러므로 우리는 황춘밍의 향토문학을 원칙적으로 새로운 사회적 모순들의 절합에 관심을 갖는 것으로, 타이완 토착주의 운동이라기보다는 농촌과 도시 사이의 구별에 초점을 맞추는 것으로 읽어야만 한다. 또다시, 우리는 청춘과 유동성에 대한 교양소설의 관심들이 어떻게 도시적 성장의 특정한 형태들을 해명하는 독특한 방식으로 절합되는가를 볼 것이다. 황춘밍의 교양소설 주제들은 그것들의 영화적 각색과 관련해 6장에서 또한 논의될 것이다.

황춘밍은 1939년에 의란(Ilan)에서 태어나, 삥뚱(P'ingtung) 사범학교

16 2장에서 논의된 『아시아의 고아』의 저자 우 쭈오리우는, 타이완의 사회적 현실을 언급하는 것은 중국의 보편성과 문학의 보편성 둘 다에 참여하는 한 가지 수단이었다고 (1971년에) 주장했다(Hsiau, 82).

를 졸업했고, 1960년대에 『계간 문학』의 주요 기고자 중 한 사람이 되었다. 그의 두 권의 작품집인 『아들의 큰 장난감』과 『사요나라여, 안녕』은 각각 1969년과 1974년에 나왔고, 농촌을 찬미하지는 않으면서도 비도시적인 도덕적 승리들을 묘사한다. 실로 그 작품들은 "동정의 손길과 조롱의 어조로 쓰였다."(Chi, 24) 나는 그의 작품들에서 건축이 행하는 환유적인 기능을 검토하는 가운데, 1960년대와 70년대 타이완의 도시들이 우리의 다른 현장들에 비해 더 불균등한 공간적 배분을 지녔기 때문에 황춘밍의 문학 양식은 근대 건축을 더욱 변칙적이고 매력적인 것으로 간주한다고 주장한다.

타이완의 도시화는 메트로폴리스의 대지로부터 돌이킬 수 없게 된 분리와 대지의 종속에 대한 슈펭글러의 이해를 상기시킨다. 그에게 근대성이 뜻하는 것은 "도시, 즉 **세계-로서의-도시**로 자기와 병존하는 다른 어떤 것도 용납하지 않는다. 이것은 농촌 모습(country picture)을 **절멸**하는 작업이다."(Spengler, 70/350, 국역본 일부 수정) 슈펭글러는 총체화하는 외관상 통합적인 '도시 모습'에 의해 '농촌 모습'이 지워질 것이라고 상정하는데, 도시 모습은 산업적인 대량생산 테크놀로지 내부의 더 폭넓은 (보통 민족적인) 발전에 상응한다. 이런 경우가 일반적이었기에, 근대 문화는 거의 항상 도시 문화이다.

하지만 타이완의 경우에는, 특정 산업들과 기본적인 공익 시설에 대한 강력한 국가 통제[17]와 수출가공지대의 발명과 설립에도 불구하고, 농촌을 재구조화하는 심층적 경향을 지닌 대규모의 자본 집약적인 시도들이 별로 없었다. 1960년대 초에 종결된 미국 원조 이후에, 타이완 경제는

17 리(Li)는 "제2차 세계대전 후에 중국 정부(민족주의자들)는 수송 및 전신 체계들, 주요 재정 기관들, 설탕 제당, 종이, 시멘트, 전기 공급의 행정을 (일본 식민 정부로부터) 인수받았다"(Li, 24)고 지적한다.

부분적으로 초국적 기업들과 화교들의 투자에 의해 추동되었던 한편, 국내자본은 대개 소규모 기업을 통해 "인민으로부터"(Woronoff, 75) 축적되었다. 그래서 타이완의 제조업 경제는 한국에서처럼 국가 후원을 받는 선별된 재벌 집단에 결코 의지하지 않았으며, 싱가포르에서처럼 국가와 다국적 기업의 제휴에 의지하지도 않았다. 타이완의 제조업 경제는 "1만여 개의 무역회사와 3만 6천 명의 수출업자와 2만 7천 명의 제조업자"(Woronoff, 87)로 이루어져 있었다. 이 작은 기업들 다수가 섬유산업과 경공업에 주력했으며, 노동집약적인 방식으로 싸구려 물건들을 생산하고 미국 제조업을 위한 부품을 생산했다.(Woronoff, 72) 이것은 공간의 전개라는 측면에서 근대적인 산업적 실천들과 테크놀로지들로 부분적으로 변형한 것을 시사하며, 지배적인 '도시 모습'과는 다른 전망들의 존속을 시사한다. 그래서 우리는 농촌에 대한 도시의 지배, 즉 도시로서의 세계가 항상 동일한 궤도를 밟지는 않는다는 점을 주목할 수 있다.

타이완의 도시들은 민족 경제를 글로벌 시장에 접속시키는 데 지나치게 성공적이었는데도, 도시의 기존 공간 논리는 대체로 유지되었다. 또한 그 도시들에서는 싱가포르에 비해 가게 집(shophouse) 형태가 훨씬 더 오래 이어졌고, 기존 노동관계들이 극적으로 재구조화되지도 않았다.[18] 요컨대 이것은 불균등 도시 발전의 배치인데, 거기서는 "임시 공장이나 또는 …… 살림방의 작은 공간"과 "기초적인" 기계류(Woronoff, 72)가 타이완과 같은 가장 성공적인 수출 경제의 기본 단위들을 이루었다.

18 그렇다고 도시 정부가 근대적 형태들, 더 깨끗한 거리들, 조직된 도로 체계들의 더 큰 합리성을 욕망하지 않았다고 말하려는 것은 아니다. 〈타이베이 도시 정부〉에 의한 도시 재개발 기획에 관한 1978년의 어느 간행물은 전형적인 모더니즘적 목표를 "바람직하지 않은 조건들을 갖고 있는 건물들을 철거하고" "좁고 구불구불하며 초라한 거리를 제거하고, 근대적이고 안전하며 편리한 거리 체계를 구축하는"(Li, 92) 것이라고 진술하고 있다. 좀 더 많은 세부 사항을 보려면 6장 참조.

1955년 타이베이의 청화로(Road)에 늘어선 가게들.
오른편의 더 큰 빌딩들은 일제시대에 생긴 것임.
(Three Lions/Hulton Archive/Getty Images에 의한 사진)

그러한 상황에서 도시는 성장하지만, 서구의 초기 사회이론가들이 상상했던 균등하게 증진되는 합리성은 없었다. 대신에 도시 체계가 농촌에 스며들었고 그 역전도 일어나기도 했다. 따라서 1970년대에 실질적인 공영주거를 제공하지 못했고 심각한 주택 부족에 직면했던 정부의 현실적 대응은 "건축 규제를 풀고 자가 건축을 합법화하는 것"이었다. 1983년에는 심지어 "아파트 옥상과 공공구역에 막사"(Li, 39)를 짓는 것도 합법화되었다. 우리는 황춘밍의 모범적인 향토문학을 살펴보는 가운데, 도시의 모순적인 생산양식들과 다중적인 공간 논리들이 어떻게 근대 건축의 특별하게 이접적인(disjunctive) 미학으로 귀결되는가를 본다. 이하에서는,

근대 건조 형태들의 당혹스러운 도래와 이것들이 개인들에게 미친 효과를 다룬 작품집 『사과 맛』(*The Taste of Apples*)에 실려 있는 두 단편을 상세히 살펴보겠다.

「두 페인트공」(1974)의 중심 이미지는 작은 사람들과 큰 구조물들의 선명한 시각적 대조인데, 조세희의 「작은 공」과 다르지 않다. 농촌에서 이주해 온 아-리(Ah-li)와 만키(Monkey)라는 두 페인트공은 치싼(Quishan)에 신축되는 최고층 건물인 24층짜리 실버 스타 호텔에 부착될 거대한 광고판에 칠을 하게 된다.[19] 이 새 건물은 도시의 경관과 주민의 공간 이해 둘 다를 침범한 환영받지 못한 건물이다. 호텔의 거대한 회색 벽의 경관은 지나가는 자동차 운전자들을 "순간적인 환각"에 빠트릴 뿐만 아니라, 그 벽의 하얀 덧칠은 호텔 건물을 흉물스런 거울처럼 바꾸어 놓는다. 그리하여 "그 벽의 맞은편에 자리한 300여 호의 주민들은 호텔 벽이 하얗게 칠해진 뒤로 …… 아침이면 반사되는 햇빛이 너무 눈부셔서 눈을 못 뜰 지경이라고 불평하며 연판장을 만들어 서명을 했다."(Huang, 184/200* 황춘밍의 작품집 『사과맛』에 실려 있는 단편) 한 집은 간판 칠을 한 회사를 고소했다. 그 집의 할아버지가 "지팡이를 들어" "흡사 살아 있는 것 같은" "벽을 가리키며 욕을 퍼붓다가"(Huang, 184/200) 갑자기 까무러쳐 쓰러져서는 아직까지 깨어나지 못하고 있다는 것이었다. 황춘밍은 그 건물의 초자연적인 크기와 내핍을 통해 불균등하게 확산되는 새로운 경제를 패러디하고 있다.

치싼의 주민들에게 근대화와 산업화의 악마적 힘은 새로운 건축의 파사드 안에서 문자 그대로 살아 움직인다. 지쉬(Jishi) 콜라 회사의 [모델

---

19 후앙(Huang)의 「두 페인트공」(The Two Sign Painters)의 플롯은 한국 백광수의 1988년 영화 〈철수와 만수〉에 의해 느슨하게 채택되었다. 이 영화도 간판 칠하는 한 사람의 추락/자살을 재촉하는 경찰과 군중 장면으로 끝난다.

인] 인기 여배우 VV의 반나체 벽화에 칠을 하도록 계약된 아리와 만키에게도 그 건물이 고통스럽긴 마찬가지다. 인기 여배우의 거대한 유방을 칠한다는 수상한 영예를 누리게 된 그들은 비인간적인 노동 조건과 역시 비인간적인 벽의 터무니없는 스케일 때문에 애를 먹기 때문이다.

> 등 뒤로는 이글거리는 햇볕이 볶아 대고 눈앞에서는 페인트에 비친 반사광이 번뜩였다. 물통은 금방 말라 버렸고, 몸의 수분은 땀으로 변해 일부는 줄줄 흐르고 일부는 증발했다. 물을 좀 마시고 싶었으나 어쩔 도리가 없었다. 착색 작업이 시작되고서부터 사흘 동안, 찻물을 마구 마셔 댄 것 말고는 하루 세 끼를 꼬박 다 굶었다. 사람은 검게 타들어 가고 몸무게도 줄어들었다.
>
> 그러나 아-리(Ah-li)를 가장 고통스럽게 만드는 것은 무엇보다도 당장의 착색 작업이었다. 말이 VV의 유방을 그리는 거지 누가 그런 줄 알았겠는가? 한쪽 젖퉁이만 해도 거의 몇 층에 달하는 크기였다. 벽에 딱 달라붙어서 쉬지 않고 쓱쓱 칠을 해 나가다 보면, 자신조차도 더러 의혹에 사로잡히게 된다. 도대체 지금 무슨 짓을 하고 있는 건가?(Huang, 184~85/201)

조세희의 공장 노동자들처럼 페인트공들의 몸은 노동과정에 의해 문자 그대로 축소된다. 그들이 여배우의 몸에 더 많은 살을 보탤수록 그들 자신의 몸무게는 줄어드는 것이다. 무의미하게 부품을 조립하는 합리화된 공장 라인과 유사하게, 여배우의 유방이 너무 커서 두 노동자는 벽화의 전모는 말할 나위도 없고 유방의 전체 형태조차 알 수 없다. 건물을 통해 이윤을 얻으려는 광고주의 욕망은 건물을 쳐다보는 사람들과 페인트공의 정신적 육체적 안녕을 그 대가로 치른다.

나머지 이야기는 몸과 건물과 경제의 환유적 관계를 주장한다. 두 노동자는 녹초가 되도록 칠을 한 뒤에 미완의 건물 꼭대기로 올라가, 허공에 매달린 철망 바구니 안에서 세상을 훑어본다.(Huang, 190/210) 서로를 격려하면서 그 바구니 속에 둘 다 들어가, 공간적으로도 시간적으로도, 대도시의 약속에 넘어가 산골 고향을 떠나 3년 전 치싼에 도착했던 기차역을 바라보며 당시를 회상한다. 그들은 위험하고 급여가 낮은 직업에 붙들려 있지만 "돈을 좀 벌기"(Huang, 196/219) 전에는 귀향할 뜻이 없다.

사회 안에서의 그들의 입지는 새 마천루 꼭대기에서 흔들리는 바구니에 의해 공간적으로 표현된다. 도시의 발전을 상징하는 최고층 건물의 꼭대기에 있는 그들은 그 도시에서 가장 가난하고 가장 취약한 주민들에 속한다. 그런데 거리의 행인들이 이들을 알아보게 되자 이 장면은 향수에서 비극으로 전환된다. 곧 경찰과 기자와 촬영 팀이 건물 모서리로 모여들어, "고층 건물이 생기고서부터"(Huang, 203/231) 늘어나고 있는 최근의 자살 수를 더 보태지 말아 달라고 그들에게 간청한다. 매스미디어의 흥미 위주 보도 태도와 경찰과의 '상담'은 결국 만키더러 바구니에서 뛰어내리도록 몰아가며, 스펙터클한 뉴스 아이템을 향한 미디어의 욕망을 충족한다.

호텔의 지붕에서 보이는 부자연스러운 조망(view), 즉 세계로서의 도시라는 조망(city as worldview)은 치명적임이 입증된다. 근대 건축은 산업사회의 핵심에 있는 부패를 위장하는 현란한 형태이다. 도시의 화사함은 이농민들을 매혹시켜서 그들의 노동을 다 써먹고는 그들을 나락으로 떨어트린다. 황춘밍은 주목할 만한 실효성을 갖고서, 젊은 이농민들이 24층 호텔과 맺는 관계를 통해 그들의 역경을 환기한다. 건물은 공장의 테일러화된 노동과정의 현장이자, 세계로서의 도시라는 조망의 유혹적인 관점이며, 스펙터클을 쫓는 매스미디어의 대상이기도 하다. 교양소설의 개인적 발전과 해결을 대신하는 것은, 노동자와 건물/세계 사이의 상이한 환유적 관계들로써 밀도 높게 꾸려진 서사이다. 우리가 조세희의 텍스트에서는 젊은 인물들의 문자 그대로의 축소와 비유적인 축소를 보았고, 고포셍의 텍스트에서는 도시적 무대와 자아가 합쳐지는 것을 보았다. 그렇다면 황춘밍의 텍스트에서 우리가 목도하는 것은, 이 급속도로 변하는 세계와 개인이 맺는 관계에 대한 더욱 냉소적인 시각이다.

본연의 교양소설은 아니지만, 표제작인 「사과 맛」(1974) 역시 짧게나마 논의할 가치가 있다. 이 작품은 근대 건조 형태들을 복합적으로 형상화하는데, 이를 통해 황춘밍은 근대 건축과 도시에 대한 유사한 부정적 시각을 제공한다. 「두 페인트공」에 비해 이 작품의 서사는 주인공에 대해 덜 동정적인데, 불운한 이농민인 주인공 아-파(Ah-fa)는 자전거를 타고 일하러 가다가 미국인이 모는 자동차에 치인다. 제1세계가 제3세계와 문자 그대로 충돌하는 방식을 보여 주는 「사과 맛」은 도시 공간에서 상호 공존하고 의존하는 신식민적인 생산양식과 포스트식민적인 생산양식 사이의 불편한 접합을 예리하게 부각한다.

작품의 주요한 문학적 전략은 인물들과 이들이 속하지 않는 건물 유형의 아이러니한 병렬이다. 이 병렬들은 두 개의 보충적인 장면에서 분명하게 제시된다. 첫 장면에서는, 현지 경찰관을 대동한 미국인이 사고를 사과하기 위해 아파의 식구들이 사는 무허가촌을 찾아온다. 더 뒤에 나오는 두 번째 장면에서는, 두 다리가 잘린 아-파가 회복중인 미국 병원을 아내 아-귀(Ah-Gui), 장녀 아-쭈(Ah-zhu), 이름이 나오지 않는 벙어리 딸, 아-지(Ah-Jj)와 아-쑹(Ah-song)이라는 두 아들, 아기가 찾아온다.

「미로」라는 부제가 붙어 있는 장면에서, 경찰관은 "나무 상자에서 벗긴 판자대기와 철판을 이어붙인 무허가 건축의 작은 블로크 집들이 늘어선" "이리저리 엇갈리는 지역"으로 미국인을 안내한다.(Huang, 136/156) 외국인이 무허가촌을 목격하는 것이 부적절하다고 느낀 경찰관은 "이 사람들이 입주할 새집이 이제 금방 완성될 겁니다. 강변 아파트예요. 모두

퇴거하면 이곳에도 건물이 설 겁니다."라고 외국인에게 장담한다. 그렇게 "말하고 나서, 그는 그럴듯한 소리를 했다고 우쭐해지는 기분이기도 하고, 또 한편으론 아무렇게나 생각나는 대로 지껄인 것이 걱정도 되었다."(Huang, 137/157)

우리가 지금껏 보아 온 사람-건물의 비례를 역전시키면서, 미국인은 이 건물들을 문자 그대로 작게 보이도록 만든다. "서양 사람은 이 근처의 집보다도 머리 하나 정도는 키가 커서 철판대기나 비닐 시트를 덮은 지붕이나, 지붕 위에 무겁게 얹어 놓은 타이어나 벽돌, 심지어 나무 상자라든지 닭장 같은 허접한 쓰레기까지 눈에 띄었다."(136~137/157) 미국인의 시점에서 이 집들은 쓰레기 경관으로만 나타나고, 위에서 아래로 판잣집을 내려다보면 이 집에 사는 훨씬 더 보잘것없고 왜소한 주민들은 가려진다. 조세희의 단편에서처럼, 높음과 낮음의 변증법은 계급 적대에 맞춰 그 지도가 그려진다. 이 적대는 이번엔 지정학적인 적대이기도 하다. 드높은 외국인의 위치는 현지 타이완 인들의 탈인간화를 필연적으로 내포한다. 신체와 건축의 형상화와 대조야말로 개별 인물들의 행동보다 사회정치적인 노동관계들의 저변을 더욱 더 드러내 준다.

두 번째 주요 장면에서, 아-파의 식구들은 미국 병원의 하얀 표면들과 합리성을 배경으로 희극적으로 모여 있다. 경찰관을 대동했던 무허가촌의 장면처럼, 외부인은 타자의 건조 형태에 사는 주민들을 지각하지 못하며, 그 결과 건축 자체도 그러한 그들의 됨됨이를 띤다. 병원 건물은 오로지 미학적인 규칙성을 지닌 궁금한 대상, 즉 주차된 자동차들, 울타리, 눈부신 잔디로만 지각된다. 가장 두드러지는 것은 병원의 흰색으로, 병원 건물의 파사드에서 내부에까지 걸쳐 있다. "그다지 크지는 않지만 하얗고 청결한 병원이 조망이 썩 좋은 언덕 위에 서 있었다. 옆 주차장에는 꽤나 많은 자동차들이 주차해 있었는데 바깥으로 걸어 나가는 사람은 하나도 눈에 띄지 않는다. 몇 대의 하얀 승용차와 구급차가 있고, 한국 잔디의 주위로는 하얗게 칠한 낮은 울타리가 둘러쳐져 있었다. 비에 씻겨 내려서 그 하얀 빛깔은 눈이 부실 정도로 선명하였다."(Huang, 145/172) 아이들에게는 건물의 단색 자체가 당혹스럽다.

"언니야, 이 집 속은 온통 흰색이야."
아쑹이 깜짝 놀라 말했다.
"여긴 미국 병원이니까 그렇지."
"모두 입고 있는 옷이 하얘. 모자도 신도 하얀 빛깔이야."
"방도 하얗고."
아지가 둘레를 두리번거리면서 말했다.
"시트도 침대도 하얗고, 창도 벽도 그래. ……"(Huang, 147/175)

잠시 뒤에 붕대에 휘감긴 아이들 아버지가 바퀴 달린 침대에 누워 들어오자 한 아이에게서 일리 있는 질문이 터져 나온다. "언니. 저 하얀 게 아빠야?"(Huang, 148/177) 건물의 청결함과 밝음에 압도당한 아파의 아내와 아이들은 자신들에게 닥친 불행한 상황을 잠시 잊었다. 그런데 다행스럽게도 아파는 미군 대령이 몰던 차에 치였고, 대령의 후한 보상이 사고를 복으로 탈바꿈시켰다. 대령에게 차로 쳐 주어 고맙다고 해야 할 판국에 처한 아파는 가해자에게 "고맙습니다. 고맙습니다. 죄송스럽습니다. 죄송스럽습니다. ……"(Huang, 154/187)라고 인사할 수 있을 뿐이다. 황춘밍의 분명한 초점은 미국인의 물질적 부 앞에서 타이완 사람은 위엄을 잃고 그 부에 포획되는 것인데, 일차적으로 사고를 일으킨 것 자체가 바로 그 부의 상징인 자동차이다.

하지만 서사의 측면에서 이러한 종속은 아파의 몸을 "저 하얀 것"인 병원에 건축적으로 포섭함으로써 이루어진다. 황춘밍의 단편은 몸과 건축 사이의 그러한 혼합과 대조를 함축함으로써, 미국의 물질적 편의, 즉 병원의 인상적인 흰색, 병원의 "정말 좋은 [화장실 휴지]"(Huang, 147/176)와 대령의 경제적 보상이 타이완 사람을 유혹하는 것을 고발한다. 그의 비극으로부터 기꺼이 물질적 수익을 거둬들이려 하는 아-파의 식구들을 노골적으로 묘사하는 가운데 황춘밍이 암시하는 것은, 타이완의 독립이 자본주의와 신식민주의의 힘에 돌이킬 수 없게 굴종하고 있다는 점이다.

미국 병원은 타이완 가족을 유혹하는 공간이자, 근대적이고 서구적인 생활의 공간성 안에서 그들을 훈련시키기 시작하는 공간이기도 하다(병원 장면의 제목은 그럴듯하게도 「하얀 집The White House」이다). 식구들이 막 도착하고 아-파가 바퀴 달린 침대에 누워 들어올 때, "익숙하지 않은 주변 분위기에 겁먹고 있는"(Huang, 146/173) 상태인 것은 당연하다. 그렇지만 그들은 대기실과 남녀가 따로 사용하는 화장실과 심지어 서구식 변기("넌 어떻게 소변보았니?" "그 위에 걸터앉기로 되어 있잖니?"[Huang, 147/176]라고 서로 묻는다)가 요구하는 행동 코드와 협상하고 있었다. 그러므로 황춘밍의 서사는 타이완 인과 미국인의(또는 타이완 인과 본토인의) 인종적-민족적 관계를 묘사하는 만큼이나 농촌의 공간성과 근대적 공간성 사이의 난감한 상호작용도 묘사하고 있다.

더 오랜 삶의 방식들은 타이완의 도시 속에 조금씩 삽입되는 근대 건조 형태들의 방식을 반향하며, 근대적이고 합리적인 삶의 방식과 협상을 벌인다. 황춘밍의 비판 대상은 정확히 자본주의 산업의 불균등한 침투이며, 근대 건축의 지방화된 출현은 그러한 침투의 표현이자 그 이중적 표지이다. 두 단편에서 우리는 위압적인 흰색의 반짝이는 근대적 건물의 유혹을 통해 이농민들이 어떻게 몰락하는가를 본다. 현 경제체계는 농촌 마을과 무허가촌과 같은 주변부 삶의 형태들을 미국 스타일의 광고와 자본주의와 물질적 재화에 병렬시키는 것을 허용하며 실은 그런 병렬에 의

지한다. 근대 건축 경험은 그러한 경제체계를 위장하는 미망이다. 그리고 그 체제와의 잠재적이고 치명적인 만남으로 극화된다.

〈새로운 아시아 도시〉의 성장 이야기들

윌리엄스는 도시화로의 역사적 변천이 서구에서 주도했음은 확실하지만 도시와 인구의 가장 스펙터클한 성장은 포스트식민 세계와 신식민 세계에서 일어났다는 점에 주목한다. "도시의 최종 이미지는 …… [포스트식민적인] 정치적 수도이거나 또는 믿을 수 없게 급속도로 종종 성장하는 판자촌과 슬럼가에 둘러싸인 무역항이다."(*Country*, 287) 하지만 근대 산업도시가 서구를 벗어나 분명 번역가능하다는 점이, 자본주의적 발전의 단순한 외부적 확산을 입증하는 증거는 되지 못한다. 포스트식민 세계에 자원과 기반시설 및 자체 식민지를 가질 가능성이 결여되어 있다는 점은, 요컨대 포스트식민지는 "탄화된 공기 때문에 숨이 막히는 도시들"(Ahmad, 315)만을 갖게 되는 지구적 발전의 구조적 비대칭성은, 주변부의 성장 과정과 형태가 제국 중심부의 그것들을 단순하게 복제할 수는 없다는 것을 뜻한다.

우리가 살펴보았듯, 〈새로운 아시아 도시들〉을 결정하는 조건들 중 일차적인 것은 강력한 국가들 때로는 군부독재 국가들에 의해 종종 강압적으로 진행된 조급한 발전이다. 이러한 국가들은 냉전과 신 국제 노동분업에 맞춰 조정된, 도시와 주민에 대한 식민 정권의 도구주의적 관점을 유지한다. 이들 새로운 포스트식민 생산자 도시의 시각에서 보면, 산업사회는 대량 생산과 소비 및 도시 팽창이라기보다 발전도상 민족에 의해 노동력이 생산되고 소비되는 방식이다. 예전의 메트로폴리스에 의한 노동 또는 재화의 외재적 수요는 이제 권력의 집중적인 배치 속에서 권위주의적인 포스트식민 민족국가의 내재적 지배로 대체된다. 세계시장을 지향하는 민족의 생산과 소비에서의 간격은 이제 GNP와 민족의 미래의 번영이라는 견지에서 정당화된다. 추아는 "산업화된 사회에서는 경제의 수요가 인민의 수요에 선행한다. 인적 자원으로 경제를 키워야 한다는 것이 우선이고, 인민이 경제의 산물을 소비할 수 있다는 것은 그 다음" (*Political Legitimacy*, 161)이라고 쓴다.

우리가 포스트식민적인 산업적 근대성의 비대칭성을 확인했던 것과 마찬가지로, 우리는 고전적인 교양소설의 문학 모델들과 관련해서도 비대칭성을 보았다. 시장경제와 도시화의 엔트로피 세계를 배경으로 청춘의 문제를 극화하는 소설을 발견한다고 해서 놀랄 일은 아닐 터인데, 교양 서사는 거기서 독특한 표현을 찾는다. 〈새로운 아시아 도시〉 경제의 성장 시기는 노동자들 자체의 층위에서 모순을 요구함으로써 '교양'의 바로 그 가능성을 감소시키고 제한한다.

한국에서 잉여노동을 추출하는 어떤 사회 부문—미국과 일본의 차관을 받는 국가재벌의 제휴 내부에 있는 지역의 사업가 계급—의 물리적 상관물은 개인인데, 새로운 고층 건물이 바로 그 개인에 맞서는 것이라고 변증법적으로 형상화된다. 싱가포르의 경우에 근대성의 테크놀로지에 대한 민족의 통제는 도시에 의한 인민 통제로 더 잘 이해될 수 있는데, 이는 콩멩이 마침내 주택개발청 아파트와 합쳐지는 데서 상징화된다. 타이완에서 도시의 조직 속으로 불균등하게 침투하는 산업화는 건조 형태들과 만나는 개인의 주변에 불안을 산출한다. 모레티의 말대로 전형적인 교양소설이 플롯의 연속을 완성하기 위해 반드시 "주인공과 그의 새로운 세계를 …… '융합함'"으로써 젊은 주인공에게 "고향(homeland)" (Moretti, *The Way of the World*, 26/63)을 찾아 주어야 한다면, 〈새로운 아시아 도시〉 텍스트들은 이러한 요청을 가장 곧이곧대로 곤혹스러운 층위로 끌어간다.

그러나 우리가 경계해야 할 점은, 일정한 심리적 현실이 반드시 도시 형태에서의 변화들을 뒤따른다고 보면서 하게 되는, 건조 환경에 대한 일방적이고 결정론적인 독해이다. 우리는 주체성들에 대한 경험적 연구라기보다 공간의 논리를 다루고 있다. 그 때문에 우리는 소설 속의 인물들을 심리학화하려는 시도나, 이와 마찬가지로 잘못된 태도인데, 재벌 아들에 대한 영희의 저항에는 긍정적인 정치적 가치를 부여하고 쾅멩이나 만키(Monkey)의 외관상의 굴종에는 부정적 가치를 부여하려는 시도에 저항해야만 한다. 이 텍스트들과 관련해 가장 중요한 점은, 그것들이 혁명적 주체성들을 묘사한다는 것이 아니라(또는 묘사가 결핍되어 있다는 것이 아니라), 광범위한 역사적 과정과 모순을 표시하거나 드러내도록 건조 형태를 사용한다는 것이다.

우리는 텍스트들을 분석하고 비교하면서, 도시의 변형들이야말로 근대성과 산업화 및 개별 주체의 자리를 둘러싼 투쟁들의 주요 매개라는 결론을 다시 내릴 수 있다. 〈새로운 아시아 도시〉에서 건설과 파괴의 과정, 도시 재개발, 수출지향 발전은 사회적 현실과 문학적 형태를 형성한 가장 경이로운 힘들에 속한다. 민족경제를 세계시장에 접속하는 국가 또는 기업의 힘들은 대개 개인으로서는 식별할 수 없다. 그렇지만, 이러한 연계들로부터 등장하여 텍스트적인 행위자들로 작동하는 건조 형태들은 이러한 연계들의 실체를 입증한다. 그러므로 인간적인 것과 건축적인 것의 반복된 혼합은 포스트식민적인 근대성을 향해 극적으로 도약하는 민족을 이해하는 데 구사되는 서사적 수단이다.

여기서 우리가 도시 발전의 외재적이고 공적인 형태와 차원을 검토했다면, 그 발전의 내면적 공간에 대해서는 무엇을 말할 수 있을까? 구체적으로 말해, 〈새로운 아시아 도시〉 노동력에서 여성의 변화하는 역할은, 사적 공간과 공적 공간, 여성적 공간과 남성적 공간에 대한 새로운 관점들과 관련해서 어떻게 형상화되는가? 4장에서 우리는 바로 이런 질문들로 선회할 것이다.

4장

사라지는 여성, 내면성, 사적 공간

방 혹은 영혼 중에서 어느 것이 먼저 더 사적인 것이 되었는지 지금 말하기는 어렵다. 분명히 그 둘의 역사는 뒤엉켜 있다.

—로빈 에반스(Robin Evans), 「형상들, 문들, 통로들」(Figures, Doors and Passages)

새로운 아시아 도시에서의 공적인 것과 사적인 것

강석경의 1985년 중편 소설 「숲속의 방」에 나오는 곧 결혼할 미양은 여동생 소양을 에워싸고 있는 분명한 벽을 돌파하고자 시도한다. 이 소설은 1987년에 군사 통치에 도전했던 남한의 민주화 운동이 한창이던 때에 쓰였으며, "당시 학생운동과 액티비즘에서 자신의 자리를 찾는 데"(Ch'oe Yun, 492) 실패하여 결국 자살에 이르는 소양의 비극적인 이야기로 읽힐 수 있다. 그러나 다른 인물에 대한 한 인물의 탐색이 작품에 통일성을 부여하는 구조가 되는, 독특한 서사구축이 더욱 흥미롭다.[1] 짧게 말해 이 중편소설은, 여동생의 행동이 지닌 진실을 찾아 지칠 줄 모르고 탐색하는 미양과 더불어 탐정소설 형식으로 조직되어 있다.

이 씨 집안 자매는 기업가 아버지, 의무에 충실한 어머니, 셋째 여동생 혜양, 막내 남동생 정우, 할머니, 할아버지가 밖에서 낳아 온 혁이 삼촌으로 된 확대 가족과 함께 서울의 중산층 가정에서 안락하게 살고 있다. 세 자매는 성공한 아버지의 스웨터 공장으로부터 물질적 혜택을 누리며 부유하게 살고 좋은 교육을 받고 영리하다. 은행 대리와 곧 결혼할 미양이 입증하듯, 셋 모두 결혼을 잘 하리라는 것은 자명하다. 그러나 소양이 자신의 명문 대학을 휴학해 버렸으며, 다시 대학에 등록하기를 바라는 부모의 소원에 복종하기를 거부하며 외박하고 있다는 놀라운 소식과 더불어 이야기가 시작된다.

결혼을 준비하기 위해 막 은행을 그만두었던 화자 미양은 "결혼을 앞두고 당연히 사직했다."(Kang, 50/32* 강석경, 「숲속의 방」, 민음사, 1986) 그녀는 자신의 새로 찾은 자유 시간을 여동생 소양의 사적인 삶을 탐문하는 데 사용한다. 미양은 소양의 학과 사무실에 전화하며 소양의 대학 친구들과 남자 친구를 몰래 만나고 소양의 방에 몰래 들어가 소양의 일기를 읽는다. 실제로, 이 소설은 소양이라는 인물에 관한 것이라기보다, 계속 잘 잡히지 않는 여동생의 내면성을 좇는 미양의 탐문 과정—전화, 인터뷰, 일기 읽기뿐만 아니라 여동생 방을 자주 살펴보기—에 관한 것이다.

3장이 도시의 변화하는 차원에 맞서는 (남성) 젊은이의 문제를 탐색했다면, 4장은 공적인 공간과 사적인 공간의 문턱에 등장하는 포스트식민 시대의 〈새로운 아시아 도시〉 여성의 텍스트적 공간적 생산을 탐색한다. 여기서 나는 타이완의 쑤 웨이쩐(蘇偉貞)이 쓴 「가출」(Missing, 離家出

1 "사건에 기초한 게 아니라 인물에 기초한"(Yi Nam-ho, 254) 「숲속의 방」은 1970년대 한국 여성작가들의 문학적 성취에 빚지고 있다. 이 초기 작가들은 "사건 없는 연상들, 대화를 통한 사건들의 전개, 혹은 결말 없는 열린 구조"(Ch'oe Yun, 487)를 사용함으로써 선형적인 서사 구조를 폐기했다.

走, 문자 그대로 "가출해 가족을 버리기")(1988)[2]과 싱가포르의 쑤-쩐 크리스틴 림(Su-chen Christine Rim)이 쓴 『밥그릇』(*Rice Bowl*, 1984)과 함께, 「숲속의 방」에 나타난 심리적 내면과 건축적 내면 둘 다의 문제에 관심을 기울인다.

사적인 방의 새로운 내면에 있는 부재하는 여성의 문학적 탐색은 무엇을 가리키는 것일까? 여성들의 이와 같은 소설적 재현에서 개인의 방이라는 형상은 왜 그토록 중요한 것일까? 공적인 공간과 사적인 공간 사이의 변화하는 관계는 여성성의 개념화에 관해 우리에게 무엇을 말해 주는가? 또한 일부 여성들의 물질적 진전은 개발 민족주의에서 그들의 상징적 경제적 역할과 어떻게 일치하는 것일까? 나는 3장에서 문학이 건축적 변형을 형상화하고 공간적 신조어를 말하는 방식을 다룬 바 있다. 3장은 내가 도시의 논리와 하나가 되는 것을 "어떻게 피할 수 있을 것인가?"라는 물음으로 요약될 수 있다.

4장은 "도시에서 내가 속하는 그곳은 어디란 말인가?"라고 묻는다. 나는 서구 도시적 사회적 근대성의 형태와의 불균형을 계속해서 강조하기 위해 다음과 같이 주장한다. 핵가족, 개인 침실, 사적 공간과 같은 새로운 공간 배열상의 변화가 초기 산업화 시절의 유럽-미국 맥락에서 보이는 개인화된 페미니즘적 의식과 똑같은 것을 생산하지 않는다고 말이다.[3] 〈새로운 아시아 도시〉 여성은 개인의 방에서 위로, 안전, 창조적 자

2 나는 이 번역에 대해 릴리 씨에(Lili Hsieh)에게 감사드린다. 쑤(Su)의 다른 중요한 작품들로는 『통팡을 떠나며』(*Leaving Tonfang*, 1996)와 『침묵의 섬』(*The Island of Silence*, 1994)이 있다.

3 버지니어 울프(Virginia Woolf)는 개인화된 공간의 전개를 통해 발생하는 서구 자유주의 페미니즘의 일종을 대표한다. 『자기만의 방』(*A Room of One's Own*)에서 그녀는 자신의 접근을 거부하는 대학 도서관이 상징하는 외로운 지적 성찰 공간의 특성을 기술한다. 그녀는 대학 탑의 외부를 훑어보면서 "나는 또한 감탄할 담배 연기와 술, 푹신한 안락의자, 보기 좋은 카펫을 생각했고, 사치와 프라이버시와 공간의 소산인 도시성,

율성을 발견한다기보다 그 가장자리에 불편하게 사로잡혀 있다.

내면적 사적 가정적 공간과 그것과 대립되는 외부적 공적 시민적 공간 문제는 페미니즘적 분석에서 오랫동안 중요한 위치를 차지해 왔다. 제인 렌덜(Jane Rendell)은 공적 공간의 역으로서 사적 공간은 "재생산, 사사로움, 여성, 가정"으로 연상되는 반면, 공적 공간은 "생산, 공적인 것, 남성, 도시"라는 개념을 포함하는 가부장제의 긍정적인 용어로 가치를 부여받는 경위를 요약한다(「서론」, 104). 이러한 이중성은 도시의 분할된 물질적 조직을 결정할 뿐만 아니라 그러한 물질적 과정은 주체의 육체성에 자국을 남긴다. 엘리자베스 그로츠(Elizabeth Grosz)에 따르면, "도시가 개인과 집단이 점하는 특정한 사회적 위치와 장소를 지리학적으로 분할하고 정의하는 가운데 도시의 문화적 삶을 공적 영역과 사적 영역으로 나누는 한, 도시는 가족관계, 성관계, 사회관계를 조직하고 그 방향을 정한다."(Grosz, 250) 이런 진술이 공간의 위계들에 관한 일반적인 묘사인 한, 전통적인 서구의 가부장 체계도 많은 아시아 가부장 체계들처럼 마찬가지다. 쿠마리 자야와드데나(Kumari Jayawardena)는 식민세계에서의 페미니즘과 민족주의를 설명하면서 제3세계 산업화의 모순은 어느 정도 서구에 의해 그 전조를 보여 준 바 있다고 지적한다. 서구 산업화에서는 생산의 새로운 자본주의 형태에 고용하려고 여성을 교육하기와, 그들을 전통적 가치의 저장소로 만들기라는 두 광범위한 목표가 민족주의 개혁가들의 특징을 이루고 있었기 때문이다. 그래서 비서구 민족주의들은 다음과 같은 유럽의 초기 사건들을 반향했다.

쾌적함, 위엄을 생각했다."(Woolf, 23) 그녀는 개인적 교육과 성찰의 그러한 공간들을 다시 생각하기보다 그 공간들에 접근하기만을 원한다. 〈새로운 아시아 도시〉 페미니즘은 이 움직임을 단순히 되풀이할 수는 없다.

전자본주의 시절에 생산의 중심은 가정과 가족이었는데 산업 혁명기 동안 유럽의 초기 사건들이 공장 체계의 발전을 가져 왔고 그러한 가정과 가족의 본성을 변화시켰다. 자본주의는 가난한 집안의 여자를 가정에서부터 공장으로 임노동자로 끌고 갔다. 그사이 부르주아 여성들은 가정주부로 가정에 제한되었으며 가족은 부르주아 미디어의 모든 선전에서 이상화되었다. 제3세계의 부르주아지는 경제 성장, '문명', 개혁을 성취하는 전략의 일부로서, 여성을 위해 또 이론적으로 (실제로는 그렇지 않지만) 남성을 위해 좋다는 엄격한 일부일처제에, '중세적' 확대가족 관계 폐지에 기반을 둔 가족체계 개념을 또한 선전하기 시작했다.(Jayawardena, 15)

산업적 노동 장소로 나가는 움직임과 부르주아 가족의 내부로 들어가는 움직임이라는, 여성을 둘러싼 이러한 두 모순적인 변천은 포스트식민 국가들에서는 더욱 날카롭고 갈등적인 윤곽을 띤다. 파르타 차테르지가 논쟁적으로 이론화했듯, 서구의 발전을 수용하고 모방하는 과정에서 포스트식민 국가는 영적 영역에 민족정체성의 표현을 남겨 두는 식으로, 영적 영역과 물질적 영역의 구분을 전형적으로 따른다. 그래서 기술적으로 (서구적으로) 지배된 공적 공간에 대립되는 가정은 순수한 토착 가치들의 저장소가 된다. "순수한 본질상 가정은 물질세계의 불경스런 행위에 영향을 받지 않은 채 남아 있어야 하며, 여성은 그러한 본질의 재현이다."(Nation, 120) 동아시아에서 이러한 분리는 '동도서기'(東道西器)라는 규정으로 메이지 시대 일본인들에 의해 이미 개념화되어 있었다.[4] 그리하여 공사 표현들과, 가정공간의 변화하는 건축적 배열은 포스트식민 민족주의와 젠더화된 주체들에 대한 우리의 이해에 중요하다.

우리가 기대할 법하게 〈새로운 아시아 도시〉의 발전과 근대화의 엄청난 수준은 공사 구분에 심각한 영향을 미친다. 1970년대와 80년대 의 산

4 19세기 중반에 이르러 "동양 윤리를 기초로, 서구 기술을 수단으로"(Tanaka, 4)라는 일본식 규정이 지배하게 되는 경위를 보려면 스테판 타나까(Stefan Tanaka) 참조.

업화 시절은 지금 고려 중인 세 나라 여성에게 물질적 수입을 포함해 교육 기회와 직업 기회를 크게 부여하는 변화를 보여 주었다.[5] 조남현은 남한에서의 페미니즘의 발전을 가져온 사회적 배경을, 타이완과 싱가포르에서도 광범위하게 반복되는 과정을 다음과 같이 기술했다.

> 한국의 경우, 산업화가 가속화했던 특히 1970년대와 80년대에 사회는 여러 다른 양상들로 변화했다. 산업화와 도시화는 동전의 양면과 같았다. 도시화는 현존하는 가족 체계를 뒤바꾸었으며 사회 체계와 계급 체계의 재조직화와 관련해 변화를 초래했다. 확대 가족 체계(the extended family system)가 핵가족 체계로 대체됨에 따라 고등교육이 보편화되었으며 경제 성장이 성취되었고 여성성, 남성성, 둘 사이의 관계가 변화되기 시작했다. (「1970~1980년대 소설」, 필자의 번역, 166)

그러나 산업조직과 가족 조직에서의 이러한 변화는 공공 영역, 성 평등, 개인의 권리에 대한 접근권의 증가에 기반한 서구 여성운동을 반드시 따라하는 것은 아니다. 햄슨(Hampson)이 지적하듯, "산업화는 한국 가족에 있는 노동의 성적 분업을 변화시키기보다 다시 강화하였다."(Hampson, 172) 실로, 〈새로운 아시아 도시〉 맥락에서 페미니즘 운동은 유독 뒤늦은 것 같다. 대체로 그 운동은 농업생산 모델로부터 산업생산 모델로 변화된 후에 일어났으니 그렇다. 하지만 우리가 페미니즘 운동을 지체된 것으로 명명하면서 그것을 서구 자유주의 페미니즘 스타일에 순

5 싱가포르에서 임금을 받는 노동력에 진입한 여성의 비율은 1970년의 29.5%에서 1980년에 44.3%, 1990년에 50.3%로 상승했다(Jasmine Chan, 41). 1960년과 1995년 사이에 한국 여성의 경제활동은 26.8%에서 47.6%로 상승했다(Hampson, 176). 이와 유사하게 1970년대 타이완의 경공업 발전은 "농촌 지역에서 산업화된 도시주변 지역, 수출가공 지대로 젊은 여성들을 대대적으로 이동시켰다."(Lan-Hung Nora Chiang, 235) 1980년대는 싱가포르, 타이베이, 남한 여성들이 공장 노동에서 좀 더 많은 사무직 직업으로 옮겨 가는 모습을 보여 주었다.

응하기를 기대하는 것은 착오다.

우선 권위주의 정부하에 일반적인 정치적 자유의 결핍이 고려되어야 한다. 예컨대 1971년에 루 씨우-리언(呂秀蓮)[6]이 (미국 형태로) 페미니즘 운동을 도입했지만, 페미니즘 운동은 모든 종류의 정치 활동을 제한했던 국민당의 '전시 비정부 기구 법'으로 인해 타이완에서 뿌리를 내릴 수 없었다. 루(Lu)는 1970년대에 그녀가 지닌 견해로 인해 수감되었고, 1987년에 계엄령이 철회된 이후에야 독립적인 여성운동이 가시화되기 시작했다(Lan-Hung Nora Chiang, 240).

이와 유사하게 박정희 정권의 북한을 향한 반공산주의는 거의 모든 시민권을 억압했다. 그것은 "민족의 분할과 그것으로 인한 이데올로기 전쟁의 공포는 1980년대에 이르기까지 계속된 한국 페미니즘의 발전에 오랜 틈을 창조하였다."(Kim and Choi, 3)[7] 싱가포르에서는 인민행동당(People's Action Party)이 1961년의 〈여성 헌장〉(Women's Charter)에서 결혼, 이혼, 후견, 유산과 관련해 여성의 권리를 부여했다. 그렇지만 여성운동은 1970년대 후반과 80년대 초반에 이르러서야 비로소 시작되었다. 그때 여성운동은 더 가부장적으로 되어 가는 정부의 공식 방향에 부분적으로 반응을 보였던 것이라 하겠다.

그러나 우리는 자유주의 페미니즘의 이와 같은 목적론적 서사에 덧붙여, 이 맥락에서 젠더와 관련된 전적으로 다른 문제들과 중대 관심사들을 고려해야만 한다. 달리 말하면 우리는 〈새로운 아시아 도시〉가 포스

---

6 란 홍 노라 지앙은 1970년대 타이완의 제1물결 페미니즘 운동에 대해 루 씨우-리엔(Lu Hsiu-lien)이 이끌었던 "거의 한 여성의 십자군 운동"이었다고 쓰고 있다. 루 씨우-리엔은 하버드 대학에서 교육받고 페미니즘 운동 이후 타이완의 부통령을 지냈다.

7 남한 페미니즘에 분명한 지체를 표시하는 한 가지 사안은 가족과 관련해 여성의 법적 평등을 성취하는 것과 관련된다. 남한의 가족법은 가구의 리더십을 남성에게만 승계하는 법적 질서를 지녀 왔고 이혼 후 아이의 후견을 자동적으로 아버지의 권리로 만들어 왔다. 이러한 가족법은 1991년에야 바뀌었다.

트식민 근대성의 커다란 역설들 중 하나의 예를 어떻게 보여 주는지를, 즉 어떻게 근대화와 산업화가 위계적 젠더 관계를 바꾸지 않고도 진전하는지를 탐구해야 한다. 문성숙은 이에 대해 남한에서는 "젠더 위계가 근대적 형태로 다시 구성되고 있었다. 그 결과, 원칙적으로 개인의 평등과 성취를 결합하며 산업화하는 한국에서 점점 더 많은 여성들이 짊어지고 있는 사회적으로 기인된 [열등한] 지위라는 모순과 직면한다"(Moon, 58) 고 설명한다.

강석경, 쑤(Su), 림(Lim)의 소설들은 "근대적 형태로 …… 젠더 위계"의 재구성 문제를 정확하게 언급한다. 나는 그것도 공적 공간과 사적 공간의 새로운 공간적 배열로 난처하게 변천하는 것을 통해 언급한다고 주장한다. 공공 영역에 맞서 구상된 사사로운 내면성을 가리키는 건축적 신조어는, 시민이라는 근대성의 일반적 범주의 '개인적 평등과 성취'를 약속하는 것 같은 사적 주체의 공간적 아날로그(유사물)다. 그렇지만 우리는 어떻게 이 새로운 내면성이 그저 "민족을 주조하는 어머니"(Young, 368)로 단순히 남으라는 여성에 대한 가부장적 기대와 갈등을 일으키게 되는지를 볼 것이다.[8] 이러한 화해할 수 없음은 공적 공간이건 사적 공간이건 그 공간을 충분히 점유할 수 없는 주체 입장이라는 여성의 위치 **위를 어른거리는** 텍스트라는 결과를 낳는다.

그리하여 내면성은 문학과 나의 분석에서 중심 무대를 차지한다. 내면성의 발전이 자본주의 생산과 상품관계의 견지에서 잘 이론화되어 오는 동안, 젠더가 그 핵심 분석틀 중 하나를 구성해야만 한다는 점을 주목하도록 하자. 빅토리아 로스너(Rosner)는 구미 근대성에 관해 서술하면서

---

8 여기서 영(Young)은 1974년의 6차 범아프리카 회의에 가이아나(Guyana* 남미 동북부 기아나 지방에 있는 공화국) 대표단에 의해 제시된 「범아프리카 세계의 발전에 대한 여성들의 기여」에 관한 발표를 인용하고 있다. 여성 투쟁이 포스트식민주의에서 겪은 흥망성쇠에 대한 요약을 보려면 영의 「여성, 젠더, 반식민주의」 참조.

허우 샤오시엔의 『연연풍진』(6장에서 논의됨)으로부터 나온 필름 스틸
한 여성 인물이 타이베이를 관조하고 있다.

내면성을 물질적 공간, 심리적 내면성, 젠더화된 육체를 함께 접쳐 넣는(fold) 영역으로 정의한다. "나는 '내면성'을, 의식의 재현으로부터 가정 삶의 재조직화로 확대하는 일군의 상호의존적인 개념들로 언급한다. 그 개념들은 개인의 프라이버시, 친숙성, 공간에 관한 수정된 정의들과, 섹슈얼화된 젠더화된 육체에 관한 새로운 평가들이다."(Rosner, 11) 이와 유사하게 베아트리즈 컬러미나(Beatriz Colomina)도 사적 주체성에서 가정적 건축이 하는 발생적 역할을 다음과 같이 강조하여 왔다. "건축은 응시하는 주체를 수용하는 그저 플랫폼 같은 것이 아니다. 건축은 그 주체를 생산하는 응시 메커니즘이다. 건축은 그것의 점유자를 선행하고 틀을 짓는다."(Colomina, 250) 로스너와 컬러미나의 연구가 다른 맥락에 있는 사적 공간과 젠더를 연구하는 동안 보여 준 관찰은, 〈새로운 아시아 도시〉 내부에 있는 사적 공간과 젠더화된 육체에 대한 우리의 검토를 위해 유용한 출발 지점이라고 하겠다.[9]

흔적으로서의 여성

1980년대 주요 여성 작가들 중 한 사람인 강석경은 자신의 작품에서 많은 시급한 페미니즘 주제를 탐색하여 왔다. 그녀는 1983년에 간행된, 미군 기지 창녀들의 삶을 그린 「낮과 꿈」으로 아마 가장 잘 그 이름을 알리게 된다.[10] 1970년대 한국 여성 소설은 억압적인 가치체계 바깥에서 새로운 문학적 공간을 창조하고 내면의 현실과 사랑 관계에 초점을 둠으로써 "사회와의 부조화를 표현했다."(Ch'oe Yun, 488) 그러는 동안 1980년대 문학은 소설과 페미니즘 이슈를 좀 더 직접적으로 연결했다. 강석

9 우리는 또한 서구에서 발화된 확장적인 페미니즘 담론을 언급해야 한다. 그 담론은 종종 '유색 인종 여성의 페미니즘'이라는 이름하에 자유주의 페미니즘의 가정들에 생산적으로 도전하고 있다. 초기의 두 독창적인 텍스트를 보려면 벨 훅스(bell hooks)와 안젤라 데이비스(Angela Davis) 참조.

10 문학에 나오는 창녀 형상은 이 권역에서 특히 의미심장하다. 한국과 타이완의 경우, 신식민 권력 구조는 직접적 혹은 간접적 미국 군사 헤게모니의 형태로 일상적 현실이었다. 그곳에서 국가들 사이의 젠더화된 관계는 창녀와 그녀의 미국 군인/고객의 육체에 종종 다시 쓰이고(written) 있다. 그리하여 우리는 다음 소설들에서 은연중 여성을 민족의 알레고리로 만듦으로써, 불완전한 포스트식민 근대성의 불안을 전시하는 모습을 발견한다. 군사 매춘 캠프타운(강석경의 「낮과 꿈」, 최인훈의 「국가 도로의 끝The End of the State Road」), 군사적 섹스 관광주의(황춘밍의 「사요나라/짜이젠」(Sayonara/Zaijian), 왕 쩐호(Wang Chen-ho)의 「로즈 로즈 나는 당신을 사랑해」(Rose Rose I Love You), 군사기지의 창녀들을 돕는 낙태 클리닉(박완서의 「저 가을의 사흘Three Days in That Autumn」)에 대한 소설적 설명에서 보듯 말이다. 창녀의 형상에 관심을 기울이는 것은, 남자들을 위해 자원들과 교육을 남겨 두고 음란함을 사악시하는 지역 가부장적 사회에 의해 그런 일을 하도록 종종 강요되는 이중으로 식민화된 포스트식민 여성들의 수많은 모순들을 강조한다. 또한 앞에 언급된 소설들은 그런 캠프타운과 관광지가 민족에 내부적이면서 외부적인 공간, (일하고 사업하는 장소로서) 공적 공간이자 (성 행위의 장소로서) 사적 공간이 되는 경위를 탐색한다. 그렇지만 여러 비평가들이 지적하듯, 외국 점령자들이나 군사력에 몸을 바치는 창녀로서 포스트식민 여성에 초점을 두는 것은 분석의 단위로서 민족에 대한 강박 때문에 지역 가부장제에 대한 투쟁을 비롯해 여성들의 특정한 물질적 투쟁들을 삭제하는 경향이 있다. 특히 김현숙 참조.

경과 같은 작가들과 이경자, 김채원, 양귀자와 같은 제2세대 전후 여성작가들은 페미니즘 관점에서 신식민주의, 가부장제, 포스트식민 권위주의라는 이슈를 드러내 놓고 다루었다.[11] 그러나 「숲속의 방」을 페미니즘 텍스트라고 표시하는 것은 주제나 사건이라기보다 그 형식적 혁신이다.

「숲속의 방」은 '성벽' 뒤에 봉인된 접근할 수 없는 여성의 형상을 반복해서 환기한다. 미양은 여동생 소양이 "자신을 모든 사람으로부터 단절시키는" 이유를 물으면서 자기 가족 구성원의 개인주의를, 이런 개인주의 생활을 "가능케 한 것은 각자의 방이 있기"(Kang, 39/22) 때문이었던 개인주의를 비난한다. 두 아래 동생은 널찍한 2층집으로 이사를 오기 전에는 방을 같이 썼는데 이제 각자 하고 싶은 대로 장식할 자기만의 방을 갖게 된다. 미양은 "혜양도 그랬지만 그때 소양이 좋아하던 모습이 눈에 선하다. 소양은 먼저 제가 좋아하는 비틀스 판넬을 방에 걸었다."(Kang, 40/22) 소양의 비틀스 판넬, 나중에 꽃, 양초, 음악 컬렉션 등은 1960년대 미국 청년 문화에서 끌어내 온 특징적인 서구적 개인주의 양식으로의 변천을 표시한다. 미양은 새롭게 개인화된 공간 감각을 인정하면서도 딸더러 부부 침실의 욕실을 쓰지 못하게 할 정도로 과도하게 진전된 프라이버시 감각을 지닌 어머니를 못마땅해 한다. "물론 그것은 부부가 사용하는 욕실이지만 어머니는 마치 남이나 보는 것처럼 싫은 기색을 했다." (Kang, 44/26) 건축 자체가 공간과의 새로운 사사로운 관계를 요구한다. 미양은 새집으로 이사하는 바람에 그러지 않았으면 행복할 가족에게 일어나는 불화를 탓한다.

개인(사적 침실)이나 세대(아이들의 욕실 대 부모의 욕실)에 따른 사적 공간의 표명은, 한국 가정공간의 예전 개념들로부터 엄밀하게 떨어져 나온 것을 드러낸다. 여기서 한국 가정공간에 대해 짤막하게 기술해 보자.

11 전후 여성작가의 제1세대는 김채원, 오정희. 박경리, 박완서를 포함할 것이다.

그 전의 체계에서 **안방** 혹은 주인 침실은 부부의 사적 혼인 공간으로서가 아니라 여자들과 아이들의 구역으로 생각되었다. 오로지 밤에만 안방은 결혼한 부부의 침실로 바뀌었다. 안방은 남성의 구역인 사랑방과 대립되었다. 사랑방은 손님에게 개방되고 보통 집의 끝자락에 있었다. 조선 시대(1392~1910)에 만연된 유교적 사유의 영향은 한국 가정공간 내부에 세대 사이가 아니라 양성 사이를 가장 크게 구분하였다.[12] 따라서 안방은 (밤에는) 부부의 가장 내밀한 공간의 기능과, '내실'이라는 서구적 개념으로 쉽사리 번역될 수 없는 아이들 양육 공간의 기능 둘 다를 아무런 모순 없이 할 수 있었다.[13]

게다가 그러한 전통적 설계에서는 모든 방과 공간들이 "입구 현관이나 입구 홀, 복도의 필요성을 제거하는"(Sang-hae Lee, 384) 공동의 뜰 공간으로 열려 있었다. 목욕은 (또 지금도 어느 정도로는) 젠더로 구분되는 공중목욕탕에서 실시되었다. 이러한 배열은 (2장에 나오는 이상의 『날개』에 대한 논의에서 명백하듯) 식민 시대에 이미 변화하고 있었다. 그러는 동안 핵가족 가구에 대한 서구적 계획이 우세하게 되었던 것은 1970년대와 80년대에 이르러서였다. 이 씨 가구는 산업 중산층에 의해 포용되는 새로운 가정공간, 즉 복도에 의해 접근될 수 있는 분리되고 잠글 수 있는 침실과 욕실을 갖춘, 좀 더 공적인 공유되는 삶의 구역과 반대로 정의되는 서구식 2층 집을 잘 요약해 준다. 그러한 사적 공간이야말로 동시에 소양의 개인주의를 가능하게 해 주며, 가족적 고립과 사회적 고

12 이상해는 젠더와 방의 다목적 기능에 따른 공간 분할을 다음과 같이 언급한다. "남자, 여성, 아이는 낮 동안에 사용했던 방바닥에서 각기 잠을 잤다. 식사로 말할 것 같으면 가장은 사랑방에서 먹었고, 나머지 가족은 안방 혹은 나무로 된 마룻바닥에서 먹었다. 오늘날 이런 관습은 변화하고 있지만 한국인들의 근본적인 공간 사용은 연장자 및 양성 간의 엄격한 구분에 기초한 전통적 위계질서를 반영한다."(Lee, 383)

13 낮 동안에 보통 둘둘 말아 놓았던 잠자는 매트(요)의 유연성 또한 영원히 분리된 침실이라는 바로 그 개념을 새로운 어떤 것으로 만들고 있다.

럽을 산출한다. 소양이 자신의 방과 맺는 혼란스런 관계는, 개인주의를 요구하면서도 반박하는 산업화 사회 여성들의 좀 더 광범위한 양가적인 위치를 나타내는 공간적 알레고리로서 작동한다. 소양은 자신의 일기에서 "이제 나는 섬이다. 나와 객체와의 단절감 때문에"(Kang, 64/47), "내 방의 땅 이외에는 복도 마루도 맨발로 밟고 싶지 않아"(Kang, 65/48)라는 행을 적고 있다. 미양은 "내가 좋아하는 음유 시인"인 레너드 코헨(Renard Cohen)의 노래가 들려와서 소양의 방에 들어갔던 어느 날 밤을 회상한다.

> 소양의 방에 들어간 적이 있다. 방엔 십여 개의 촛불이 작은 혼들처럼 피어 있고 천장엔 말린 꽃 그림자가 성에처럼 깔려 있었다.
>
> 굴 같은 방으로 한 발 걸어 들어가자 벽 가까이서 촛불을 등지고 누워 있는 소양의 모습이 눈에 들어왔다. 머리맡엔 박쥐같은 것이 웅크리고 있었는데 자세히 보니 그것은 까만 우산이었다. 방 안에서 까만 우산을 쓰고 누워 있는 모습은 괴이하기까지 했으나 촛불 때문인지 신비하게도 보였다.
>
> 까만 우산 천에 불빛이 부딪혀 흩어졌고 소양은 눈을 감은 채 꼼짝 않고 있었다. 그때까지 내가 방에 들어온 것도 모를 정도로 자기 세계에 빠져 있었다. 그래, 지금에야 이 표현이 떠오르지만 그것이 소양의 세계였다.(Kang, 40/22~23)

십대의 장식에 의해 변형된 소양의 방은 가구의 나머지로부터 떨어져 있는 하나의 세계다. 그것은 소양 자신의 현존에 가두어진 봉인된 굴과 같은 내면이다. 그 방을 점유한 사람은 "눈을 감은 채 꼼짝 않고 있었으며", 인물보다도 방이 소양의 황량하고도 음울한 내면에 관해 말해 준다. 좀 더 꼼꼼하게 읽어 보면, 소양이 잠들었는지 혹은 "벽 가까이서 누워 있는" 소양의 몸이 그저 방에 있는 또 하나의 대상이 되고 만 것은 아닌지 확실하지 않다. 마에다 아이(Maeda Ai)가 일본 가정 소설과 관련하여 유려하게 논평했듯, "이런 정도로 …… 살아 있는 공간과 …… 몸 언어는 서로를 [삼투한다]."(Ai, 340) 사적 내면의 단선적인 공간은 새로운 종류의 봉인된 주체성을 생산하는 동시에 소양을 탐색하겠다는 화자 미양의 욕구를 산출한다.

더 나아가 우리는 이 장면을 프랑크푸르트 학파의 사상가들에 의해 분석된 바, 부르주아 내면의 부상이라는 견지에서 이해한다. 키에르케고르 철학에 관한 테오도르 아도르노(Theodor Adorno)의 연구는 내향성에 대한 강박을 부르주아 실존이 의존하는 부인된 착취적 생산관계의 기능이라고 한다. 방의 내면과 부르주아 주체 둘 다 "공간과 마주한 대상 없는 내면[들]"(Adorno, 43)로 정의된다. "공간은 내면적인 것(*the intèrieur*)에 입장하지 않으며 오로지 그 경계일 뿐이다."(Adorno, 43)[14] 상품으로 채워진 내면은 나머지 세계를 부인하면서 대신한다. 키에르케고르 식의 부르주아 주체에게서 그런 것처럼 소양은 자신의 실존을 부양하는 생산 수단과 자신의 관계를 명백하게 부인해야만 한다. 소양은 자신의 친구인 학생 출신 노동운동가 명주의 관점에서도 자신을 보며 일기에 다음과 같이 쓰고 있다.

> 하긴 내가 그동안 물질적 불편 없이 살 수 있었던 것은 아버지 덕이고 명주식의 시선으로 보자면 근로자의 피와 땀 덕분이다. ……
>
> 그러나 내가 유도상사 덕분에 쁘띠 부르주아처럼 살고 있으면서 유도상사 기숙사를 점검할 수는 없다. 그 문제는 덮어 두고 싶다. 내 생각만으로도 너무 버거워.(Kang, 66/49)

14 르페브르는 근대적 내면성이야말로 단순한 성기의 섹스와 그릇된 친밀성 때문에 에로스를 죽이고 있다고 쓰고 있다. "에로스가 죽어 버리는 내면성에 또한 가치가 투여된다. 신비화하고 신비화되는 방식으로 말이다. 무거운 커튼은 내부로 하여금 외부와 고립되게 하며, 발코니는 거실과 고립된다. 따라서 '내밀함'이란 보존되고 의미를 갖게 된다."(Lefebre, 315)

소양은 자신의 잘 꾸며진 침실과 아버지의 섬유 공장에서 일하는 (의심의 여지없이 여성) 노동자 기숙사 방 사이의 대조를 인정하면서 궁극적으로 그 대조를 생각에서 추방시켜 버린다. 아도르노에게 상품은 심리적 내면과 공간적 내면에 대한 강박에서 알레고리로 나타나는, 소외된 노동에의 부르주아 의존성을 감추어 주는 것이다. 이 씨 집안 딸들의 침실은 구두, 옷, 책, 포스터, 레코드 (미양은 자신의 피아노까지 갖추고 있다), 딸들의 개성적 인격들(personalites)을 구체화하는 데 필요한 사물들로 가득 차 있다. 그리하여 소외된 상품 형태는 역설적으로 '진정한' 개인주의를, "또한 자기-소외이기도 한 근대성에 특수하게 있는 자아됨(selfhood)의 집중"(Pensky, 170)을 허용하는 것이다. 혹은 로빈 에반스의 구절로는 부르주아 내면은 이제 "정교한 심리의 발산"(Evans, 52)일 뿐이다. 소양의 성(castle)처럼, 내면세계 내의 외양은 모나드적(단자론적, monadological)이라 역사도 없고 분리할 수 없고 모든 타자들로부터 순수하게 독립적으로 존재한다. 이러한 의미에서 우리는 전체 세계를 '그녀 자신의 세계'와 대체하는 공기 없고 공간 없는 방으로서 소양의 방을 볼 수 있다.[15]

내면에 대한 이와 같은 구조적 설명은 탐정 이야기처럼 조직된 「숲속의 방」의 양상을 해명해 주는 것 같다. 부르주아 주체는 상품에 부족한 생산의 흔적을 보상하기 위해 그녀 자신의 흔적을 모든 소유물에 남기는 경향을 지닌다. "흔적은 뒤에 남긴 사물이 얼마나 멀리 떨어져 있건 간에 어떤 가까움의 외양(appearance of a nearness)이다."(Benjamin, 447) 벤야민에게 껍질은 "그것을 점유하는 사람의 인상을 간직하는 모든 거주

15 복도의 기술을 경유해 16세기에 출현한 사적인 방의 주목할 만한 역사에 대한 로빈 에반스의 설명 참조. 16세기 이론가들에 따르면, 상호연관된 방에서부터 사적인 방으로 변천되게 한 편의들 중 하나는, 개탄할 만한 "하인과 가족의 혼합, 아이들의 떠드는 소리와 여자들의 실없는 소리"(Evans, 50)라고 한다.

의 원래 형태"(Benjamin, 220)이며, 사치스런 포장, 카펫, 케이스로, "주머니 시계, 슬리퍼, 에그 컵(*식탁에 놓는, 삶은 계란을 담는 그릇), 체온계, 카드, 또 케이스를 대신하는 자켓, 카펫, 덮개, 커버"(Benjamin, 221)로 넘쳐 나는 19세기를 설명한다.

소양의 방은 굴과 같은 분위기를 지닌다. 그 분위기에서 우리가 보듯, 개인화된 소유권은 껍질, 피부, 케이스와 같은 전(前)역사적 주거 양식으로의 복귀를 발생시킨다. 내면이 이렇게 정교한 심리를 불러일으킬 때, 그것은 동시에 탐정의 형상을 호명한다. "주민의 흔적들이 내면에 새겨진다. 이러한 흔적들을 추구하는 탐정 이야기로 입장하라."(Benjamin, 9)[16] 그리하여 소양의 내면성에 대한 미양의 추적은, 개인화된 새겨진 공간으로의 이러한 변천에 의해 요구되는 서사 형식이라고 설명될 수 있다. 그렇지만 벤야민이 내면의 공간적/심리적 혁신을 탐정소설의 외양과 도발적으로 연결하는 사이, 그의 틀에 갇힌 부르주아 주체와 그의 추적자는 둘 다 남성임이 은밀하게 함축된다. 우리는 포스트식민 여성 글쓰기의 한 예에 나타난 눈에 띄게 병행하는 내면의 형상화를 갖고 무엇을 말할 수 있을 것인가?

이야기가 진전됨에 따라, 우리는 기대했던 것보다 이 씨 가구가 덜 근대적인 건축 배열을 지닌다는 점을 발견한다. 확대 가족의 유교 전통에 따라 미양의 할머니가 가족과 함께 살고 있다는 점을 상기하여 보자. 그러나 근대 부르주아 삶과 더욱 불일치하는 것은 기생(여성 연예인/창녀)에게서 할아버지가 낳아 온 배다른 삼촌 혁의 존재다. "우리 집의 반지하 방"에 있는 삼촌 방은 그의 주변부적 가족 위치를 반향한다. 이에 대해

16 평범한 공간을 배경으로 기이한 이야기를 펼치는 포(Poe)가 미스터리 이야기의 최초 발명가일 뿐만 아니라 "가정의 내부를 처음으로 살펴본 관상학자"(Benjamin, 9)라는 점은 하나도 놀랍지 않다.

미양은 다음과 같이 설명한다. "내게 삼촌이 되겠지만 소양이보다 나이가 어린 재수생 혁이의 방에선 괴성 같은 드럼 소리가 울리고 몸에선 늘 쿰쿰한 냄새가 나서 우리가 좋아하지 않는다는 것 외엔 특별히 문제점이 없다고 생각해 왔다. 즉 그 아이의 존재가 우리 집의 그늘이라는 것 외엔"(Kang, 66/50).

가족의 '그늘'이라는 이와 같은 유일한 언급은, 부유한 남자가 첩이나 기생에게서 다른 가족을 종종 형성하곤 했던 전통적 친족 구조가 새로운 근대 핵가족 기획에 출몰하는 경위를 나타낸다. 이 씨 가족의 미국 스타일 소비주의, 주거, 개인주의는 예전 친족 구조의 잔재 위에 문자 그대로 구축되고 있는데, 그 잔재는 가정의 사적 공간에 수용되어야 한다. 그리하여 가정성의 새로운 공간을 더 오랜 친족 관계와 화해시키는 데서 겪는 어려움은, 앞에서 이야기된 부르주아 개인성의 부상이라는 깔끔한 이야기를 복잡하게 만든다. 「숲속의 방」이라는 텍스트는 개인성에 대한 부르주아적 내면의 요구를 승인한다기보다 사적 공간에 대해 성찰한다. 왜냐하면 근대 여성이 충분히 등장해야 하지만 등장할 수 없는 장소가 바로 그 사적 공간이기 때문이다. 여성은 제대로 아무 곳에도 속하여 있지 않기 때문에 여성에 대한 탐색은 모든 곳에서 일어나야 한다는 생각이 여기서 뒤따라 나온다.

특히 섬유 산업과 전자 산업을 통해 여성 노동은 한국을 수출산업국으로 도약시키는 토대를 이루었다고 한다면[17], 공적 활동영역과 사적 활동영역과 마주하는 여성의 역할에 거의 아무런 변화도 수반하지 못했던 것은 어떻게 된 연유일까? 당대 한국의 정치 담론을 검토하는 것은, 산업화

17 1970년대 내내 경공업이 대부분의 한국 수출품들을 생산했으며 여성 노동자들이 주요 전자, 섬유, 가죽 신발 산업의 노동인구 중 절반 이상을 차지했다(Seung-kyung Kim, 3).

하라는 압력이 여성다움에 대한 전통적인 개념을 실제로 다시 강화하는 경위를 드러내어 준다. 예컨대 1970년대에 국가는 개인적 권리보다 집단적 삶을 강조하는 충효("국가에 대한 충성과 효도") 캠페인을 시작했다. 그사이 정부 간행물은 특히 여성의 형상을 통해 근대적인 한국인다움을 다시 정의하고자 했다. 1974년의 한 텍스트는

> 사회적 서비스가 중요하다고 할지라도, 자신의 아이를 키울 수 없고 남편과 (집에 있는) 노인을 존중할 수 없는 여성이 사회적 행위에 참여하는 것은 말이 안 된다고 명시적으로 진술한다. 가정의 의무 때문에 여성이 사회적 서비스로부터 제외되는 것은, 남성 시민들의 공동체에서 여성이 주변화되는 정도를 예증한다.(Moon, 51)

놀랍게도, 공장 일에 진입하는 여성들의 엄청난 숫자는 그러한 개념에 아무 영향도 미치지 못했다. 젊은 여성노동자들은 결혼할 때까지 제 때에 일자리를 채워 주는 것으로만 간주되었기 때문에 미양처럼 결혼으로 인해 여성 노동자들이 일을 그만둘 때, 민족 경제에 대한 여성의 기여는 여성성에 관한 전통적인 서사와 가정 영역에서의 여성 위치를 와해하는 데 실패했다. 공장의 여성 노동자들은 같은 일을 하면서도 남성 월급의 거의 반 정도만을 벌면서 결혼지참금을 위해 종종 저축하고 있었으며 남자 형제들의 교육비를 지불하고 있었다. 김성경은 말없이 묵종하는 노동자들과 더 값싼 수출품에 대한 국가의 요구가 의무에 충실하고 이타적이라는 전통적인 유교적 여성 역할과 꼭 들어맞게 되는 경위를 기술하고 있다(Kim, 8). 이렇게 잘 들어맞는 것은 또한 미혼인 딸들의 단호하게 비전통적인 움직임을 집 바깥으로 잘 밀어내었다.

큰 공장에 보통 딸려 있는 공장 기숙사(림의 『밥그릇』에는 이 기숙사의 싱가포르 판본이 나옴)는 집 바깥에서 일하는 미혼 여성들의 문제를

건축적으로 해결하는 것이었다. 공장기숙사는 밤에 잠자는 매트를 조금 뒤척일 정도의 공간만을, 여섯 명에서 여덟 명이 함께 잠을 자는 최소한의 공간을 전형적으로 제공했다. 거기다 공장의 여성 노동자들은 방세와 식비를 나누어 지불했다. 그들의 행위는 엄격한 감독하에 있었다. "사실 기숙사는 가족의 통제를 공장 환경에 확대한 것이었다."(Seung-kyung Kim, 26)[18] 부재하는 부모를 대신하는 감독은 모든 계급을 가로질러 유효한, 여성은 일과 생산의 공적 공간에 속하지 않는다는 근본적인 개념을 효과적으로 보전한다.

값싼 제조업 노동 위에 구축된 포스트식민 발전 국가는 젊은 여성들의 노동과 그녀들의 노동 경력을 짧게 유지하고 노동조건에 대한 관심을 최소화하는 친족 체계 둘 다에 강력하게 의존하고 있다. 그 국가는 '집단적 삶'과 '한국적 가치관'이라는 기치하에 과소 지불된 여성 공장 노동과, 가정에서 아이를 양육하고 돌보는 여성들의 부불 노동을 이용하고 있다. 이 씨 집안의 딸들과 같은 중산층 여성조차도 얼마간의 평등한 교육을 받는 것은, 그저 좀 더 나은 결혼 기회로 나아갈 수 있어서이며, 이후 "주부로서 가정에 갇히는"(Jayawardena, 15) 데로 유도될 수 있을 뿐이다.[19] 「숲속의 방」에 나오는 딸들의 아버지는 근대화하는 국가를 가정적

18 "한 여성이 점호 출석에 세 번 빠지면, 여자 사감한테 야단맞았으며 한 달 동안 목욕탕을 청소하는 벌을 받았다. 한 여성이 사전 허가 없이 세 번 이상 외박했다면 기숙사를 나가도록 요구되었다. 기숙사 사감은 그렇게 엄격한 행동 규율을 유지함으로써 앞으로 괜찮은 남편과 시댁에 걸맞는 행위를 '보증할' 수 있었던 것이다."(Seung-kyung Kim, 26)

19 이런 맥락에서 더 진전된 교육이야말로 일할 기회를 실제로 감축할 수도 있다는 것은 주목할 만하다. 여성의 일이 지닌 압도적인 블루 컬러 성격 때문에 "한국은 더 많은 교육을 받은 여성이 덜 일하게 되는 특이한 상황과 직면한다."(Hampson, 180) 한국 여성의 역할에 관한 최근 연구는 임금을 지불받는 일에 참여한 여성들은 가정주부보다 더 낮은 지위를 갖는 것으로 여전히 종종 간주된다는 점을 확증해 주고 있다. 1991년에도 한국 여성 노동자들 중 오로지 3.9%만이 대학 졸업생이었고 65.2%는 중

으로 대표하는 사람이다. 자수성가한 산업주의자 아버지는 소양의 행위를 많이 질타한다. 그는 경제적 경쟁을 가정 영역에 적용했을 뿐인 여자의 대학 교육에 대해 "남들보다 더 좋은 데 시집가고 남들보다 더 좋은 직장을 얻게"(Kang, 91/77) 하려는 것이라고 딸들에게 상기시킨다. 이러한 규정에서 "더 좋은 …… 더 좋은 ……"이라는 두 구절은 서로 대안인 것인지 그냥 각각을 달리 표현한 것인지 분명하지 않다. 여성의 일은 의문의 여지없이 어머니와 아내의 일이라는 생각은, 이 시기에 전례 없이 많은 여성들이 산업 공간과 교육 공간에 접근한 현실과 충돌을 일으킨다. 그 결과는 여성 주체를 어느 곳에 위치시킬 것인지를 놓고 공간을 더듬어 보는 것으로 나타난다.

다시금 반복해서 말하는데 미양은 도무지 세계 속에 무엇으로도 환원할 수 없는 장소 없음(placelessness)의 증거를 소양에게서 발견하다. 소양의 일기(비범한, 대상 없는 내면)야말로 자신의 공간적인 탈구를 끊임없이 말하고 있지만 자신이 진정으로 거주하는 유일한 장소다. "이 방은 방이 아니야. 피 흘리는 작은 양을 잠재우고 놀라 뛰는 가슴을 쉬게 하고 내 푸른 단도 날까지 어루만져 주는 방이 필요해"(Kang, 100/87). 소양의 자살은 '피 흘리는 양'과 '단도'(소양은 나중에 자신의 팔목을 긋는다) 이미지에서 뿐만 아니라 공간의 결핍이라는 견지에서도 잘 드러나 있다. 미양은 소양에게 직접 질문하고자 많이 시도한다. 그러한 미양의 시도 중에 동생과 나눈 다음 대화는 내면적이면서 외면적인 공간을 점유하는 문제를 깔고 있다.

> "요새 어딜 그렇게 다녀?" 천연덕스레 물었다. 응? 소양도 무심히 대꾸했다.

학교나 그보다 더 낮은 교육을 받았을 뿐이다(Hampson, 180).

"집에 있으면 갑갑해. 밖에서 나를 찾는 거야."
"자기 안에서 자기를 찾아야 하는 거 아냐?"
"꼭 공자님 말씀 같네."(Kang, 84/69)

소양은 공자를 언급하면서 전통적인 가부장적 사유에 대한 자신의 경멸을 보여 준다. 동시에 소양은 심리학적 공간적 범주로서 "안"과 "밖"을 고의적으로 혼동한다. 강석경의 텍스트는 산업적 근대성과 결부된 여성의 주체 형성이라는 심리학적 내면성의 복잡성들을 건축적 내부를 묘사함으로써 정확하게 지도 그려 준다. 그리하여 내면성의 공간은 개인성의 공간과 대조를 이룰 수 있게 된다. 아도르노와 벤야민에 따르면 개인성의 공간은 자기-소유권을 공고하게 하기 위해 근대 주체가 채택하는 지속적인 알리바이다. 그런 곳에서 포스트식민 여성의 내면성은 직접적인 공간적 상관물을 찾을 수 없는 심리적 공간이다.

미양이 소양의 자살을 발견한 이후 마지막 장면에서 보듯, 죽은 소양의 일기는 제대로 점유할 수 없는 공간에 대해 다시금 말한다.

생업을 위해 싸우는 이 세계가
진공 속의 경관처럼 소원하다
구호는 눈부시지만 나를 거부해
나는 섬이야 어디와도 닿지 않는 함정 같은 섬이야.(Kang, 146/137)

이 마지막 줄에서 소양은 어떠한 대응하는 외면성을 갖지 못한 완벽하게 봉인된 내면성을 환기하면서 자신을 섬이자 섬에 갇힌 자("나는 섬이야 어디와도 닿지 않는 함정 같은 섬이야," Kang, 184/137)라고 형상화한다. 전적으로 공적인 공간에도 사적인 공간에도, 전통적인 공간에도 근대적인 공간에도 있지 않는 불안정한 여성의 위치는 소양이 텍스트에서 흔적으로 구축되는 것으로 귀결된다. 소양의 '진실'은 자신의 의식과 화자 둘 다에게서 사라지는(missing) 대상인 셈이다.

「숲속의 방」은 노동실천과 물리적 심리적 공간과 관련하여 젠더화된 위계를 비판한다. 뿐만 아니라 앞에서 언급했듯이, 이 작품의 배경은 학생 주도의 1980년대 민주화 운동이다. 또 소양이 자신의 방을 떠나 모험을 하는 것도 이 부상하는 시민 공간에서다. 「숲속의 방」의 두 주요 물리적 배경은 서울의 어느 곳인지 구체적으로 밝혀지지 않았지만 사실 가족의 집과 종로 거리다. 종로는 실제 중심 상가 구역이자, 대학의 활동가, 대학 입시를 반복하는 재수생, 다른 반정부적 젊은이에게는 메카와 같은 곳이다. 종로의 술집, 디스코 장, 커피 숍, 번잡한 거리는 가정, 학교, 군대, 혹은 직장의 규제적 코드들 외부에 있는 자유와 욕망의 공간이라는 기능을 한다. 이러한 의미에서 종로는 군사 통치를 받는 한국의 통제된 질서화 외부에 있는, 푸코에 의해 묘사되기를 저 다르면서도 지역화할 수 있는 유토피아 공간인 일종의 헤테로피아(heteropia)다. 다른 젊은이들처럼 이 씨 집안 딸들도 낮이나 밤에 술을 마시거나 담배 피우러(한국 여성의 경우 몹시 배척되는) 또 이방인들을 만나러 나간다. 미양은 소양의 발자국을 따름으로써 더 많은 것을 알고자 막내 여동생 혜양을 데리고 소양이 자주 들리던 종로의 술집에 간다. 그들은 다음과 같은 전형적인 장면을 일람한다.

> 그들은 시계방 앞에서, 문이 닫힌 건물 층계에 또 생맥줏집 입구에 앉아 있기도 하고, 길에 서서 핫도그를 먹기도 하고, 무리 지어 다니기도 하면서 거리 전체를 장악하고 있었다. 그것은 군중이었고 치외법권의 숲이었으며 거부였다.
>
> 큰 골목 어귀엔 전경 차 두 대가 지키고 있었으나 아무도 개의치 않았다. 얼마 떨어지지 않은 곳에서 고교 동창인 듯한 한 무리가 둘러서서 고교 교가를 외쳤다.(Kang, 92/78)

종로는 기성 체제와 민주 운동이 대면하는 바로 그 지점이라서 "젊음의 숲인 동시에 미로이며, 젊음의 빛나는 흥분을 배출하는 곳이다."(Kwŏn T'aek-yŏmg, 593. 필자의 번역) 미양과 혜양은 군중을 헤치고 나아간 후에 '썸싱'(Something)이라는 술집에서 맥주를 마시고 남자 대학생 무리를 만난다. 한 젊은이에 의해 "혼란이면서 …… 생명선"(Kang, 97/83)이라고 기술된 반문화에 분명 자유가 있는데도, 소양은 여기서도 어떤 자리도 발견할 수 없다. 소양의 친구 경옥은 미양의 질문에 소양은 처음엔 함께 데모하다가 나중엔 빠졌다고 했다. "그 후에 데모가 있을 때마다 소양은 혼란을 느꼈다."(Kang, 71/54)

다른 인터뷰 세션에서 소양의 남자 친구 희중은 급진적인 학생 운동의 비일관성을 드러낸다. 민주주의의 이름으로 반란 경찰과 맞붙어 싸워 이기는 학생 활동가 희중은 "페미니스트 같은" 소양의 행위를 묵인할 수 없다. 미양은 희중의 설명을 다음과 같이 요약한다. "소양은 마치 여권주의자처럼 행동하지만 여기는 한국이고 유교사회다. 요즘 여자들은 여성해방이나 우먼 리브니 떠들면서 남자들을 적으로 몰지만 남녀는 원초이며 모든 것의 종착점이라는 것이 희중의 지론이었다."(Kang, 115/103) 민주 운동의 편협한 초점에 의해 소외된 소양은 당시 학생운동과 긴밀하게 연합되어 있던 노동운동에도 합류할 수 없다. 김성경에 따르면 1980년대 중반에 이르러 정치적으로 적극적인 약 3천 명의 대학생들이 노동자로 위장하여 공장에서 일을 하고 있었다. 이것은 불법 행위로 투옥과 고문을 초래할 수 있었다(Kim, 132~135). 그렇지만 "여학생 활동가들은 젠더에 기반을 둔 차별적인 경험을 일상적으로 겪으면서도 젠더 이슈를 굳이 계급과 비교하자면 2급의 중요성을 갖는다고 보았다. …… 젠더 문제를 제기했던 여성들은 계급 이슈를 충분히 심각하게 받아들이지 않는다고 남자 대학생에게서 일반적으로 배제되었다."(Kim, 141/)

미양은 "구조적 모순을 억압받는 계층에게 일깨워 주기"(Kang, 59/41) 위해 노동자로 행세하는 계몽된 학생 활동가의 희화이기도 한 명주와 이야기를 나눈다. 그들이 서구 스타일의 레스토랑에서 만날 때 명주는 "사실 이런 데 들어와서 부르주아처럼 칼질하는 것도 우습죠, 뭐"(Kang, 59/42)라는 비판적 지적과 함께 자신의 정치적 민족적 의식을 수행한다. 부르주아적인 것과 서구적인 것을 손쉽게 비난하는 명주와 달리, 젠더 억압에 대한 소양의 날카로운 인식은 학생 활동가의 길을 밟는 자신의 진로를 방해한다. 대신에 소양은 젠더 종속과 계급 종속 둘 다에 정확하게 관여하는 직업을 택함으로써 자신의 특권적인 계급 위치를 넘어서고자 한다. 커피숍에서 웨이트리스로 일하거나 술집에서 호스티스(창녀)로 일하면서 말이다. 소양이 호스티스 바에서 일하며 보낸 어느 날의 하룻밤 이야기를 미양은 소양의 일기에서 발견한다. "**아무튼 성을 도구로 여자가 물질화, 비인격화된다는 건 너무 끔찍하다. 비루하게 생긴 한 녀석이 팁을 준답시고 가슴에 손을 넣어서 그 자리서 빼내 찢어 버렸다.**"(Kang, 68/51)

게다가 이야기의 끝머리 가까이서 미양이 종로에서 친구로 삼았던 바로 그 대학생들의 중개와 거래를 통해 소양은 더 나이든 사업하는 남자에게 자신을 팔아야 할 지경에 처한다. 학생 민주화 운동에 의해 제시된 모든 자유와 도전에도 불구하고, 거리에 혼자 나다니는 여자는 여전히 창녀로 의미화되며 다음과 같은 렌델(Rendell)의 관찰을 상기하게 한다. "교환의 가부장적 관계에서 남성은 교환의 주체로서 공간을 통해 움직인다. 반면 여성은 교환대상인 성적 상품으로서 남자들 사이의 공간을 통해 움직이게 된다."("Ramblers and Cyprians," 143)

그렇다면 집 공간처럼 종로도 소양에게 점유할 수 있는 장소를 제공하는 데 실패한다. 내부에서나 외부에서나, 가정 영역에서나 공공 영역에서나 자신을 발견하지 못하는 소양의 무능력은 정치적 경제적 모순들이 서로 겹친 결과다. 가부장적 국가는 여성의 값싼 공장 노동이나 모성 노동만을 요구할 뿐이다. 그사이 민족의 반문화는 젠더 억압에 참여하는 자체에 대해 전혀 질문을 제기하지 않는다.

우리는 사회적 정치적 조건을 텍스트상의 증거를 갖고 승인하는 것을 넘어, 텍스트가 이러한 심리적 물질적 이데올로기적 조건을 이해하고 다시 작업하는 경위를 좀 더 분석해 볼 필요가 있다. 스피박이 쓰고 있듯, "문학 텍스트의 담론은 텍스트성의 일반적인 형상화 중 일부이며, 하나의 통합된 혹은 동질적인 발생적 혹은 수용적 의식에 부응하는 하나의 통합된 해결이란 이용 가능하지 않다는 것을 해결이라고 제시한다."(*In Other Worlds*, 78) 여기서 "하나의 통합된 해결이란 이용 가능하지 않다"는 것은 특정한 페미니즘을 비유하는데, 「숲속의 방」도 바로 그것을 제시한다.

강석경의 중편 소설은 당시 여성 투쟁의 주제를 재현하는 데 관심을 기울이기보다(아예 그러한 관심이 없는 것은 아니지만) 바로 그러한 여성 주체의 위치를 문제화한다. 여성에 의한 문학과 여성적 글쓰기를 구분한 넬리 리차드(Nelly Richard)는 여기서 유효하다. 여성에 의한 문학은 "특정한 삶의 상황이 지닌 경험적 내용을 현실감 있게 표현하라는 요청에 따른, 문학에 대한 재현적 개념화"(Richard, 19)에 관심을 갖는다. 이와 대조적으로 여성적 글쓰기란 그저 여성성의 재현만이 아니라 여성성의 구축에서 글쓰기가 하는 더욱 근본적인 역할, 즉 "글쓰기를 언어학적-상징적으로 리모델링하는"(Richard, 20) 가운데 여성을 생산하는 바로 그것을 가리킨다.

「숲속의 방」에서 소양의 '경험적 내용'은 정확하게 재현되지 않는 다. 그녀의 주체 위치는 문자 그대로 이용 가능하지 않다. 오히려 그녀를 부재 상태 그대로 생산하는 텍스트는 여성의 갈등적인 "언어학적―상징적 리모델링"을 사적―공적 공간의 문턱 주위에 전면화한다. 소양의 일기가 나타내듯, 그녀는 가부장적 부르주아 사회에 의해 제공되는 제한된 개인주의(가정의 역할/개별 소비자의 공간들)와, 민주 운동(남성주의적 노동 운동과 종로의 리비도화된 공간들) 둘 다를 거부한다. 소양은 가부장제와 자본주의적 힘들에 의해 그녀의 탓으로 돌려지는 동격들을 거부한다. 그렇게 하는 가운데 그녀의 내면성은 일기의 무공간(spacelessness)에서나 혹은 죽음에서나 자체를 드러낼 수 있을 뿐이다. 바로 그것이 소양의 딜레마이다.

〈새로운 아시아 도시〉 맥락에서 새롭게 민족화된 생산 체제는 전통적으로 여성성을 남성성과 구분해 표시하던 상징적 공간적 체계의 눈금을 다시 긋는다. 소양의 내면성과 '정교한 심리'를 향한 (실패한) 탐색은 미양을 바깥으로 몰고 가며 소양의 친구들, 취미들, 학교생활, 종로 거리에서 소양의 흔적을 좇도록 유도한다. 여성적 심리의 내면성을 탐색하며 텍스트에서 건축의 내부 주위를 끊임없는 선회하는 것은 결국 우리더러 그것의 부재를 인식하게 한다. 형식적으로 이렇게 경쟁하는 권력 논리의 표면상의 긴장은 탐문의 작동을 통해 표현된다.

여성이 자명하게 현존할 수 없다면, 전통적 가부장제, 착취적 산업화, 민주 투쟁, 반문화 운동 등을 횡단하는 그녀 실존의 흔적들과 궤적들만이 그녀의 위치를 나타내 준다. 그러나 소설의 결말은 이러한 탐문 (및 읽기) 작업을 공허하게 만들고 있다. 우리는 소양의 굴/성/섬과 같은 방과 그녀의 죽은 몸 이외에는 아무 데도 유도되지 못한다. 여성의 공간 결핍은, 또 여성의 대상 없는 내면성은 탐정 이야기에 의해, 또 여동생을 돕겠다는 미양의 욕망에 의해 약속된 플롯의 해결을 막는다. 우리가 텍스트의 실제 작업을 이해하는 것은 바로 그러한 실패 속에서다.

여성성과 위치의 문제

우리는 남은 두 텍스트를 앞의 논의와 관련되는 방식으로 가정 영역에서 결핍된 여성성을 다루는 것으로 이해할 수 있다. 쑤 웨이쩐(蘇偉貞)의 「가출」(1988)에는 평범한 타이페이 사업가 남편 쭈 용지엔(Chu Yongjian)이 어느 아침에 깨어 보니 아내 쑤앙웬(Shuangwen)이 사라지고 없다는 것을 발견한다. 「숲속의 방」에서처럼 용지엔은 아내의 방, 책상, 사무실 공간, 주소록을 살펴보고 가족과 친구와 면담하고 타이난(Tainan)에서 보낸 아내의 젊은 시절을 다시 추적함으로써 아내의 갑작스런 부재를 이해하고자 탐정 절차를 밟는 플롯을 허용한다. 이와 대조적으로 쑤-쩐 크리스틴 림의 『밥그릇』(1984)은 여성이 결코 점유할 수 없는 일련의 공간에다 여성성을 놓고자 노력하는 가운데 발전하는 싱가포르를 파노라마처럼 제시한다.

두 작품의 서사구조는 서로 다르다. 그렇지만, 우(Wu)와 림의 텍스트는 3차원의 독법을 요구하는 가정공간과 여성의 분리(disjunction)를 (강석경과 함께) 공유한다. 여기서 공간은 비유적인 동시에 문자 그대로이며, 상징적인 동시에 물질적이다. 아내는 용지엔에게 숙고할 그녀의 공간 외에 아무것도 남기지 않은 채 사라진다. 그러나 이 공간마저 어떠한 종류의 흔적이나 실마리를 제공하기를 거부한다. 『밥그릇』에서 여성은 대학과 직장이라는 공적 영역에서 적극적인 것처럼 나타나지만 가정적 공간과 플롯 속으로 냉혹하게 다시 각인되어 들어가고 만다. 다시금 「가출」과 『밥그릇』은 근대화하는 공적 영역과 함께 또 거기에 맞서며 이루어지는, 더 오랜 배열의 물질적 번역이라는 것이 지역 페미니즘을 부상하도록 조건을 만들어 가는 경위를 그려 준다.

쑤 웨이쩐의 「가출」은 서구 페미니즘 입장이라고 인식할 만한 것에 반드시 도달하지 않으면서 여성의 투쟁을 탐색했던 초기 타이완 여성 작가들의 발자국을 좇는다. 잉-잉 지엔(Ying-ying Chien)이 자세히 언급하듯, 분명 버지니아 울프의 영향을 받은, 유안 지웅-지웅(袁瓊瓊)의 「나만의 하늘」과 같은 초기 여성 소설은 '페미니스트'라면 '서구 페미니스트'라는 '편파적인 페미니즘 의식'을 보여 준다. 그러한 초기 이야기들에서 전형적인 것은, 여성 주인공들이 이혼 후에 획득하는 재정적 독립성과 같이 일정 수준의 자율성을 성취하면서도 가부장적 체계에 의존하고 그 체계에 의해 정의된다(Chien, 632)는 점이다. 양 차오(楊超)는 "떠오르는 여성 소설가들은 한때 조롱받았다. …… 기본적인 가정적 이슈와 연애의 세밀한 부분을 다루는 그들의 태도가 남성 독자들에게는 여자답게 시시콜콜하게 보여 그런 작품에 "내실 문학(boudoir literature)"이라는 별명을 얻게 한다."(Yang, 107)고 덧붙인다.

이와 대조적으로 1980년대 세대 작가들은 서구 페미니즘의 주제들에 좀 더 구체적으로 관여하였다. "서구 페미니즘과의 접촉과 여행은 [이] 여성작가 집단의 정치적 의식이나 '비전'에 영향을 끼쳤던 것 같다."(Chien, 631) 그 비전의 예는 리 앙(李昂)의 1982년 소설 『도살업자의 아내』에 나타난 바 있다. 이 소설에서는 전통적인 농민 여성이 남편의 잔인함에 맞서 남편을 살해함으로써 응징하고 있다. 쑤 웨이쩐의 작품에 관해 글을 쓰고자 한 나의 선택은 재정적 독립, 학대, 일부다처제, 매음과 같은 페미니즘 이슈들이 그 작품에 나와 있다는 이유 때문만은 아니다. 오히려 나의 선택은 이 특정한 사회적 맥락의 물질적 공간 내부에 있는 여성에 대한 형식적 상징적 구축, 즉 내실에 두고 있는 문자 그대로인 또 상징적인 초점에 의해 결정된 것이다.

(6장에서 논의되는) 후앙 쭌밍(黃春明)과 호우 씨아오-씨엔(Hou Hsiao-hsien)처럼 우리가 쑤 웨이쩐을 토착 타이완의 저항적 목소리로 간주

해서는 안 된다는 점에 유의하자. 그녀는 "군사시설에 의존하는 복합체에서 성장한 제2세대 [본토] 작가 집단"(Chi, 19)의 일원이다. 더 나아가 「가출」의 공적 공간과 사적 공간과의 물질적 주체적 협상은 "접근성에 관한 너무 재빨리 공유되는 페미니즘 개념"(Spivak, "Politics of Translation," 407)뿐만 아니라 문화적 '저항'에 관한 단순하기 짝이 없는 독법을 방해한다. 우리는 본질적인 타이완다움 때문이 아니라 타이완 공간에 대한 그녀의 형상화가 드러내어 주는 것 때문에 쑤의 작품을 읽는다.

「가출」에서 쑤앙웬이 사라지고 난 후 그녀의 "전형적인 문명화된" 이 남편 용지엔은 아내가 점유했던 방이 그녀에 대한 어떤 실마리를 드러내어 줄 지 아닐 지 말하느라 곤란을 겪는다.

> 방은 늘 그랬듯 정갈했다. 창문 쪽 책상에는 먼지가 아주 옅게 덮여 있었다. 펜들은 꽂이에 꽂혀 있었고 식물들에는 물이 죽 뿌려져 왔으며, 재떨이는 깨끗하게 치워져 있었다. 이것들이 방에 있는 모든 실마리들이었다. 방의 모든 것이 꼼꼼하게 정렬되어 있어서 누군가가 그녀의 최종 출발을 조심스럽게 준비한 것 같은 인상을 주었다. 그러나 다시금 쑤앙웬은 깔끔한 편이었고, 아마 모든 것을 말끔히 정돈하는 것이 그녀의 성격이었을 것이다.(Su, 93)[20]

소양의 흔적을 찾는 데서 겪은 미양의 좌절을 반향하듯, 용지엔은 아내가 떠나 버린 동기를, 혹은 실로 아내의 예전 모습을 나타내는 어떠한 명확한 증거를 찾는 데도 실패한다. 우리는 물론 여기서 탐정이라는 전통적인 남성 인물로, 또한 (「숲속의 방」에서처럼 이야기에 결론을 내리기보다) 이야기의 서두에 선행하는 범죄나 사건이라는 더욱 인습적인 시

20 우리는 이 장면을 이상의 (2장에서 논의된) 『날개』에 나오는 장면—주인공이 부재하는 아내의 화장품을 살펴보면서 즐거움을 얻는—과 비교해 볼 수 있다.

간성으로 전환한다. 그러나 용지엔의 좀 더 인습적은 역할은 그를 더 이상 능력 있는 탐정으로 만들어 주지 못한다. 그는 타이완의 남쪽에 있는 도시이자 전근대 시대의 수도인 타이난(Tainan)을 방문하기로 결정한다. 아내가 그 도시에 6년 동안 살았고 대학을 다녔기 때문이다. 거기서 아내는 어떤 가족에게서 방을 빌렸고 그 가족의 아들을 가르쳤다. 용지엔은 아내가 살았던 방을 부지런히 살펴본다.

> 새로운 거주자가 그녀의 방을 점유하고 있었는데 문은 잠겨 있지 않았다. 쭈 용지엔은 문을 밀어 열었으며 얼마 동안 문간에 그냥 서 있었다. 방은 새로 페인트칠이 되어 있었다. 쑤앙웬이 그곳에 살았을 때는 푸른색이었고, 그녀가 좋아하는 색은 회색이었다. 이제 그 방은 하얗게 칠해져 있었다. 방세가 여러 차례 올랐고 쩐 씨 집안의 막내아들도 대학생이었으니 더 이상 가정교사도 필요 없었다.(Su, 94)

용지엔은 타이난에서 "아내가 어떻게 살았고 공부했는지에 관해 희미한 생각조차" 지니고 있지 않았다. 그렇지만 그는 "이 방이 하나의 실마리가 될 수 있다"(Su, 95)고 결정하며, "이 방이 오랜 길인 양 아내의 현존을 강하게 느꼈고 그녀가 이곳으로 돌아올지도 모른다고 느꼈다."(Su, 95) 그러나 사실 그 방은 아내에 관해 어떠한 정보도 제공하지 않았다. 용지엔은 방에 푸른색이 칠해져 있었고, 아내가 회색을 좋아했던 만큼 그 방은 아내의 인성(personality)을 전혀 반영하지 않음에 주목한다.

이야기가 진행되는 동안 독자는 기이하게 사라져 버린 아내를 해명해 줄 실마리가 전혀 없다는 점을 이해하게 된다. 쑤앙웬의 거주 공간은 여성의 내면성에 관해 아무것도 알려 주지 않는다. 「숲속의 방」에서처럼 하나의 해결을 향해 가기보다 서사적으로 진전되는 탐문이 여성의 공간 주위에서 하나의 정지(holding) 패턴으로 남는다. 이와 유사하게, 산업화된 사회와 나란히 일어나는 페미니즘에 대한 기대는 새로운 서구 스타일인 가정공간의 문턱에 걸려 있다. 그리하여 지역 페미니즘이라는 문제는 이와 같은 새로운 공간들에 여성이 입장하여 그 공간들을 점유할 수 있는가라는 문제로 자리를 옮기게 된다.

용지엔은 잘못된 실마리를 찾아 타이난에서 주말을 보낸 후에 타이베이의 현대적 아파트로 돌아온다. 타이난으로의 여행에서 "그는 모든 굴곡과 선회를 따라 다녔으며 6년 내내 그랬던 것 같았다."(Su, 97) 용지엔은 이 현대적 아파트 공간도 똑같이 아무 정보도 제공하지 않으며 자신도 어떻게 좀 더 밀도 있게 설명되는 것도 아니라는 점을 발견한다. "쑤앙웬이 집을 나간 이유는 무엇일까? 그들에게는 몇 년 안에 다 지불될 집, 가정이 있었고, 좋은 전망을 가진 직업이 있었다. 그들에게 아이는 없었지만 그들의 가정은 거의 완벽에 가까웠다."(Su, 100) 실로 타이베이 아파트는 쑤앙웬을 완벽하게 만족시켰던 것 같다.

> 그는 프랑스식 창문을 열어젖혔다. 타이베이의 전망이 그의 눈앞에 바로 들어왔다. 그들의 아파트는 타이베이 다운타운의 중심부에 있었다. 그들은 이 아파트를 구입하기로 결정했을 때 모든 것을 다 쏟아부었다. 여기서 사는 것은 미래에 아파트를 바꿀 필요를 없애 주기 때문이다. 그 아파트 건물은 모든 면에서 편리한 위치에 있었다. 아이들이 다닐 학교, 직장과의 거리, 쇼핑센터 등을 볼 때 말이다. 가장 좋은 것은 아주 편리한 위치에 있으면서도 조용하다는 점이었다. 쑤앙웬은 부산한 타이베이를 바라보며 난간에 서 있는 것을 무척이나 즐겼다.(Su, 106)

여기서 아파트는 도시의 중심에 있는 텅 빈 공간 같은 것으로 비유되고 있다. 다운타운 위치에 있는데도 이상하게 조용한 이 아파트는 자체의 어떠한 사적 혹은 가정적 내용을 담고 있지 않고, 그저 "쑤앙웬이 부산한 타이베이를 바라보며 …… 무척이나 즐겼던" 곳에서 조망하는 지점이라는 기능을 할 뿐이다. 쑤앙웬처럼 아파트도 주변의 사물과 아무런 유기적 관계도 없는 하나의 고립된 공간이다.

여기서 우리는 가정공간에 대한 기성 중국적 개념들은 개성보다 대가족의 상호연결성을 강조한다는 점을 간략하게 상기할 수 있겠다. 중국에서 공간은 한국과는 달리 젠더에 따라 엄격하게 분리되어 있지는 않았지만, 중국식 가정공간은 개인의 프라이버시 주위로 조직되어 있지도 않았다. 즉 집의 중심에 있는 공동의 방(탕우tanwu, 쩽우zhengwu, 공팅gongting)은 대가족 구성원들을 그 부계의 과거와 상징적으로 연결하는 기능을 했다.(Knapp, 43) "개인적인 것은 중국 주거의 설계에서는 본질적으로 무시된다. 공간은 개인의 욕구보다 가족의 견지에서 정의된다."(Knapp, 36)[21] 타이베이의 아파트는 대가족 구조로부터 움직여 나와 탕우(tangwu)라는 공간을 정착시키는 가운데 여성성을 수용하는 다른 어떤 방식도 제공하지 못한 것 같다.

우리는 쑤앙웬의 삶에는 공간적으로 보아 완고하게 분리적인 어떤 것이 있다는 점을 감지한다. 뉴스 에이전시에서 일하는 그녀의 성공적인 이력과 아이를 절대 갖고 싶지 않다는 공공연한 그녀의 소원은 학교와 가게 근방이라는 통상 주부의 위치인 아파트의 계산된 위치와 서로 아귀가 맞지 않는다. 그녀의 남편은 아내의 공적 역할과 사적 역할에 혼란을 인정한다.

21 냅(Knapp)은 더 나아가 다음과 같이 지적한다. "방은 통일성과 연속성을 상징한다. 방은 오랜 서판들, 신들과 여신들의 이미지들, 가족 기념물, 의식 때 썼던 소지품들을 놓아둔 문간을 향해 긴 탁자를 배치함으로써 고양된 의미심장함을 지닌다. 대부분의 가구가 그렇게 높은 탁자를 가지고는 있지만 모든 가구가 그 모든 항목을 전시하지는 않는다. 공동의 방이 지닌 중심성, 한 집의 의식상의(ritual) 핵심은 부계 혈통을 인정한다."(Knapp, 43~44)

쑤앙웬은 주부 역할과 청소년 섹션 과장이라는 역할을 구분할 수 없었다. …… 그녀는 사람이란 택하는 모든 역할을 잘 수행해야 한다고 생각했다. 주말이나 공휴일에도 그녀는 일할 때 입는 옷을 걸치고서 닦고 쓸고 쇼핑하는 늘 하던 일들을 하곤 했다. 그 일이 끝났을 때, 그녀는 얼굴을 두 손에 파묻고 책상에 앉아 있곤 했다. 그때 그녀의 등은 가사에 고착된 여성의 바로 그 이미지였다.(Su, 101)

이러한 묘사는 머리를 손에 파묻은 채 책상에 앉아 있는 주부라는 형상에 의해 독자를 당혹스럽게 만든다. 화자는 덧붙이기를 그것도 모차르트의 음악을 들으면서 그렇게 한다는 것이다. 이 모습은 "가사에 고착된 여성의 바로 그 이미지"라기보다 지성적 작업과 명상의 장소(책상)에서 홀로 생각에 빠져 있는 사적 개인의 이미지이다. 쑤앙웬이 가정의 의무를 수행하는 일하는 여성과 맞지 않아 불편하다면, 가족을 가진 일하는 여성에게도 똑같이 불편하다. 아내의 사무실 공간을 살펴본 용지엔은 공적 역할을 가정적 역할과 화해시킬 수 없는 아내의 무능력을 또한 암시한다. "문방구, 색인카드, 책들은 서랍에 잘 정돈되어 있었다. 그곳엔 어떠한 여분의 것도 없었다. 거기에는 대부분의 일하는 여성들이 좋아하는, 남편, 아이들, 가족, 애완동물을 찍어 놓은 흔한 사진 같은 것도 전혀 없었다. 흠잡을 데 없이 깔끔한 서랍은 용지엔의 척추를 오싹하게 했다" (Su, 103) 그리하여 사적 목적과 공적 목적 둘 다와 관련해 쑤앙웬의 삶은 이상하게도 내용을 벗겨 낸 텅 빈 것이 되고 만다. 다시금 우리는 이렇게 분명한 진공 상태를 타이완의 특별한 사회적 정치적 맥락과 관련하여 "하나의 통합된 해결이라는 것을 사용할 수 없음"에 대한 텍스트적 해결로 이해할 필요가 있겠다.

1980년대에 타이완의 노동력을 차지하는 여성의 숫자가 특히 사무직에서 그 어느 때보다 증가하는 동안, 우리가 다시금 서구 페미니즘의 궤적을 상정할 수는 없다. 한국의 산업화와 싱가포르의 산업화와 더불어, 물오른 타이완의 민족 경제를 위해 여성들은 값싼 노동의 주요 부문을 제공했다. 그러나 특이하게도 국제 하청체계는 타이완에 가족 단위의 소규모 공장을 양산시키는 결과를 낳았다. 소규모 공장에서 여성 노동은 무임금 가사 노동자라는 여성의 전통적인 역할과 그리 구분되지 않았다. 여성은 적은 임금이나 무임금으로도 기꺼이 유연하게 일하기 때문에 가족에 아주 가치 있는 존재가 되었다.

> 그들[타이완의 제조업자들]은 효율적이고 유연하다. …… 그러나 제조업자들을 이것을 성취하기 위해 생산 주기에 맞춰 기꺼이 헐값으로 일하려는 노동력의 협동을 필요로 한다. 말하자면 공정 기간을 맞추기 위해 며칠 혹은 몇 주건 간에 시간 외 노동을 하면서도 경기가 안 좋을 때는 무급 휴무도 감수하는 식으로 일할 노동력 말이다. 제조업자 자신의 가족 외에 누가 이러한 필요를 만족시켜 줄 수 있겠는가?(Anru Lee, 108)

이러한 상황에서 노동력에의 여성 참여는 남성 임금, 권리, 법적 보호에서의 평등을 요청하는 것이 아니라 실제로 재생되는 전통적 젠더 위계를 생산하는 것이었다. 많은 전통 사회에서 그렇듯, 미래의 계승자인 아들들은 가족 사업을 운영하며, 결혼하여 출가하기 전까지 딸들은 일을 한다.

게다가 젠더 이데올로기의 견지에서 봐도 타이완 페미니즘은 서구에서와 달리 남성과 여성 사이의 의미론적 이분법에 따라 단순하게 작동하지 않는다. 후이 씬 루(盧蕙馨)는 젠더 사이의 생물학적 구분보다 관계의 네트워크 내부에서 중국 페미니즘 사유가 여성의 위상을 어떻게 간주했는가를 설명한다. 즉 여성은 '단일한 범주'가 아니라 친족관계 속에서 어머니, 딸, 아내, 자매, 며느리로 일차적으로 정의된다(Lu, 225)는 것이다. 루(Lu)는 1980년대 타이완의 주류 여성 집단은 가부장제에 반대하기보

다 친족 네트워크 내부에 자신들을 더 잘 위치시키는 데 초점을 두었다고 주장한다.[22]

이러한 의미에서 쑤앙웬처럼 자식 없이 경력 있는 여성이라는 분명 서구적인 스타일의 개성은 타이완 페미니즘의 경로에서 벗어난다. 그렇지만 쑤앙웬은 친족으로 조직된 여성성의 전통적인 역할 외부에서 자신을 정의하려다가 그저 사라지고 만다. 그녀의 삭제된 주체성은 고립된 도시 아파트에서, 그녀의 정돈된 침실에서, 그녀의 단조로운 사무실 공간에서 표현된다. 이러한 근대적 사적 공간들은 새롭게 개별화된 주체성을 약속하는 것 같다. 「가출」은 근대적 사적 공간들이라는 것 자체가 그러한 주체성을 유지하는 데 충분하지 않게 되는 경위를 서술한다. 쑤앙웬은 경력 여성과 주부, 근대적이고 개인화된 시민과 전통적으로 정의된 아내 둘 다 되고자 시도하지만 어느 역할도 신빙성 있게 채우지 못한다.

용지엔이 최종적으로 발견하는 유일한 실마리는 '쩐 치아오까오(Chen Qiaogao) 사건'이라는 사무실 파일이다. 그 파일에는 흔적 없이 사라진 나이든 라디오 방송국원의 사건을 자세히 담고 있었다. 쑤앙웬이 사라진 것처럼, 이 남자도 어느 날 그저 사라지고 말았다. "쩐 치아오까오가 사라졌다. 모든 자료가 결론 없이 거기 있었다. 쑤앙웬의 관심은 그가 사라지는 과정에 초점을 두고 있었다는 것이 명확했다."(Su, 144) 용지엔은 쩐의 가족을 방문해 인터뷰를 하는데 그들도 노인에 대한 탐문을 포기했다는 것만 발견한다. 가족의 결론은 노인에게 그럴 만한 "이유가 있었던

22 예컨대 이혼 후에 여성은 친정과의 연계를 강화하거나 어머니 역할을 강조할 수 있다. 루(Lu)의 말로 하자면 "자신들을 관계망 내부에 '위치시키려는' 그들의 노력은 서구 페미니즘에 대한 그들의 양가적 감정을 유도한다. 이 관계망은 아버지나 오빠와 같은 그들의 가까운 남성 친척을 포함하기 때문에, 남성에 대한 그들의 비판은 모든 남성을 향하기보다 그들의 남편에게 일차적으로 향한다. 타이완 여성의 페미니즘 경험을 서구 페미니즘 경험과 다르게 만들어 주는 것은 바로 그러한 특징이다."(Lu, 239)

게 틀림없다”(Su, 111)는 것이다. ‘쩐 치아오까오 사건’처럼 「가출」은 결론을 갖고 있지 않으며 ‘사라지는 과정’에만 초점을 두고 있다. 그렇지만 여기서 여성은 내내 사라지고 있으며 집에서나 사무실에서나 제대로 공간을 점유할 수 없다. 그리하여 「가출」의 기이한 탐문 궤적은 완벽한 블랙홀, 즉 점유되지 못하고 점유될 수 없는 여성 공간 주위로 짜여 있다.

「숲속의 방」과 「가출」과 대조적으로, 쑤 쩐 크리스틴 림의 소설 『밥그릇』은 신선하게 현존하는 여성 주인공을 제공하는 것 같다. 이 주인공은 카리스마 있는 마리 테레즈 왕(Marie-Therese Wang, 혹은 ‘시스Sis’)인데, 그녀는 젊은 신참 가톨릭교도이자 대학생이다. 『밥그릇』의 이야기는 이 여성 주위를 선회하면서 1960년대 후반과 70년대 초반의 싱가포르를 배경으로 펼쳐진다. 『밥그릇』은 (싱가포르 국립대학이라고 추정되는) 테마섹 대학에 다니는 학생 활동가 집단을 다루고, 학생 활동가들이 주롱(Jurong) 산업 단지 노동자들과 연루되는 과정을 다룬다. 림의 첫 번째 소설이자 가장 흥미로운 소설인 『밥그릇』은 차이나타운의 빈민가에서부터 상품성 있는 새 저택 도시와 공장에 이르기까지, 독립 후 초창기 싱가포르의 더 큰 사회적 전체뿐만 아니라 구체적인 여성 삶 둘 다를 그리고자 시도한다. 소설의 핵심 메타포는 잘 먹고 물질적으로 부자여서 느끼는 만족을 가리키는 밥그릇이다. 이러한 밥그릇으로 인해 “개인들은 더 큰 가족 구성원들한테, 모든 것을 제공하는 가부장적 국가한테 번영을 보장하는 기존 질서를 깨뜨리는 것을 망설인다.”(Koh, “Self, Family,” 280~281)

마리의 젊음과 이상주의는 “꾹꾹 눌러 담은 밥그릇과 보풀이 이는 쌀알 외에는 머릿속에 드는 생각이라곤 없이 젓가락이나 손가락을 부지런히 움직이며 하얀 쌀밥을 날이면 날마다 입에 밀어 넣는 부지런한 노동자들”(Lim, 250~251)에 의해 운영되는 도시에 맞서 싸운다. 밥그릇의 물질주의 대 정치적 이상주의라는 가치들의 일차적인 이율배반은 싱가포르 사회의 상이한 섹션들 사이의 갈등에서 구체화된다. 영어로 교육받은(Ang Mo) 중국 학생들이 중심 무대를 차지하는 동안 액티비즘과 진보에 대한 그들의 믿음은 폴 탄(Tan)과 대조된다. 그는 마리의 예전 남자친구이자 인민행동당 관료인데, 국가 주도의 합리적 진보를 배타적으로 믿고 있다. 다른 집단은 유안 퉁(Yuan Tung) 대학과 난 하이(Nan Hai) 대학 출신의 중국어로 교육받은 학생들을 포함한다. 이 젊은 남자들은 "축구 게임에 대해 자세히 읊는 데 열중하기만 하는 부키트(Bukit) 테마섹 출신의 젊은이들보다 더욱 진지하다."(Su, 242) 정치적 스펙트럼의 극단적인 끝에 마크(Mak)가 있다. 그는 골수 공산주의자로 계속해서 마오주의 상투어를 표준 중국어로 말한다.

또한 『밥그릇』에는 귀화한 강의자 존스 박사, 미국 선교사 제임스 목사와 한스(Hans* 마리의 사랑에 관심을 갖는), 〈학생 노동자 연합〉(Student Worker Alliance)에 합류한 이주 여성 공장 노동자 파이 탄(Pai Tan)과 아 후아트(Ah Huat)뿐만 아니라, 영국, 아일랜드, 말레이, 타밀 족과 같은 다양한 무리의 가톨릭 수녀가 나온다. 이렇게 야심만만한 소설은 싱가포르 사회의 파열된 본성에 대한 조망을 제공하는 가운데, 영어로 교육받은 중국인들의 특권, 베트남 전쟁에서 싱가포르가 맡은 역할, 말레이시아 출신 이주자들의 곤경, 만다린 대 다른 중국 방언들의 정치, 외국인들과 선교사들에 대한 논쟁, 싱가포르에 있는 다국적 회사들, 이보다 덜하지 않은 합리화된 개발주의 입안 논리에 굴복하는 변화하는 도시라는 일련의 이슈들을 탐색한다.

루스 모스(Ruth Morse)는 『밥그릇』을, 여성에 의해 영어로 쓰인 다른 두 당대 싱가포르 소설 캐서린 림의 『뱀의 이빨』(1982)과 스텔라 곤(Kon)의 『학자와 용』(1986)과 함께 고려하면서 이 소설들을 "민족 정체성의 소설"("Case," 131)이라고 분류하였다. 세 소설 모두 "물질주의 대 정신적 가치, 에스노중심성 대 다문화주의 ……, 보수주의 대 진보, 혹은 권위주의 대 참여민주주의, 혹은 전통적인 가족구조 대 개인주의라는 이분법적 양 극단의 견고하면서도 매혹적인 윤곽을 제공한다."(Morse, 135) 모스에게 이 소설들은 "그 구역의 신문과 잡지, 교육 기관들, 틀림없이 정부 정책 입안자들의 논문들에 의해 제기되는 같은 종류의 이슈들"(Morse, 142)을 소설화함으로써 싱가포르인이 된다는 것이 무슨 의미인지를 묻는다.

모스에게 그런 이슈들을 너무 자명하게 주제화하는 것은 이 소설들의 미학적 실패를 표시한다. 그렇지만 고 타이 안(Koh Tai Ann)은 특히 여성의 위치와 관련하여 "그들[독서 대중]의 사회를 당시의 주요 관심사와 가치의 견지에서 해석하거나 보는"("Self, Family," 277) 소설들의 능력을 칭찬한다. 1972년 이후 여섯 편의 주요 싱가포르 소설을 개관하는 고(Koh)는 근대화하는 싱가포르 맥락에서 "중국 가족과 경건한 효성"(Koh, 280) 경험이 깊이 있게 반복해서 등장하는 관심사라는 점을 발견한다. 아마도 전통적인 아시아 여성을 뜻할 전통적인 '아시아 가족'에 관한 리콴유 수상의 빈번한 관심을 고려하건대, 『밥그릇』이 가족, 여성 노동, 여성적 주체서의 새로운 형태들에 깊은 관심을 갖고 있다는 점은 전혀 놀랍지 않다.

공간 처리라는 견지에서 이 소설을 특별하게 하는 것은 수녀원의 존재다. 『밥그릇』은 가정공간과 도시 공공 영역의 이원론 사이에 있는 여성을 나타내기보다, 모두 여성인 수녀원의 경계 내부에서 사랑받는 고등학교 선생인 마리와 함께 열린다. 실로 우리는 집에 있는 마리를 결코 보지 못하며 그녀의 가족은 어떠한 역할도 거의 하지 않는다. 모스(Morse)는 "마리 아버지의 역할에 대한 [기이한] 억압"("Novels," 69)이 있다고 제대로 관찰한다. 수녀원은 우리에 의해 사용되어 왔던 공간 분석의 기본 범주를 공적, 사적, 종교적 공간이라는 3부 체계로 확장시킨다. 그러는 동안 수녀원은 또한 통제된 여성성 공간으로부터 마리의 공적 (또 섹슈얼화된) 출현이 더욱 극적으로 논쟁적으로 제시되도록 하는 하나의 방식이기도 하다.[23]

그사이 다른 두 인물이 더욱 익숙한 견지에서 여성화된 가정공간에 관한 설명을 우리에게 제공해 준다. 첫 번째 인물은 수녀원에 있던 학생 세르 메이(Ser Mei)의 비극적인 경우인데, 그녀는 대학의 마리 집단의 일원이 된다. 차분하고 말없는 세르 메이는 『밥그릇』의 4섹션 중 한 섹션의 이름을 차지하는 유일한 인물이다. 섹션은 각기 「수녀원」, 「세르 메이」, 「대학」, 「주롱」으로 되어 있고 '세르 메이'만 빼면 모두 분명하게 장소를 가리킨다. 우리가 '세르 메이'를 가정적 가족적 공간을 가리킨다고 이해하고 종교, 가족, 교육, 일과 같은 주요한 사회체계들의 표준 리스트를 완성한다면, 이렇게 이름 짓는 체계는 일관성을 갖춘다.

그러나 세르 메이의 가정적 삶은 전형적인 것과 거리가 멀다. 딸을 키우느라 그녀의 어머니는 딸을 키우느라 마운트배튼 파크의 고소득층이자 예전에 영국구역과 이웃이던 지역에 위치한 집에서 고객을 받는 창녀임을 우리는 발견한다. 자신의 딸이 일류 교육을 받았다고 하는데 그럴 것 같지는 않다. 어머니는 세르 메이를 나이 든 광동 고객한테 딸의 처녀성을 단 한 번 파는 사업에 끌어들인다. 세르 메이는 마지못해 동의하며, 내부의 가정공간을 다음과 같이 자세히 묘사하는 첫 번째 장면을 제공한다. "방의 에어컨은 부드럽게 훙훙거렸다. 침실은 조용했고 시원했으며 새로웠다. 짙은 밤색의 벨벳 커튼은 가로등 빛을 막아 주었고 바깥에서

23 싱가포르 국립대학에서 문학을 공부하기 전에 말레이시아 가톨릭 수녀원에서 받은 림 자신의 교육은 이 서사 설정의 배경을 결정하는 또 하나의 주요한 요인일 것이다.

들려오는 모든 소리를 감쌌다."(Su, 90)

『숲속의 방』에 나오는 묘사를 상기할 때, 이러한 사적 침실은 자체에 귀속된 세계이며 외부 세계로부터 차단된 채 문자 그대로 세르 메이를 감금하는 것이다. 고객이 "자기 돈의 가치를 실현하고자 하는"(Su, 94) 만큼 그녀가 침대에 묶인 채 반복해서 침투될 때 그렇다. 정말로 멜로드라마 스타일로, 그 만남 중 노인은 심장마비로 쓰러지며 세르 메이를 "밤에 획획 거리며 그녀 곁을 스쳐 지나가는 차들만큼, 아파트 단지의 새로운 블록들을 향해 마구 달리도록"(Su, 96) 내보낸다. 그녀가 최근에 건설된 고층 블록 중 하나로부터 뛰어내림으로써 자살한 것을 우리는 나중에 알게 된다. 이러한 자살은 분명 선정적이고 멜로드라마 같지만 여기서 주목할 만한 것은 근대적 사적 공간의 극단적인 부정성이다. 사적 내면의 은둔과 새로운 집 블록들의 높이가 이 젊은 여성의 죽음과 공모하는 것 같다.

이 불길한 영국 스타일의 가정과 대조적으로, 강간과 자살에 곧 뒤이어 나오는 차이나타운 장면은 더 이상 건전한 내부 공간의 판본을 제공하지 않는다. 마리 집단은 세르 메이의 죽음 소식을 들은 후에, 차이나타운의 군센 행상인들이 밀집한 곳에 있는 죽음의 집(a death house)에, 갑갑한 위층 공간에 모인다. 이 집에는 시체와 거의 죽어 가는 사람들이 거주한다. 관 꿍(Kwan Koong) 가에 있는 그것의 위치는 "밝은 불빛과, 쇼핑객들과 저녁 먹는 사람들의 부산함"(Su, 97)을 지닌 잘 알려진 차이나타운 상가 구역은 분명 아니다. 차라리 죽음의 집은 싱가포르의 뒷방이자, 지친 사람들이 머무는 고집스럽게 비근대적인 공간이다. 그곳에서는 "노인들과 여자들이 버려진 박스와 마분지 상자 사이 베란다에 앉아서 저녁의 열기를 야자수 부채로 날려 버리고 있다."(Su, 97) 세르 메이의 자살로 인해, 그녀의 가족은 전통적인 중국 장례식을 따르지 않고,

그녀의 악운에 오염되지 않을 외부인들에게 매장을 맡긴다. 관은 죽음을 기다리는 사람들 사이에 놓여 있다.

> 차이나타운에 있는 죽음의 집에 비치는 여명 속에서 느릿한 소멸의 숨결을 헐떡이며 죽어 가는 사람—노인들과 여자들—의 그림자로 드리운 침상들이 좀 어둑어둑한 벽을 따라 열 지어 있었다. 옌(Yean)과 마리는 일어나 앉으려고 고투하는 노쇠한 노인의 모습을 넋을 놓고 바라보았다. 그는 일어나서 고통스런 마른기침을 했으며 목을 큰소리로 가다듬더니 침상 옆 타구(唾具)에 침을 뱉았다. ……
>
> 옌은 돌아서서 죽은 자와 죽어 가는 사람이 만나는 이 방 중앙에 웅크리고 있는 검은 관을 유심히 살펴보았다.

세르 메이의 삶에서 가장 명확한 것은 그녀의 삶이 사회적 출세의 악에 관한 비극적 우화라는 점이다. 그녀의 중상층 계급 삶을 위한 돈을 대기 위해 그녀의 어머니는 매춘을 한 것이다. 또 다른 수준에서 보자면 세르 메이의 삶은 포스트식민 맥락에 있는 싱가포르 여성의 문턱 지위를 나타낸다. 마운트배튼의 서구 가정공간에 집을 갖고 있는 세르 메이의 어머니와 세르 메이의 실존은 성적 종속에 입각해 있다. 반면 전통적인 차이나타운에서 세르 메이의 육체는 죽음의 집에 답답하게 남아 있는 잔여 구석에서 한 자리를 발견할 뿐이다.

『밥그릇』에 나오는, 사적 공간에 관한 유일한 다른 묘사는 편안한 상층 계급에 속한다. 마리 집단의 또 한 사람인 씨우 옌(Siew Yean)은 부유한 사업 가문 출신인데 독재적인 자기 아버지의 통치하에 있는 자신의 사치스런 삶을 증오한다. 그녀의 아버지는 공공연하게 첩을 두고 있으며 가족의 모든 움직임을 명령한다(Su, 232~233). 그녀의 침실은 피난처와 감방 사이의 어떤 것인 양 그려져 있다.

옌은 자기 침실의 은둔 속으로 퇴각하여 문과 창문을 닫았고 커튼을 쳤으며 에어컨 스위치를 켰다. 그녀가 손등에 머리를 놓은 채 침대에 몸을 뉘었다. 외롭고 홀쭉한 몸을 말이다. 그때 편안한 콧소리가 방을 가득 채웠다. 그리고 그녀는 당분간 자신의 유일한 보호망이 되어야 할 외로움에 더욱 매달렸다. 자신들이 원하지 않는 온갖 더러움을 쏟아 붓는 이모들, 삼촌들, 부모들, 그녀와 가족적 연관을 갖는 누구한테나 맞서는 보호망 말이다.(Su, 230~231)

옌에게 대학과 마리 집단의 정치적 행동주의는 가부장제와 가정생활의 미신이 지닌 독을 제거하는 데 환영할 만하다. "그녀는 암컷 여우나 매체, 신성함 등과 더러운 일을 벌이는 부모한테 끌려들어가지 않기로 결심했다! 옌의 정신은 집과 가족을 떠나 합리성의 실존을 주장하는 대학으로 날아갔다."(Su, 205) 이 경우, 침실의 소중한 외로움은 옌으로 하여금 공공 영역의 위로하는 합리성으로 도망치도록 허용한다. 모스(Morse)는 교육 주제에 강박관념을 갖는 『밥그릇』은 궁극적으로는 유교 문학의 도덕주의 울림을 갖고 의도적으로 교훈적이라고 논평한다("Case," 142) 그렇지만 이러한 음조를 더 적절하게 설명하는 것은 전통적인 유교적 가치라기보다, 1980년대 초반에 표면화되었던 여성 교육의 적절한 수준과 그에 따른 여성의 적절한 위치에 관한 눈에 띄는 공적 논쟁이다.

여성더러 노동력에 진입하라고 고무한 1970년대 정부 캠페인이 성공하고 대학 교육을 받을 권리가 20년 동안 보장된 이후, 싱가포르의 지도자들은 어머니와 아내라는 여성의 일차적 역할을 여성들더러 잊어버리지 않게 할 방법이라는 문제에 곧 직면했다. 리콴유는 1983년의 신문 기고에서 "공동체보다 민족"과 "사회의 기본 단위로서 가족"과 같은 정부 주도의 가치를 바탕으로 젠더 평등의 한계를 똑똑히 설명했다. "평등한 기회는 좋다. 그렇지만 우리는 어머니 역할을 동시에 할 수 없는 직업에 여성들을 끌어들여서는 안 된다. …… 의사나 엔지니어와 같은 고된 전

업직종에 종사하면서 살림을 꾸리고 아이들을 양육할 수는 없다."(Jasmine Chan, 51쪽의 인용을 따옴)

같은 1983년에 앞의 논의는 〈결혼 대논쟁〉(Great Marriage Debate)으로 알려지게 된 논쟁으로 진화했다. 이 논쟁은 모성을 둘러싼 논쟁적인 새로운 정부 정책을 초래했다. 리 수상은 대학 교육을 받은 여성들의 낮은 출산율과 노동계급 여성들의 높은 출산율에 깜짝 놀라며 어머니로부터 지성을 물려받는다는 이론에 영향을 받아 "대학을 졸업한 어머니들"의 높은 출산율을 장려하고자 애썼다. 다른 한편으로 그는 "비지성적이고 재능 없으며 유전적으로 열등한 자들이 비등하게 증가하여 지성적인 소수를 점차 압도함으로써 싱가포르 인구의 질이 상당히 하락할까 봐"(Heng and Devan, 345) 두려워했다. 헹과 디반은 리콴유의 걱정을 인종과 계급에도 똑같이 적용되는 것으로 제대로 분석한다. "저 덜 교육받은 자들의 다수를 이루는 말레이인 여성들과 인도인 소수자들은 결국 중국인들의 수를 넘어설지 모른다는 공포를 리 수상과 그의 각료들에게 일으켰다. 정부는 노동계급 여성들에게 불임수술을 자원하는 대가로 싱가포르 달러 1만 불을, 대학을 졸업한 어머니들에게는 세금 혜택과 학교에서의 좋은 자리를 제공하는 정책까지 만들었다(Heng and Devan, 347~348).

헹과 디반이 지적하듯, 이렇게 깜짝 놀랄만한 정책들의 기저에는 초기 인민행동당의 사회주의 정책을 통해 공적 영역에 너무 깊숙이 진출하게끔 허용되었던 여성성을 통제하려는 시도가 깔려 있었다. 아시아적 가치를 재구축하는 방법으로서 유교와 표준 중국어 수업을 학교 수업 일정에 다시 도입함과 아울러, 이와 같은 정책들은 본질적인 혹은 전통적인 "중국성"이 아니라 "지역 자본주의의 효율적인 관리"(Heng and Devan, 356)를 가리킨다. 물론 그 관리는 공적 영역보다 사적 영역에서 생산적인 여성을 통제하려는 시도를 통해 이루어진다.

이러한 논쟁들이 『밥그릇』이 출간되기 전 해에 들끓고 있었다는 점을 감안한다면, 우리는 가족, 모성, 가정공간에 대한 림(Lim)의 부정적인 묘사를 그러한 국가 부성(fatherhood)에 대한 응대라고 가정할 수 있을 것이다. 그렇지만 궁극적으로 『밥그릇』은 그 여주인공의 공적 영역에서의 출현을 주장하지도, 애국적 어머니와 아내들에 관한 정의에 의문을 제기하지도 않는다. 그런 점은 미국 회사에 고용된 이민 여성 노동자들의 조건을 개선하기로 마리 집단이 결의한 바 있는 주롱 산업 단지의 〈학생과 노동자 연합〉에 따라 소설의 플롯이 움직이고 있다는 점을 감안한다면, 더욱 놀랍다. 「주롱」(Jurong) 섹션의 첫 장면에서 마리는 신도시의 황량한 경관을 죽 보면서 자신의 감성에 대한 공격을 감지한다. 주롱은 인간적으로나 자연적으로나 저항되고 대립되어야 하는 무엇인 것 같고, 마리의 에너지와 이상주의도 그러한 저항이나 대립의 목적에 활용될 것만 같다.

> 마리는 눈을 감았다. 새로운 주롱을 보는 것은 고통스러웠기 때문이다. 주롱의 초록색 덮개는 벗겨진 채 적갈색 흙의 생생한 상처를 남기고 있었다. 땅은 파헤쳐졌고 휘저어졌으며 불도저로 밀어져 있었다. 그래서 저 멀리 안쪽에 새로 지어진 20층 아파트 블록만큼 멀리 뻗쳐 있는 도로 양쪽을 따라 흙더미가 아픈 종기처럼 솟아올라 있었다. 20층 아파트는 근처 여러 마일 주변을 구분하는 유일한 경계표였다.(Su, 156)

그렇지만 주롱 때문에 기분이 상하는 것은 단지 마리의 심미적 감수성일 뿐이다. 우리는 주인공 마리를 제시하는 소설 자체의 결에 맞서 겉보기와 달리 제대로 투신하는 정치적 활동가와 학생 지도자가 아니라고 그녀를 의심하기 시작한다. 마리의 집단과 노동자들은 결국 연합을 형성하지만, 소설의 플롯은 그들의 연대에 부여할 가치를 모조리 훼손시킨다.

실로, 그곳에 고용된 거칠고 무모한 여성 공장 노동자들은 영어로 말하는 기독교 활동가 집단에 대해 처음부터 의심한다. 마리 집단이 도착하자 노동자들 중 한 명이 "무엇 때문에 우리한테 말하려는 거야?"라고 묻는다. "우리는 기독교도도 아니고 모두 불교도란 말이야. 아무런 관심도 없어."(Su, 161)[24]

소설의 결말에 가까운 클라이맥스 장면에서는 더 나은 노동조건을 요구하고 베트남전에 항의하기 위해 미국 대사관 앞에서 데모가 조직된다. 그러나 강경한 활동가인 맥(Mak)이 통제력을 잃고 속살을 드러내는 바람에 평화로운 데모가 추한 소극으로 바뀌어 연합을 효과적으로 파괴할 때, 모든 것은 끔찍하게 잘못되어 간다. 여기서 정치는 적절하지 못하고, 통속적이며 오도된 것이라는 메시지가 등장한다.

그리하여 『밥그릇』에서 가장 당혹스런 점은 그 이중성이다. 이 소설은 주요 인물 마리를 통해 독립 초기 싱가포르의 많은 사회적 정치적 젠더화된 이슈들을 실질적으로 다룬다. 그러면서도 이 소설은 몇백 쪽에 걸쳐 기술하여 왔던 페미니즘적 행동이나 계급 행동에 관한 모든 생각을 결국 회피하고 만다. 소설의 말미에서 세르 메이의 죽음은 거의 망각되며 옌은 아버지의 명령에 따라 캘리포니아로 가려고 배를 타고 떠난다. 주롱 노동자 페이 란(Pei Lan)과 아 후아트(Ah Huat)는 데모에 가담했다고 말레이시아로 추방된다.

소설의 진짜 클라이맥스는 마리가 기뻐하며 한스와 결혼하고 미국 삶으로 돌아가는 한스를 따라가기 위해 마리가 수녀원을 떠나는 대목이다. 마리는 싱가포르식 근대성에 대한 자신의 열정적인 비판을 해결하지 못

24 『밥그릇』은 지역의 혹은 이주 여성 공장 노동자들을 현실적으로 재현한다는 허세를 부리지 않는다. 말레이시아의 여성공장 노동자들에 관한 매혹적인 설명을 보려면 아이와 옹(Aihwa Ong) 참조.

하고 남겨 둔 채 "적어도 미국은 좀 더 자유로운 사회일 거야. 거기서 자신의 양심과 의지를 따를 수 있을 거야"(Su, 257)라고만 생각한다. 고(Koh)가 지적하듯, "앞서의 인상과 대조적으로 끝에 가서 마리 왕의 정치적 항의 행동은 작가에 의해 위선적인 허세임이 또한 밝혀진다."("Self, Family," 285) 우리가 소설을 액면 그대로 읽을 때 『밥그릇』은 아주 반동적이고 반페미니즘적 텍스트라고 결론 내릴 수 있을 뿐이다. 모스(Morse)도 이에 동의한다. "교사의 온건하기까지 한 공적 삶보다 사적인 삶을 [마리가] 선택한 것은, 더욱 제한된 영역에 대한 관심 때문에 정치적 참여를 한 번 더 거부한 셈이다."("Case," 141)

그러나 『밥그릇』에 나타난 행동의 부인(否認)에 대한 하나의 대안적 독법은 그 소설을 앞서 논의된 「숲속의 방」과 「가출」과 연결시킨다. 소양과 수앙웬과 달리 마리는 서사 공간으로부터 문자 그대로 부재하지는 않지만, 그렇다고 단순히 현존하는 것도 아니다. 리차드의 용어를 다시 사용하자면, 마리는 오히려 '글쓰기의 갈등적인 언어학적 상징적 리모델링'에 의해 명확하게 생산되는 셈이다. 마리는 여성성에 관한 여러 알아차릴 만한 사회적 문학적 담론들 내부에서 욕망과 감탄의 대상이기 때문에 소설의 무게 중심이라는 자리를 차지한다. 마리는 자신의 동료 학우들에게 카리스마 있고 섬세한 감성의 집단 지도자이자 선생이다. 폴, 맥, 한스에게 그녀는 사랑의 관심을 불러일으킨다. 소설의 어른들에 그녀는 젊고 매력적인 이상주의자다.

소설의 실망스런 결말은 작가의 반동주의를 가리킨다기보다, 마리 자신의 내면성은 혼란스럽게 부재하는 동안에도 선생, 초심자, 지도자, 잠재적 연인이라는 서로 다른 담론 형태들에 의해 마리가 내내 구성되어온 방식을 가리킨다. 소설의 결론은 한스의 아내라는 배타적으로 사사롭게 된 정체성을 마리에게 부여함으로써 예전의 그녀에게 결핍된 사적 내면성을 보상하는 것 같다. 이보다 더욱 중요하게는 소설 장르의 바로 그러한 혼란이야말로 여성성의 적절한 위치를 둘러싼 익숙한 불편함을 무대화한다.

『밥그릇』은 한편으로 "개인들의 삶"과 그들의 가치들을 "성장하는 가운데 자신을 인식하는 독서 대중에게 현실주의적으로 재현하고자"(Koh, "Self, Family," 277) 시도하는 소설과, 다른 한편으로 사랑 플롯과 결혼 결말 구조를 갖는 로맨스 소설 혹은 내실 문학 사이에서 두 장르의 방향으로 찢어지는 텍스트다. 이 소설의 텍스트적 미결정성과 기이함은 서로 서로 충돌하는 바로 이 두 장르에 의해 생산된다. 예컨대 『밥그릇』은 발전주의 논리에 대한 예리한 비판, 특히 여성에게 영향을 미치는 발전주의 논리의 방식에 대한 예리한 비판으로부터, 밀스와 분(Mills & Boon) 스타일의 싸구려 저속 로맨스 소설에서 직접 것 같은 마리와 한스의 넌더리 나는 키스 장면 묘사로 갑자기 옮겨 간다. 그리하여 〈새로운 아시아 도시〉 여성의 문학 생산을 둘러싼 이와 비슷한 문제는, 「숲속의 방」과 「가출」에서 그런 것처럼, 오로지 장르 수준에서만 『밥그릇』을 구성한다. 즉, 이 소설은 고유한 공적 영역으로 움직여 나가는 데 성공하지 못하며, 로맨스 소설의 한계 내부에 남아 있는 데에 만족하지도 못한다. 그리하여 사적 공간을 점유하는 여성들에 대한 혼란스런 묘사는 소설 자체를 위치시키는 어려움과 유비관계를 이룬다. 내용과 형식 양쪽에서 『밥그릇』은 일과 정치의 공적 세계와 여성의 사적 영역 사이의 문턱에 고착된 채 남아 있다.

마리와 한스의 결혼에 대한 상세한 묘사와 함께 끝나는 소설은 사랑 플롯의 우선권을 내내 확증하고자 하는 것 같다. 그렇지만 결혼식은 마리의 예전 남자친구이자 정부 관료인 폴 탄의 관점으로부터 기술된다. 폴에게 그 결혼식은 웃기는 소극이자 그저 인기 있는 테스트다. "현란해라! 베이지색과 금색이여! 도우티(dhoti* 인도 남자가 허리에 두르는 천)를 두른 한스의 모습은 얼마나 웃기는가! 미국인이 인도식 복장을 하다니!"(Su, 267) 얼마 뒤에 "전체 삶을 투신한 신성한 순간이 통속적인 군중을 즐겁게 하기 위한 시간의 수행으로 축소되는 모습을 보자니 폴은 역겹기 짝이 없었다."(Su, 269) 이에 맞서 마리의 관점에서 기술되는 결혼식 묘사가 없기 때문에, 독자는 그저 이 결혼은 현란하고 웃긴다는 데 동의하는 쪽으로 기운다. 그리하여 소설의 서사는 분명 폴 탄과 그의 공리주의 견해를 조롱하고 있지만, 대놓고 결말 플롯으로 결혼을 제공하는 것 또한 거부한다.

『밥그릇』의 양가적인 결말은 다른 여성 인물들과 더불어 마리가 싱가포르를 떠나 잘 살고 있다는 결론을 오히려 내리게 하는 것 같다. 실로 소설의 마지막에 모든 주요 여성 인물들은 싱가포르를 떠난다. 마리는 결혼하여 미국에 가고, 세르 메이는 자살하고, 옌은 캘리포니아로 가고, 공장노동자들은 말레이시아로 추방된다. 싱가포르를 떠나는 것은 여성의 위치 문제에 대한 유일한 공간적 해결인 것 같다. 새로 재구성된 가부장제, 미신적인 가정성, 대학, 거리 시위, 산업 공단이라는 근대적 공적 공간도, 여성에게 지속 가능한 위치로서 이용 가능하지 않다. 소설은 텍스트화된 여성 생산이 어디서 일어나야 할지 결정할 수 없어서 그저 여성들을 문학 영역으로부터 철수시킬 뿐이다.

서구에서처럼 〈새로운 아시아 도시〉 근대성의 본질적 양상은 공과 사, 남성성과 여성성, 외부와 내부 사이의 변화하는 관계다. 르페브르에게 근대 부르주아적 아파트는 (잠자고 먹고 사랑하는) 일상적인 재생산 기능을 억압한다. "외부-내부 관계에서 우세한 것은 외부다."(Lefebvre, 315) 그러나 우리는 부르주아 여성을 아내와 어머니로 내부에 감금하고 노동계급 여성을 노동력에 입장시키는, 서구 산업화의 일반적 모순들이

〈새로운 아시아 도시〉에서는 더욱 뚜렷하게 발생한다는 점을 보아 왔다. 이와 동시에 포스트식민 민족-국가는 보통 교육을 장려하고 여성을 노동력에 합류하라고 유도하면서 독립적 근대화라는 이름으로 산업과 가정 모두에서 여성의 저임금 노동에 계속해서 크게 의존하고 있다.

앞에서 나는 사적 공간 대 공적 공간을 다루는 문학적 묘사에서 이러한 역설이 표현되는 방식을 추적해 왔다. 서구에서 그런 것처럼 탐정 소설적 서사 형태는 부르주아 내면성과 사적인 방과 나란히 발생한 것 같다. 그렇지만 탐정의 탐색에 의해 약속된 해결은 결코 성취되지 않는다. 여성의 흔적들은 하나의 결정적 위치로 결코 유도되지 않으며 공간적 성찰성이 플롯의 자리를 차지한다. 개인의 권리 및 공공 영역에 대한 증가된 접근으로 향하는 서구 페미니즘적 경로와 달리, 〈새로운 아시아 도시〉 여성은 침실, 거실, 대학, 거리, 사무실을 똑같이 불편하게 횡단한다.

시타 란초드(Sita Ranchord)-닐쏜(Nilsson)과 마리 앤 트트롤트(Mary Ann Tetreault)에 따르면, 우리는 전형적으로 민족(the nation)을 수평적 개념으로 이해한다고 한다. 민족은 모든 미국인들, 한국인들, 혹은 싱가포르인들을 평등하게 포함하는 시원적(primordial) 기표다. 이와 대조적으로 국가는 수직적 축을 따라 작동하며 국가 대 인민(people)의 권력 관계들에 의해 구성된다(Ranchord-Nilsson/Tetreault, 5). 앞에서 논의된 작품들은 이러한 사회구조들에 참여하는 가정공간의 방식과, 그 사회구조들의 조직과 재생산에 가정공간이 결정적인 것이 되는 방식을 드러낸다. 르페브르의 용어로는 산업화의 문제틀은 사회적 관계들의 공간화된 재생산에 의해 포섭된다(Lefebvre, 89). 소양의 가족, 수앙웬의 남편, 폴탄을 당혹스럽게 하는 것은, 직접적으로 민족을 재생산하는 대의들과 다른 어떤 것에, 저임금 직업을 택하고 결혼하며 아이들을 갖는 것과 다른 어떤 것에 자신의 교육적 정치적 혹은 다른 에너지들을 사용하는 여성이다. 싱가포르의 국가 가부장제에 관한 헹과 디반의 다음 묘사를 보라.

> 자신의 몸으로써 민족을 생물학적으로 섬기라는 여성들에 대한 요구, 가능한 가장 사적인 매개체로 민족주의의 공적 재생산을 떠맡고 그 재생산을 따르라는 여성들에 대한 요구는, 권력을 재생산하기와 재생산하는 권력 사이에서 국가 가부장제를 강박시키는 판타지 속에 있는 불안한 관계를 강력하게 드러낸다. 권력을 재생산하기의 효력은 재생산하는 권력의 봉쇄와 포섭에 명백히 달려 있기 때문이다.(Heng/Devan, 349)

4장에서 논의된 작품들은 이렇게 산업화하는 포스트식민 국가들 내부에 있는 여성들의 전형적인 투쟁들을 재현하고자 시도하지 않는다. 차라리 공/사 분리 속에 있는 여성을 탐색하고 포함하며 위치를 부여하는 텍스트적 노력이 바로 그러한 여성성 개념을 드러내는 동시에 탈안정화한다.

이상 제2부에서 '전후 도시주의'에 초점을 맞춘 것은 지역화된 건축적 형식들과, 몸들과 주체성들의 경합된 (재)생산 사이에 있는 구성적 관계를 평가하게 하였다. 포스트식민 근대성에 대한 우리의 탐색을 계속하기 위해 이제 우리는 민족 공간의 형성에 대한, 민족 공간을 점유하는 집단성들에 대한 더 광범위한 탐구를 따를 것이다. 식민주의로부터의 분명한 해방이 민족의 근대화와 발전이라는 개념 속에 어떻게 유희를 벌이고 있는 것일까? 민족이나 토착주의에 가정된 기원의 장소, 즉 농촌 또한 자본주의의 근대화 논리하에 들어오게 될 때, 민족이나 토착주의 개념에 무슨 일이 일어나는 것일까? 우리 분석의 제3부이자 마지막 부분은 도시 공간을 벗어나, 급속도로 변화하는 민족의 경관들을 둘러싼 더 큰 범주의 상상하기를 고려할 것을 우리한테 요구한다.

보론2

도로들, 철도들, 교량들

민족의 동맥들

그러므로 민족해방의 목표는 제국주의적 지배에 의해 빼앗긴 권리를 다시 주장하는 것이다. 다시 말해 민족 생산력의 발전 과정을 해방하는 것이다.

—아밀카르 카브랄(Amilcar Cabral), 「민족 해방과 문화」(National Liberation and Culture)

앞서 보여 주었듯이 많은 찬사를 받은 아시아 태평양 기적 경제의 발흥은 그 경제가 자체의 생산 체계들을 도시화를 통해 재조직하는 방식을, 또 그러한 도시화가 노동하는 주체성과 젠더화된 주체성에 미친 효과를 인정하지 않고서는 이해될 수 없다. 다음 5, 6, 7장은 백지 공간의 개발 논리와 개인의 화해라는 문제로부터 벗어나, 민족적 기획이라는 견지에서 이미지들과 가치들의 확장 지점이자, 냉전에 의해 정의되고 수출 주도인 자본주의의 이미지와 가치의 논리 지점인 발전 국가를 고려하고자 한다. 제3부 「산업화하는 경관들」의 짤막한 서론격인 「보론2」에서, 나는 〈새로운 아시아 도시〉의 맥락에 민족문화와 관련된 유명한 포스트식민 이론화들을 원용할 필요가 있다고, 또 민족주의적 욕망들이 경합하는 장으로서 발전주의를 사유할 필요가 있다고 제안한다.

우리가 지금 지구화라고 부르는 시대는 상품과 자본의 국제적 흐름을 촉발한다. 이런 시대에 우리는 고도로 합주되고 민족화된 반공산주의 이미지들과 물질적 부(富)가 포스트식민 싱가포르, 타이완, 남한의 정치적 공간적 형태를 형성했던 경위를 살펴볼 것이다. 이와 동시에 우리는 물질적 진보에 대한 이러한 강조가 포스트식민 이론에 어떤 의미를 함축하는지 물어야만 한다. 물질적 발전의 결핍에 반응하는 과정에서 물질적 진보는 더 자주 강조되었기 때문이다. 특별히 나는 세 나라가 포스트식민 발전 체제에 전념한다고 논할 수 있을 법한, 근대화된 민족 공간의 생산이 각 나라의 자유를 향한 미래의 경로로서 서술되는 경위를 검토한다. 그렇다면 이번 보론 부문에서 나의 연구 대상은 여러 다양한 문화 텍스트들에 나타난 민족의 재형상화와 상상작업뿐만 아니라 정치적 연설과 정부 정책의 공식적 민족 담론을 포함한다. 여기서 내내 강조되는 주제는 구체적이고 은유적인 도로, 철도, 혹은 교량, 즉 민족 공간을 상품, 물자, 노동, 소비재를 위한 자유로운 통로로 바꾸는 동시에 성공적인 발전을 향해 각 나라의 지도자들에 의해 선택된 방식을 상징화하는 인프라다.

먼저 나는 공식 담론 수준에서 싱가포르, 타이완, 남한의 세 지점에 있는 민족주의 감성이란 경제 민족주의 문제로 선회한다고 주장한다. 통상적인 사유는 민족의 본질을 물질적 진보와 대립되는 것으로 보는 (4장에 나오는 차테르지Chatterjee에 대한 필자의 논의 참조) 데 반해, 포스트식민 맑스주의 경향의 사상가들은 두 범주를 그다지 대립시키지 않았다. 예컨대 아프리카 해방주의자 아밀카르 카브랄은 "문화적 진보를 향한 길을 따르라고 강요된 진실한 행진"(Cabral, 64)을 창조하는 식민주의에 맞선 무장 혁명에 관해 쓰고 있다. 카브랄은 문화적 진보란 군사화된 투쟁의 당연한 결과라고, 물질적 발전을 요구한다고 전제하고 있다.

우리는 이러한 규정을 약간 고쳐 씀으로써 몇몇 환태평양 포스트식민지들을, 물질적 진보를 향한 길을 따르라고 강요된 행진을 창조하는 발전 혁명을 확실하게 나타낸다고 생각할 수 있다. 그러한 생각에서는 "민족 생산력의 발전 과정을 해방"(Cabral, 56)하는 것이라는 민족 해방에 대한 카브랄의 목표는 국가주의적(statist) 판본으로 설정된다. 〈새로운 아시아 도시〉 맥락에서 물리적인 인프라 개선과 수출 수준 자체가 생산 아니면 쇠퇴라는, 민족 기획의 바로 그 협약(terms)이 된다. 본서의 마지막 섹션인 제4부는 그저 아시아의 경제 기적이라는 식이어서 제대로 이론화되지 못한 강요된 행진의 본질을, 민족의 형성에서 그 행진의 역할을 질문할 것이다.

그렇다면 싱가포르의 리콴유, 중국 공화국의 장제스, 남한의 박정희에 의해 추구된 근대화 체제에서 정치권력이 택하여 왔던 주목할 만한 물리적 형태를, 각기 서로 비교하고 또 다른 포스트식민지들과도 비교하면서 고려할 필요가 있다. 장엄한 건축적 기념물들에서 연상되는 정치권력의 물리적 치장들은 (장제스의 몇몇 예만 빼면) 이 포스트식민 지도자들의 목표가 아니었다. 리콴유는 자신과 자신의 동료들이 "거리나 건물 이름을 다시 짓거나 우리 얼굴을 우표나 화폐에 올리는"(*From Third World*, 50) 그런 흔한 방식으로 그들의 권력을 기념할 의도는 없었던 경위를 지적한 바 있다. 오히려 정치권력은 이 체제들에 의해 건설된 도로, 고속도로, 산업 지대, 교량, 공항에서 훨씬 범위가 넓은 물리적 자국을 획득한다.

먼저 나온 보론 부분(*보론1)에서 암시된 3세계를 가로지르는 차별화의 견지에서 보자면, 인프라에 대한 강박은 주권성의 몇몇 아시아적 포스트식민 양식 대 아프리카적 포스트식민 양식을 이해하는 한 가지 방식이 될 수 있다. 아쉴 음벰베(Achille Mbembe, 1957~* 남아공 출신의 역사학자이자 사회학자)는 카메룬을 기괴하고 음란하며 "남근통치적(phallocratic)"(Mbembe, 103, 110)인 것에 의해 정의되는 정치권력, 즉 '통속성의 미학'이라는 견지에서 묘사했다. 음벰베의 설명을 따르자면, 포스트식민 통치는 "터무니없어야 하며 …… 지위의 상징들을 화려하게(그렇지만 부담스럽게) 제시함으로써 그 위신과 영광의 공적 증거를 제공해야 한다. 의상과 생활방식에서 고도의 사치를 전시하여 관대함을 낭비하는 행동을 장엄한 무대로 바꾸면서 말이다."(Mbembe, 109) 국가 권력은 "구멍에 대한 강박"(Mbembe, 109)과 음란한 삶이라는 특징을 지니고 있어 "여성의 무조건적 종속은 …… 남근통치 체계의 재생산을 지탱하는 하나의 기둥으로 남을"(Mbembe, 110) 정도이다. 그러나 이와 같은 아시아 태평양 지점들에서 건조된 환경의 견고함, 아마도 굳음은 남성주의적 권력이라는 그런 어휘에 대한 필요성을 대체한다. 그러는 동안 우리가 좀 전에 보았듯이 여성의 종속은 다른 형태를 취한다.

널리 퍼진 포스트식민 조건과 신식민 조건의 다양성을 설명하려는 시도는 초기 탈식민화 시대로 거슬러 올라간다. 아프리카의 포스트식민지들과 관련하여 프란츠 파농은 그 포스트식민 문제를 '민족 부르주아지'의 역사적이고 현재적인 나약함이라고 진단한 것은 유명하다. 파농에게 '민족 부르주아지'란 민족과 지구적 자본주의 사이에서 이익을 추구하는 중간 매개가 되며, 이러한 "전송 노선"(transmission line, 152)을 용이하게 하는 것은 대중을 배제하며 생산력의 발전을 막으며 근대적 산업의 정체라는 결과를 낳는다. 달리 말하면, 그저 근육적인 대중의 참여만이 아니라 대중의 지성적인 참여가 없다면, "민족 부르주아지는 …… 민족의 통일성을 실현할 능력도, 하나의 안정된 생산적 기초에 기반하여 민족을 세울 능력도 없는 것을 스스로 드러낸다."(Fanon, 159) 파농은 그것을 다음과 같이 면밀하게 보여 준다.

> 교량 건설이 그 작업을 하는 사람들의 인식을 풍부하게 하지 않는다면, 그 다리는 건설되지 말아야 한다. 시민들은 강을 건너기 위해 수영을 하거나 보트로 강을 지나가면 된다. 교량은 위에서부터 '낙하산처럼 내려와서'는 안 된다. …… 그것과 대조되게 교량은 시민들의 근육과 머리로부터 나와야 한다.(Fanon, 200~201)

파농은 어떠한 상황에서건 발전은 국가에 의해 '낙하산처럼 내려와서'는 안 된다고 논의하면서 독립 민족의 모든 구성원들에 의해 요구되는 생산적이고 정치적인 활동을 강조한다. 카브랄에게 물질적 진보는 문화적 발전의 선결 조건일지라도, 국가가 너무 많이 지시한 진보는 진정한 민족 건설을 방해하는 것이다.

최근에 펭 치아(Pheng Cheah)는 민족주의의 실패는 불행한 역사적 요인들에 기인하지 않는다고 주장했다. 여기서 가장 전형적인 역사적 요인이란 신식민 부르주아 국가가 민족해방 기획을 떠맡은 것을 말한다. 오히려 민족주의는 민족의 자유를 실현하는 데에 내재된 "더 근원적인 민감성(susceptibility)"(*Spectral*, 229) 때문에 실패한다. 이 민감성이란 "정치적 유기체를 괴롭히는 **테크네**(*techne** 물질적 재화의 생산으로 축소된 오늘날의 '테크놀로지' 개념과 달리 주어진 대상을 변화시키는 모든 인간적 행위를 가리키는 개념임)에 대한 환원 불가능한 삶의 민감성"(Cheah, 227)이다. 여기서 **테크네**는 칸트의 도덕 철학이라는 렌즈를 통해 이해되는 아리스토텔레스의 용어이다.

치아는 포스트식민 민족주의의 개념적 기원을 독일 관념론 사유로 거슬러 올라간다고 본다. 치아에게 그러한 포스트식민 민족주의의 기본 전제는 유기적으로 생각된 하나의 민족으로 조직된 사람들의 조직이야말로 정치적 자유를 현실화하는 최선의 방식이라는 것이다. 달리 말해 그러한 정치적 활동은 "문화 속에서 그 진실을 발견한다."(Cheah, 7) 문화는 "한 사회의 삶, 그 사회의 경제적 정치적 활동들의 산물과 그 자의식적 성찰"로서 생각되는데, 그 문화는 …… "한 사회로 하여금 자체의 역사적 진보를 합리적으로 파악하고 규제할 수 있게 한다.(Cheah, 216~217) 그러한 능력이 포스트식민 운동에 국가 형태가 갖는 호소력을 설명해준다는 것은 전혀 놀랍지 않다.

그러나 치아는 개인의 한계를 극복하여 사회를 미래 속으로 투사할 민족문화라는 바로 그러한 설정이 그 민족문화와 더불어 "오염"의 위험을 불가피하게 지닌다는 점을 계속해서 보여 준다. 이 오염이야말로 "외부세계에 이상을 육화하려는"(Cheah, 224) 모든 시도에 내재된 문제다. 치아는 신식민 국가에 대한 카브랄과 파농의 비난에 기대어, **테크네**의 위험을 유기체적 메타포인 민족에 치명적이면서도 고유한, 외래적이고 외부화하는 국가 메커니즘이라고 정의한다.

그리하여 치아의 연구는 민족의 진정한 구성에 대한 파농의 불편한 심정을 공유한다. "사회적 혹은 정치적 몸체가 유한성을 초월하여, 그 몸체를 오염시키려고 위협하는 인공적 기관들을 동화시킬 수 있을 것인가, 아니면 그 몸체는 하나의 비인간적이고 비유기체적인 **테크네**에 환원불가능하게 노출될 것인가?"(Cheah, 224) 여기서 나의 관심을 끄는 것은 포스트식민 민족주의의 불안정성에 관한 파농의 이해를 치아에 의한 오염의 내재된 위험으로서 이론화하는 방식이다. 그 "경제적 정치적 활동들"이 새로운 민족을 생존 가능하게 하는 반면, 국가주의적 형식으로 외부화되는 물질주의는 민족문화에 치명적인 것이 되고 있다. 우리가 수출지향적 생산에 대한 논의에서 보았듯이, 〈새로운 아시아 도시〉 나라들은 결국 상대적으로 "안정된 생산적인 기초"를 세움으로써 자본을 축적하는 데서 예외적인 지위를 누렸다. 이것이 독립적 발전 모델과 수입 대체 모델을 통해 자동적으로 발생하지 않았더라도, 대중이 일정 정도 참여함으로써 발전을 성취했을 것이다.

나는 유기체적 민족의 가능성에 대한 궁극적으로는 비관적인 치아의 선언과 대조적으로 〈새로운 아시아 도시들〉의 경우에서, 테크네의 물질적 작동이 포스트식민 민족주의의 등장과 항상 대립하지는 않으면서 실제로 그 민족주의를 구성하는 경위를 고려할 필요가 있다고 본다. 달리 말해 국가 장치가 신식민적 방식으로 국제시장을 향한 발전을 이끌고 있지만, 대중 민족주의의 깃발하에 여전히 그렇게 한다. 나의 주장을 구체화하기 위해 **테크네**, 국가, 민족주의 감성 사이의 관계를 더 진전시켜 고려해 보기로 하자.

베네딕트 앤더슨에 의해 추적된 유명한 형상화에서 보듯, 인쇄 문화의 일상적 국민투표를 통해 비준된 방언과 텅 빈 동질적인 시간의 결합은 수평적으로 또 공간적으로 통일된 민족의 상상된 공동체를 허용한다. 앤더슨은 20세기 말에 이르러 근대 민족주의는 한 양식이 되었고 모든 당대 사회로 확장되었다는 점을 지적한다. 『상상된 공동체』에서 앤더슨이 제기하는 중요한 질문들 중 하나는, 국가건 제국이건 공식적 민족주의가 어떻게 "포스트혁명적 리더쉽 스타일로 입장하는가"(Anderson, 160) 하는 것이다. 말하자면 대중의 혁명적 투쟁이나 반식민 투쟁이 어떻게 하여 "무엇보다도 국가의 이해관계에 복무하는"(Anderson, 159) 민족주의에 의해 접수되는가 하는 것이다.

앤더슨은 자신이 "[낡은] 식민 국가의 전송(wiring)"이라고 부르는 것에 베트남과 같은 혁명적인 포스트식민 국가들이 굴복하게 되는 경위에 특별히 관심을 기울인다. "주인이 도망치고 없는 큰 맨션에 남아 있는 복잡한 전기 시스템이 그렇듯, 국가는 옛날의 명민한 자아와 상당히 비슷한 새로운 소유주가 와서 스위치를 켜기를 기다리고 있다."(Anderson, 160)[25] 앤더슨은 현존하는 국가 구조들의 이와 같은 유령적 거주(치아의 용어를 쓰자면 **테크네**)를 위한 중요한 세 가지 메커니즘을 인구조사, 지도, 박물관이라는 식민적 실천이라고 밝히고 있다.

에스노민족주의라는 새로운 통화 밑에 서명된 이러한 실천들은 포스트식민 국가 건설 행위들에 놀랍도록 유용한 식민 이데올로기들과 식민 정책들의 문법을 생산한다(Anderson, 163). 항상 그렇듯, 앤더슨은 민족 정체성 중에 가장 추상적인 것이 관료주의, 학교, 사법 체계, 클리닉에 표현되는 경위를, 때가 되면 "국가의 초기 판타지들에 실재적인(real) 사회적 삶"(Anderson, 169)을 부여하는 경위를 아주 훌륭하게 설명해 준다. 여기서 우리의 특별한 관심은 식민 지도의 물리적 형태가 기능하는 방식에 있다. 그 형태는 자체가 "재현하고자 하는 바"(앤더슨 173에서 인용된 통차이 위니차쿨Thongchai Winichakul* 미국 위스콘신 대학 동남아시아 학과 교수로 태국의 왕실모독처벌법에 반대하며 태국의 왕위계승을 둘러싼 갈등을 연구함)의 모델로서 기능하기도 한다. 예컨대 지도의 통일성은 종종 아무렇게나 확립된, 특정한 에스닉 종교 집단들의 자연화된 용기인 영토 경계를 잘못 나타낸 것에 지나지 않는다.

이와 유사하게 식민 기념물이나 폐허들은 말레이, 중국 혹은 자바(Java * 인도네시아의 섬 이름) 정체성을 구축하는 데 핵심적이었으며 "**세속적인** 식민 국가의 상징물"(Anderson, 182)으로서 작동했다. 지도는 식민 기념물과 고고학적 연구를 둘러싼 교육 및 관광 목적의 간행물들과 더불어, 인쇄 자본주의에 의해 비로소 가능하게 된 "무한한 재생산 능력"(Anderso

25 펭 치아는 앤더슨의 도발적 은유에 대해서도 논평했다. 『유령적인 민족성』(*Spectral Nationality*), pp.226~227 참조.

n, 182)에 의해 모조리 보증되었다. 고고학적 물건들, 기념비들, 토착 식물군과 동물군은 교과서, 그림엽서, 결국 식민주의자들에 의해 승인된 관광을 위한 재료가 된다. 앤더슨은 "국가의 진짜 힘을 드러냈던 것은 바로 국가의 상징물을 무한히 또 일상적으로 재생산하는 능력이었다"(Anderson, 183)고 쓰고 있다.

싱가포르, 타이완, 남한의 포스트식민 국가들의 경우 영국과 일본의 식민적 '전송'은 다시 사용되었고 정교화되었다. 에스닉 범주화와 박제화의 식민적 실천들은 예컨대 주민들을 인종적으로 중국인, 말레이인, 인도인으로 3등분하는 싱가포르의 깔끔한 분류에 의해 왕성하게 견지되고 있다. 한국이 일본에 의해 도입된 민족적 고고학적 체계를 채택했을 때 보여 준 열정도 그 예로 들 수 있다. 나는 그러한 문화적 정체성과 상징물에 덧붙여, 무역 시설들과 초기 제조업이 효율적인 경제를 창조하기 위해 세워졌다고 주장한다. 또한 상상할 수 있는 하나의 지도를 제공할 수 있고 포스트식민 민족주의에 실재적 사회적 삶을 부여할 수 있는 것도, 새로운 생산 기술에 의해 향상된 이러한 시설들과 제조업들이라 하겠다.

다른 형태의 시각적이고 상징적인 문화처럼, 인프라 기술들은 "보이는 것의 재생산을 통해 가독성을 [제공하는]"(Balshaw and Kennedy, 7) 특정한 재현들을 불러일으킨다. 도로들과 수송 네트워크들의 서사들과 이미지들은 민족의 수평적인 공간을 채우고 연결하는 바로 그 **테크네**(techne)이다. 그리하여 그것들은 새로 다시 그려진 식민 지도의 시간적으로 능숙한 수완에 유사하게 작동하는 민족주의를 바라보는 한 가지 방식, 즉 생산적인 민족의 통일성을 미래의 메커니즘이자 이미지로서 바라보는 방식을 우리에게 제공한다.

초과생산적인 포스트식민 민족에는 중요한 의미가 한 가지 더 함축되어 있다. 아시아 태평양의 호랑이 경제의 급속한 발전에 관한 자신의 글에서 카스텔스(Castells)는 발전 국가를 다음과 같이 정의한다. "**하나의 국가가 발전을 도모하고 지속하는 능력을 자체의 정당화 원리로서 확립할 때 그 국가는 발전적이다. 여기서 발전이란 국내적으로나 국제경제와의 관계에서 지속적으로 높은 경제성장률과 생산 체계에서의 구조적 변화를 결합한 것으로 이해하면 된다.**"(「아시아의 네 마리 호랑이」, 56. 원문에서의 강조)

이러한 정의가 드러내는 것은 바로 정당성(legitimacy)의 한 형태가 발전 국가에 근본적인 것이라는 점이다. 여기서 정당성의 한 형태란 시민사회의 합의에 의한 기초로부터 발생한 것은 아니지만 일관성 있는 것이다. 카스텔스는 이 점을 명확하게 하기 위해 "묵인하는 주체들의 견지에서 결코 정당한 것처럼 굴지 않았던, 자신의 운명과 이해관계를 충분히 인식하지 못했던 계급들과 민족들의 아방가르드로서의 주체들이 구현했던 역사적 기획의 견지에서 정당하고자 했던"(Castells, 57) 혁명적 국가의 예를 제시한다. 혁명적 계기 중의 국가는 "사회질서의 근본적인 재조직화"를 포함하는 "사회적 목표들을 정의 내리는 가운데 자체를 사회와 대체한다." 이와 유사하게,

> 사회적 기획이 (반드시 특정한 사회구조는 아닌) 사회질서의 더 광범위한 매개변수를 존중하면서도 경제 질서의 근본적인 변혁을 목표로 삼을 때 …… 이른바 발전 국가의 현존 속에 우리가 있다는 전제를 나는 제안한다. 그러한 사회적 기획의 역사적 표현은 세계에 주어진 사회나 문화의 민족적 현존을 긍정하면서 일반적으로 민족 정체성을 구축하거나 재구축하는 형태(그것은 대부분의 동아시아 경험에 맞는 경우였다)를 취한다. 그 민족적 현존이 발전 국가의 통제하에 있는 영토적 경계와 반드시 일치하지는 않더라도 그렇다.(Castells, 57)

달리 말해, 카스텔스는 명백한 정치적 이데올로기적 차이들에도 불구하고 혁명적인 국가들과 아시아 태평양의 억압적 정부들 사이에 존재하는 기본적인 구조적 유사성을 추적한다. 아시아 태평양의 억압적 정부들은 정치적 변혁보다는 경제적 변혁을 구현하면서도, 스스로 민족 정체성을 재구축하는 과업 중에 있다고 본다. 나는 국가의 민족 건설 담론에 나오는 추상적 사실들과 수치들(수출 수입, 성장률)과 별도로, 생산체계에서의 경제적 구조적 변화는 **도시주의와 인프라**의 구체적 성취에서 가장 분명하게 지각된다고 주장한다. 우리는 그러한 형태들이 외부에 있는 미래의 성공을 의미화할 수 있는 경위(리콴유)를, 민족의 경쟁적 발전의 대상이 되는 경위(박정희)를, 혹은 정치적 배제와 직면하여 지방 경제 모델의 작동을 진열하는 경위(국민당)를 살펴볼 것이다.

모든 경우에 근대적인 건조 환경으로의 변천은 발전이라는 민족적 기획을 정당화하는 미래로의 도약이기도 하다. 카스텔스는 단순한 권위주의적 억압 서사들을 복합화하면서 "발전 국가들이 자체의 기획을 완수하는 능력에 있어서 그 근본 요소는 시민사회에다 그들의 논리를 부가하고 **내면화**하도록 한 그들의 정치적 능력이었다."(「아시아의 네 마리 호랑이」, 64. 변경된 강조) 일반적으로 장려된 발전 형태들은 위기와 생존의 수사와 결합되어 있으면서 지역의 건설 방법과 구조를 콘크리트나 아스팔트로써 대체하였다. 이 형태들은 가장 시급한 민족 과제란 가속화된 경제 발전 외에 아무것도 아니라는 점을 확증한다.

그리하여 우리는 생산력의 민족적 해방이라는 카브랄의 개념을 기이하게 재규정하는 데에 다시 도달한다. 〈새로운 아시아 도시〉 맥락에서 포스트식민 독립의 목적은 민족의 해방에서부터 민족 산업생산력의 해방으로 전환되고 만다. 달리 말하며, 자유의 주체가 살아 있는 사회로부터 상품생산의 죽어 버린 노동으로 이동하며, 유동적이고 민족화된 수송 네트워크가 둘 사이를 매개하며 연결한다. 그때 민족문화는 생산양식의 변화를 착수하게 하는 바로 그 이름 속에서 정의될 수 있다. 민족은 나머지 사회의 변형을 조직하고 이끄는 불변의 조건으로서 역설적으로 생산된다. 그리하여 민족은 자체의 (신비한) 연속성의 지위를 절대 상실하지 않으면서 이러한 과정의 무게를 실어 나르며 지탱할 게 틀림없다.

발전주의의 역사적 운명은 민족의 물리적 공간에 기입되는 과정을 거쳐 국가에 의해 서술된다. 그렇다면, 이 시기의 문학 서사와 영화 서사 또한 그 건조 형태들의 대안적 재현들을 통해 민족의 방식을 명시적으로 알레고리로 나타낸다고 해도 놀라운 일이 아니다. 발쇼와 케네디가 지적하듯, 도시—나는 더 일반적인 민족의 건조 형태들을 덧붙일 터인데—는 "일반화된 욕망들과 불안들—종종 민족성, 시민권, 도시성, 정의(justice)의 의미 주위에 형상화되는 것들—을 강력하게 상징하는 하나의 상상적 전체성으로서……분명히 끈기 있게 존속한다."(Balshaw/Kennedy, 6) 그리하여 그러한 장치들의 용도와 의미에 관한 경합 중인 견해는 포스트식민 민족 기획의 방향과 내용에 관한 경합에 다름 아니다.

마지막으로 우리는 국가주의적 발전에 대한 우리의 이해를 르페브르의 용어로 되돌려 번역할 수 있다. 르페브르는 자본주의적 공간 관계의 점진적인 역사적 발흥과 지배에 대해 일련의 설명을 행하면서 **추상적 공간** 개념을 기술한다. 이 개념은 **공간의 재현**(representations of space)을 더 전체화하는 판본인데 동질화, 시각화 논리, 남근적 오리엔테이션을 향하는 경향을 띤다(Lefebvre, 285~287). 추상적 공간 개념은 치아가 말하는 테크네의 공간적 상응물로서 생각될 수 있다. "폭력과 전쟁의 산물로서 [추상적 공간]은 정치적이며 국가에 의해 체계화된다."(Cheah, 285) 사회적 공간이 항상 다가치적이고 경합되는 것이라면, 추상적 공간은 권력에 의해 결정되는 환상적 일관성을 감추며 "3차원 현실을 2차원 현실로 축소하는"(Cheah, 285) 경향을 띤다. 우리가 논의하여 왔던 발전 국가들은 그러한 전략을 구사하며, 공간을 "하나의 **말뚝**(stake)으로, 즉 특정 전략들의 부문으로 전시되는 기획들과 행동들의 지점으로, 그리하여 또한 결코 완벽하지는 않지만 접합되는 **내기들**(wagers)의 대상으로 도구화한다."(Cheah, 142~143)

나는 다음 5, 6, 7장에서 특히 수송체계와 같은 근대화하는 건조 형태들이 발전주의적 민족주의를 작동케 하는 상상적 전체성로서 혹은 미래에 대한 내기로서 기능하는 방식을 탐색한다. 이 작업을 하기 위해 나는 싱가포르, 타이완, 남한의 오랫동안 자리를 지켰던 권위주의적 지도자들의 글과 연설을 분석한다. 이러한 분석과 함께 나는 도로들, 계획, 민족 근대화 프로그램의 인프라를 똑같이 환기하는 선정된 문학 텍스트와 영화 텍스트들을 검토한다. 하지만 나는 민족에 대한 급진적으로 다른 주장을 하기 위해 이를 행한다. 5장에서 나는 비길 데 없는 리콴유에 의해 접합된 싱가포르의 공식 민족주의 담론과, 그러한 민족성 개념에 대한 두 훌륭한 시인 에드윈 텀부(Edwin Thumboo)와 아서 얍(Arthur Yap)의 반응을 고려한다.

다음 6장에서 나는 1980년대 타이완의 뉴시네마와 호우 샤오시엔(侯孝賢)의 초기 작품들로 이동한다. 이 작품들은 국민당 통치를 공고하게 하는 몇십 년 동안에 형태를 갖추는 새로운 도시-농촌 관계와 가장 직접적으로 씨름하는 문화 텍스트로서 다루어진다. 마지막 7장에서 나는 프롤레타리아 작가 황석영의 예가 잘 보여 주는 한국 **민중**문학 운동을 검토한다. 황석영의 작품은 공세(攻勢)적 산업화, 냉전 분할, 억압적인 박정희 체제에 동시에 반응하고 있다. 나는 장르와 역사적 맥락에 있는 차이들을 인정한다. 그러면서 내가 이 특정한 문화 형태들을 선택한 것은 그 시대의 혹은 민족의 문화 생산을 대표하기 때문이 아니라 국가주의적 민족주의에 대한 그것들의 도발적인 반응 때문이다. 이 특정한 문화형태들의 적절함은 공식 민족주의 담론의 공간 문법을 구체적으로 사용(오용)하는 데에 놓여 있다. 리콴유의 '앞에 놓인 길'(way ahead), 장제스의 본토 회복을 위한 다리, 박정희의 〈새마을 운동〉이라는 농촌 산업화의 공간 문법 말이다. 이들의 작업들은 도로 위의 단연코 다른 경험들을 서술하면서 더 광범위한 공동체들의 경험 방식을 탐색한다. 이들의 작업들은 발전하는 경관의 대안적인 상징적 판본들을 제공하는 철도, 도로, 버스 노선에 의해 재형성된다.

그리하여 다시금 나의 목적은 전후 민족 발전에 얽혀 있는 형태들과 서사들을 검토함으로써 예외 혹은 3세계의 훌륭한 생도들의 이야기를 복합화하는 것이다. 우리는 발전을 향한 국가 주도의 투쟁이 "민족 해방을 위한 싸움, 문화 건설을 가능케 하는 저 물질적 반석을 위한 싸움"으로서 주장되는 경위를 검토한다. 그러는 가운데 우리는 파농이나 카브랄에 의해 상상된 것보다 엄청나게 다른 개념화를 셈하여 보아야 한다. 물질적 실천과 문화적 통일성 사이의 관계에 대한 개념화 말이다.

제3부

산업화하는 경관들

5장

앞에 놓인 길

싱가포르 발전 경관의 정치와 미학

길이 가로지른다
빠른 삶과 더 빠른 삶이라는 두 가지 삶을
—아서 얍(Arthur Yap), 「열린 길」(open road)

포스트식민 근대성의 국가와 시적 서사들

1964년 1월에 선임 장관 리콴유(李光耀, 1923~* 1949년 케임브리지 대학 졸업. 싱가포르가 말레이시아에서 분리 독립한 1965년부터 1990년까지 총리로 지냄)가 서둘러 독립 아프리카 국가들 방문에 나섰다. 그 목적은, 1963년에 싱가포르와 사바(Sabah, 영국령 북 보르네오British North Borneo)와 사라와크(Sarawak)를 병합했던 말라야 연방(Federation of Malaya)이라는 그의 새 조국 말레이시아(Malaysia)에 대한 지지를 확보하기 위함이었다. 포스트식민 국가의 지위가 부상하던 이 시기에, 아프리카 국가들에 의한 말레이시아 승인은 수카르노(Sukarno)의 인도네시아가 의혹과 공세를 취하는 마당에 필수적인 국제 선전 사업이었다. 『리콴유 자서전』에서 그는 35일간 17개 아프리카 나라를 방문한 경험을 이야기하는데, 말레이시아 대표단이 받은 환대의 다양한 수준들은 당시 통용되던 복합적인 민족 이데올로기들을 반영한다.[1] 합병 2년 만인 1965년에 싱가포르가 말레이시아에서 실효적인 축출을 당하는 바람에 리콴유의 외교 사업은 고려할 가치가 없어졌다. 그럼에도 불구하고 이 여행은 갓 태어난 포스트식민 도시국가 싱가포르의 지도자에게는 중요한 훈련이었다. 리콴유의 회고록에서 묘사되는 것은, 아프리카 국가수반들과의 회담에서 얻어 낸 다양한 수준의 지지보다도 이들 만남의 물리적 공간적 환경에 대한 그 자신의 반응이다. 그의 짧은 환유적 묘사들은 아프리카의 새로운 포스트식민 권좌들을, 대통령의 인물 됨됨이와 건조 환경과 민족의 복지가 서로 강고하게 상관성을 갖는 자리인 그 권좌들을 비교하는 건축 여행으로 읽힌다.

싱가포르의 민족 공간에 깊은 영향을 미칠 경험인 리콴유의 여행 이후 대략 10년이 지나, 싱가포르 시의 아버지라고 알려진 에드윈 텀부(Edwin Thumboo)가 이정표 격인 시 모음집 『두 번째 말: 말레이시아와 싱가포르의 시 선집』(*The Second Tongue: An Anthology of Poetry from Malaysia and Singapore*)을 펴낸다. 리콴유에게서 그런 것처럼, 텀부의 프로젝트에 가장 유용한 이미지들 역시 근대화의 물리적 경관과 관련이 있다. 5장은 싱가포르의 정치 담론과 시 담론에서 국가주의적인 개발 경관의 형태들이 다루어지는 방식을 탐구한다. 구체적으로 말하자면, 영어

1 한편에서는, 국방과 경제 방면에서 영국과 맺고 있던 유착 때문에, 그리고 말레이시아 지도자 툰쿠 압둘 라만(Tunku Abdul Rahman)의 친서구적 태도 때문에, 새로운 말레이시아가 독립 투쟁과 비동맹 운동 정신을 배반했다는 해석이 일각에 있었다. 다른 한편으로는, 인도네시아가 말레이시아를 상대로 벌인 일종의 낮은 수준의 전쟁인 대결정책(Konfrontasi)이 대국에 의한 다른 주권국가 흡수 획책으로 보일 수도 있었고, 이로 인해 말레이시아를 향한 동정이 일었다.

로 시를 쓰며 일찍이 싱가포르 정부가 주는 문학 문화 훈장을 받은 저명한 두 시인 텀부와 얍의 작품을 통해 시가 민족국가다움(nation statehood)과 맺는 관계를 검토할 것이다.

시의 문제로 넘어가기 전에, 합리화된 민족 공간에 대한 리콴유의 이해가 발생되는 경위를 추적해 보자. 리콴유에게 아프리카 경험은 상이한 민족들의 다양한 물질적 환경과 관련해서 대단히 교훈적이다. 예컨대, 덴마크의 노예교역소를 개조한 곳에서 가나의 크와메 크루마(Kwame Nkrumah)를 만나기 위해 리콴유는 "붉은 양탄자 양쪽으로 인도식 기름 램프가 빛을 발하는 복도를 따라 깊숙한 내실로 들어갔다. 작은 황동 용기에 담긴 램프 심지가 가볍게 떨리고 있었다."(*Singapore Story*, 531/577* 『리콴유 자서전』, 류지호 역, 문학과사상사, 1999) 이것을 능가하는 경험은 에티오피아의 황제 하일레 셀라시에(Haile Selassie)와의 만남뿐이었는데, 그는 영국식 군복을 입고 있었고 "옥좌 양쪽 기둥에 헐거운 사슬로 묶인 치타 두 마리"(Lee, 536/580)가 있었다. 리콴유는 "간혹 보이는 멋진 건물들과 대조적으로 그들은[거리의 사람들은] 초라하고 가난했다."(Lee, 536/582)고 지적한다.[2]

하지만 곧 잠비아(Zambia)가 될 북로디지아(Northern Rhodesia)에서는, 리콴유가 우호적으로 "우리는 리빙스턴 호텔에 여장을 풀었다. 그곳은 아담한 단층 호텔이었는데 영국 시골 마을의 규모 있는 여인숙을 연

2 여기서 우리는 리콴유에 의해 가장 우호적으로 평가된 포스트식민지도자들이 가장 영국적인 매너를 갖췄다고 여겨진 지도자들, 즉 허세보다는 자질과 예법을 갖춘 지도자들임을 확인한다. 그래서, "의전행사는 영국식"이었고 "[라고스의] 많은 공공건물들이 말레이시아, 싱가포르의 건물과 유사했기"(Lee, 532/577~578) 때문에 가나보다 나이지리아를 더 찬양한다. 탄자니아(당시에는 탕가니카)의 율리우스 은예레레(Julius Nyerere)는 과거에 영국 총독과 독일 행정관이 쓰던 대통령 관저에서 수행단을 접견했지만, 정작 그 자신은 "근처의 작은 집에서 사는 것을 더 좋아하는"(Lee, 533/579) 영국식 절제를 보여 준다.

상케 했다."(Lee, 532/578)고 적고 있다. 게다가 루사카(Lusaka)에 있는 총독의 관저는 호사스럽지는 않아도 잘 관리된 덕분에 칭찬받을 만한데, 이는 영국에 의해 이식된 "잘 운영되는 체계"를 입증한다. 리콴유는 나중에 방문했던 잠비아의 수도를 떠올리면서 한때는 아름답게 유지되던 도시의 퇴락에 대해 언급한다. "1964년 공항에서 나와 거리를 달리면서 꽃, 관목, 나무, 풀을 본 것으로 기억하는데 당시에는 장미가 많이 있었다. 6년이 지나자 장미는 사라져 버렸고 그 자리를 잡초들이 대신 차지하고 있었다. 그로부터 9년 뒤에는 잡초조차 없이 아스팔트로 뒤덮여 있었다." (Lee, 538/584) "잘 운영되는" 영국 체계의 소멸은 경관의 물리적 악화에 의해 가시적으로 자명해진다. 리콴유는 이 여행이 자신에게 준 통찰에 관해 분명하게 언급한다.

> 나는 탈식민화 과정을 통해 식민종주국으로부터 권력을 넘겨받은 신생국들이 도약하기 위해서는 유능한 정부와 단결된 사회가 필수적임을 절감했다. 종주국으로부터 권력을 넘겨받은 지도자가 소수민족 부족장들과 같은 기존 사회의 권력 집단과 협력하여 국가통합을 모색하지 않는다면 그 국가는 얼마 못 가 분열되고 말았다. 그리 유능하지 못한 정부가 선불리 사회주의 이론을 도입하여 부의 재분배 정책을 펴노라면 그나마 종주국의 통치하에서 명맥을 유지하던 식민사회는 대개 끔찍한 결과를 맞이하였다.(Lee, 538~539/584)

물론 우리는 리콴유의 경험을 사회주의적 민주주의적 원칙들에 대한 그 자신의 선별적인 거부를 정당화하려는 것으로, 이 여행에서 방문했던 저 모든 포스트식민 국가들에게 회고적으로 파멸의 운명을 제시하려는 것으로 읽을 수 있다. 인민행동당(PAP)을 통해 권위주의적 스타일로 31년(1959~1990)을 지배해 온 리콴유 자신의 기원들은 "유능한 정부"와 "단결된 사회"에 대한 그의 강조에서 확인될 수도 있겠다. 그렇지만 가장 인상적인 대목은 대통령 관저부터 도로까지 민족 공간에 대한 통제와 관리가 민족의 성공과 내밀하게 연결되어 있다는 인식, 리콴유의 인민행동당 정부하에서 대대적으로 진행된 도시 재개발 프로그램에서 구현될 바로 그 인식이다. 호화 관저도 붉은 카펫도 치타도 없이, 합리적이고 능률적인 구조물의 질서 위에 문자 그대로 지어진 하나의 민족적 질서라는 것이 가장 인상적이다.

리콴유가 아프리카에서 얻은 교훈들이 싱가포르의 공간에 준 충격은 싱가포르의 시에도 역시 반영될 것이다. 많은 비평가가 지적하듯이, 싱가포르에서는 영어로 창작된 시가 국가 건설과 관련하여 특유의 특권적인 자리를 점해 왔다. 라지브 팟케(Rajeev S. Patke)는 "싱가포르에서 시인은 국가의 민족으로의 발전과 중층결정된 관계를 맺는데, 특히 싱가포르의 시의 역사에서 초기 몇십 년간 그러했다."("Voice", 90)고 쓴다. 유사하게, 로비 고(Robbie H. Goh)는 "다양한 방식으로 …… 이 [영어로 창작된] 시는 민족성(nationhood)의 거시 서사들의 메아리가 되었고, 많은 경우에 그 서사들을 절합했다."(Goh, 38)고 말한다. 이 조응들은 여러 형태를 취하는데, 내게 가장 흥미로운 것은 그 조응들이 어떻게 민족 공간의 재현을 통해 작동하는가에 있다. 고의 정밀한 관찰에 따르면,

> 공간을 시적으로 다루는 것은 종종 전경화되어 …… 공유되는 공동체적인 공간이자 궁극적으로는 민족적인 공간을 건설하는 수단이라는 중심적인 상징적 역할을 맡는다. 이러한 의미에서 신흥 민족주의적인 싱가포르 시는 일종의 민족적 이데올로기를 다시 한 번 강화하며 이 이데올로기에 의해 강화된다. 이 경우에 그것은 정부의 주택개발청 및 여타 유사 관청이 수립하는 **공간에 대한 상징적 통제**이다.(Goh, 34. 저자 Goh의 강조)

공간에 대한 상징적인 통제와 실제적인 통제 모두 리콴유의 인민행동

당 치하에서 실행되었음은 확실하다. 우리가 3장에서 간략하게 살펴본 것처럼, 1965년에 말레이시아에서 분리된 이후 싱가포르 정부가 당면한 가장 즉각적인 문제들 중에는 새로운 내륙의 문제와 주민의 다수를 이루는 중국계 주민이 중화인민공화국과 연계되어 있다는 문제가 있었다.[3] 노조의 힘을 파괴하고, 전에는 동맹이었던 '바리산 사회주의자들'(Barisan Socialists)의 지도자들을 체포하고, 인민행동당에 반대하는(또는 반민족적인) 진영을 가혹하게 다루는 것 등이 사회적 안정성을 확고히 하고 새로운 국제 지향의 근대성을 건설하는 데 핵심적이었다. 정부는 일본통산성을 모델로 경제개발청(Economic and Development Board)을 세웠으며 민족 공간을 새로 꾸며서 해외의 제조업 기업들을 유치하고자 했다.

마침내 싱가포르는 새로운 경제적 내륙을 미국, 일본, 유럽의 대규모 1세계 시장에서 찾아냈다. 이러한 정황은 완벽하게 "도로, 배수구, 하수구, 전기 가스, 수도의 설비를 모두 갖춘"(Lee, *From Third World*, 61/134~135), 결국 섬의 대부분을 채우게 될 주택개발청 아파트단지뿐만 아니라 9천 에이커에 달하는 최첨단의 대대적인 국가 산업-예술 단지를 주롱(Jurong)에 건설할 것을 요구했다. 외국인 투자자들이 단번에 모든 것을 처리할 수 있는 경제개발청과 더불어, 싱가포르의 근대적인 기반시설을 제공하는 일의 중요성은 인민행동당의 으뜸 관심사였고, 제너럴 일렉트릭(General Electric)이나 휴렛 팩커드(Hewlett-Packard) 같은 회사들에

3 싱가포르는 영국의 철수 이후에도 영국과 군사동맹을 유지했고, 오스트레일리아와 뉴질랜드와 미국과 새로운 전략적 제휴를 맺었다. 리콴유는 이스라엘(국경 분쟁을 겪던 또 다른 나라)의 군사 자문을 확보했고, 1974년에는 장제스의 아들인 장징궈와 조용히 협정을 맺어 타이완에서 싱가포르 군대를 훈련시킬 수 있는 공간을 확보했다. 오늘날에는 싱가포르 군대의 일부가 오스트레일리아에서 훈련을 받는다. 싱가포르의 독립 이후 정치사에 관해서는 헹치찬(Heng Chee Chan) 참조.

게는 즐거움이었다. 그렇게, 리콴유의 청년기 이력이 케임브리지에서 수학한 반식민 운동가이고 노동 변호사였음에도 불구하고, 그는 포스트식민적인 발전주의의 원형적인 지도자가 되어 국제 자본과 싱가포르의 싼 노동의 결합을 행복하게 주선했다. 1973년 뉴스위크 기사가 빈정거렸듯이, 그의 인민행동당은 "호랑이 등에 올라타 권력을 잡고 나서 안전하게 내려온"(qtd. in Yeo and Lau, 148) 드문 경우였다.

우리가 알다시피, 리콴유는 외국 여행에서 받은 첫인상의 중요성을 흡수했고, 그의 수상으로서의 우선 사안은 질서 정연하게 기능하는 싱가포르를 제시하는 것이었다. 여러 곳의 공식 방문 중에

> 나에게 깊은 인상을 남긴 것은 건물의 크기가 아니라, 그들이 건물을 관리하는 수준이었다. 나는 건물의 관리가 소홀하면 그 국가와 국가의 위정자가 타락하고 있다고 생각했다. 세면대가 부서지고, 수도꼭지가 헐겁고, 수세식 변기도 제대로 작동하지 않으며, 주변이 황폐하고, 정원이 흐트러졌다는 사실 등은 모두 한 나라가 부패하고 있다는 증거였다. 물론 각국의 VIP들 역시 같은 방식으로 싱가포르에 대한 판단을 내릴 것이다.(*From Third World*, 175/261* 『내가 걸어온 일류 국가의 길』, 김성진 역, 살림출판사, 2007)

리콴유가 한 나라의 건강을 그곳의 건축과 건조 환경으로부터 읽을 수 있다고 결론을 내리고 있다면, 이것은 싱가포르의 민족 공간을 시적으로 다루는 작업에는 어떤 함의를 갖는가? 내가 주장하는 바는 새로운 도시 경관은 시 안에 단순하게 병합된다기보다 새로운 시적 이미지를 자극하고 생산적인 포스트식민 국가들의 바로 그 논리를 사유하고 반영하고 비판하는 작업을 자극한다는 것이다. 우리는 텀부의 모범적인 민족시에서 시적 미학이 새로운 도시 경관의 생산적인 주문에 따라 어떻게 다듬어질 수 있는지를 볼 것이다. 텀부와 대조되게, "싱가포르 도시에 대한 가장 복합적이고 복잡한 시인"이라 불려 온 얍의 경우에는 도시 형식들을 시

적으로 다시 다루어 보려는 작업에 똑같이 집중하는 편이 싱가포르 민족을 사유하는 다른 가능성들을 우리에게 보여 줄 것이다.

1955년에 싱가포르 대학을 졸업하고 1966년에 아프리카 문학으로 박사과정을 밟으러 돌아간 그사이에, 텀부(1933년생)는 내국세 세무부(Department of Inland Revenue)와 중앙 준비기금(Central Provident Fund Board)에서 7년간 일했다. 일찍이 국가의 관료 기구에 몸담았던 그의 측면은 "권력 없음의 시에서 권력의 시로의 이행"(Souza, 302)이라고 두들리 드 수자(Dudley De Souza)가 부른 바를 해명해 줄 수도 있겠다. 이러한 이행은 청년기 시의 사적 양식으로부터 1977년 시집 『신들도 죽을 수 있다』(*Gods Can Die*)와 1979년 시집 『라이언 곁의 율리시즈』(*Ulysses by the Merlion*)의 명시적으로 공적인 시로 이동한 데서 볼 수 있다. 텀부의 성숙기 시들은 인민행동당 치하의 불균등한 사회적 권력과 작은 싱가포르를 감내하려는 시도이면서, 또한 의심할 바 없이 정부의 발전 경로에 입각한 민족적인 문학적 정체성을 다듬어 내려는 작업이다. 이 시들은 앞에서 묘사된 인민행동당의 발전과 이데올로기적으로 같은 것이라고 왕왕 간주되어 왔다.[4] 셜리 곡-린 림(Shirley Geok-lin Lim)은 "텀부의 후기 시 대부분은 독자들에게 싱가포르 국가의 방식을 설명하고, '문화적 관용을 능동적인 문화적 수용'으로 전환시키는 데 참여하려는 명시적인 욕망에서 나온다."(Lim, 118)라고 쓴다.

우리는 『라이언 곁의 율리시즈』(1979)에 실린 「섬」이라는 시에서 그

4 텀부의 시에 대한 많은 연구가 있었고, 그의 작업과 얍의 작업을 비교하는 연구도 여럿 있다. 5장에서 인용된 림, 팟케, 고, 브루스터 이외에도 중요한 연구 성과로 키르팔 싱(Kirpal Singh)과 오이부엥(Ooi Boo Eng)이 시인의 초기 시 단계에서 성숙한 시 단계까지를 다룬 「에드윈 텀부의 시」(The Poetry of Edwin Thumboo)와, 영어로 작품 활동을 하는 싱가포르와 말레이시아 작가들의 초기 실험에 관한 연구서인 안느 브루스터의 『포스트식민 담론의 기호학을 향하여』(*Toward a Semiotic of Post-Colonial Discourse*)가 있다.

러한 욕망을 본다. 그 시는 열대의 섬에서 경제적 경이로 놀랍게 변모한 싱가포르의 면모를 간명하게, 거의 단순하게 이야기한다. 초반에는 과거에 섬이 지녔던 처녀적 순수성이 화자의 사적이면서도 신화적인 기억의 틀을 통해 제시된다.

언젠가
하나의 이름을 지닌
조용한 섬이 있었지.
나를 믿어야 해
순수하지 않아도 아름다운
햇살이 만(灣)에 홀연히 나타나
뉘우침 없이 불타는 정오를
은색으로 물들였다고
내가 말할 때.

이 파라다이스의 주민들은 말레이에서 흔히 볼 수 있는 아이들인 아미나(Aminah)와 하룬(Harun)인데, "바다를 알기엔 너무 어리고" "게와 조수를 따라다니는" 아이들이다. 목가적인 이미지는 "맹그로브와 야자나무"나 "지주(stilts) 위의 가옥들, 정박해 있는 배들"과 같은 생필품에 의해 정교해지다가, "낭만적이고 향수어린/ 그러나 이미지들은 변하지."라는 힐난의 행에 이르러 이 공상적인 삽화들은 중단된다. 시의 나머지 부분에서는 왕년의 삶의 방식의 모든 물리적 흔적이 대체되는 이야기가 나온다.

가까운 언덕들이 바다로 밀려가고
트랙터들은 울부짖고 화물차들은 몰려와
황토색 땅까지
밤낮으로 둥글게 파이고

모래사장으로 뻗어 가네.
아미나와 하룬은 이제 아파트에 살고
학교에 가는 사이 아빠는
장사를 배워.

새(Bird) 공원에서 멀지 않은
조선소 길을 따라,
공기 중엔 새로운 노래가 울리고,
높은 기중기들이 나타나
다이너모(Dynamo) 발전기와 디젤 차량이 흥얼거려.
작업복과 헬멧의 남자들이
기계를 휘두르고, 계획을 검토해.

용접공의 전등이
반짝이는 별들 속에 흩뿌려지네.
강철 선체가 나타날 때까지
대갈못은 망치질로 단단히 박히네.
정교하게, 저절로 돌아가듯,
우뚝 솟은 드릴들은 매력적으로 보이네.
이 배는 노르웨이행.
남극에서 작업하기에 앞서.(Thumboo, 16~17)

잠자는 섬과 탈세속적인 주민들과 대조적으로, 트랙터와 화물차와 기중기와 드릴과 배는 기계화된 사회의 엄청나게 증대된 생산력을 입증한다. "언젠가"라는 단어가 그렇듯이 예전엔 위치가 지정되지 않고 홀로 떠돌던 섬이 이제는 노르웨이와 남극처럼 아득히 멀리 있는 장소들을 매개하는 지점이며, 이는 인지할 수 있는 지리가 아니라 섬의 역사의 시작을 표시한다. 환한 전등과 드릴에 순순히 비교당하는 주민들은 이제 의무적으로 "아파트에 거주하고", 학교에 다니고, 장사를 배운다. 언급되지는 않지만 아마도 여전히 가사 영역에 제한되고 있을 여성들만이 외관상 근대화 과정에 의해 훼손되지 않는다.

하지만 텀부는 기계에 지배당하는 세계를 제시하고 있으면서도 필수적인 시간 지체 이후에, 이러한 생산력의 해방이 새로운 집단적 정체성의 형성을 초래할 것이라고 암시한다.

> 시간 속에 흐르는 힘의 이미지들에서,
> 우리의 부상하는 자아들이,
> 친숙해지겠지
> 먼저 몸이 배우면서
> 이 다른 노래를.(Thumboo, 17)

텀부에게 산업화된 사회의 잠재적으로 가공할 힘은 이 사회가 단지 "이 다른 노래"라는 지위에 의해 완화되거나, 혹은 시라는 바로 그 노래에 의해 완화된다. 발전 국가의 근대화 추진에 부합되게, "언덕들이 바다로 밀려가는" 식으로 민족을 다시 꾸미는 하향식 산업화가 필수적이다. 그와 동시에 인민은 이 새로운 세계에 적응하고, "몸이 배우면서", 싱가포르 민족 정체성의 첫 단계를 산출한다. 인민행동당이 그 발전 지향성 때문에 강력한 지지를 받았다는, 3장에서 논한 것을 상기하여 보면, 물질적 발전은 싱가포르인들에 의해 능동적으로 욕망되었다. 그렇더라도 텀부의 시가 제공하는 것은, 그러한 발전의 새로운 형태들을 민족적 경관 속에서 기념물로 만드는 필수적인 작업이다. 물질적 발전 과정은 "힘의 이미지들"의 시적 생산과 평행을 이루며, 이러한 생산을 통해 시민들은 정체성을 획득할 수 있다.

종종 비평가들은 얍의 작품을 텀부의 작품과 견주어 본다. 얍은 민족 정체성에는 텀부보다 관심을 덜 갖긴 하지만, 텀부처럼 집단성에 관심을 갖는다.[5] 1943년에 태어나 텀부보다 좀 나중인 세대에 속하는 얍은 싱가포르 국립대학과 리즈(Leeds) 대학에서 수학했다. 공적인 것이 강조되는 텀부의 시와는 대조적으로, 얍의 작품은 일상적인 것, 흔한 것, 국지적인 것(the local)을 다루는 유형의 싱가포르 시를 전형적으로 보여 준다. '부상하는 민족주의'의 문학적 갈래와 관련하여, 얍이 주목하는 것은 다음과 같다.

> 국지적 장소들과 직간접적으로 연관되는 시들이 순전히 우세하다는 점과는 별개로, 장소(place)의 시학에는 (얍의 1977년 시집 제목에 나오는 단어들과의 유희를 원용하자면) '평범함'(commonplace)의 창출이, 싱가포르인들의 공통적인 것을 그럴듯하게 형성할 법한 준거와 경험과 인물과 의제를 다루는 관용어의 창출이 포함된다.(Yap, 36)

거대한 공간적 변형이 텀부에게는 민족사에 복무하는 시적 제재가 된다면, 얍의 시는 변화하는 산업적 경관에 대해 규모는 작지만 명확한 시각을 취함으로써 정반대 방향을 지향한다. 시집 『평범함』(*commonplace*)에 처음 발표되었던 시 「향수에는 미래가 없다」에서, 얍은 텀부의 시 「섬」의 주제였던 도시 변형을 다루는 동일한 서사를 다르게 작업한다. 텀부의 과제는 발전 프로젝트의 에너지와 형태를 공식적이고 민족적인 과거에 연결하려는 것이었다. 반면 우리는 얍을 안느 브루스터(Anne Brewster)에 의해 "기억의 추가적이고 반복적인 성격"(Introduction, xiii)이라고 묘사된 것을 통해 작업하는 시인이라고 읽을 수 있다. 여기서는 노동하는 사람들을 기계로 대체하는 것이 조직적으로 거듭 이야기된다.

---

5 종종 텀부와의 연관 속에서 읽히는 또 다른 주요 시인은 리추펭(Lee Tzu Pheng)인데, 일종의 대항민족주의적 시로 읽히는 그의 1976년 작 「내 나라와 사람들」에는 주택개발청 아파트에 대한 인상적인 묘사가 들어 있다. "그들은 극히 작은 아파트를 지어/여럿으로 나뉜 작은 사회를 위해."

& 확실히 미래 안에는 과거에 대한 향수가 없어.
이제, 모퉁이 담배 장사는 사라졌고, 아마 죽었을 거야.
아니지, 확실히 죽었지, 아니라면 사라질 리 없잖아.
그를 대체한 우표 자판기,
늙은 요리사를 대체한 압력솥,
낡은 삼륜자전거 거치대를 대체한 소화전,
세탁부를 대체한 회전식 탈수기.(Yap, 59)

텀부의 「섬」과 대조되는 중요한 두 가지에 주목하라. 첫째, 얍은 울부짖는 트랙터와 환한 전등과 같은, 경외심을 불러일으키는 근대화 테크놀로지들 대신에, 확실히 덜 인상적인 근대 도구들을 시적 제재로 선택한다. 예컨대 우표 자판기, 압력솥, 회전식 탈수기를 보라. 이러한 테크놀로지가 "모퉁이의 담배 장수" 또는 "늙은 요리사"의 인간적인 특징들을 대체하는 것은, 근대성의 계기를 중대하거나 역사적인 것이라기보다는 용두사미 격인 진부한 것으로 만들어 버린다. 둘째, 얍의 시는 그러한 변화를 민족주의적으로 이해하거나 이러한 이해를 휘어 감는 그 어떤 통합적 의식도 거부한다는 점에서 텀부의 민족주의 미학과 갈라선다.

시는 단순하게, 극적인 것 없이 이렇게 끝난다. "& 계속되지/ 다양한 변주들과 편성들 속에서./ 향수에는 미래가 없어."(Yap, 59) 얍은 국가 주도의 근대화를 미학화하지 않으며, 근대화 이전의 진정한 충만함의 시간을 떠올리며 그런 근대화를 탄식하지도 않는다. 그의 차분한 관찰자는 다만 변화들을 기록하고 또 기록하는 데 만족할 따름이다. 셜리 곡-린 림은 "[얍이] 자신의 공동체의 특수한 상황들에 초점을 맞춰, 적대적인 입장으로부터 그 상황들을 조롱한다."(Yap, 156)고 결론을 내리면서, 얍의 주요한 시적 장치는 아이러니라고 정의한다. 하지만 그러한 구분은 텀부가 국가의 수사학을 선전하는 사람이고, 얍은 국가의 수사학을 아이러니로 대하는 사람이라고 단순하게 대립시킨다고 해서 설명될 수 없다. 우리는 민족주의 수사학과 발전 경관과 시적 형태의 복잡한 작동을 이해함으로써, 주체와 시민과 집단성의 구성과 문학에 관한 더 심층적인 가정과 가능성을 다룰 수 있다.

우리는 리콴유의 민족주의 수사학이 싱가포르의 근대화 경관 이면의 심층에 있는 논리, 즉 다른 제3세계권에서 접합되고 파농과 카브랄이 전형적으로 제시한 더욱 친숙한 문화적 민족주의 입장들과 대조될 그런 논리에 다가가고 제시하는 경위를 보았다. 하지만 우리가 싱가포르의 사례를 고려할 때, 내가 두 번째 '보론'에서 던진 그 질문을 물을 필요가 있다. 즉, 근대화된 민족 공간의 권위주의적 생산이 어떻게 그 체제들에 의해 민족의 자유를 향해 나아가는 장래의 경로인 양 이야기되는가 하는 질문 말이다. 텀부는 싱가포르에 대해 포스트식민적인 아프리카 국가들과 달리 "반-식민 운동의 기원과 추진력이 주로 지식인 중심이었고", 그런 만큼 "민족주의의 변증법에는 대중의 강도 높은 고통이라는 배경이 결핍되어 있었다."(Introduction, xiv)고 썼다.

앞에서 지적되었듯, 싱가포르 경우에 독립은 폭력적인 반(反)식민 투쟁에 의해 특징지어지지 않았다. 말라야 계엄령(Malayan Emergency)이 의미심장하기는 했지만, 그래도 섬은 상대적으로 평화롭게 1959년에 자치로 넘어갔다. 텀부의 회상에 따르면, 식민지 싱가포르의 혼합적인 인종 구성과 더불어 바로 이런 점으로 인해 토착 대항세력은 목소리를 내기가 어려웠다. 그러한 맥락에서 카브랄과 파농의 폭발적인 이론들이야말로, "발전지향 정부"(Chua, *Political Legitimacy*, 160)를 열망하고 있을 뿐이라서 근대성의 '낙하된' 형태인 국가주의적 **테크네**(techne)를 더 잘 받아들이는 주민들에게는 어울리지 않았을 것이다.

리콴유 정권이 착수한 비상한 도시 변형으로 돌아가 보자. 우리는 이미 〈새로운 아시아 도시〉 나라들에서 권위의 이미지들은 특권적인 상징이나 아이콘에서 기인하는 면은 덜하고 오히려 고속도로와 주택단지와 산업지구와 다리와 공항 등에 물리적으로 각인된 것에서 더 많이 기인하는 면이 전형적이라는 점에 주목했다. 실제로, 우리는 공간을 변혁하려는 포스트식민적인 지도자의 욕망을, 테크놀로지의 혁명적 힘을 삶의 모든 영역에 적용하려는 근대주의적 욕망과 유사한 것으로 볼 수 있다. 프레드릭 제임슨의 용어로 말하자면, 르 코르뷔지에의 미니멀리즘 건축이 바로 그러한 근대주의적 욕망을 표현한다. 이 건축은 다음을 대체한다.

> 병든 도시 조직, 예컨대 이미 죽은 중세 도시의 유산들인 불결하고 악취나며 공기는 통하지 않고 습기로 축축한 골목이라든가, 복잡하게 붙어 있는 근대 공장 지대 빈민가를 말이다. 저런 거리들을 싹 없애 버리는 것, 환희의 파괴를 통해 저것들을 태양과 신선한 공기 앞에 노출시키는 것, 낡은 세계와 낡은 유럽과 19세기를 위반하며 거부하고 벗어나는 상징으로 서 있던 필로티들(pilotis* 프랑스 건축가 르 코르뷔지에가 제창한 양식에서는 건물을 지면보다 높이 받치는 기둥을 세워 지상의 왕래를 자유롭게 함) 위에 솟아오른 신나는 고층건물을 세우는 것이 최선이다.(Seeds, 142)

우리는 발전 정책과 발전 문헌을 저 근대주의적인 유형의 선언과 유사한 것으로 볼 수 있을 것이다. 양자가 공유하는 것은 새로움을 향한 욕망인데, 여기서는 미학 형태에서의 변화가 사회적인 것에서의 변화를 제작한다. 1955년 총선 유세 도중에 들른 빈민가에서 리콴유가 느낀 역겨움은 썩어 빠진 19세기에서 벗어나, 르 코르뷔지에 식으로 태양과 신선한 공기 앞에 노출시키려는 시도와 딱 들어맞는 것 같다. 리콴유는 다음과 같이 쓰고 있다.

> 슬럼화된 상가들이 즐비하게 늘어서 있는 나르시스 가와 지금의 탄종 파가르(Tanjong Pagar) 광장으로 이어지는 거리 주변도 불결하기는 마찬가지

였다. 상점들은 부서진 채로 오랫동안 방치되어 있었고, 길가의 배수구는 노점상들이 버린 음식 찌꺼기로 막혀 있어 거리에는 항상 음식 썩는 냄새가 진동했다. 어른 주먹만 한 쥐가 고양이를 겁도 내지 않고 배수구를 들락거리고 있었다. 여기서도 나는 헛구역질을 했다.(*Singapore Story*, 185/208)

리콴유의 지휘 아래, 실제로 주택개발청은 싱가포르 주민의 거의 90%를 거주하게 하고 싱가포르의 기존 건물들을 거의 모두 대체하게 될 대대적인 도시 재개발 프로젝트로 "저 거리들을 싹 없애 버리는 것이 최선"이라고 결정했다. 물론 이러한 "환희의 파괴"의 추진력은 "낡은 유럽"과 그 혼잡한 산업주의에서 벗어나려는 욕망에서 나온 것은 아니고, 오히려 아시아 식민지의 후진적인 조건과 산업 능력의 결여를 교정하려는 욕망에서 나온 것이다. 게다가 여기서 구상되던 근대성과 자유는 1955년의 역사적인 반둥회의(Bandung Conference)에서 표명된 것 같은 독립적인 비동맹 발전의 이상에 이끌린 것이 아니라, 국제시장과 연결되고자 하는 민족의 바로 그 의지에 이끌린 것이다. 따라서 민족문화는 독립적인 근대성을 달성하려는 대중 투쟁이 아니라, 다만 근대성 형태들의 부산물일 것이다.

리콴유는 주요 국제 투자자와 제조업자들을 유치하는 싱가포르의 주목할 만한 능력을 회고적으로 묘사하면서 싱가포르의 공간 근대화가 결정적 요인이었음을 긍정한다.

싱가포르를 방문하는 최고 경영자들은 투자를 결정하기 전에 나를 방문하곤 했다. 나는 그들에게 확신을 주는 가장 좋은 방법은 공항에서 그들의 호텔 그리고 내 사무실까지의 도로를 관목과 가로수로 치장하여 깔끔하고 단정하다는 인상을 주는 것이라고 생각했다. 그들이 집무실이 위치한 이스타나 지구로 들어서면 도시 중심부 속에 자리 잡은 오아시스를 발견하게

1965년 주택개발청 프로젝트를 방문 중인 리콴유 수상
(Larry Burrows/Time & Life Pictures/Getty Images에 의한 사진)

되는 것이다. 90에이커에 이르는 넘실대는 잔디와 삼림들 사이에 안겨 있는 9홀의 골프 코스를 볼 것이다. 우리가 한마디의 말도 할 필요 없이, 싱가포르인들은 유능하며 곧 필요로 하는 기술들을 배울 수 있도록 단련된 믿을 수 있는 사람들임을 그들은 알아차릴 것이다. 미국의 제조업 투자는 영국, 독일[네덜란드], 일본의 투자를 금방 추월하였다.(*From Third World*, 62/136* 『내가 걸어온 일류 국가의 길』, 김성진 역, 살림출판사, 2007)

그러므로 리콴유는 초국적 자본의 투자를 놓고 경쟁하는 다른 제3세계 입지들을 배경으로 싱가포르의 근대성을 구성하려는 것이다. 그의 언급에는 **국제적** 이윤에 가장 잘 복무하는 지역 차원의 비교 우위를 창출하여 **민족적** 생존의 새 경제를 다듬어 낸다는 역설적인 입장이 드러난다. 신식민주의에 대한 파농의 절절한 선언을 추종했을 수도 있는 다른 포스

트식민지들과는 대조적으로, 국제 노동시장에서 싱가포르의 종속을 정확히 활용하는 경제 체계를 다듬어 내는 쪽으로 대중적인 민족주의 정서가 재작업된 셈이다. 그래서 외국인 투자를 유치하기 위한 물리적 기반시설의 개선은 민족적 프로젝트의 동의어이다. 그와 동시에, 건조 환경 재건의 민족적 스케일 덕분에 인민행동당의 민족적 프로젝트에 대한 전념은 대중에 의해 상징적으로 읽히고 내면화된다. 그러한 강력한 기호들은 동의의 포섭을 통해, 즉 물질적 개선으로 자유로워지려는 주민의 욕망을 통해 싱가포르의 미래로 나아가는 경로를 의미한다. 따라서 싱가포르의 민족적 미래를 향하는 길은 단지 공항에서 나오는 길이 아니라, 주민을 새 공장들과 가공처리 시설들과 호텔들로 이끄는 길이다.

시적 재기입과 생산

셜리 곡-린 림은 텀부와 얍을 “둘 다 싱가포르라 불리는 상상의 공동체를 건설한” 이들이지만, 한 사람은 “사회적 조화”를 향해 말하며, 다른 한 사람은 “사회적 위선”에 맞서 말하는 이라고 묘사하여 왔다(Lim, 156). 더 구체적으로 말하자면, 우리는 텀부와 얍의 차이를 그들 각자가 테크놀로지 및 리콴유에 의해 구상된 민족적 경관과 맺는 관계라는 측면에서 이해할 수 있다. 싱가포르의 물리적 경관에 대한 강조의 일부는 실행 중이던 복합적인 언어 정치와 관련이 있다. “영어를 기반으로 하고 만다린과 말레이 어를 차용한 혼합어”인 잉그말친(Engmalchin)을 “조립하려는” 단기간의 시도는 단명했다. 그로 인해 식민 관료의 언어와 포스트식민 발전의 언어가 유일하게 사용가능한 문학적 국어가 되고 말았다(Thumboo, Introduction, xvi).[6]

그 자신도 중국계와 인도계 혼혈인 텀부에게 시인들이 구사해야만 하는 언어란 그 누구의 모국어도 아니고 모두의 제2언어이기 때문에, 영어가 중국어와 타밀 어와 말레이 어에 비해 반-식민적인 민족적 정체성을 덜 담고 있는 것이다. 영어로 민족문학을 주조하기의 해법은 "다른 문화와 환경의 편성을 탐사하고 매개할 수 있도록 말의 내면 경관을 조정함으로써"(Thumboo, ix) 언어를 재형성하는 데 결정적으로 의지한다. 즉, 그 과제는 내면의 시적이고 언어적인 경관을 외면적인 경관과 연결하는 것이다. 그래서 그러한 연결의 글쓰기는 비표준적인 구문과 방언을 통해 장소의 종별성을 표시하는 다른 많은 포스트식민적인 글쓰기와 다르다. 텀부는 자신이 "범 민족주의적 감정"을 전달하기 위해 시의 공적 형태를 선택했다고 인정하는데, 그런 감정이 그의 세대에 속하는 싱가포르인들에게는 자연스러운 정서였다("Interview", 269).

1965년 말레이시아로부터의 분리는, 리콴유에게 주어진 과제가 경제적 내륙을 찾는 것인 데 비해 싱가포르의 시인들에게 주어진 고유한 과제는 심리적 내륙을 건설하는 것임을 뜻했다. 텀부는 "우리는 물려받은 매우 다기(多岐)한 요소들에서 공동으로 공유하는 문화를 건설하느라 여념이 없었고, 이러한 내륙의 창출이 중요한 이유는 이것이야말로 모든 글쓰기가 의지해야만 할 진정한 토대이기 때문"(Thumboo, 272)이라고 설명한다.[7] 그러므로 탐부의 서정시는 앞서 묘사된 발전의 혁명과 유사

6 그렇지만 우리가 주목해야 하는 것은 1980년대 이전에 영어는 단 10%가량의 인구를 위한 교육용 언어였으며, 중국어 방언(중국 공용어인 만다린이 아니라)이 대다수 싱가포르인의 모국어였다는 점이다.

7 이렇게 본다고 해서 싱가포르와 말레이시아 사이에 실제로 지속되고 있는 기능적 관계를 무시하는 것은 아니다. 싱가포르는 다수 자원을 더 큰 나라인 말레이시아에서 조달하며, 중국계 싱가포르인들은 말레이시아의 중국계 주민을 아마도 문화적 내륙으로 간주할 것이다. 섬나라의 민족주의적 상징화라는 견지에서, 일종의 내륙의 이러한 현존을 인정하는 것은 리에게도 텀부에게도 유용하지 않다.

한 방식으로 이러한 은유적 내륙과 인민의 관계를 이야기하고자 시도한다. 리콴유가 민족의 미래를 이야기하는 경관의 능력을 간파했다면, 텀부는 그 능력을 활용해 민족의 과거를 환기하게 한다. 「섬」에서 입증되듯이, 텀부는 도시 국가의 발전에 관한 서사적 역사를 통해 민족을 통시적으로 재형상화해야만 한다.

그 결과, 자신의 덜 성찰적인 시들에서 텀부의 목소리는 인민행동당의 민족적 수사학과 거의 같다. 「인민을 위해 영합하기」(Catering for the People)에서, 텀부는 싱가포르의 1960년대 인종 폭동의 '범죄적 시절'을 책망하면서 민족의 도래라는 공동 과제를 상기하는 정부의 적절한 용어로써 책망한다.

> 언덕을 계곡으로 가져가, 그곳을 평평하게 다듬고 지어,
> 그렇게 전반적으로 인민에게 영합하라 ……
> 모든 것을 깔끔하게 경제 안에 세워라.
> 선택의 여지가 거의 없으니
> 우리는 인민을 만들어야 해.(*Gods Can Die*, 56)

이 구절이 과연 인민행동당 수사학에 대한 냉소적인 패러디인지 아닌지는 말하기 어렵다. 텀부는 리콴유의 스타일로 계속해서 신흥 도시-국가의 시장 경쟁력을 열거한다. "우리에겐 촉망되는 혼합물이 있어/ 젊음, 분노, 일종의 의지, 모종의 정치,/ 그러니 열심히 흥정하고, 모든 것을 심지어 팔 수 없을 것 같은 것마저 팔아라." 게다가 마지막 연에서는 독자에게 싱가포르의 지정학적 취약함, 즉 공유되는 정치적 동기들 중에서도 가장 구체적인 것을 상기시킨다.

> 우리는 멜라네시아의 얼굴 위에 난,

유연하고, 작은, 하나의 부스럼
그것이 비웃거나 으르렁거리기만 해도, 우리는 옮겨 간다네
걸맞은 자리로,
트렌드에 민감한 채로, 적응하며
이 범죄의 시절에.(Thumboo, 57)

간명하고 실용적인 언어로 이루어진 텀부의 자유시는 공식적인 민족적 이데올로기와 딱 맞아떨어지며, 팟케(Patke)를 인용하자면, "텀부는 …… 독립 이후의 민족에게 친구가 되는 시적 화자를 채택한다."(*Postcolonial*, 75) 「인민을 위해 영합하기」의 논리 안에서, 싱가포르의 바로 옆에 있는 잠재적으로 적대적인 이웃 나라들(말레이시아와 인도네시아)에 대한 불안은 보편교육과 국내 공간의 완벽한 재조직화("그곳을 평평하게 다듬고 건설하여")에 의해 상쇄된다. 텀부가 민족의 정치경제적 방향을 전적으로 찬양하는 것은 아니라 하더라도, 그는 민족의 미약한 생존 능력에 대한 합리적 이해에 근거하여 이를 수용한다. 그러한 시들에서, 민족적인 것의 의미는 (경제적/정치적) 안정성을 건설한다는 현실 정치 프로젝트에 대한 이해에서 나온다.[8] 그렇게 사적이고 시적인 '나'는 민족주의적인 '우리'로 매끄럽게 미끄러진다.

이것은 텀부의 시들이 언제나 발전 국가의 대변자이고 그 공식적인 역사 서사라고 말하는 것은 아니다. 그의 시 「앞에 놓인 길」(The Way Ahead)은 도시의 용도가 이미 결정되어 있다는 것에 의문을 던진다. 싱가포

8 그러한 욕망은 『신들도 죽을 수 있다』(*Gods Can Die*)에 수록된 노골적으로 민족적/정치적 시들인 「8월 9일-I」(9th of August-I)과 「8월 9일-II」(9th of August-II)에 반영되는데, 이 작품들은 싱가포르가 말레이시아에서 축출되어 불안 속에 독립의 길에 들어선 그날을 다룬다. 또한 「망명」(The Exile), 「인터뷰」(The Interview), 「조용한 저녁」(A Quiet Evening)도 참조. 「조용한 저녁」은 리콴유와 함께한 만찬에 관한 시로 보인다.

르의 일류 시인답게, 이 작품은 관료의 계획수립 회의를 시로 형상화한 것에 다름 아니다.

우리는 말하고 떠들어야 했어,
우리의 여러 마음을 담아
도시의 틀을 짜는 것에 관해.
우리는 현명하게도 요청받았어. 도시의 아름다움에 관해,
도시가 유연하게, 튼튼하게, 받아들일 만한 것으로
어떻게 변할지를 말하도록.(*Gods Can Die*, 58)

시인/화자는 테크노크라트들 사이의 침입자이다. 모두 대문자로 표기되는 "교수"와 "앞에 놓인 길을 알고 있던 고위 공무원"과 "도시계획가"라는 직업들 옆에서, 시인은 "보통 사람, 거리의 사람이며/ 불안을 느낀다." 도시의 미래에 관해 이 두뇌집단에 초대된 교수와 도시계획가는 "말과 제스처의 와글와글한 교환"이 일어나는 혼잡한 차이나타운 대 "태양 아래 아파트"와 "아파트 대열"이라는 코르뷔지에적인 이상이라는 경쟁적인 비전을 놓고 논쟁한다. 그 외관상의 차이에도 불구하고, 두 비전 모두 도시가 정확한 전망 또는 올바른 원칙에 의해 합리적으로 결정될 수 있다는 동일한 가정에 실제로 의지한다. 관료로 변한 우리의 시인은 또 다른 경쟁적인 견해를 옹호하는 대신에 멈칫거린다. "내가 무슨 말을 혹은 무슨 생각을 할 수 있을까?" 그의 전술은 합리적인 도시계획 수칙으로부터 생생한 공간 체험에 근거한 시학으로 논쟁의 언어를 바꾸는 것이다.

도시는 그곳의 사람들이 웃는 식으로 웃어.
그대가 침을 뱉을 때, 그곳이 바로 도시야.
도시란 사람을 위한, 삶을 위한,
높은 건물들의 그늘 사이를 거닐기 위한

삶을 위한 여지가 남아 있는 곳.
그러니 우리가 바쁘게 달려 일하러 가고, 약속에 가더라도,
다른 많은 목적을 위해 가더라도, 잠시 멈출 시간이 있어야만 해,
일하러 가는 나날의 포획을 헐겁게 풀어,
수선을 하고, 내면의 자아를 듣기 위해
그렇게 우리의 정신을 녹여 놔.
도시란 우리가 스스로에게 베푸는 연회여야 해,
우리의 후손을 위해 준비하는 그런 것이어야 해.(Thumboo, 59)

텀부는 도시 환경의 비합리적 측면을 일상성의 배경으로, 또 집단적인 '인민의 마음'에 대한 물질적인 상대로 긍정한다. 태양과 신선한 공기를 자연권이라고 강조하는 근대주의자와 달리, 그는 "높은 건물들의 그늘 사이로 거닐" 욕구를 강조한다. 삶으로 충만한 도시를 제시하는 대신에, 텀부는 우리에게 우리가 사후에 남겨 두는 것, 즉 "우리의 후손을 위해 준비하는 그것"이 또한 도시임을 상기시킨다. 그것은 물려받아야 할 민족 유산이라는 바로 그 이미지인 셈이다. '앞에 놓인 길'이 테크노크라트의 민족적 비전에 의해 끝날 수는 없다고, 텀부는 시사한다. 텀부는 자신의 많은 시에서 발전 국가에 선택의 여지가 없다는 점을 인정하면서도, 또한 민족에 대한 정의를 전적으로 국가에 넘겨주려고도 하지 않는다. 그는 국가의 언어(영어, 관료의 언어)에 참여하면서도, 그것이 어떻게 논쟁의 고정된 구도(여기서는 경제에 교육과 도시계획을 합친 것이 곧 민족이다)를 설정했는가를 보여 준다.

텀부가 삶으로 겪은, 양으로 나타낼 수 없는 시적 요소들을 도시의 경험 안으로 가져옴으로써 실제로 인민행동당의 발전 논리에 과연 도전하는 것인지, 아니면 " '능동적인 문화적 수용'을 매개하는 선전가의 목소리"(Lim, 118)에 불과한지를 묻는 질문은 여전히 남는다. 내가 의구심을 갖는 것은 텀부의 시가 정치적 경제적 발전주의의 사실들에 조응하는 적

합한 민족주의적 감정 구조를 제공하는가 하는 점이다. 시적인 형상화들은 도시를 "우리의 부상하는 자아들"의 고유한 이미지로 자연화하며 미학화한다.

그리하여, 더욱 흥미로운 것은 시의 역할이 민족의 기존 현실들을 그 인민과 매개하거나 또는 화해시키는 것이라고 보는 시 모델에 텀부가 접근하는 방식이다. 형식적인 어조, 공적인 성격, 영문학의 정전 격인 시인들의 영향 등이 그의 시에서 모두 확인되어 왔다. 그런데 텀부가 자신의 시적 제재로서의 싱가포르 경관이라는 대상들에 바치는 현저한 충실성은 말해지지 않은 채 남아 있다. 서론에서 내가 내세웠던 읽기 이론으로 돌아가, 문학이란 그저 어떤 다른 현실을 반영하는 게 아니라, 현존하는 사회적 현실들을 그 원료로 여전히 사용하는 그래서 "재생산이라기보다 하나의 진정한 **생산**"(Kavanagh, 36에서 재인용)이다. 이러한 접근에 따라, 우리는 텀부의 시에서 상정되고 있는 것은, 원료들을 사용하는 유일한 방식이 원료들을 이미 주어진 자명한 사회적 대상들로 간주하는 것임을 본다. 결국 그런 방식은 미학적으로 "의도된 배치의 효과"와 "설명적 구성"(Lim, 114)으로 귀결된다. 신화적 역사의 윤곽들이나 나날의 삶으로 겪는 경험들은, 싱가포르의 새 경관에 부과되는 형태들에 또 다른 차원을 추가한다고 하더라도, 수용되어야 할 어떤 것이라는 그 기본적 지위에는 결국 도전하지 않는다. 텀부의 시는 발전의 형태와 용어 모두를 받아들임으로써, 물질적 진보를 문화적-민족적 진보와 역사 안으로 재기입하는 데 참여한다.

대조적으로, 얍의 시는 우리가 '소문자' 기억이라 부를 수 있을 그런 것을 내세우며(대문자에 대한 얍의 전면적 혐오는 뒤에서 논의될 것이다) 종종 한정된 단독의(singular) 시각으로 특징지어진다. 광각 렌즈로 바라보는 민족주의적인 텀부의 시각과 명시적으로 대립하는 가운데, 브루스터가 주목하는 것은 "[얍의] 많은 장면에서 창문이 프레임이며"(Introduction, xvi), 여기서는 비좁고 은밀한 주택개발청 아파트 안에서 바라보는 시점이 선호된다는 점이다. 그 효과는 도시 경관을 위에서 아래로 내려다보는 것을 뒤집고 발전의 저 공식 담론들을 침식하는 데 있다. 예컨대, 「화창한 날」(sunny day)에서는 창문 프레임이 철저하게 태양의 활동마저 길들여, "화창한 날이/ 창문으로 들어와/ 테이블에 앉는다."(sunny day, 5) 얍의 1974년 시집 『다섯 보』(*Five Takes*)에 처음 실린 「6월의 아침」(june morning)에서는 이름 없는 주민의 지루한 일상적 시점이 경관의 존재보다 우선하는 것으로 보인다.

> 날카롭게 생각하라.
> 이 장면 역시 너무 불안정한데,
> 우연을 더욱 충만한 삶에 다가가도록 하기 위해
> 우연이라는 문제에 대처한다네
> 그대는 두터운 검은색 일기장에서 시선을 들어,
> 작은 뼈처럼 부서지기 쉬운 그 행들을 찡그리며 본다네.
>
> 그래서 이 장면의 구조를 짜는 이는 바로 그대라네.(Yap, 37)

이 시에서 실체적인 현실성을 부여받는 것은 "불안정한" 장면이라는 그 어떤 시각으로부터 관찰되는 외면 세계가 아니라, 독자의 내면 생각, 즉 "그대의 두터운 검은색 일기장"이다. 스케일과 위계에서의 그러한 이동은 언어의 층위에서도 메아리치는데, 이런 점에서 얍은 텀부의 표준적이고 때로는 형식적인 영어와 전혀 상이한 언어를 구사한다. 팟케는 "얍은 독자적인 개인의 목소리를 내는 데서 가장 능하지만, 광범위한 지역(local) 정서들과 발화 습관들의 극화 속으로 싱글리쉬(Singlish)[싱가포르식 영어]를 흡수하는 능력도 있다."(*Postcolonial*, 75)고 주목한다. 하지만 얍 자신도 진술하듯이, 그것은 단순히 표준 영어와 지역 문학어의 발전 사이에서 선택하는 것은 아니다.

> 확실히 그것은 단지 '표준성'의 문제는 아니며, 다른 한편으로 일련의 예스런 용어들과 기이한 구문들의 문제도 아니다. …… 그것은 '표준성'과 '비표준성'의 개념들이 외재적인 규정들이 아닌 언어를, 그 상황 속에 내재적인 것이라서 아마도 더 이상은 그토록 결정적이지는 않을 그런 언어를 사용하는 것이다.(Yap, Patke, "Voice", 92에서 재인용)

얍의 시는 지역의 토착어로 대항적이고 개인화된 '아래로부터의' 경험을 이야기하는 것 이상을 한다. 얍의 시는 "매개변수들의 더 큰 파악"(Yap, Patke, "Voice", p.2에서 재인용)을 내포하는데 바로 그 파악이야말로 자신이 그 또는 그녀의 사회의 원료들에 대해 갖는 바로 그 '충실성' 또는 책임성에 관해 질문한다. 그동안 나는 국가주의적 발전의 새로운 기술공학적 경관—치아(Cheah)의 분석에서 **테크네**라는 보철물—이 일관성 있는 매개하는 민족주의적인 시적 목소리를 통해 어떻게 시적으로 재기입될 수 있겠는가(텀부), 역으로 그 경관이 어떻게 아래로부터 위를 보는 지역적 시각에 의해 도전받을 수 있겠는가(얍) 하는 것을 기술해 왔다. 얍의 작품은 싱가포르 경험의 대안적인 풀뿌리 판본을 제공하면서도, 더 급진적으로는 새로운 생산 경관의 물질적 논리와 이데올로기를 폭로하며 초극하고, 근대화의 바로 저 형태들에 대한 시의 존재론적 의존을 약화시킨다.

이제 이 주장을 두 부분으로 나눠 펼쳐 보겠다. 먼저, 마슈레는 사용 가능한 제재와 사회적 조건이란 작품의 형식을 전적으로 결정하지 않는다고 본 점을 주목하라. "하나의 조건이란 애초에 주어진 것이 아니며, 경험적 의미에서의 원인이 아니다. 그것은 작품이 사유에 접근할 수 있도록 해 주는 합리성의 원칙이다."(Macherey, 55~56) 제임스 카바나가 지적하듯, 문학이 행하는 변형 노동의 특성은 그 노동이 "특유의 방식으로 이데올로기적인 것을 '재개하고' 가공하고 전시하여, 문학적 작품이 나타나기 이전에는 그 이데올로기적인 것이 갖지 못했던 **가시성**을 그것에 부여한다."(Kavanagh, 36)

얍의 시 「&조수」("&the tide," 1977)는 바로 이러한 노동을 수행하는데, 이 노동을 통해 도시 재개발의 단지 물질적 형태들만이 아니라 그 합리성을 가시화한다.

> 베독(bedik) 지역에서 재생된 &조수는
> 지나친 호들갑을 떨지 않고,
> 나름의 정연한 방식으로 흐르고
> 마치 사석처럼 다가온 파도는
> 방파제와 만나거나
> 방해받지 않는 분석을 향해.
> 충분하게 뻗어 나가네.
> 그 주변의 전부.
> 약간 솟아오른 눅눅한 모래 연안
> &조심스럽게 정렬된 쓰레기.
> 바로 거기서 파도는 구불구불,
> 액체는 고르지 못한 초록빛이네
> 햇빛 안에서 & 하늘의
> 겹겹의 정오의 어둠 안에서.(Yap, 58)

시의 표면적인 주제는 자연이고, 조수와 파도와 모래와 햇빛이 해변의 장면 같은 어떤 것을 조성한다. 하지만 이 길들일 수 없는 자연의 힘들이 모두 주택개발청 관료의 계산에 굴복한다. "충분하게 뻗어 나가네/ 방해받지 않는 분석을 향하는" 조수는 경관의 또 다른 통제할 수 있는 특징이

되는데, 이는 "공무원 층에서 구사하는 공식적인 관료적 영어"(Lim, 152)를 듣는 얍의 면모를 잘 보여 준다. 생산성에 의해 추진되는 계획이라는 교의에 입각해서 보면, 구불구불한 파도와 액체는 "고르지 못한 초록빛"으로 무엇인가 결핍된 것으로 보이며, 그 구절의 강조된 이중 음절은 요구되는 균형과 척도를 부드럽게 조롱한다.

얍의 독창성은 도시 재개발의 논리를 가장 낭만적인 시적 제재인 자연 경관에 부조리하게 적용한 데 있으며, 그리하여 모래와 물은 속속들이 생산 국가의 정연한 명령들에 따른다. 이 시는 "조수(tide)"를 "정연한(tidy)"으로, "연안(littoral)"을 "쓰레기(litter)"로 밀어내는 이 논리를 비논리적인 극단으로 몰고 가서, 발전주의 경관 특유의 이데올로기—경관의 무차별적인 항상적 재개발—를 증류하여 심층적인 패러디인 유물론적 비판을 제공한다. 이 시의 수수께끼 같은 마지막 행 "커다란 상상의 재생은 / 드물겠지, 바다경관에서는"(Yap, 58)에 대해, 데니스 하스켈(Dennis Haskel)은 "얍의 시가 암시하는 것은 자연의 삭감은 또한 상상의 삭감을 암시할 것"(Haskel, 246)이라고 논평한다.

얍이 유물론 이데올로기를 넘어선다는, 내 주장의 두 번째 부분은 바로 이 "커다란 상상의 재생"을 다루며, 동시에 그것이 팽창에 대한 대안적 이미지를 제공하는 경위에 관한 것이다. 얍의 도시 시(urban poetry)가 지닌 놀라운 특성은 경관의 의인화이고, 시적 행위자의 결여이다. 예컨대, 초기 시 「팽창expansion」에서 시인은 다음을 성찰한다.

> 어떻게 가옥들의 스카이라인이
> 하늘과 더불어 넓어지는지
> 그래서 누가 말할 수 있을지
> 이것의 완결이 어떠하리라는 것을(Yap, 10)

이 시는 느슨한 교차배열법으로 이어져, 하늘과 가옥을 '스펀지스러움'과의 뒤집힌 관계 속에 놓는다.

스펀지 가옥들의 선이
하늘에 잠겨
마치 스펀지 하늘이
가옥들에 스며들 듯.
한때 하늘에 매달려 있던 가옥들이
이제는 군집을 이뤄.
그렇게 도시의 팽창은
또 다른 팽창에 기대야만 하고
그렇지 않으면 가옥들이 죽어.

그사이 밤의 나무는 자라고 또 자라네.(Yap, 10)

신비하게도 새로운 주거지들의 팽창은, 스펀지처럼, 어두워지는 하늘 속으로 흡수되며, 거기서 그 주거지들은 나름의 생명-형태를 얻는다. "군집" 속에서 혼종적인 생명체처럼 존재하는 그것들은 생존하기 위해서는 "또 다른 팽창에 기대야만" 한다. 여기에 있는 시적 충동을 우리는 「&조수」에 있는 시적 충동의 뒤집기라고 생각해 볼 수 있겠다. 부조리하게 합리주의적인 발전 논리에 의해 통제되고 지휘를 받는 자연 대신에, 여기서는 팽창이라는 바로 그 원칙이 보통은 생명이 없는 대상들에게 생명을 주는 것이 된다. 이 경우에 자연 세계의 논리—생명 형태들 사이의 공생적 접속, 생명체들이 옹기종기 모이는 경향—가 인위적 환경을 접수한다. 그 결과는 기이하게 반-인간주의적이지만 살아 있는 경관이다. 그 경관에 인간적인 증거가 아주 없는 것은 아니지만 그 경관은 여전히 유기체적인 세계에 단단히 뿌리를 내리고 있다.

더 나아가 우리는 자연/테크놀로지/휴머니티에 대한 얍의 개조를 파리 아케이드에 대한 벤야민의 연구에 비춰 이해할 수 있다. 우리가 앞에서 본 것처럼, 벤야민에게 19세기 아케이드에서 수립된 새로운 건축 테크놀로지(철과 유리로 된 구조물과 대량 생산)는 경쟁적 이미지들이 반영된 하나의 텍스트 같은 어떤 것으로 기능한다. 예컨대 전통적인 석조 기둥에서 철제 받침대 구조물로의 이동은 "새로운 것과 낡은 것이 철저하게 상호 침투하고 있는 형상들"(Benjamin, 4/91* 『아케이드 프로젝트』, 조형준 역, 새물결, 2005)을 끌어낸다. 벤야민의 설명 중에서 가장 상관성 있는 대목을 다시 인용하자면, "이러한 이미지들은 소원의 이미지들인데, 이것들 속에서 집단적인 것은 사회적 생산물의 미숙함과 사회적 생산 질서의 미숙함을 지양하는 동시에 변형하려고 한다. …… 이러한 경향들은 (새로운 것에서 자극받은) 상상을 굴절시켜 지나간 시원적인primal 것으로 되돌린다."(Benjamin, 4~5/91~92* 『아케이드 프로젝트』, 조형준 역, 새물결, 2005)

우리는 얍의 가장 도발적인 시에서 발전주의 논리의 '부적합성'에 대한 비판(그 부조리한 논리의 폭로), 새로움과 '시원적 과거'를 뒤얽게 하는 "상상의 굴절"을 본다. 얍은 이 새로운 도시 테크놀로지들이 그것들을 텀부 식으로 역사화하고 하나의 민족적 이미지 속에 질서 지으려는 충동을 발생시키는 방식뿐만 아니라, 건물과 하늘이 유기적으로 접속되고 살아 있는 가옥들이 옹기종기 모이고 대규모 재개발이 상상에 적용되는 그런 사회적 경관을 급진적으로 다시 상상하는 추동력을 발생시키는 방식을 드러낸다. 그래서 말레이 마을인 캄퐁(kampongs)이라는 공동 주거지들이 도시 재개발 과정 중에 실제로 철거되는 그 순간에, 그 새로운 경관은 시원적이고 신화적인 집단성의 이미지들을 또한 부상 가능하게 한다. 달리 말한다면, 얍의 시들은 도로와 도시 재개발과 다리의 하향식으로 낙하되는 **테크네**에 맞서는 지역화되고 문화적으로 종별적인 관점을 그저 이야기하지 않는다. 그의 시가 우리에게 제공하는 것은 리콴유의 국가주의 프로젝트를 넘어서는 길이자, 파농과 카브랄이 제시하려고 전념한 진정한 민족 프로젝트의 생산적인 힘을 넘어서는 길이다. 말하자면 그의 시는 생산의 논리를 생산적인 경관 자체로부터 끊어 버린다. 벤야민의 용어로 말한다면, 그의 작품은 사유의 힘을 해방시키고 집단적 프로젝트의 재상상을 해방시키기 위해, '사회적 생산물의 미성숙' 또는 부적합성에 관해, 발전 경관의 형태들에 관해 성찰한다.

얍이 이것을 성취하는 형식적 수단을 좀 더 주의 깊게 살펴보기 위해 다시 한 번 텀부의 시 한 편과 대조해 보자. 「앞에 놓인 길」 및 텀부가 재현해 놓은 관료의 계획수립 회의를 떠올려 보라. 텀부가 합리주의적인 계획수립 원리들을 벗어나는 공간들과 계기들을 인정함에도 불구하고, 이 시 전반에 걸쳐 도시는 대문자화되고 대상으로서의 안정성을 유지한다. 비슷하게, 자유시 형태인데도 불구하고 이 시의 많은 부분에서 행의 길이와 리듬은 대체로 내내 단일하며, 각 행은 자연스러운 호흡과 구절 단위에 따라 대문자로 쓰여 있다. 대조적으로, 얍의 『끝까지』(*Down the Line*, 1980)에 실린 「그럴 수도 있었을 거야」(would it have been)같은 시는 가능한 한 많은 시적 관습들을 깨는 것을 즐긴다. 시의 첫 부분은 다음과 같다.

> 다를 수도 있었을 거야. 사과가 아니라
> 폭탄이 세상을 존재하도록 베어 물었다면
>
> &, 조건법이든 뭐든 간에, 다를 거야
> 베어 문 이후, 세계의 공통어가
> 수화, 초언어, 특정 집단만의 언어이고
> 은어, 점자, 그런 이유로 에스페란토라면(Yap, 82)

첫째, 얍의 시가 전부 그렇듯이, 대문자를 완벽하게 삼가고 있고, 모든 단어들에 동일한 격식(의 결여)이 부여된다. 둘째, 시가 저기 있는 세계를 매개하는 데 관심을 덜 기울이는 반면 문법 구조와 조건법("다를 수도 있었을 거야")의 유희에 더 많은 관심을 기울인다. 게다가 각 행의 구조는 구에 기반하거나 호흡에 기반한 시적 형태를 거부하는 정도를 입증한다. 두 번째 연은 돌연히 두 개의 인쇄상의 상징인 &로써 시작, 중단되다 이어지는 두 번의 예("다를 거야/ 베어 문 이후"와 "세계/ 수화[라면]")로써 계속된다. 시의 결말은 다음과 같다.

> 집들은 둥지들 & 사람들은 조립식
> 대두 조각들,
>
> 햇살이 떨어지는 타오르는 잔디밭
> 마침내 무지개가 되어
>
> 도시 자체의 악마들에 의해 인질로 사로잡힌 도시들
> 또는 집단적 꿈의 연쇄들
>
> :아주 다를지도 혹 이 모든 것들이
> 진짜가 아니었다고 한다면?(Yap, 82)

"집들", "햇살", "도시들"과 같은 상이한 장면 이미지들을 규칙적인 형식적 패턴들로 제시하는 세 개의 연에서, 이미지들의 내용은 확고하게 우리를 비현실성의 세계로 이동시킨다. 앞에서 논의한 시들에서처럼, 얍은 둥지들-집들, "조립식/ 대두 조각들"과 "집단적 꿈의 연쇄들"에 사로잡힌 도시를 권함으로써 자연의 논리 대 인위적 논리라는 우리의 관념을 깨거나 혼란에 빠트린다. 가장 놀라운 것은 비현실성의 지위를 갖고 이루어지는 시적 도전이다. 우리는 마지막 연을 "아주 다를지도 혹 이 모든 것들이/진짜였다면?"이라고 읽기를 기대한다. 다만 그 질문이 이 시의 내용을 진짜가 아니라고 상상함을 발견하기 위해서 말이다. 혹은 더 좋기로는 그 질문이 이 모든 것들의 불안정한 존재론적 지위를 위해 적절한 문법적 시제("have had being been")를 작성할 때의 문제를 묘사한다는 것을 발견하기 위해서 말이다. 그러므로 얍의 작업은 단지 국가 진보의 의미작용 형태 또는 **테크네**에 불과할 수도 있는 저 조립식 집들, 계획된 도시들, 수용된 토지들을 다시 읽는 유력한 길을 제공한다. 벤야민의 파리 아케이드라는 계기처럼, 싱가포르 근대성의 희미한 새 형태들은 상상을 예전에 사유되지 않던 '집단적 꿈의 연쇄들'로 굴절시키는 기회이기도 하다. 그래서 얍의 시들은 우리에게 싱가포르 발전의 현저한 공간성을 이해하는 대안적이고 3차원적인 길을 허용한다.

싱가포르의 독특한 도시 경관을 떠나 이제는 타이완으로, 국민당이 주도한 그 섬 재건의 아주 상이한 형상화로 논의를 돌려 보자. 제한된 공간을 지닌 싱가포르의 도시국가 영토와 달리, 다음 6, 7장에서 우리는 농촌에서 도시로의 이주와, 전국적 산업화의 과정과, 이미지와 논리라는 골치 아픈 질문들을 다루어야 한다.

6장

타이완 뉴시네마에서의 이동성과 이주

> 도시가 농촌을 구하는 것도 농촌이 도시를 구하는 것도 아닐 것이다. 차라리 양자 내부의 장구한 투쟁은, 어떤 의미에서는 언제나 그랬듯이, 일반적인 투쟁이 될 것이다.
>
> —레이먼드 윌리엄스(Raymond Williams), 『농촌과 도시』(*The Country and the City*)

타이완에서의 국민당 재건

국민당이 통제하는 타이완에서 국가주의적 근대화 이데올로기의 표현들은 우리가 싱가포르에서 보았던 많은 부분과 유사했다. 하지만 장제스(蔣介石, 1887~1975* 타이완 총통)의 연설과 저술들을 리콴유와 비교하는 것은 그것들의 초점이 거의 전적으로 부정적이었다는 사실로 인해 복잡해진다. 에드윈 윙클러(Edwin Winckler)는 국민당의 "주요한 긍정적 국가 문화 프로그램은 반공 선전이었다."(Winckler, 30)고 쓰고 있다. 둘째, 장제스의 연설과 저술들은 주로 타이완 사람들이 아니라 본토 중국인들과 화교 공동체를 대상으로 한 것이었다. 다양한 경우에 했던 장제스의 연설들 중에서 어떤 것을 표본으로 고르든 간에 한결같이 "무법자 마오", 그의 "세계평화 위협", "공산 사이비 정권", "민족 복원(fuguo)" 혹은 "본토 수복"이라는 과제 등이 친숙한 후렴구로 들어가 있다. "혁명 기지"로 형상화된 타이완은 "군사력과 경제 수완"을 물질적으로 증강하여 "해외에 거주하는 1800만 반공 동포의 애국주의뿐만 아니라 본토에 있는 7억 동포의 심장"도 정신적으로 지휘할 수 있게 된다(Chiang, *Selected Speeches*, 46)는 것이다. 중국 재건에 관한 장제스의 좀 더 긍정적인 관념을 보기 위해서는, 1952년에 그가 쓴 『민족 번영, 사회 복지, 교육, 건강, 행복에 관한 장(章)들』을 참조할 수 있다. 이것은 쑨이센(孫文, 1866~1925* 중국의 정치가. 중국 혁명의 지도자. 삼민주의를 주장함.)의 『삼민주의』[1] 중 미완의 3부에 대한 보충으로 저술되었는데, 삼민주의는 민족주의, 민주주의, 민생이라는 3대 원칙으로 구성된다.[2]

민생 문제에 관한 장제스의 상세한 저술들에는 복지와 교육 목표와 특히 인구 통제에 관한 숙고들이 포함된다. 그것들이 주로 본토와 관련해서 저술되긴 했지만, 그래도 우리는 농업사회에서 산업사회로의 성공적인 변형에 몰두했던 쑨이센과 장제스에게 소급하여 타이완의 물리적 발전 추세를 추적할 수 있다. 도시화와 관련해, 도시의 생활 스타일과 농촌의 생활 스타일 사이의 잠재적 불균형을 인정한다는 점에서 장제스는 쑨

---

1 고유명사가 아닌 경우에는 필요에 따라 중국어의 로마자 표기법인 피닌(pinyin) 방식으로 번역했다.

2 쑨이센이 맑스주의적인 사회주의관과 구별해서 흥미롭게 정의하는 **민생**에 관해서는 그 자신의 「민생 원칙」 1강 참조. 물론 쑨이센은 맑스주의에 지대한 관심을 지녔고 특히 재분배에 주의를 기울였으며 중국에서 지배적인 자본가 계급이 형성되는 것을 막으려 했다. 장제스에게는 자신에게 남겨진 과제가 인민의 민주주의 또는 민족주의 관련 부분을 완성하는 것이 아니라 물질적인 복지와 공공질서에 관련된 민생 부문을 완성하는 것이었다는 점이 아마 다행이었을 것이다.

이센을 따르고 있다. 장제스는 초기의 유럽 도시 이론가들을 반복하면서, 산업화와 도시 생활이 가져오는 특징적인 "긴장은 모든 사람을 쉬지 않고 몰아대며 그들의 직업 때문에 언제나 바쁘게 서두르도록 하고", "[도시 주민의] 깨어 있는 시간과 잠과 일과 자유 시간과 연계된 문제들" (Chiang, *Chapters*, 72~73)을 불러일으킨다고 쓰고 있다. 이런 위험들과는 상반되게, "타이완에는 도시 생활과 농촌 생활에 큰 차이가 없다. 장제스는 도시에는 농촌 생활 특유의 장면들이 점점이 박혀 있으며, 농촌에는 통신과 전기 및 여타 편의 시설의 공적 수단이 제공된다."(Chiang, 75)는 점에 주목한다.[3] 마찬가지로 본토에서도, "우리 인민이 진정으로 건강하고 행복한 환경에서 살기에 앞서, 우리는 도시의 농촌화와 농촌의 도시화를 먼저 달성해야만 한다."(Chiang, 75) 장제스는 쑨이센(과 마오)의 사회주의 스타일의 복지와 개혁 제스처를 취하면서도, "위대한 국부"의 직접적 전신인 "소수 번영의 시기"에 대한 흥미로운 설명으로 자신의 보충을 마무리한다. 리콴유의 "아시아적 민주주의"와 박정희의 개념들인 "대통령의 영도(領導)"나 "행정 민주주의"(또는 포스트식민 권위주의를 가리키는 숱한 여타 완곡어법들)처럼, 장제스에게서도, 민주적인 정치 체계와 경제 재분배 체계는 후견과 부의 증대 시기 이후에야 비로소 가능해진다고 이해된다.

쑨이센의 정의에 따르면, 소수 번영의 시기에 경제는 "자유 기업이 지휘하고" 사회복지는 가족과 씨족 체계가 제공한다. 선행하는 "절대 군주의 시기"에 대한 쑨이센의 묘사에 따르면, 정치라는 체계 안에서 "최고

3 바로 이것이 타이완의 초기 도시화의 특징들 중 하나였다. 대형 외국기업의 하청을 받아 소규모 가족단위로 운영되는 업체들로 이루어진 타이완의 유연한 산업구조로 인해, 1960년대까지도 도시 노동자들이 공장에서 일하는 한편 도시에 남아 있는 밭에서 농사일을 할 수 있었다는 점에 카스텔스는 주목한다(Castells, "Four Asian Tigers," 43). 3장에서 논의한 향토문학도 참조.

권위는 하나의 지배 가문 소유이고 부자간에 세습되며, 공동체는 적대적인 공격들에 맞서 든든한 담을 쌓고 참호와 해자를 깊게 파서 스스로를 지킨다."(Chiang, 106) 물론 목표는 소수 번영의 시기에서 위대한 국부로 이행하는 것이며, 위대한 국부는 "자유롭고 안전한 사회"일 것이고 여기서는 모든 소년들이 국가의 교육을 받아 "정치적 선거권과 자유와 투쟁을 누리는 독립적인 시민"이 될 것이다(Chiang, 106~107). 그러한 사회는 "일종의 이행의 가교인 민생 재건"(Chiang, 106)을 통해서만 실현된다. 장제스의 논리에서 민생 원칙은 민족 발전의 목표가 아니라 차라리 그 수단이다. "혁명적 재건이라는 우리의 과제를 이룩하려고 노력하는 가운데, 그 다리를 건너 똑바로 나아가야만 비로소 우리는 마침내 위대한 국부에 도달할 수 있게 될 것이다."(Chiang, 106) 우리는 타이완에서의 국민당 프로젝트에 대해 소수 번영 시기의 지리적 판본이라고, 즉 자본주의 관계와 씨족 기반 사회체계와 든든한 담 쌓기로 특징지어지는 이행 체계의 지리적 판본이라고 생각할 수 있다. 타이완과 그 인민은 발전을 통해 다시 중국처럼 될 구-일본 영토가 아니라, 공산주의의 궁극적 박멸과 범중국적 재건으로 나아가게 할 다리가 될 것이다.

싱가포르에 대한 분석에서처럼, 6장에서도 공식적 민족주의의 상징적 논리와, 기반시설의 발전에서 보이는 그 공식적 민족주의의 은유적 사용을 검토한다. 싱가포르에서는 그러한 민족주의의 재기입에 가장 적절한 매개체가 시였다. 그것에 비해 국민당 주도 발전과 근대성의 요소들을 가장 도발적으로 다르게 제시했던 것은, 타이완 뉴시네마 운동의 거장인 허우 샤오시엔(侯孝賢)의 초기 영화들이었다. 타이완에서의 영화 및 다른 두 장소(*싱가포르와 남한)에서의 영화 발전에 관한 질문은 뒤에 고려될 것이다.

1960년대와 70년대에 경공업을 발전시키고 농업을 기계화하고 운송과 기반시설을 개선하는 작업에 관한 국민당의 강조는 취약해지는 타이완의 정치적 입지와 비례해서 그 강도가 높아졌다. 싱가포르와 남한에서처럼, 경제 발전은 곧 민족의 운명과 궤를 같이하는 것으로 형상화되었다. 1972년에 닉슨이 중화인민공화국을 방문하고, 타이완이 상실한 유엔 의석을 (많은 나라들이 외교적으로 승인한) 중화인민공화국이 차지한 충격 이후에, 경제 발전이야말로 점점 더 소외되는 국민당 정권의 존재 이유가 되었다. 베레니스 레이노(Bérénice Reynaud)가 지적하듯, "특히 1970년대의 외교적 고립 시기 동안에 타이완은 도저히 떠날 수 없는 그런 장소였다."(Reynaud, 75) 1975년에 장제스가 갑자기 사망한 이후, 국민당 정부는 "타이완을 삼민주의의 모델 지역으로 건설한다"(Hsieh, 2)는 과제를, 즉 섬의 "가속화된 발전"을 요청했던 그 과제를 완수하느라 더욱 분투했다.

타이완 성 정부 주석(governor)인 셰둥민(謝東閔)의 1976년 국회 보고는 장제스와 쑨이센의 인민 3대 원칙에 충실하겠다는 서약으로 시작된다. 하지만 정부의 실천 프로그램은 "전국 순환 철도의 쑤아오—화롄(蘇澳—花蓮) 구간 건설, …… 타이중(臺中) 고속도로, 타이완 서부의 북-남 철도 노선의 전철화, 쑤아오(蘇澳) 항구 확장"(Hsieh, 5)과 같은 4대 주요 기반시설 프로젝트에 전적으로 초점을 맞춘다. 그러한 대형 프로젝트들은 이미 1950년대 후반에 장제스의 아들이자 계승자인 장징궈(蔣經國)에 의해 시작되었으며, 그의 총통 재임 기간(1978~1988)에 빠른 속도로 이어질 것이었다.

국회 보고에서, 셰둥민은 3대 원칙에 입각한 '정치 재건'을 4대 기본 경제원칙을 통해 어떻게 실행할 것인지를 묘사한다. 4대 경제 원칙은 "인간 잠재력의 전면 개발, 토지 자원의 전면 개발, 유용한 생활 물품의 최대한 이용[문자 그대로 물품을 끝까지 남김없이 쓰는 것], 재화의 자유로운 흐름 조장”(Hsieh, 17)이다. 여기서 벌어지는 일은, 발전 국가의 다른 서사들에서처럼, 3대 원칙이 표면적으로 제기하는 민족의 방향에 관한 잠재적 논의가 노동과 자원의 전면 개발 및 “재화의 자유로운 흐름”을 위한 수단에 관한 질문으로 바뀌고 있는 사태이다. 마지막 원칙과 관련하여 셰둥민 정부주석(Governor Hsieh)은 다음과 같이 상술한다.

> 재화의 자유로운 흐름을 용이하게 하기 위한 핵심 사항들은 재화의 제철 가치를 보존하고 상품 가격을 안정화하고자 재화를 운송하여 목적지에 제대로 당도하는 과정 중에 일체의 걸림돌을 치우는 것이다. 이러한 목표들을 달성하기 위해 우리는 한편으로는 더 많은 철로와 고속도로와 화물 도로와 항구와 부두를 짓고 늘려야 하며, 다른 한편으로 유능하고 능률적인 운송 체계를 발전시키고 운송의 합리적 개선을 위한 전반적인 연구라는 더욱 중요한 일을 수행해야 한다.(Hsieh, 27)

그러한 운송 혁명에 의해 농촌 지역은 도시와 항구에 효율적으로 접속되어야 할 뿐만 아니라, 비합리적인 계획을 노출하는 촌락들은 적절한 절차에 따라 교정될 것이다.

> 게다가 우리는 농촌 환경의 개선과 농민 삶의 수준 향상을 위해 공동개발구역에서 주택의 토지구획정리 프로그램을 시행하고 있다. 이 프로그램에 따라 모양이 불규칙하고 비좁은 구 도로와 노후 주택을 철거하여 포장도로와 정연하고 근사한 다층 건물로 개조하며, 환경 미화 또는 생산적 목적을 위해 그 사이에 열린 공간을 충분히 확보한다.(Hsieh, 13)

물론 가장 놀라운 것은 건조 형태들의 새로움과 규칙성과 합리성을 향한 명시적인 욕망이다. 우리는 리콴유의 저술에서 이 욕망을 친숙하게 본다. 7장에서 우리는 한국 농촌 마을에 대한 박정희의 근대화 처방에서도 이 욕망을 보게 될 것이다.

허우 샤오시엔의 『펑꾸이에서 온 소년』(1983)에 나오는 부산한 가오슝 고속도로

타이완에서 성취된, 운송과 교환에서의 그러한 주목할 만한 전국적 규모는 최악의 도농 불균등을 모면했다는 점에서 상대적으로 성공적이었다. 예컨대 한국의 서울특별시와 동남 해안 지역에서 볼 수 있는 한두 지역으로의 과도한 산업화 집중을 피할 수 있었다. 일제에게 물려받은 고속도로와 철도 체계가 개선되었다. 특히 북남선의 개선이 중요했으며, 1966년 남부 타이완의 〈가오슝 수출 가공 지대〉의 수립은 북부로의 배타적인 이주와 발전을 상쇄하였다(Tsai, 218~219). 그럼에도 불구하고 1980년대 중반 무렵에, 타이완 인구의 절반이 거대 메트로폴리스인 타이베이, 타이중, 타이난, 가오슝에 살았다(Tsai, 229). 이는 운송 체계가 재화의 자유로운 흐름뿐만 아니라 농촌에서 도시 중심부로의 이주도 용이하게 했음을 시사한다.

남한과 싱가포르의 민족 공간들처럼, 타이완 재건도 자신의 근거를 그 자체에 두는 것이 아니라 지연되는 미래에 둔다. 분단 한국처럼 타이완의 미래도, 통일된 민족의 정신과 영토 양자가 함께 달성되는 미래이기에 시간적인 미래이자 지리적인 미래이기도 하다. 모든 시민이 물리적으로도 **또** 정치적으로도 참여하게 될 민족문화의 건설을 향한 파농의 정식화를 뒤집어, 민족의 현실화(actualization)는 국가주도 발전의 사후효과(aftereffect)로 이해되며, 국가주도 발전이 민족 전체의 경제적 또는 군사적 참여를 요청하는 한 대중적 성격을 지닌다. 장제스의 재건 이념은 새로운 미래와 시간적으로도 이데올로기적으로도 연계된다.

그렇지만 리콴유의 신-유교 또는 아시아적 가치에 대한 관심과 타이완의 중국부활 건축과 남한의 역사적인 민족주의 담론이 입증하듯이, 이 세 지도자 모두 더욱 관습적인 판본의 문화 민족주의를 지향하는 분명한 의제를 가지고 있었다는 점을 잊지 말자.[4] 하지만 여하튼 내가 주장하는 바는, 이러한 지연된 민족해방 구조를 가능하게 하는 것은 민족문화의 방향을 관습적인 관점에서 정의하는 정권의 능력은 아니라는 점이다. 식민 국가의 관료적 형태들을 받아들이는 노련함과 결합된 정치적 대중 억압, 또는 차테르지(Chatterjee)가 그람시를 따라 "글로벌 자본 질서 안에서 '민족'을 위한 자리를 찾으려는" "수동혁명"(*Nationalist Thought*, 168)이라 부르는 것 역시 그런 구조를 가능하게 하는 것은 아니다.

중요한 것은 근대화의 건조 형태를 통해 이 혁명적인 미래 민족을, 다른 민족들과 자신의 인민에게 공히 **이야기하는** 국가의 능력이다. 우리가 두 번째 '보론'에서 카스텔스를 통해 주목했듯이, 발전 국가에는 혁명적 전위주의의 구조를 닮은 무엇인가가 있다. 꼼꼼하게 유지되는 도로와 골프 코스를 통해 싱가포르를 제1세계의 오아시스로 만들겠다는 리콴유의

4 싱가포르와 '아시아적 가치'의 발명에 관해서는 C. J. W.-L. Wee를 참조. 후퇴 이후에 타이완을 다시 중국화하는 과정에서 건축이 행한 역할에 대해서는 제이슨 쿠오(Jason C. Kuo)의 「식민주의와 탈식민화」(Colonialism and Decolonization) 참조. 한국의 민족주의 역사학과 이것이 역사 소설에 미친 영향을 개관하기 위해서는 자현 킴 하부쉬(JaHyun Kim Haboush) 참조.

결정에는, 이러한 지위가 사실이 되기 전에 먼저 이 지위를 주장하는 효과가 있다. 비슷하게, 우리는 비포장도로와 초가지붕을 콘크리트로 교체하라는 박정희의 권고가 한국을 세계의 반열에 올려놓는 것을 재현하는 물질적 행위임을 볼 것이다. 마찬가지로, 국민당의 타이완 공간에 대한 경제적 합리화는 '상상된 총체성'(imagined totality, Anderson)을 구성한다. 또한 이 총체성은 수복되고 통일된 하나의 중국으로 나아가는 수단이다.

문학과 영화에서의 타이완 공간

우리는 포스트식민 타이완에서 민족주의 담론들이 복합적이라고 해서 놀라서는 안 된다. 주요 민족주의 담론들 중 한 흐름은 (서로 대립적인 관점에서 국민당과 중화인민공화국이 절대적으로 동의한 목표인) 좀 더 큰 중국 민족주의 속에 타이완이 병합되는 문제 주변을 선회하여 왔다. 다른 하나는 초기 중국인 이주와 일본 식민주의와 섬의 전후 발전이라는 지역적(local) 경험들에 입각한 별개의 타이완 의식이라는 이념을 강조한다. 1970년대 말에 이르러 (3장에서 논의한) 향토문학이라는 장에서 나온 두 가지의 주요 민족주의 이데올로기 진영이 있었다. 싼-싼(San-san) 서점과 저널에 연계된 본토 지향의 집단과, "더 이상 낡은 향토문학을 지지하지 않으며 더 도발적으로 명명된 타이완 원주민 문학을 지지했던 신-토착주의 운동"(Yip, 46)이 그 두 진영이다. 후자의 일부 성원들은 중국으로부터의 전면 독립을 주장하면서 타이완 언어만을 사용했고 타이완 사람은 중국인과 상이한 인종이라는 주장까지 펼쳤다(Yip, 46).[5] 그리하여 이 두 집단은 향토 운동에 의해 확인되었던 논리적 이원론을 극단까지 몰고 가서, 모더니즘 대 토착주의라는 한때 조야했던 논쟁이 무용해지는 순간을 효과적으로 제시한다.

'도시'와 '농촌'이라는 범주의 대립이 극에 달했던 과거 수십 년간과는 대조적으로, 1980년대에는 도시의 생활방식이 어느 정도 견고해졌다. 양차오(楊超)의 설명에 따르면, "1970년대의 토착주의 운동은 농촌 지역을 도시 공격의 기지로 삼았고 스스로를 정당화하는 불과 유황의 말들로 가득했다. 비교해 보면, 1980년대 주류 토착주의는 도시를 중심적인 준거로 삼고 종종 농촌 촌락과 소도시를 정신적 에너지의 원천으로 고려한다."(Yang, 101) 더 나아가 "더 급진적인 토착주의들"의 에너지가 "직접적인 정치 참여 쪽으로 점점 더 기울었고" 1980년대에는 더 대중적이고 정서적인 문학 조류들이 성장했기 때문에(Chang, "Modernism", 3) 영화의 상관성이 부상하는 조건들이 무르익었다. 하지만 영화에 대한 질문으로 넘어가기 전에, 1970년대 말과 80년대 타이완 문학에는 우리가 주목할 가치가 있는 의미심장한 목소리가 있다. 첸잉첸(陳映真)의 목소리가 그것이다. 좌파 참여 작가로 알려진 그는 국민당 정부에 의해 불특정 전복 활동 혐의로 1968년부터 1975년까지 징역을 살았다. 그는 10년 형을 받았는데 장제스 사망을 애도하는 기간에 사면을 받아 감형되었던 것이다(Miller, 3). 그의 세대 타이완 사람들처럼, 그에게도 본토 문학 작품들은 금서였다. 첸의 저술은 루신 작품과의 다행스러운 해후 덕분에 분리주의적인 타이완 작가의 저술이라기보다는 더 넓은 중국 전통의 일부로 간주될 수 있었고(Miller, 22), 이 시기의 그를 독특하게 만들어 주었다.

첸의 초기 작품들은 대개 우울하거나 풍자적이며 허무주의와 정치적

5 비본토인 다수가 사용하는 민남 방언(Minnam-hua)을 타이완 어(타이유Taiyu)라고 개명한 것은, 새로운 타이완 에스니시티의 형성을 입증한다. 하지만 이러한 대립적 정체성은 하카 어를 사용하는 소수자가 있다는 점을 가리고, 또한 외성인과 본성인의 구별을 별로 중시하지 않던 타이완 선주민들의 곤경 역시 가려 버린다.

이상주의와 전쟁 경험을 다룬 데 비해, 후기 소설들은 타이완의 들뜬 발전의 성격을 더 명시적으로 다룬다. 그는 석방된 이후에 워싱턴 건물 연작으로 알려진 일련의 소설을 썼는데, 거기서는 다국적 기업들이 타이완에 들어오면서 조성된 새로운 비즈니스 세계를 비판하고 있다. 밀러는 이 연작의 배경을 다음과 같이 설명한다.

> 서구와 일본의 다국적 기업과 은행 다수가 타이완에 지점을 냈고, 저렴한 노동과 유리한 세금과 무역 인센티브 덕을 보았으며 환경 규제와 노동조합과 안전 규정이 일반적으로 없다는 것에서 이점을 누렸다. …… 타이완은 10년도 지나지 않아, 현지 공장의 실패뿐만 아니라 외국인 투자와 세계경제 기후의 변덕에 종속되어 있는 다른 가난한 아시아 나라들의 제3세계 공동체 가운데 우월한 제2세계[원문 그대로임]라고 때때로 잘난 체하는 소비문화가 되었다.(Miller, 8)

이러한 맥락에서, 첸의 연작은 확실히 "도시를 중심적인 참조 지점으로 삼고" 있지만 농촌 생활의 균형을 잡아 주는 "정신적 에너지의 원천"으로 고려하기보다, 도시의 새로운 소비문화를 그 자체로 비난한다. 그의 연작에서 비판되는 것들은 타이베이의 회사 생활의 편협한 세계, 미국 다국적 회사의 좀스런 사무실 정치, 영어를 쓰는 타이완 직원들과 그들이 시내에 갖고 있는 콘도들이다. 우리는 첸의 작품을 3장에서 본 문학 전략들의 부분적인 연속으로 읽을 수도 있겠는데, 이 전략들에서 도시 형태는 더 큰 경제/사회 체계를 가리키는 암호이다. 하지만 첸의 전략의 한계는 그 체계를 비난하는 데에만 초점을 맞추다 보니 연작의 비판적 힘이 약해진다는 것이다. 조셉 라우(Joseph S. M. Lau)는 첸의 석방 이후 저술에서 첸의 "변증법에 대한 관심은 줄어들고, 근대화의 힘에 의해 약해지고 있는 중국의 자아라는 문제에 더 큰 관심을 기울이고 있다"("Ch'en Ying-chen", 102)는 점에 주목한다.

예컨대 「어느 화이트칼라 노동자의 삶에서 단 하루」라는 소설을 통해 우리는 올리브(Olive)와 함께 하루를 보낸다. 올리브는 타이완 모리슨(Taiwan Morrison)에서 10년간 일한 출세한 타이완 인으로, 돈도 잘 벌고 풍족한 미국식 삶을 누리고 있다. 그는 타이베이 중심가에 있는 "모리슨의 넓고 우아하고 냉방도 잘 되는 사무실"(Ch'en, 176)에서 일하며, 걷기보다는 택시를 타고, 하비스(Harvey's)같은 곳에서 서구 음식을 먹으며, 로즈라는 이름의 타이완 여자를 정부로 두고 즐긴다(그녀는 결국 미국에서 살려고 미국인 병사와 함께 타이완을 떠난다). 이 소설을 정박시키는 공간의 형상은 모리슨 사무실이 입주해 있는 건물이다. "워싱턴 건물은 주변의 모든 것에 개의치 않고 백열을 빛내며 우뚝 서 있었다."(Ch'en, 185) 그러한 묘사는 황춘밍의 「두 페인트 공」에 나온 24층 호텔과 조세희의 「작은 공」에 나온 고층 건물을 반향한다.

하지만 그 시각은 이농 건설 노동자 또는 빈민가 주민의 시각이 아니라 화이트칼라 주민의 시각이다. 타이완 노동계급이 소설 안으로 들어오는 경우는 올리브가 대학에서 공부했던 영화 제작 일을 언젠가 하리라는 것에 관해 백일몽을 꿀 때뿐이다. 무료한 어느 순간, 그는 어떤 장면을 촬영하는 것을 상상한다. "회전 바퀴에서 시작해서 의자 뒤에 있는 도시락으로 움직여라. 이어서, 승용차와 택시와 버스로 붐비는 거리 아래로 자전거를 타고 사라지는 비루한 화이트칼라 노동자의 모습이 보인다. 마지막에, 카메라가 이동하면서 거대한 건물 숲처럼 보이는 마천루를 비춘다."(Ch'en, 178) 올리브가 상상한 이 노동자의 시각에서, 타이베이 중심가와 그 사무용 건물들은 "거대한 건물 숲"이라는 전혀 상이한 측면을 보인다. 하지만 첸의 소설에서, 이 장면의 기능은 사무실 정치의 현실적 비즈니스로 올리브의 관심을 돌리기 전에 제멋대로 꾸어 보는 몽상의 순간에 불과한 것이다.

물론 저자는 이러한 생활방식의 구멍 난 소비주의를 분명히 비판하고 있지만, 워싱턴 건물 문화의 지배를 지각하는 대안적 입장 같은 것은 없다. 게다가 개인의 발전을 둘러싼 아무런 긴장도 없다. 왜냐하면 올리브는 변할 여력이라곤 없는 다 자란 성인이기 때문이다. 이것은 도덕 교육의 성장소설이 아니다. 마지막으로, 타이완 농촌의 실제 변형과, 이들 기업의 활동이 의지하고 있는 대형 기반시설의 발전은 시야에서 완전히 차단된다. 소환될 수 있는 것은 "비루한 화이트칼라 노동자"라는 상투적인 형상이 전부다. 어떤 의미에서, 첸의 연작은 타이완의 민족적 발전이 완전히 도시적 현상이라고 일방적으로 해석되는 방식을 드러낸다. 바로 이 대목에서 나는, 섬 전체의 발전에 대한 재현을 민족 서사와 접속시키는 가장 긴요한 논의가 영화에서 출현한다고 주장한다.

먼저, 나는 지금까지 문학을 통해 도시 형태와 맺어 왔던 연관 관계와 관련해 영화에 대한 질문을 짧게 논의해 보고자 한다. 일반적 견지에서 건축과 도시생활에 대한 영화적 재현은, 영화가 이것들과 맺는 색인 관계로 인해, 공간적 현실성들에 대한 더 투명한 접근을 제공하는 것처럼 보일지도 모른다. 하지만 다양한 영화해석 방법들—몇 가지만 들더라도, 형식적 해석 방법, 서사적 해석 방법, 정신분석적 해석 방법, 들뢰즈적인 해석 방법, 수용 지향적 해석 방법—이 입증하듯, 영화에서 공간을 해석하는 과제는 문학에서도 그런 것처럼 역시 간단치 않다. 발쇼(Balshaw)와 케네디(Kennedy)는 좀 더 넓은 차원에서의 시각적 재현이 도시 형태와 맺는 관계를 다음과 같이 잘 요약해 준다.

> 시각적 재현은 도시에 초점을 맞춘다고 말할 수 있겠다. 그것은 도시적 형식들(건축적인 구문론, 거리의 기호체계)을 인식하는 틀을 제공한다. 그것은 보이는 것(지도, 도면, 가이드, 이미지)의 재생산을 통해 가독성을 제공한다. 그것은 도시적 장면(높이, 평면, 전망)에 대한 미학적 이해와 공간

적 이해를 통합한다. 그것은 시야 안에 두기를 좋아하는 욕망과 훔쳐보고자 하는 욕망(보는 것, 보이는 것)을 매개한다. 그것은 보는 행위(눈과 카메라 렌즈의 융합)를 기술공학화한다.(Balshaw/Kennedy, 7)

내가 특별히 타이완 뉴시네마에 관심을 갖는 것은, 시각적 재현의 여러 기능 중에서 타이완 뉴시네마가 뭔가에 "초점을 …… 맞출" 수 있어 르페브르가 말하는 2차원적인 추상 공간의 선을 따라 작동하는 국민당의 전망과 상반되게 읽을 수 있게 하는 점 때문이다. 섬의 유연한 수송망과 물류에 대한 종합설계를 짜는 관점과는 달리, 타이완 뉴시네마는 "물리적이고 심리적인 공간에서 일어나는 이행들의 지도를 그릴 수 있어, 보는 주체가 재현의 공간으로서의 도시와 맺는 연관을 자리 매기고(locating) 그 자리를 이탈시키는(dislocating) 일"(Balshaw/Kennedy, 8)을 할 수 있다. 문학 형식들에 대해서도 그랬듯이, 나는 도시 경관을 단순하게 렌즈로써 포착하는 영화의 모방 기능에 관심을 덜 기울이는 반면, 건축 형상들의 내부에서 발생하는 덜 가시적인 모순들과 투쟁들이 건축 형상들의 병합과 배치에 의해 드러나는 방식에 더 많은 관심을 갖는다. 이것을 검토하기 전에, 타이완 뉴시네마의 이례적인 발전을 온전히 평가하기 위해 각 나라 영화 산업의 궤적을 고려하는 것은 그럴 만한 가치가 있다.

그동안 세 나라 모두 영화 산업을 확립하여 왔으며, 특히 한국과 타이완의 영화는 이제 국제영화제와 예술영화관의 단골이지만 각각의 현지 독립 영화는 차별적인 역사를 갖는다. 케네스 폴 탄(Kenneth Paul Tan)은 싱가포르 영화 산업에 대한 표준적인 견해를 다음과 같이 들려준다. 그것은 "1940년대에서 1960년대까지 쇼(Shaw) 스튜디오와 캐새이-케리(Cathay-Keris) 스튜디오에서 주로 말레이 어 영화를 제작하던 '황금기'로 시작하여, 경제 성공에만 매달리는 신흥독립국에서 유의미한 것이라곤 아무 것도 제작되지 않았던 '암흑기'로 넘어가고, 이어서 1990년대에는 정부가 유도한 재탄생에 진입한다."(Tan, 42) 학자들은 이런 견해에 대해 1980년대의 풀뿌리 영화와 비디오 제작 활동을 간과한다고 지적하여 왔다.

그런데, 문학과 대조되는 영화의 문제는, 영화가 정부의 제작 관련 법률과 검열에 심하게 종속되어 있어 독립영화에 준하는 것이 문학에서 출현한 시기에 비해 대체로 뒤늦게 독립영화가 출현했다는 점이다. 1990년대 싱가포르에 "출현했던 새로운 물결의 영화 제작"(Tan, 41)은 정부 편에서 영화의 상업적 유망함을 인정하고 세계적 수준의 도시가 갖출 문화의 일부로 영화의 발전을 독려하면서 가능해졌다. 1988년에 싱가포르의 문화예술 자문위원회(Advisory Council on Culture and the Arts)가 설립되었고 또한 최초의 주류 영화제작사인 레인트리 픽처스(Raintree Pictures)도 창립되었다. 바로 이 회사에서 1990년대 초에 잭 네오(Jack Neo), 에릭 쿠(Eric Khoo), 켈빈 통(Kelvin Tong) 같은 싱가포르 감독들이 영화를 제작하기 시작했다(Tan, 48~49). 최근 10년 동안 대부분 자국 관객을 대상으로 제작된 영화 편수는 극적으로 늘어났다.

박정희 통치(1961~1979)하에서 한국 영화산업은 존재하긴 했지만 주로 가혹한 법들로 통제되었다. 1961년 어느 하룻밤 사이에 제정된 박정희의 영화법은 연간 최소 15편의 영화를 제작할 수 있는 대규모 제작 시설을 갖춘 회사들한테만 인가를 내 줌으로써 "인가된 영화제작사의 수를 71개에서 16개로 감축했다."(Standish, 73) 자국 영화 제작과 외국 영화 수입을 연계시킨 쿼터제 체계 덕분에 자국 영화의 수가 실제로 늘어나기는 했어도, 그 대부분의 영화들이 "쿼터를 채우려고 졸속으로 만든"(Standish, 73) 조잡한 것들로 알려졌다. 1970년대 초에 자국 영화의 질은 떨어졌고, (7장에서 논의할) 박정희의 유신은 "영화사가 정부 시책과 직접 연관되는 영화들을 제작할 것을 요청했다."(Standish, 74) 1980년대 중후반이 지나서야 폭넓은 정치적 자유화에 맞춰 영화제작 법규에 실질적인 수정이 이루어졌고 제작현장이 다시 개방되었다. 이 시기 이후 20년도 지나지 않아 한국은 임권택과 김기덕과 박찬욱 등의 국제적으로 저명한 여러 감독을 자랑하게 되었다.

타이완의 영화사는 싱가포르와 한국 영화 산업들의 요소를 공유한다. 타이완 어로 이루어지는 영화 산업은 일본 치하에서 발전될 수 있었고, 전쟁 직후의 시기에는 2000편 이상의 영화가 제작될 정도로 번성하여 그 시기 홍콩의 영화 산업과 경쟁했다. 이 영화들은 정형화된 것들이었고 타이베이 북쪽에 있는 베이토우(Beitou) 지역을 촬영 장소로 하여 빠르게 제작되었다. 하지만 1960년대 말이 되면, 국민당이 만다린을 국어로 장려하면서, 만다린 영화가 이런 정형화된 영화들의 제작수준을 추월했다. 국민당이 운영한 〈중앙영화사〉는 자신들의 영화 정책을 '건강한 리얼리즘'이라고 공표했는데, 아이러니하게도 그들이 제작한 영화들은 전혀 리얼리즘적이지 않았다. 무술 영화와 연애물이 유행이었다. 1960년대와 70년대에 국민당은 타이완의 영화 산업을 실효적으로 통제했고, 그 결과 만다린 영화들이 식민지 시기 후기와 1950년대에 번창했던 타이완어 영화 산업을 전멸시켜 버렸다.[6]

하지만 1980년대 후반과 1990년대 초반의 형식적인 정치적 자유화를 기다려야만 했던 한국과 싱가포르와는 달리, 타이완에서의 사건들은 독립영화의 자리를 더 일찍 확보하게 했다. 성-쉥 이본느 창(Sung-Sheng Yvonne Chang)의 설명에 따르면, 타이완 뉴시네마는 "1982~1983년경"에 등장했고 "베이비붐 세대 예술가들의 성숙과 민족주의 지배 정권의 이데올로기적 지배의 와해"("Twentieth-Century," 141)를 나타냈다. 이 시기는 또한 장징궈(蔣經國)의 재임 기간과 일치하는데, 그는 나라를 엄

6 타이완 영화사에 관해 더 자세한 것은 첸 루시우(陳儒修)의 책 참조.

하게 다스리면서도(그의 이름에 들어 있는 문자 그대로의 뜻은 '나라를 경영함'인데) 정치적 자유화를 개시했다는 점에서 인정을 받았다.[7] 또한 뉴시네마는 다행히 〈중앙영화사〉의 새 정책 덕을 보았는데, 그것은 "타이완의 파산한 영화 산업을 구하려는 간절한 시도의 일환으로 진지한 마인드의 젊은 영화인들을 지원했다."("Twentieth-Century," 141) 천관싱(陳光興, 1957~* 타이완의 자오퉁 대학 교수. 『인터아시아 문화 연구Inter-Asia Cultural Studies』를 창간하여 아시아 문화 연구자들 사이의 소통과 교류를 증진시킴)이 보기에, 새롭게 현지에 기반을 둔 민족 영화를 지향하는 이러한 욕망은 타이완 소비 사회가 성숙해진 순간과 연결된다.

> 소위 '타이완의 기적'이라 불리는, 시장에서의 문화적 취향의 경관이 갈라지고 변천하는 문화 사회가 1970년대 후반에 형성되기 시작했다. 그러면서 새로운 세대의 영화 관객들이 자신들의 경험과 직결되는 어떤 것을 주문했다. …… 요컨대 타이완 뉴시네마의 형성은 경제적 정치적 힘들에 의해 역사적으로 중층결정되었던 셈이다.("Taiwanese New Cinema", 558)

그렇다면 타이완 뉴시네마의 독특한 점은, 1987년이 지나서야 타이완의 계엄령이 해제되었는데도 그 몇 해 전에 이례적으로 독립영화가 숨쉴 수 있는 공간이 주어졌다는 것이다. 1990년대와 2000년대의 한국 뉴웨이브 시네마처럼 타이완 뉴시네마도 그 후로 에드워드 양(Edward Yang)과 차이밍량(蔡明亮)의 국제적 성공과 더불어 번성했다. 하지만, 6장의 남은 부분에서 초점은 창설적 인물인 허우 샤오시엔(侯孝賢, 1957~* 말레이시아 출생 타이완 인으로, 타이완 뉴웨이브 영화의 대표적 감독)의 초기 영화들이다.

---

7 장징궈의 지도하에 타이완 원주민 출신인 리덩후이(李登輝)는 부총통 자리에 올랐고 그 후 1988년이 되면 최초의 원주민 출신 총통이 될 것이다. 그의 성명을 번역해 준 리리 씨에(Lili Hsieh)에게 감사한다.

여기서 내가 주장하려는 바는, 정치 개혁과 소비 혜택이 산업화의 통용되는 목적론이 되는 순간이 오기 전에, 이 영화들이 싱가포르의 시와 남한의 민중 소설처럼 국가주도 근대화의 주체와 형태에 관해 고심했다는 것이다. 허우의 영화들이 이러한 이행의 정점에서 만들어지지만, 그중 몇 편은 명시적으로 장징궈 이전의 1960년대와 70년대에 관심을 기울인다. 흥미롭게도, 1980년대의 몇몇 타이완 감독들은 "그 시점까지 아직 영화에서 재현되지 않은 세계"(Yip, 64)인 이 시기를 재고하고자 했다. 뚜안 천 쑤(Duan Chen-su)는 다음과 같이 쓰고 있다.

> 우리는 타이완 뉴시네마 운동이 시작된 80년대에 60년대 역사를 재론하는 상이한 시각들이 등장했음을 알고 있다. 영화감독들은 비판적인 정신과 리얼리즘적 스타일로 보통 사람들의 삶의 세부를 예전과는 상이하게 재현하는데, 배우들은 투박하게 연기하고 실제 생활 현장을 세트로 쓰고 자연 조명을 사용하며 딥 포커스 렌즈(deep-focused lens)로 롱 샷을 찍는 것이 그들의 작업 방식이었다.(Duan, 73)

시골에서 대도시로(혹은 그 반대로) 이주해 오는 청춘이 묘사되는 허우의 영화들 『펑꾸이에서 온 소년』(1983), 『동동의 여름방학』(1984), 『연연풍진』(1986)은 타이완 역사의 핵심적인 현실을 이야기한다. 그렇게 초기의 타이완 뉴시네마는 타이완의 민족적 발전에서 결정적이면서도 간과된 순간을 재-현(re-present)하려는 시도들이다. 그 시기가 허우의 주인공 개인에게도 그런 순간이고 타이완의 산업 발전에서도 그런 순간이라는 것은 단순한 우연의 일치가 아니다. 입(Yip)은 허우의 이주 영화들에 대해 이렇게 쓴다. "무엇보다도 청소년기란 유년기를 향한 감상적인 향수를 경험하면서도 동시에 성년기에 도달하려는 욕망도 경험하는 지난한 이행의 시기이다. 따라서 농촌에서 도시로의 당면한 이행 시기를 타이완 사회의 청소년기라고 묘사해도 좋을 것이다."(Yip, 210) 우리가 3장에서 본 것처럼, 청소년기 주인공들의 트라우마와 시련은 도시의 엔트로피적인 힘에 맞서는 개인들의 시련들로 읽을 수 있다. 그러나 허우의 영화적 시선이 맞추고 있는 폭넓은 역사적 초점과 더불어, 그 개인들의 시련들은 1980년대의 민족 재정의를 하는 데서 중요해진다. 입은 허우의 자전적 영화인 『동년왕사』에 대해 다음과 같이 쓰고 있다.

> 허우의 빛나는 영화는 개인의 성장 스토리를 넘어서 근대 타이완에서의 삶의 기원들에 대한 탐구가 되며, 국민당 정부가 1949년에 타이완으로 망명해 와서 섬을 사실상의 식민지로 통치하는 시절을 거쳐 본토 귀환의 꿈을 점차 접게 되는 타이완 역사를 추적한 우아한 비가悲歌가 된다.(Yip 61)

타이완 뉴시네마의 교양소설적인 서사가 "[나타내는 것은] 한 시대의 종언과 새로운 시대의 시작이요, 농업사회에서 산업사회로의, 가난한 농촌생활에서 도시 중심으로의, 중국과의 정치적 동일시에서 타이완과의 정치적 동일시로의 이동이다."(Chen, "Taiwanese New Cinema", 559)[8] 도시 소비문화에 대한 첸잉첸의 신랄한 내면적 비판과 달리, 허우의 서사는 이러한 변천을 더욱 복합적이고 변증법적인 과정으로 볼 것을 강조하며 새롭고 혼합적인 타이완 의식의 건설에 기여한다.

허우는 자신의 타이완 3부작 『비정성시』(1989) 『희몽인생』(1993) 『호남호녀』(1995)으로 가장 잘 알려져 있다. 각각 2·28학살, 일본 식민 지배,

---

8 천관싱은 국가가 지구적인 인정을 획득하기 위한 방편으로서 지역에 의미 부여를 해야 할 필요가 있다는 측면에서 타이완 뉴시네마의 기능을 검토하고 있다. 그는 타이완 영화가 세계적인 영화제들을 순회하면서 "민족주의와 초민족주의의 내재적 변증법의 상업화"(Chen, 557)에 빠지고 있다는 점을 논의한다.

'백색 테러'로 알려진 1950년대 공산주의자 사냥을 다룬 이 세 영화는 예전에 금기시되던 역사적 주제들을 다루었다는 점에서뿐만 아니라 그 예술적 혁신에 있어서도 획기적인 작품들이었다. 입은 이 영화들을, 타이완 인들의 현실과 언어적 차이와 투쟁을 배제했던 국민당 중심의 공식 역사에 도전하는 인민의 대항기억을 표현한다고 읽었다. 타이완 뉴시네마의 감독들은 향토문학 작가들이 표시해 놓은 길을 따라가면서, "타이완 사회에서 역사적으로 종속된 집단들의 다중성을 인정함으로써 학교와 공식 문화에 의해 체계화된 편협한 근대사관에 도전하는 작업에 헌신했다."(Yip, 73) 그러한 영화들은 타이완의 발전 서사에 균형을 잡아 주는 것을 넘어서, 새로운 역사적 서사 양식을 창출했다. 그것들은 정치적이고 공적인 사건들을 개인과 가족의 미시적이고 일상적인 효과와 사건이라는 견지에서 재현한다. 그 영화들은 공적 사건들을 공동의 주관적 경험들을 통해 다시 쓰는 가운데, 말하자면 민족적 정체성을 아래로부터 형상화하는 가운데 싱가포르의 아서 얍의 시적 전략을 상기시킨다.

타이완 뉴시네마를 개시한 가장 중요한 영화들 중 하나가, 황춘밍의 단편들을 혼성적으로 각색한 영화인 『샌드위치 맨』(혹은 『아들의 큰 장난감』, 1983)이다. 거기서, 허우 샤오시엔은 자신의 영화에서는 만다린보다는 타이완 어로 대사를 말해야 한다고 강조하는데, 이는 당시로서는 급진적인 움직임이다.[9] 그렇지만 허우의 영화들은 단순하게 공식적인 만다린 언어와 문화에 맞서 타이완 언어와 문화를 주장하지 않으며, 모더니즘 미학에 맞서는 토착주의 미학을 옮겨다 놓는 것도 아니다. 그의 다른 영화들은 다양한 중국어 방언을 사용한다. 『비정성시』에서는 상해어의 특징이 두드러지고, 『펑꾸이에서 온 소년』에서는 만다린이 지배적이

9 타이완 인들 사이의 언어적 차이들은 문자로 서술되는 형식으로는 대체로 재현될 수 없다는 점을 감안한다면, 영화(와 자막의 편의)는 지역 방언과 정체성 재현에 이상적이다.

며, 자전적인 『동년왕사』에서는 만다린과 광동 어와 복건 어(Hokkien)가 뒤섞인 억양이 특징적이다.(Chris Berry, 42) 본 연구에서 그의 작품이 모범적인 것이 되는 이유는 바로 허우의 영화들이 모더니즘 재현 전략과 토착주의 재현 전략을 하나의 독특한 영화적 공간성 안에 포개 넣을 수 있는 능력을 갖고 있기 때문이다.

허우는 개인의 이주 경로를 따라가면서 농촌적 주체성과 도시적 주체성 사이의 변증법적인 이행, 즉 한 장소에서 다른 장소로의 물리적이고 심리적인 여정을 전경화하는데, 그 이행은 근대화된 산업사회로의 타이완의 전반적인 변천과 동행한다. 향토문학 작가들처럼 그 역시 타이완의 땅과 장소성의 종별성에 관심을 갖지만, 그들의 이원론적인 경향은 갖지 않는다. 모두 타이완 현지 출신이었던 향토문학의 주요 주창자들과 달리, 2세대 본토인인 허우는 농촌/도시와 타이완/본토라는 단순한 이원론을 넘어서 발전국가 내부에서 구체적인 삶으로 겪는 경험들에 근거하여 민족에 대한 더 섬세한 틀을 제시하는 데로 나아간다. 타이완 뉴시네마가 "우리의 고향 땅과 일상 현실과 우리 주변 사람과 사건을 바라볼 수 있게 해 주었다면"(Yip, 59), 1960년대 이후 타이완의 가속화된 재건이야말로 인민이 그 땅과 맺는 일상적 관계에 가장 큰 영향을 끼친 사건이다. 민족에 대한 새로운 미학적 시각은 (실제로 파농이 경고했던) 이상주의적이고 토착주의적인 문화관으로부터 출현하는 것이 아니라, 새로운 발전 공간 내부에서 새로운 주체성을 다듬어 내는 것으로부터 출현한다.

허우 샤오시엔(侯孝賢)과 열외자(sideliner) 미학

허우의 교양소설적인 영화들은 도시와 농촌 사이의 변화하는 관계와 개인이 벌이는 일련의 협상들을 묘사한다. 『연연풍진』은 아위안(Wan)과 아윈(Huen)이라는 십대의 이야기를 따라가는데, 그들은 중학교를 마치고 타이베이에서 일을 구하러 산골 고향 마을을 떠난다. 이 영화는 타이완의 경제적 도약의 정점인 1960년대를 배경으로, 일본 또는 미국 대기업의 하청을 받는 가족 소유의 작은 공장들에 전형적인 비좁은 작업 공간들에 거의 배타적인 초점을 맞춰 타이베이를 시각적으로 제시하고 있다. 아위안에게는 시끄럽고 음산한 인쇄소가 그런 공간이고, 아윈에게는 새장 같은 봉재공장이 그런 공간이다. 다른 장면들은 노후한 극장 간판 작업장에서 전개되는데, 그곳에서 아위안은 친구들과 묵고 있고, 한두 장면은 시끄러운 선술집 안에서 전개된다. 영화의 시각적 논리 안에서, 상대적 크기를 묘사하는 데 쓰이는 보통 단어들은 통하지 않는다. 예컨대 '큰' 도시인 타이베이는 언제나 비좁고 밀실공포증을 야기하며, 롱 쇼트 또는 도시경관을 담은 화면은 아예 없다. 역으로, '작은' 고향 마을은 우듬지와 하늘과 마을 가구들이 공유하는 공동 마당을 넓게 오래 찍은 설정 쇼트로 제시된다(Yip, 205~206).[10] 암울한 도시와 싱싱한 촌락을 기술공학적이고 영화적으로 연결하는 고리는 기차이다. 영화의 첫 이미지에서, 도시에 있는 중학교에서 귀가하는 두 십대가 탄 기차가 터널을 나와 녹색 산비탈을 가로질러 달린다. 영화에서 촌락 장면과 도시 장면이 번갈아 나오는데, 마을로 들어가거나 나오는 컴컴한 기차 터널 쇼트는 매번 이 장면들을 이어 주는, 문자 그대로 두 세계 사이의 문이다.

도시 장면들을 괄호로 묶어 주는 것은 타이베이 기차역 시계에 대한 시선인데, 이는 "도시의 삶은 …… 추상적 시간으로 측정되며, 연쇄적 단위들로 나뉘어 정의되고 계산되고 소비된다."(Yip, 207)는 것을 시사한

10 도시-농촌의 시각적인 대조가 갖는 의의에 대해서는 입(Yip)의 논의도 참조(Yip, 205~206).

『연연풍진』(1986)에서 아위안과 아윈은 타이완 역에서 낯선 이를 만난다.

다. 타이베이 첫 장면은 그 구분되는 타이밍과 쇼트 조립을 통해 도시의 새로운 사회성을 또한 전달해 준다. 이미 한동안 인쇄소에서 일하고 있던 아위안이 아윈을 마중하러 역으로 나가는데, 거기서 그는 그녀가 순진하게도 낯선 이에게 가방들을 맡기는 모습을 보게 된다. 아위안이 가방들을 되찾으려고 그 낯선 이와 대치하면서, 가방들을 뺏기지 않으려는 둘 사이에 기이하게 별 볼 일 없는 싸움이 벌어진다. 결국, 고향 마을에서 키운 감자를 선물로 담아 온 가방 하나가 철로에 내동댕이쳐지고 마는데, 이는 기회와 교육으로 이어지는 경로가 또한 혼란과 기만의 현장이기도 하다는 함의를 지닌다. 특히 더욱 의미심장한 것은 그 장면의 이례적인 프레임이다. 우리의 시청(視聽)을 이끌어 줄 카메라의 움직임도 사운드트랙도 없이 그 싸움은 극단적인 롱 쇼트 속에 일어난다. 그 결과 우리는 무엇을 보고 있는지를 확신하지 못한다. 도대체 누가 낯선 연장자인지? 그들은 누구의 가방들을 놓고 다투는 것인지? 관객은 그냥 지나가던 사람의 입장에 처하게 되며, 행위 장면에 개입하는 것은 고사하고 그것을 온전히 이해하기에 충분할 만큼 아주 가까이 가지도 못한다. 형식적 층위에서 보자면, 이것은 신참의 시련에 대한 도시의 무심함에 조응하며, 도시 사회의 일반적인 소외 구조를 표시한다.

우리는 허우의 서사 프로젝트를 “1960년대 역사를 재론하기 위한 상이한 시각들”을 개방하기 위한 것임을 떠올린다. 그러면서 우리는 6장 1부에서 논의된 바, 이주해 온 개인들의 경험이 장징궈와 셰둥민 주석이 자유로운 물류를 위해 펼친 정책에 의해 개통된 바로 그 채널에서 발생하는 경위를 본다. 하지만 단순한 물류와는 다르게, 이주자에게 그 또는 그녀의 ‘시의적절한 가치’가 보존되는 ‘안전한 도착’은 보장되지 않는다. 도시의 경험은 합리적인 것도 효율적인 것도 아니고 다만 우연과 싸움으로 가득한 것으로 여겨진다. 아위안의 일과는 인쇄소에서의 극심한 노동, 아윈 방문(그는 봉제공장 문 앞의 창살 너머로 그녀에게 말해야만 한다), 야간 학교로 나뉜다. 아위안은 더 나은 일자리인 배달 일을 구한 직후에, 장을 보다가 그만 모페드(moped)를 도난당하며 어쩔 수 없이 아윈에게 돈을 빌려서 사장에게 변상한다. 그사이에 아윈은 일하다 화상을 입고, 그 도시에서 일하는 또 다른 시골 소년은 사장에게 심한 매질을 당한다.

이 사건들 대부분은 스크린 밖에서 일어나며, 그렇기 때문에 기차역에서 저 멀리 어줍잖게 일어나는 싸움처럼 그렇고 그렇게 침묵되는 사건들이다. 우리는 도시에서 일상적으로 벌어지는 별 볼 일 없는 사건들이라는 듯이 우리는 그 사건들을 스쳐지나가듯 듣는다. 그러한 조건들로 인한 물리적이고 심리적인 희생은 아위안이 중병에 걸리자 분명해지지만, 그 희생은 다시 사장에게 매질을 당해 병원에 실려 온 친구에 의해 말로 표현된다. 그 친구는 병원에 있는 동안 자기가 겪은 악몽에 대해 떠들기 시작했다. "간판들이 하늘에서 막 떨어지고 있었어. …… 피하질 못하겠더라고 …… 온몸을 두들겨 맞았지." 도시야말로 교환가치뿐인 죽은 노동이 살아 있는 자들을 선행하고 배회하거나 물리적으로 위협하는 공간인 셈이다.

이주의 논리는 영화에서 이동과 비이동의 형식적 과장으로 귀결된다. 우리는 인쇄 기계의 반복적 동작으로 인해 그 위치에 붙박이로 서서 일하는 아위안의 모습을, 작업대에 앉아 바느질하는 아윈의 모습을 본다. 이들의 모습은 영화에 나오는 숱한 출발 및 도착과 시각적으로 대조된다. 장제스가 위대한 국부로 이어질 것이라고 상상한 그 다리가 은연중에 약속한 유동성과는 달리, 농촌으로 들락거리는 이주는 아프게 고정된 노동을 오랫동안 견디면서 진행된다. 따라서 발전의 경관은 극단적인 움직임과 정지를 오간다. 마이클 베리는 허우와 인터뷰하는 자리에서 허우의 영화에 빈번한 '길 위'(on the road)의 시퀀스들에 관해 다음과 같이 논의한다. "자동차든, 기차든(『연연풍진』, 『슬픔의 도시』), 오토바이든(『남쪽이여 안녕, 안녕』), 도보든, 농촌과 도시 사이의 움직임과 대화적 관계라는 쟁점이 당신의 작품들에서는 아주 중요합니다."(Berry, 702) 이런 것들이 "순수하게 시각적인 장치들"인지 아니면 "더 폭넓은 알레고리적 독해"를 위한 것인지 질문을 받은 허우는 국한된 섬 주변을 여행하려는 개인의 욕망을 민족의 경제적 필요와 비교하며 다음과 같이 답한다.

> 제가 어렸을 때는 운송 체계가 별로 발달하지 않아서 펑산(鳳山)을 벗어나려면 열차를 타야만 했어요. 우리는 북에서 남까지, 동에서 서까지 섬을 모조리 여행하고 싶었어요. …… 바깥을 향한 이러한 갈망은 실제로 개인에게 해당되는 진실일 뿐만 아니라, 타이완에도 역시 해당되는 것이죠. 경제든 뭐든 여하튼 타이완은 밀집된 인구와 제한된 자원 때문에 언제나 바깥을 바라볼 수밖에 없었죠. 작고 폐쇄된 곳에 살면서 발전하기 위해서는

아위안은 『연연풍진』의 극단적인 롱쇼트들 중 한 곳에서 할아버지와 작별한다.

> 바깥을 고려하는 것이 자연스럽죠. 바깥을 향한 이러한 갈망이 이러한 길들의 시퀀스로, 내 영화들 속에 거의 무의식적으로 들어왔던 것 같아요.(Hou qtd. in Michael Berry, 702~703)

허우의 '바깥을 향한 갈망'은 타이완의 수출주도 산업화의 방향을 울리는 메아리가 되어, 농촌의 생활방식과 도시의 생활방식 사이에서 변천하는 공간성이라는 견지에서 형식적으로 다시 작동된다. 영화가 의지하는 것은 플롯 또는 극적인 사건들이 아니라, 도시의 고정되고 밀실공포증적인 공간들에 맞서 달려 나가는 움직임을 향한 욕망으로부터 출현하는 공간적 긴장이다.

허우의 영화들에서, 정지 및 단조로운 일의 묘사 대 움직임 및 유동성을 향한 욕망이라는 대립은 내가 열외자의 미학이라 부르는 것에 의해서 해소된다. 크리스 베리는 어떻게 허우의 롱 쇼트가 '열외의 행인'이라는 입지를 환기하는지 그 경위를 설명한다. "허우의 카메라워크는 …… 이러한 입지를 모방하여, 클로즈 업 또는 쇼트-역전-쇼트 시퀀스(the shot-reverse-shot sequence) 같은 개입주의적 스타일의 제스처를 일절 삼가면서 롱 쇼트와 최소한의 카메라 동작을 선택한다."(Berry, 44) 허우 감독 자신에 따르면, 롱 쇼트에 대한 그의 선호는 예기치 않게 대화 장면들을 마스터 쇼트로 찍는 것으로 나타났는데, 이는 역전-앵글 쇼트(reverse-angle shots)를 연기하는 배우들을 음영 상태에 있도록 유도한다고 한다. "종종 우리는 역전-앵글-클로즈업을 전혀 필요로 하지 않는다고 느끼며, 그래서 나는 하나의 앵글로 연속적으로 찍는 것을 선호하게 되었어요." (qtd. in Rayns, 164)라고 허우 감독은 논평한다. 자신이 의도적으로 "할리우드 관습에 저항하거나 의식적으로 '중국 스타일'을 전개하고자"(Hou, 164) 했던 것은 아니라는 허우의 주장을 인정하면서, 우리는 이러한 전략을 타이완의 이주 노동력에 요구된 움직임과 정지의 특별한 편성의 소산이라고 읽을 수 있다.

한(Han)은 개별성과 개인의 행위능력에 대한 모든 언급들을 모조리 동원하여 클로즈업을 거부하며, 그의 인물들을 단지 자신들이 처해 있는 공간적 위상으로써 자주 정의한다. 이것을 모범적으로 보여 주는 장면이 아위안과 그의 할아버지가 진먼섬(Quemoy* 금문도)으로 입대하는 아위안을 태울 버스를 향해 걸어가는 장면이다. 아위안이 장면에서 사라지고 난 뒤에도 할아버지는 저 멀리 계속 길게 남아 폭죽에 불을 붙인다. 아주 오랜 시간에 걸쳐 지속되며 겨우 알아볼 수 있는 그 행위에 관객은 당혹해하며 노인과 그를 **둘러싼** 장면(마을의 경계, 버스가 막 출발했다고 짐작되는 시야가 좀 막힌 길, 노인네 자신과 아위안 사이의 멀어지는 거리)의 관계를 곰곰이 생각하는 것 말고는 아무것도 할 수 없다.

그렇다면, 허우의 영화들과 그 열외자 미학은 모호하지 않은 실증적 관점에서 농촌을 제시하기를 거부한다는 점은 확실하다. 도시 장면들의 대척 지점인 농촌 생활은 아름다움으로도 빈곤과 폭력으로도 특징지어지기도 한다. 식구들이 사는 집은 초라하고, 마을의 성인 남성은 위험한 탄광에서 낮은 보수를 받고 노동하는데, 이는 사실상 오래전부터 마을이 산업화된 경제에 병합되었음을 시사한다. 영화 말미에 나오듯, 아위안은 3년의 병역을 견디고 나와서, 집배원과 결혼한 아윈과 헤어진 후에 아위안은 마을로 돌아온다. 마지막 장면은 대지와 불확실하게 화해하는 장면이다. 침묵의 도시 장면들과 대조적으로 아위안의 수다스러운 할아버지는 우거진 산비탈을 배경으로 고구마 농사에 관해 장황하게 설명한다. 이 장면에 앞서 또 한 번 클로즈 쇼트로 찍힌, 마을 역의 열차 신호기 장면이 나온다. 이제야 깨닫는 바이지만 이것은 모든 인간 드라마를 관찰하되 감지하지 못하는 일종의 기계적 얼굴이다. 고향을 떠났다가 돌아오는 아위안의 여행들 내내, 이 신호기와 기차 터널과 텅 빈 역 플랫폼 등의 "시각적인 모티브 쇼트들"(Reynaud, 73)은 그의 움직임을 말없이 중단시켜 왔다. 아위안의 성장 경험은 발전 도상의 경제와 군사화된 국가에 복무하는 가운데, 자유롭게 흐르는 움직임에 대한 발전주의적 강박의 이면을 드러낸다. 경제는 수출 생산과 국내 공간을 통합함으로써 타이완의 '바깥을 향한 갈망'을 보상하는 데 반해, 노동자들에게 요구된 유동성은 현실적 이행 또는 진보를 무산시킨다.

내 주장은 롱 쇼트의 심층적인 침묵이 이 영화뿐만 아니라 허우의 영화 대부분을 규정하는 형식적 특성이라는(그리고 타이완 뉴시네마의 다른 영화들에 영향을 주었다는) 것이다. 레이노는 장면을 '탈중심화하는' 허우의 테크닉이 "인간의 현존이란 얼마나 덧없고 찰나적인가"를 깨닫도록 촉발하는 경위를 묘사했다(Reynaud, 74). 그녀의 설명에 따르면, "사람들은 쇼트의 조립 위에서 마치 불필요한 유령처럼 떠다닌다. 쇼트는 그들을 필요로 하지 않는다. 그들 역시 쇼트를 필요로 하지 않는다."(Rey naud, 74) 그 결과는 관객에게 정돈되지 않는 자유를 주는 것이고, 마치 "그/그녀의 시선도 역시 쇼트 안에서 자유롭게 떠돌게 되는 것"(Reynaud, 74) 같다.[11] 청춘들의 삶이 그렇듯이, 관통하는 서사 또는 고정시키는 시선에는 아무런 의미가 없다. 평균적인 개인의 시각처럼, 관객의 시각은 강제된 비개입의 시각이다. 그래서 우리는 뻗어 나가는 발전주의 논리를 가만히 서서 지켜보는 것 말고는 선택의 여지가 거의 없다. 물론 이 영화에서 우리가 교사와 집배원과 장교에게서만 만다린을 듣는다는 점이 무의미하지는 않다. 하지만, 이 영화에서 유의미한 (그리고 타이완 뉴시네마의 엄청난 성공에 의해 등록되는) 타이완다움은 관객이 본토에 맞선 타이완 언어 또는 문화와 동일시하는 데서 나오지 않는다. 차라리 그 타이완다움은 길 위에서 움직이지 못하는 역설적인 경험을 공유하는 데서, 타이완의 질주하는 발전에 참여하지만 열외가 되는 구체적인 경험에서 나온다.

동시대인 1980년대를 배경으로 하는 『펑꾸이에서 온 소년』은 청소년의 성숙이라는 같은 서사를 느슨하게 따라간다. 낙후된 섬 펑후(Fenghu) 출신인 세 명의 촌스러운 십대 친구들이 새로운 산업 중심지인 가오슝에 와서 미국 전자공장의 일을 구한다. 『연연풍진』처럼, 이 영화도 오고 가는 소년들에 의지하지만, 여기서 우리는 도시 안의 교통과 움직임도 목격한다. 소년들이 대도시에서 그럭저럭 살아가려면 낯선 도시 기호들의 수수께끼를 풀어야만 하고 버스 번호와 페리 노선과 협상해야만 한다.

11 레이노는 허우의 미장센에서 '인식 가능한' 비유들(tropes)을 다음과 같이 요약한다. "공간의 지속과 깊이를 탐사하는 원 쇼트 시퀀스, 생략된 편집과 조립은 마치 정지 장면처럼 기능하며, 더 정확히 말하자면 불연속적인 시간/공간의 '블록들'처럼 기능한다는 점. 180도로 반전되는 앵글 컷. 되풀이되는 텅 빈 공간. 극단적인 롱 쇼트로 재현되는 폭력 장면에서 특히 두드러지는, 카메라를 멀리 놓고 돌리기를 애호한다는 점. 프레임 짜기를 명하는 것은 인간의 활동이 아니다."(Reynaud, 72)

그러는 와중에 우리는 또한 소년들 중 하나인 아칭(Ching-ah)이 규율에 길들여지고 성숙해 가는 모습을 보게 된다. 그는 공장에서 상자 쌓는 일을 열심히 하면서 라디오 강의로 일본어 공부를 하며, 마당 건너편에서 자기 남자친구와 살고 있는 연상의 씨아오-씽(Hsiao-Hsing)에게 푹 빠져 있다. 하지만 결국 이주 경험이 뜻하는 것은 도시와 농촌 양쪽 모두로부터의 소외이다. 아버지가 죽고, 장례를 치르러 고향에 돌아온 아칭은 식구들과 더욱 거리가 멀어진 자신을 느낀다. 그는 정서적으로 씨아오-씽과 더 가까워지는데, 그녀 역시 농촌에서 이주해 왔지만 가오슝에서 일이 잘 풀리지 않자 그냥 타이베이로 떠나는 것을 해결책으로 삼는다(Yip, 204). 아칭은 『연연풍진』의 기차역 이별 장면을 업데이트해서, 붐비는 버스 정거장까지 씨아오-씽을 배웅한다. 그녀를 태운 버스가 자동차 배기가스 기둥 속으로 재빨리 사라질 때까지, 아칭은 그 버스를 속절없이 바라보기만 한다.

『펑꾸이에서 온 소년』에 나오는, 도시에서 버티려 애쓰다가 군대에 징집되는 이중 경험은 1960년대의 타이완을 정의하는 만큼 1980년대의 타이완도 정의한다. 셋 중 한 친구는 공장 일을 그만두고 동네 시장에서 음악 테이프를 팔다가 장사가 자리 잡기도 전에 군대로 징집된다. 영화의 마지막 장면은 자신들이 놓인 상황의 한계 안에서나마 잠시라도 성숙해진 소년들을 사무치게 묘사한다. 장 보러 나온 사람들은 유쾌하게 그들 곁을 지나가고, 아칭은 의자 위로 올라가 "한 개 값에 세 개요!"라고 소리소리 지르면서 군중을 상대로 맹렬하게 호객하기 시작한다. 그것은 영화에서 가장 진심어린 강렬한 행동이다. 하지만 생뚱맞게 배경음악으로 나오는 고전음악과 마찬가지로, 군중은 아칭과 카메라를 감지하지 못하는 것처럼 보인다. 사람들은 싸구려 옷과 음식을 찾아다니는 자신들의 일상을 그냥 계속한다. 『연연풍진』에 나오는 감자를 놓고 다투는 장면이

아칭은 『펑꾸이에서 온 소년』(1983)의 마지막 시장 장면에서 최선을 다한다.

나 아위안(Wan)이 할아버지와 작별하는 장면처럼, 이 장면도 시각적으로 요구되는 것보다 훨씬 더 길게 이어지기 때문에 놀랍다. 아칭이 보여주는 넘치는 에너지는, 완전히 무심하게 장 보는 사람들과 행인들의 흩어진 에너지와 변증법적으로 연결된다. 우리가 군중에게서 보는 반응은 우리가 기대한 반응이 아니며, 쇼트-역전-쇼트의 연속성 결핍은 우리더러 주인공과 동일시하거나, 환호하거나, 공감하는 것을 가로막는다. 그 장면이 진전될수록 우리는 오히려 그의 시도가 소용없다는 점을 더욱 잘 알게 된다.

마지막 장면은 심층적으로 양가적이다. 그림 같은 펑후(Fenghu) 섬으로의 최종적 귀향도 없고, 『연연풍진』의 마지막 장면에 암시된 할아버지의 독백을 통한 자연과의 부분적 화해조차 없다. 대신에 미래에 관한 불안한 결의의 느낌만 있을 뿐이다. "아정(Ah-jung)의 테이프 장사 실패가 도시의 혼잡한 경쟁 분위기에서 벌이는 장사가 어렵고 헛되다고 암시하는 동안, 영화의 마지막 쇼트에서 아칭과 소년들이 재고 떨이에 나서 호객할 때의 그 충일함은 성공하기 위해 최선을 다하겠다는 그들의 결의를 보여 준다."(Yip, 204)고 입(Yip)은 쓰고 있다. 그들이 함께할 수 있는 시간은 순간일 뿐이며 군대나 다른 도시가 그들 중 하나를 언제든 채갈 수 있으리라는 각성은 새로운 수준의 냉철함과 연대의 동기가 되지만, 연대 그 자체는 우발적이다. 허우의 영화는 타이완을 하나의 통합적인 종족적(ethnic) 관념으로 재현하기를 거부하지만, "[허우의] 모든 영화는, 중국인이 아니라 현대 타이완 인이라는 것은 과연 무엇을 뜻하는가라는 핵심적인 질문을 던진다"(Yip, 76)고 입은 주장한다.

허우의 영화에서 민족적이라는 것은 국민당에 의해 기입되는 역사 담론들과, 향토문학 운동에 의해 개시된 순수한 타이완 종족성의 천명 둘 다를 거부한다. 『연연풍진』과 『펑꾸이에서 온 소년』은 이농민들의 일상 경험을 탐구하고, 타이완 경제 도약의 모순들을 그들의 시각에서 폭로함으로써 그 도약의 합리성에 의문을 던진다. 이제는 더 이상 국민당에 의해 규정된 발전의 '혁명 기지'가 아닌 타이완 사회는 노동과 이주와 군대라는 물질적 경험을 통해 새로운 수준의 비판적 의식에 당도한다. 열외자 경험을 영화에 담는 허우의 작업은 타이완을 대중화 민족주의로 가는 가교라고 보는 국민당 비전에 도전하고, 탈구적 여정을 통해 형성되는 새로운 유형의 집단적 주체를 접합한다.

성-쉥 이본느 창은 "그 이전의 10년간 예술가들에게 상아탑에서 나와 당대 타이완의 사회 · 정치적 현실에 더욱 주의를 기울이라고 촉구했던 토착주의 문학운동"("Twentieth-Century," 141)이 끼친 직접적인 영향에 주목하면서도, 흥미롭게도 타이완 뉴시네마를 예술적 모더니즘의 전통에 속한다고 읽는다. 창에게 허우의 특이한 작가 스타일과 형식 실험은 "예술에는 속세의 법과 도덕을 초월한 가치가 있다는 것을 긍정하고, 글쓰기의 창조적 행위에 준종교적인 구원의 힘을 부여하는 모더니즘적 심미주의”(Chang, 144)의 증거이다. 하지만 나는 감동적이고 시선을 잡아끄는 허우 영화의 면모는 모더니즘 미학에 참여한 덕분이라기보다는 독특한 일단의 공간적 사회적 조건들과 영화적으로 관계를 맺은 결과라고 주장한다. “타이완 공간을 은막 위로 번역하려는 욕망”(Reynaud, 75) 안에서, 생략된 편집과 불연속적인 공간과 침묵의 롱 쇼트는 공간적 변형을 삶으로 겪는 경험의 미학적인 상관물들이다. 결국 인간을 구원하는 것은, 예술의 “준—종교적”인 힘이 아니라 『펑꾸이에서 온 소년』의 마지막 장면에 나오는 인물들이 공유하는 결의에 찬, 어울리지 않는 충일함일 뿐이다. 타이완의 변화하는 산업 경관에 적응하려는 쉼 없는 노력을 통해 자신들의 상황을 구원해야만 하는 것은 바로 인물들 자신이다. 그렇지만 이 구원에 대한 질문은 마지막 7장을 위해 마음에 남겨 두자. 7장에서 우리는 한국의 독재자 박정희 치하의 근대화라는 맥락에서 문학 전략들을 검토한다.

7장

한국 민중문학의 구원 리얼리즘

멈추어 생각한다
어디로든 길은 다 열렸으니
한길로만 가리라
욕심 없음
샛길 없음.

—김지하, 「샛길 없음」

고속도로, 수출, 박정희의 새마을운동

운송 체계의 성장과 이동의 매력은 여러 이유에서 강력한 은유인데, 민족의 사이즈가 실제로 축소된다는 점은 나름 중요한 이유이다. 사실 세 곳의 〈새로운 아시아 도시〉 민족들은 모두 1949년에서 1965년 사이에 원하지 않았지만 섬이 되었다. 국민당 치하의 타이완은 호전적으로 본토와 (다시) 단절되었고, 요즘도 하나의 중국을 놓고 경합하는 판본들과 베이징으로부터의 군사 공격이라는 유령을 부추기고 있다. 우리가 5장에서 보았듯이 싱가포르는 자신의 내륙(hinterland* 후배지, 오지)인 말라야로부터 떨어져 나오자, 실제로는 말레이시아 반도와의 연계를 지속했는데도 하나의 도시국가 또는 "몸체 없는 심장"(Lee, *Singapore Story*, 23/35)이 되고 말았다. 그리고 브루스 커밍스가 지적했듯이, 한반도의 분단으로 인해 남쪽은 사실상의 섬이 되어 경쟁자인 북쪽과 수십 년간 적대하게 되었다.[1] 다른 구식민지들처럼, 이 국가들은 식민주의가 남겨준 왜곡된 산업과 사회뿐만 아니라 탈식민화 과정에서 비롯된 지리적인 무계획성과 과도한 인구 집중과도 씨름한다. 그러한 취약하고 지리적으로 제한적인 맥락에서, 도로와 운송 체계의 비상한 발전은 민족 공간을 국제 자본주의의 요구에 통합하며 영토가 인접 지역들에서 잘려 나간 것을 보상해준다. 생존할 수 있는 다른 방도가 없던 이 민족들은—아마도 가장 열정적인 것은 대한민국일 텐데—그들의 유일한 가용 잉여자원인 노동력의 자유로운 이동을 장려하는 쪽을 선택했다.

7장에서는 남한에 초점을 맞춰, 민족적인 기반시설 형태들이 물질적 이데올로기적인 논쟁들을 상연하는 형상이 된다는 점을 다시 한 번 논의하겠다. 파농이 '민족의식의 함정'과 관련해 가장 주의를 기울였던 것들 중 하나가, 포스트식민 권력의 농촌 대중들의 간과와 수도 집중이었다면 (Fanon, 185), 박정희의 운송 체계는 (실제로는 아니더라도) 상징적으로 농촌을 포함하는 민족적 프로젝트의 수준을 달성한다. 농촌에 새로 놓은 도로와 고속도로 및 다리는 민족의 미래로 가는 길을 알레고리로 보여주고 민족적 공간의 올바른 사용을 처방한다.

앞서 논의된 타이완과 싱가포르의 두 정권처럼, 1961년에서 1979년에 암살되기까지 박정희의 대통령 재임은 단일한 민족적 프로젝트라는 구도로 포스트식민 남한의 물리적 발전을 강조했다. 박정희의 통치에 대한

1 커밍스(Cumings)는 2000년대 초반에 듀크 대학에서 했던 강의에서 이런 지적을 했다.

다수의 정치경제적 연구는 그의 권위주의적 스타일을 만주와 일본 및 한국에서의 군사학교 훈련에서 비롯한다고 보았으며, 일본 관동군 소위로서 했던 그의 복무에 주목한다. 그는 1949년에는 공산주의자라고 고발되었고, 이승만 정권에서는(1948~1960) 군부 숙청의 와중에 사형 선고까지 받았지만, 이승만 통치를 끝장낸 학생 주도의 4·19 이후에 일어난 무질서를 유리하게 이용했다. 군부 동료들과 함께 그는 1961년의 쿠데타에 성공했고, 재빨리 농촌의 재구조화에 나섰다. 박정희는 국가와 기업의 강력한 동맹과 수출지향 산업화라는 일본 모델을 추종했지만, 이 전략만으로는 노동 대중들의 생산성의 믿기 어려운 성장을 설명할 수는 없다. 나는 김형아의 분석을 쫓아 능률적인 노동 체계를 향해 나라를 몰아가는 데 박정희가 대단히 성공적이었다(Kim, 55)고 주장한다. 그런데 이 노동 체계에서는 민족을 건설하고 재건한다는 생각들이 물리적이고 민족적이고 심리적인 모든 층위에서 동시에 동원되고 있었다.

김형아는 1961년 쿠데타 이전 문민정부 시기에 융성했던 자유주의적인 공적 담론에 박정희가 얼마나 영악하게 다가갔던가를 묘사한다. 외세(중국, 일본, 지금은 미국) 의존의 명백히 치욕스러운 역사와 민족 분단이라는 곤경에 근거하여, 새로운 역동적인 한민족의 재건은 가장 중요한 것이 되었다. 싱가포르에서 지략이 풍부한 인민행동당이 영국 통치의 뒤를 이어 막대한 성공을 누렸던 것과 같이, 이승만의 부패하고 비효율적인 지도력에 대한 대중들의 명백한 불만족이 성과지향적인 정부의 기틀을 놓았다.

리콴유처럼, 박정희도 새롭고 독립적인 민족을 향한 욕망을, 미국이 지원하는 반공주의와 한국 수출의 발전이라는 외골수의 목표로 특징지어지는 국가주도 사업 쪽으로 조정해 냈다. 자신의 지독한 반공주의 입장을 통해 케네디 대통령의 지지를 얻어 낸 것, 관료들을 숙정하여 상층

부를 엄선된 테크노크라트들로 채운 것, 불법적으로 부당이득을 취한 자들(이들은 국가가 선정한 산업에 투자하겠다는 동의를 받고 석방되는데)을 체포하여 사적 부문을 통제하에 둔 것, "시멘트, 합성섬유, 전자, 비료, 철강, 정유"(Kim, 82) 산업에 근거하여 산업 재건의 첫 물결을 시작한 것 등을 그는 자신의 집권 초기[2]에 성취했다.

1970년대가 시작되면서 수출품 생산으로의 민족의 성공적인 진입은 견고해졌고, 또한 북한의 공세도 강화되었다. 그에 따라 박정희의 산업 플랜은 무기를 제조하여 미군사력에의 의존을 줄일 수 있는 가능성을 내포한 중화학공업으로 이동했다. 그러한 냉전의 경쟁은 또한 1945년 독립 시점에 일본이 탄광과 발전소로 북을 부분적으로나마 이미 공업화시켰던 데 비해 남에는 상대적으로 공업이 결핍되어 있었다는 사실에도 근거한다. 박정희가 산업화를 추진한 주요 분야로는 "산업 장비, 조선과 운송 장비, 철강, 화학, 전자"(Kim, 173)가 있다.

우리는 그러한 이동의 젠더화된 차원들을 지적할 수 있다. 요컨대 구두와 가발(여성적인 신체의 장신구들)에 집중된 경공업으로부터 선박과 기계류와 화학제품(남성적이고 민족적인 방위)을 키우는 공업으로의 상징적 이동은 민족주의 프로젝트에서 핵심적인 것으로 여겨졌던 셈이다. 우리가 4장에서 본 것처럼, 여성들은 공장 노동자로서 민족적인 수출 경제에 참여하도록 점점 더 기대됨에도 불구하고, 상징적 수준에서는 "남성 시민들의 공동체 안에서 주변화"(Moon, 51)된다.

박정희의 공업 발전 우선 정책은 민족재건 프로젝트의 일환으로 제기되었다. 재벌 체계에서 종종 미국과 일본의 대형 차관을 받아 이루어진

2 박정희는 1963년 대통령 선거에 민간인으로 출마하여 당선되기 전까지 몇 년간 〈국가재건최고회의〉에서 업무를 집행했다. 이 선거를 부정선거라고 주장하는 이들이 많지만, 김형아의 학문적 연구에 따르면 그렇지는 않은 것 같다.

투자가 이러한 발전의 외세의존적인 성격을 다행스럽게도 가려 주었다. 그의 프로젝트의 국내적 구도와 국제적 구도를 매개한 것은 건조 환경의 총체적 근대화였는데, 이 근대화는 민족 진보의 표징으로 내세워질 수 있었다. 1970년에 시작된 그의 〈새마을 운동〉은 근면한 노동과 기본적인 건축 자재들을 갖고 물리적으로나 정신적으로 새로운 한국을 이룩할 수 있으리라는 믿음을 완벽하게 응축하고 있었다.[3] 〈새마을 운동〉은 본질적으로 농촌 산업화 프로그램이었는데, 정부가 촌락들에 다량의 시멘트와 철근을 공급하여 도로와 다리와 제방을 짓도록 독려한 것이었다. 표면적인 목표는 "직접적이든 간접적이든 마을의 소득증대에 기여하는 것이었다."(Park, 110)

1973년에 〈새마을 운동〉은 박정희의 두 개 교의인 반공주의와 경제적 민족주의에 입각한 전국적 자기개량 프로그램인 유신의 일부가 되었다. 이러한 개혁들하에서 박정희는 자신의 권력을 독재자의 권력으로 끌어올렸다. "국회는 단순한 고무도장이 되었다. 노조와 대학과 교회와 언론은 중앙정보부의 감시를 받았고, 학생들을 통제하는 데 전투경찰이 사용되었으며, 여론을 통제하기 위해 프락치 망이 주민들 속으로 파고들었다."(Standish, 68) 한편 '일면 건설, 일면 국방'과 '우리의 국토는 우리의 힘으로'와 같은 그 시기의 많은 정부 구호들이 민족의 단합과 근면한 노동을 역설했다(Kim, 111). 민족정신이 바로 저 건설 행위 안에 깃들어 있다고 여겨졌으며, 이 건설 행위야말로 나라의 경제적 군사적 생존능력

3 그가 이런 생각을 하게 된 것은 홍수 피해를 입은 경상남도 지역을 방문했을 때였다. 그곳의 한 마을이 그의 주목을 끌었다. "홍수가 났음에도 불구하고 이 마을은 재해 복구를 해냈을 뿐만 아니라 현저히 개선된 기반시설과 생활 조건을 건설했다. 길은 더 넓어졌고 집집마다 지붕과 담을 깔끔하게 단장했다. 박정희는 마을 사람들이 시간과 노동을 자발적으로 바쳐 마을 공동체를 위해 노력함으로써 이러한 성과를 거두었음을 배웠다."(Kim Hyung-A, 134)

을 건설해 줄 것이었다. "새마을 운동, 새로운 정신 운동"이라는 1972년 연설에서 박정희는 명시적으로 주택과 도로의 근대화를 한국 정신의 재건과 등치시킨다.

> 나는 새마을운동이 무엇보다도 맑은 정신으로 시작되어야 한다고 생각합니다. 농가의 낡은 초가지붕이 교체되는 만큼 우리의 마음도 근면·자립·협동의 건전한 공동체 정신으로 새롭게 태어나야 합니다. 우리의 좁은 시골길이 확대되고 개량되는 만큼 우리의 마음 역시 가족과 민족의 더 나은 미래를 마련하겠다는 결의로 가득 차야만 합니다. 새마을운동은 안정의 그늘 아래 싹튼 나태와 안일의 병을 치료하고, 성장의 이름으로 퍼지고 있는 호화사치를 근절하려는 정신혁명운동입니다. 새마을운동은 조국 근대화를 위해 요구되는 단합된 민족의식을 달성할 수 있는 힘을 줄 것입니다.(Park, 175~176)

박정희에게 이러한 장황함의 밑바닥에 깔려 있는 가장 중요한 한 가지 은유는, 도로의 발전이 곧 "우리의 가족과 민족을 위한 미래로 나아가는 길"이라는 것이다. 싱가포르와 타이완의 근대화에서처럼, 우리는 건조 환경의 변화를 통해 혁명적 사회 변화를 실현한다는 르코르뷔지에적인 욕망 같은 어떤 것을 목격한다. 박정희에게 국방은 민족 산업화의 이면이었다. "2차 해방"(1차 해방은 1945년 일제로부터의 해방)을 촉구하는 다른 연설에서, 그는 "평화는 오직 국력을 길러야만 유지될 수 있으며, 평화가 유지될 때 비로소 통일의 전망은 더욱 밝아집니다."(Park, 53)라는 식으로 평화 유지를 '국력'과 직접 연결한다. 군사력 증강이 어떻게 평화로 이어지는가에 대한 정확한 논리를 그럴듯하게 둘러대면서 박정희는 이러한 힘의 구체적인 증거에 집중한다.

> 여태까지의 성장과 건설에서 우리가 거둔 진보를 더욱 진척시켜 우리는

드디어 중화학공업 단계에 진입했습니다. 전국의 모든 산업 단지들을 연결하는 대동맥 구실을 하는 고속도로-우리의 뻗어 나가는 국력을 상징하는—는 위대한 번영과 발전을 향한 우리의 노력에 지속적으로 활력을 불어넣고 있습니다.(Park, 53)

박정희의 논리에서 평화는 국력의 함수일 뿐만 아니라, 나라의 '대동맥'으로서 전국에 깔리는 운송 체계에 의해 고무되는 것이기도 하다. 따라서 근대화된 한국이 "위대한 민족국가로 등장하여 세계사의 주역에 합류할 수 있으리라"(Park, 41)는 박정희의 비전은 경제 발전을 민족의 운명에 합치시키는 것 이상이다. 그의 비전은 민족 공간을 완벽한 운송 망으로 덮어 버리는 것에 서술되는데, 이 망은 재화와 자재와 노동과 완성된 상품을 효율적으로 결합하여 세계시장의 최종 목적지까지 보낼 수 있도록 해 주는 민족적 차원의 순환 체계이다. 운송 테크놀로지의 발전은 보통 이동의 증대와 그에 수반되는 근대적 자유 또는 세계시민주의를 의미하여 왔다.[4] 반면 6장 타이완의 이주에서 보았듯, 그런 것들이 나타내는 이동의 자유가 여기서는 인간들을 위한 것이 아니라 사물들을 위한 것이다.

어느 놀라운 연설에서 박정희는 "우리의 공산품과 기술력이 오대양 육대주를 누비는"(Park, 86) 영광의 미래를 예견한다. 박정희의 판타지 안에서, 민족이 "세계사의 대열에 합류"하도록 허용하는 것은 한국인들 자신들이라기보다는 한국의 수출품들이고, 그것들의 이동은 촌락들의 산업화와 도로 건설에 의존한다. 실제로, 김형아의 보고에 따르면, "1967년에서 1977년 사이에, 한국은 전국적으로 7개의 고속도로를 건설했고, 국도

4 그 배경을 위해, 전구에서 자전거와 자동차에 이르는 새로운 테크놀로지의 발명이 경험하고 생각하고 예술을 만드는 새로운 양식들을 어떻게 촉발했는지에 관한 다수의 연구는 스티븐 컨(Stephen Kern) 참조.

1970년에 완공된 직후의 경부(서울~부산) 고속도로.
〈국가기록원〉의 호의로 실림(National Archives of Korea)

의 44%가 1975년에 포장되었다."(Kim, 210) 이러한 광적인 건설 열기가 박정희의 중화학 공업 추진을 보충했고, 한국의 주요 산업들은 "한국 주식회사"(Kim, 208)라는 효과적인 거대회사로 병합되었다. 이런 의미에서, 박정희는 민족의 CEO이자, 생산성과 수출 목표를 더 높이라고 독촉하는 현장 감독이었다.[5] 39,900헥타르 크기의 창원 수출 단지와 같은 민

5 예전에 경부고속도로 건설 당시 엔지니어로 일했던 사람은 마치 현장 관리자 같았던 박정희를 이렇게 회상했다. "상황이 아무리 좋아도 박대통령은 쉽게 가는 분이 아니에

족의 새로운 대규모 산업 지대에 필수적인 기반시설로서 고속도로와 국도와 항구가, 마치 어떤 대형 공장에나 엘리베이터와 지게차와 적재함이 있듯이, 그렇게 기능한다.

한편 민족 재건을 위한 규율 잡힌 노동의 추출은 민족의 번영을 위한 경쟁이라는 명분으로 생산 목표를 부과함으로써 이루어졌다. 박정희는 "어떤 경쟁 속에, 발전과 건설과 창의성을 놓고 벌이는 진짜(bona fide) 경쟁 속에"(Park, 17) 북한을 공공연하게 끌어들였다. 첫 번째 '보론'에서 주목했듯이, 한국의 군비와 기반시설 자금은 북한 공산주의가 위협적으로 버티고 있는 바람에 확보되었다. 커밍스는 일본과 남한과 타이완이 모두 냉전의 덕을 보았다고, "1950년대에 세계의 다른 인민들에게는 허용되지 않았던 일종의 인큐베이터인 드문 호흡 공간"(Cumings, 68)의 수혜를 누렸다고 지적한다.[6] 군사력 증강은 국력의 유력한 상징인 고속도로를 보증함으로써 한국의 국내 경제력을 키웠다.

1945년에서 1979년 사이에 남한이 미국한테 받은 총 130억 달러의 경제 · 군사 원조에 대해서는, 30만 명의 한국인을 베트남 전쟁에 파병하기로 한 한미 합의를 언급해야만 한다. 박정희가 1967년에 처음 경사단(a light division)을 파견하는 데 동의하자, 존슨 대통령은 국가 안보와 경부고속도로 건설 지원을 약속하는 협상으로 응대해 주었다. 존슨은 박정희에게 한국의 안보와 발전을 지지한다는 것을 확실하게 하면서 1967년

요. 우리 공사가 진행되는 내내 전혀 그렇지 않았어요. 얼마 안 있어 나는 그분을 말하자면 오케스트라 지휘자로 여기고 있더군요. 그분의 지휘봉은 헬기였어요. 그분이 지휘봉을 위 아래로 흔들 때마다, 이번엔 지질학자들과 팀을 이뤄 터널 공사하다 무너진 산비탈에 잘못된 것을 찾으러 오셨다면, 다음번엔 유엔의 수문학자들과 함께 오셔서 우리 측량사가 지하수면 측량을 잘못한 것을 찾아내시는 식이죠. 화요일에 답을 찾지 못하셨다면, 목요일에 답을 갖고 다시 오는 분이셨어요."(qtd. in Kim, 156)

6 또한 우리는 싱가포르도 베트남 전쟁 시기에 미군 군납을 통해 주요한 경제적 가속화를 성취했다는 점을 잊지 말아야 한다.

의 서한에서 이렇게 쓰고 있다. "본인은 …… 서울과 부산을 잇는 …… 주요한 근대적 고속도로의 건설과 관련하여 귀하를 도울 …… 특별 프로그램을 제공할 준비가 되어 있습니다."(Kim, 104에서 재인용) 그 협상은 미국의 기반시설 원조와 한국의 베트남 파병을 명확하게 등치시킨다. 달리 말하자면, 반공주의는 가속화되고 있는 물질적 발전 속에서 현실화된다. 그 결과로, 냉전 속에서의 한국의 역할은 "한국을 자본주의 발전의 경로 위에 단단하게 놓았으며, 탈식민화의 홍정으로부터 대안적 가능성들은 다 빠져 버렸다."(Namhee Lee, 3) 박정희의 난폭한 근대화 프로그램하에서, 포스트식민적인 발전의 성격에 대한 질문들은 대통령이 자주 인용하던 "먼저 부유해지자"라는 주문의 논박할 수 없는 논리에 의해 묵살된다. 그래서 우리는 박정희 통치하의 한국에서 산업 발전의 외재화된 형태들—치아(Cheah)의 테크네—이 민족의 본질을 정의하고 이끌어 갈 정도가 되었다고 말할 수 있겠다. 그의 유신 조치에서 활성화를 요구하는 것은 인민이라기보다는 결국 산업과 기반시설이며, 인민은 다만 생물학적으로 재생산되면 족한 것이다.

우리가 운송 체계의 민족적 기입을 논의하고 있었다면, 개별 도시와 촌락에서는, "……농가의 낡은 초가지붕이 교체되던"(Park, 175~176) 그곳에서는, 과연 무슨 일이 실제로 벌어지고 있었을까? 마을 재건 프로그램은 생산성과 소득 수준을 올리는 것은 물론이고, 더 나아가 자본주의 이데올로기를 주입하는 효과도 발휘했다. 김형아는 기업과 정부의 협상(생산 목표를 달성할 수 있음을 보여 준 재벌에게 보호와 융자와 지지를 보내는)에서 사용되던 '죽기 살기' 식의 태도가 어떻게 마을 차원에서 되풀이되었는지에 주목한다. 그녀는 "엄격하게 목표 지향적인 하향식의 농촌발전 프로그램이 되어 갔던"(Kim, 134) 〈새마을 운동〉의 경위를 묘사한다. 마을들은 기초(basic) 마을, 자조 마을, 자족 마을의 세 범주로 나뉘고, 자조 마을과 자족 마을은 정부의 추가 지원을 받았지만 기초 마을은 은연중 나태한 마을로 간주되었다. 그리하여 〈새마을 운동〉은 농촌 경영에 대한 정부의 통제를 더 강화시켰고 소득 격차를 줄이는 대신에 실제로 더 넓혔다(Kim, 136). 이남희의 말처럼 발전은 양날의 칼이었고, "대부분의 한국인들에게 엄청난 성취감과 소외감을 가져왔으며, 과거와 현재 사이의, 도시와 농촌 사이의, 신흥 노동계급과 중간계급 사이의 극심한 단절감을 야기했다."(Lee, 5)

한국의 저명한 농촌문학 작가인 이문구의 단편소설 하나가 촌락 산업화 프로그램의 양가성과 단절성을 명료하게 재현한다. 충청남도의 자기 고향 마을에 기반을 둔 8편의 단편을 모은 작품집 『관촌수필』(1977)에서 그는 농촌의 변화와 박탈을 한결같이 묘사한다. 「여요주서—관촌수필 7」은 정부의 새로운 합리적 논리하에서 야생 동물로 보호되는 꿩을 잡았다는 억울한 혐의를 받고 체포당한 아둔한 농민 용모의 곤경을 다룬다. 이 서사는 박정희의 새로운 촌락 근대화의 수사학이 보여 주지 않는 것을 보여 준다. 민족의 큰 산업화라는 압박 아래 농촌의 작은 촌락들과 그곳에 사는 농민들이 실제로 어떻게 지내고 있는가를 보여 주는 것이다. 소도시의 기차역을 묘사하는 작품의 서두는 특히 그것을 잘 드러내고 있다. 한때는 촌락의 중심이었던 그곳이 이제는 화자가 그토록 벗어나고 싶어 하는 낡은 자아의 차가운 잔재일 따름이다. 제아무리 지금의 소도시에 근대 건축과 편의시설 및 공식적으로는 진보를 의미하는 북적거리는 장면들이 넘쳐도, 역사(驛舍)와 그 주변의 광장은 한때 그곳에 활기를 불어넣었던 산 노동의 유령들에게만 고향일 뿐이다.

> 그러나 그것들이 관촌부락 앞에서 모습을 감춘 지도 어언간에 반 세대가 지난 것 같다. 소도시의 변천에 맞추어 역사도 변한 것이다. …… 다만 콘크리트 시공법에 맞추어서 시멘트적으로 변모했을 뿐이었다.

바람만 건듯해도 석탄가루가 하늘을 가리던 '역 앞'도 시멘트에 뒤덮여 노천 대합실로 바뀌었다. 택시 대기장이 마련되고 시내버스 터미널도 들어섰다. 시간가는 줄을 모르게끔 항상 시간을 붙잡아 두고 있는 시계탑이 서 있고, 레스토랑에 커피숍을 갖춘 모텔과 드나드는 손님마다 너 언제 또 보랴 하고 대하는 다방도 두 집 건너 한 집 꼴로 늘어서 있는 것이었다.

그러나 금강산 1만 2천 봉이 그 자리에 그렇게 즐비하게 둘러 있더라도, 그 정거장은 태깔부터가 탐탁지 않았고 역으로서도 어울리지 않았다. 원주민이 밀려나고 유입인들이 가운데를 차지하여 노박이로 굳어가는 탓만도 아니겠지만, 제바닥 것인 내가 보기에도 어설프고 썰렁한 꼴은 이루 이를 수가 없을 지경이었다.(Lee, 369~370/316)

우리는 용모의 가족이 농촌 근대화의 힘에 밀려난 원주민임을 알게 된다. 그들의 집과 땅은 정부의 토지수용계획에 필요한 저수지와 간척지를 잇는 수로로 먹혀 들어간다. 그들은 푼돈을 보상금으로 쥐고 후미지고 가난한, "이것 해라 저것 해라 하고 볶는 관청 떨거지들의 신칙을 안 받아, 그 성가시지 않은 점 한 가지만 보고도 그럭저럭 살 만했었다. ……" (Lee, 376/327* 이문구, 『관촌수필』, 문학과지성사, 1977)고 하는 누름새(Slow Village)로 들어가 살게 된다.

그러한 서사에서, 우리는 변화와 전통 사이의 친숙한 변증법이 새로운 마을 형태와 오래된 마을 형태에 연결되는 것을 본다. 원주민의 유기체적인 농촌생활 스타일은 발전에 의해 상실된다.(비록 일본의 철로 체계로 인해 마을이 이미 더 큰 식민 경제에 통합되어서 훼손되지 않은 전통 미덕의 저장소는 전혀 아니지만 말이다.) 하지만 다른 층위에서 비판의 대상은 근대화 논리의 불균등한 확산에서 기인한 죽느냐 사느냐 식의 사회적 효과이다. 서사의 면에서, 두 비판 모두 그 어떤 행위나 드라마가 개시되기도 전에 역사와 그 주변에 대한 묘사만으로도 명확하게 제시된다. 역사는 이제 포괄적인 근대적 편의 시설들-호텔, 공중목욕탕, 이발소,

다방, 여인숙-을 갖추고 있지만 그런데도 역사는 황량하고 적막하다고 제시된다. “어설프고 썰렁한 꼴은 이루 이를 수가 없을 지경이었다.” 산업화를 통한 마을의 성장이라는 박정희의 단순 논리는 종국엔 마을의 건설에 들어간 인간노동에도 미달하는 어떤 것을 낳는다.

다시금, 우리는 파농이 다리에 대해 지닌 이미지, 즉 “위로부터 투하된”(Fanon, 201) 것이라 여기는 그 이미지를 생각해 볼 수 있다. 그에 따르면 산업 테크놀로지는 저발전국의 불균형을 교정하는 데 사용되기보다는 오히려 불균형을 악화시키는 데 사용된다. “콘크리트 시공법에 맞출” 수 있는, 자본주의 논리와 “다시 활기를 찾은” 마을 생활에 맞출 수 있는 사람들에게 기업식 농업과 수출 산업으로의 이동은 번영으로 가는 티켓이 된다. 그러나 그것은 상당수의 주민에게 땅과 밥줄을 뺏기고 누름새처럼 발전으로부터 배제된 곳으로 옮겨 가는 것을 의미했다. 이야기의 미학적인 논리에서, 용모의 땅과 집을 수용당하도록 하는 촉매는 정확히 “콘크리트의 변신”이다. 이는 유신이 명하는 물질적 발전을 환유적이고 상징적으로 시사한다.

민중운동과 구원 리얼리즘

박정희의 극단적인 발전 논리에 대처하는 문학 형식들에 대해서는 논의해야 할 것이 훨씬 더 많이 있다. 폭넓게 보자면, 그 형식들을 보는 해석적 맥락은 민중운동이라는 주요 대항운동이다. 이것은 산업화 프로그램과 한반도 분단에 대응하면서 등장했다. 민중(minjung)이라는 단어는 the people, masses, working classes, folk, common people 등으로 다양하게 번역되어 왔는데, 이러한 영어 단어들의 함의를 모두 함유하고 있다. 이 주제에 대한 이남희의 치밀한 연구를 보면, 민중은 공장 노동자와 농민이라고 가장 전형적으로 간주되다가 1970년대와 80년대에 노동자, 지식인, 학생, 예술가의 광범위한 동맹을 내포하게 되었다. 민중은 "근대성과 근대화에 대한 원초적인 대립으로 간주되지 않았지만," 민중의 실천은 "발전의 난폭한 속도와 해로운 부작용에 대한 잠재적인 해독제로 여겨졌다. 민중은 지식인들과 대학생들이 강렬하게 갈망하는 '유토피아적 지평'의 장이자 국가에 대한 저항의 장이었다."(Namhee Lee, 6) 최현무는 정부의 이데올로기에 대한 민중의 저항 관점에 대해 다음과 같이 쓰고 있다. "한쪽에는 반공이데올로기에 입각한 공식적이고 형식적인 민족주의가 있다. 다른 한쪽에는 독재와 산업화 과정 아래 등장한 반체제 민족주의가 있다. 양자의 간격은 점점 더 벌어진다."(Choi, 169) 요컨대 민중은 "사회정치적 체계에서 억압당하고 있지만 그 체계에 맞서 일어설 수 있는 이들을 의미하게 되었다."(Namhee Lee, 5)

1970년대와 80년대 민중의 문화사에서 두 부분이 결정적으로 강조된다. 한쪽에 있는 계급투쟁은 가속화되는 산업발전에 상관성을 갖고, 다른 한쪽에 있는 민족문제는 민족 분단의 불안과 상관성을 갖는다.[7] 최현무는 민중문학이 "민족주의적 특성"을 지닌다는 점에서 "서구의 인민문학이나 또는 프롤레타리아문학"과 차이를 갖는다는 점을 수긍한다.(Choi, 172) 한국의 민중민족주의 이데올로기는 국내의 국가주의적 발전과 남북한의 지정학적 분단 양자 모두에 맞서는 단일한 대항 서사로 출현한다. 그래서 우리는 포스트식민 민족주의가 다음과 같은 다수의 형상들 속에서 어떻게 동시에 작동할 수 있는가를 보게 된다. 종족적 민족주의라는 형상(남북의 통일), 프롤레타리아주의라는 형상(국가 주도 산업화

7 '민중'이라는 용어는 '민족'과는 구별되어야 하는데, '민족'은 'nation'으로(민족주의는 nationalism으로) 바로 번역되며 인종적 또는 종족적 의미를 내포한다.

와 착취 비판), 반권위주의와 범민주주의라는 형상(박정희 정권 반대), 신식민주의 [비판]이라는 형상(강대국인 러시아와 미국에 의한 한반도 분단에 저항).

민중운동에 관한 책의 서론에서 웰즈(Wells)는 운동의 다면성을 긍정하고 있다.

> 군부 지배 및 외세에 의해 직간접적으로 강제된 문화적/경제적 체계에 직면하여 한국 대중의 가치와 정서를 간직하고 있는 농업과 도시 공업의 노동자들과, 이들의 열망을 지지했던 지식인/작가/정치인/전문가를 아울러 민중이라고 보는 아주 일반적인 이해가 출현했다.(Wells, 2)

그러한 복합성으로 인해 민중이라는 용어는 “어떤 특정 한국인 집단을 가리키는 명사로 쓰기보다는 민중신학, 민중문학, 민중사학 등처럼” 형용사로 쓰기가 더 쉽다.(Wells, 1) 이 형용사의 유연함이 뜻하는 바는 민중 경험과 민중문학이 일부 이상적인 주체성(예컨대 농민)에 한정될 수 없으며, 특수한 정치적 쟁점(독재)에 한정될 수도 없고, 오히려 남한을 중층결정하는 다기하고 모순적인 힘들을 접속시킨다는 점이다. 이남희가 지적하듯이, “그 용어의 바로 그러한 추상성과 탄력성이 민중에 적대적이라고 간주되는 세력들인 군부독재와 재벌과 외세의 대항이미지를 지속적으로 받쳐 주는 것을 필요로 한다.”(Lee, 6) 이례적으로 민중 개념은 계급에 기반한 불만을 더 크고 깊게 뿌리내린 종족적 연대 관념에 접속시킨다. 따라서 민중 개념은 그저 대항운동인 것만이 아니라, 고통과 ‘열망’이 공유되는 장인 셈이다(Lee, 6).

고통에 대한 강조의 변증법적 대립항목은 공통된 인간성의 회복, 즉 구원이다. 고통과 구원 사이의 긴장은 황석영의 문학적 리얼리즘 안에서 탐구될 것이다. 하지만 우리가 먼저 주목해야 할 점은, 가장 폭넓게 민중적 민족주의로 이해되는 민중문화 운동은 결코 배타적으로 문학적이지 않고, 민중 사학(사회 변화의 행위자로서의 민중을 19세기 후반 이후부터 추적하는 역사학)과 구술 전통과 종교적 실천들과 학생/농민 동맹과 마당극과 통일운동 등의 광범위한 스펙트럼으로 이루어진다는 것이다. 그렇지만, 6장에서 내가 타이완의 발전을 다시 상상하는 데서 영화가 해낸 독특한 역할을 긍정했던 것처럼, 한국의 유신에서도 대항적인 민중미학을 가장 명료하게 접합해 낸 것은 문학이다. 최현무는 이렇게 쓰고 있다.

> 1960년대에는 민족 정체성이 추구되었던 데 비해, 70년대에는 새로운 역사의 창조자로서의 의식 및 문학적 실천을 통한 민족주의가 강조되었다. 문학적 리얼리즘에 맞춰, 동시대의 만연한 역사적 모순들을 온전히 경험하는 것을 민중의 본질이라고 정식화하려는 흐름이 있었다. 또한, 제3세계 문학 이론의 정신에 따라, 한국이 처한 정치적이고 경제적인 민족적 현실들을 글로벌 자본주의 구조 안에서 철저히 협동적으로 이해하려는 시도도 이루어졌다. 이런 식으로 문학에서는 개인과 사회, 또 민족과 세계의 유기적 상호접속 안에다 인민의 자리를 두려는 분석적 시도가 출현했다.(Choi, 173)

이러한 힘들의 연쇄적 결합 안에다 "인민의 자리를 두려는" 분석적 시도의 문제는, 그 시기의 다양한 현실들과의 대립 속에서 단일한 민중의 '본질'이라고 간주되는 것을 식별해 내기가 어렵다는 데 있다. 조세희의 「작은 공」은 도시 재개발을 둘러싼 특정한 투쟁 안에서 재벌과 개인의 갈등을 다루었다. 민중은 "핵심 가치와 목표를 공통으로 내건 계급 연합" 또는 "문화적 공통성"(Wells, 4)이라는 데서 보듯, 정의상 더 폭넓게 이해되고 도시와 농촌을 포괄한다. 다음과 같은 질문이 제기된다. 농업 부문의 투쟁들과 도시 부문의 새로운 착취 형태들을 병합해 내는 하나의 연

속적인 문화적 전망은 무엇에 의해 통합되는가? 달리 말하자면,

> 이론과 실천을 통일시키기를 열망하는 운동가들의 딜레마는, **농촌** 민중은 "공식적이지 않은"(중국화되지 않고, 서구화되지 않고, 엘리트적이지 않은) 한국 소스들 중에서도 가장 토착적인 소스가 놓여 있는 곳에 있다는 점이다. 반면 극적인 사회 변화와 근대성 및 글로벌 자본주의의 충격이라는 쟁점들이 가장 예리하게 등장하는 것은 **도시** 민중과의 관계에서이다.(Wells, 7)

앞의 질문은 조세희의 요령 있는 도시 빈민가 주민과 누름새의 박복한 용모의 서로 상반되는 흐름을 어떻게 통합해 낼 것인가라는 질문으로 바꾸어도 좋을 것이다. 여기서의 딜레마가 가리키는 것은 발전 국가 내에서 민중적 민족주의의 어쩔 수 없이 혼합적인 성격이다. 우리가 앞에서 본 것처럼, 박정희는 "우리의 커 가는 국력의 상징"인 수출과 고속도로를 통해 민족의 운명을 상기시켰다. 또한 그러한 변혁이 초래한 의도치 않은 효과는 전국적인 근대화 경관을 민중 경험의 공통 대상으로 만들었다는 것이다. 이는 심지어 이문구의 작은 마을에도 영향을 미쳤다. 민중이란 무엇보다도 고통받는 이들이라는 생각에 입각하면(Wells, 12), 이 근대화의 공간 안에서 도시 노동자든 농민이든 그들이 겪는 고통이 크면 클수록, 민중으로서의 그들의 지위는 더 확고해진다. 그래서 싱가포르와 타이완에서처럼, 민중적이고 민족적인 의식의 생산은 공식적인 근대화의 형태와 과정 및 그 기반 시설에 맞서(혹은 어딘가에서 가정되듯이 그 바깥에서) 이루어지는 것이 아니라, 그런 것들을 통해서 이루어진다.

이어서 내가 논의하려는 것은 황석영의 독특한 문학적 리얼리즘인데, 그것은 6장에서 본 허우의 열외자 영화에 비견할 만한 사회적이고 미학적인 논리를 드러낸다. 양자 모두 민족 발전의 바로 그 형태들에 의해

가능해진 대안적 서사양식이다. 허우의 영화들은 이주를 다루면서 집단적인 청소년기를 시각화하는 데 비해, 황석영은 농촌의 구체적인 물질적 변형을 공통 경험의 지평으로서 사용한다. 비교할 만한 방식으로, 타이완의 뉴시네마와 [한국] 민중문학 둘 다 경관을 새롭고 근본적으로 양가적인 민족 주체의 매트릭스로서 사용한다.

황석영과 「삼포 가는 길」

황석영의 작품들은 초기 민중문학의 지주들 중 하나로 여겨져 왔다. 염무웅은 당시의 시대정신을 가리키는 데 사용된 유행어인 '70년대 문학'과 '70년대 작가'에 대해, 그리고 부상하고 있던 중추적인 30대 작가들에 대해 말하고 있는데, 그들 중에는 이문구, 조세희, 박태순, 윤흥길이 포함된다. "황석영이야말로 1970년대의 전형적 현실을 그 예민한 시대적 감각에 의해 가장 탁월하게 형상화한 대표적인 '70년대 작가'이다."(Yŏm, 586)[8] 황석영은 한국 문단에서 예외적인 인물이다. 1943년에 만주에서 태어난 그는 1962년에 「입석 부근」이라는 단편으로 등단해 끊임없이 리얼리즘 미학을 만들어 가기 시작했다. 그는 마당극 운동에 참여하여 민중문화 운동가로 알려지기도 했다. 1989년에는 남한의 국가보안법을 위반하고 북한을 방문하여 미국과 독일로 망명해 있다가 1993년에야 귀국

8 나는 중요한 1970년대 작가들 중 단 한 작가에게만 초점을 맞추다 보니 어쩔 수 없이 이문구와 여타 소설가들 및 영향력 있는 시인들인 신경림(『농무』)과 김지하(『오적』)의 핵심적인 작품들을 생략하게 되었다. 이들이 변화하고 있는 민중적인 농촌 경험을 환기하고 있는 주요 작가들임에도 내가 황석영을 택한 까닭은, 그가 산업화하는 농촌 경관에 거주하고 있는 새로운 사람을 문학적으로 검토하는 데 더욱 초점을 맞추고 있기 때문이다.

하여 투옥되었다. 그는 한국의 자유화가 시작된 이후인 1998년에야 비로소 석방되었다.

이남희는 민중문학 작가들이 선호한 양식으로서의 리얼리즘의 재부상을 설명하면서, 그 장르를 1920년대와 30년대 프롤레타리아 작가들과 (2장에서 검토한) 카프까지 소급하여 추적한다. 1945년 이후 "노동운동 말살과 그에 뒤따른 반공주의 위세는 프롤레타리아 문학을 말소했으며" 이는 1970년대에 노동소설이 다시 출현할 때까지 이어졌다(Namhee Lee, 270~271). 이남희는 본연의 민중문학은 노동자 파업과 노동자-학생 [연대] 운동과 임금 투쟁을 다루는 소설이라고 정의하며, 그런 문학의 등장 시기를 노태우 장군의 대통령 입후보에 맞선 1987년의 대중 시위에 박차를 가함으로써 남한 민주화운동의 절정기였던 1980년대 말로 배정한다. 당시 어떤 비평가의 견해로는, 그러한 문학은 전형적인 원형적 개인과 상황을 묘사해야 했는데, 그것은 "저자의 주체적 선택이 당대 사회의 객관적 필요에 수렴될"(Kim Myǒungin, 1989/Namhee Lee, 272에서 재인용) 때 성취된다. 이남희의 설명에서는, 노동소설의 순수 형태를 인정받으려면 그 소설은 파업 또는 계급투쟁의 주제들에 관심을 보여야만 한다.

이러한 정의와 시기구분과는 반대로, 나는 1970년대 황석영의 작품에 관심을 갖는다. 이 시기야말로 변화하는 사회적 경관이 문학적 의식에서 비로소 사용된 시기이고 "민중의 본질을 동시대의 만연한 역사적 모순들을 온전히 경험하는 것으로 …… 정식화하는 움직임"(Choi, 173)이 촉발된 시기이다. 이러한 움직임의 수단은 종종 사회적 리얼리즘 노선을 따라 이론화되었다. 마샬 필(Marshall Pihl)에 따르면, "점점 더 많은 수의 작가와 비평가와 운동가가 '민중'을 사회의 주요한 요소로, 문학의 소비자로, 또한 권력의 기반으로 간주하기에 이르렀다. 1970년대에 문학적 민족주의에서 출현한 민중주의는 점차 고유한 이론적 틀을 갖춘 특징적인(distinct) 문학 이론으로 발전했다."(Pihl, 213)[9] 이 "특징적인 문학 이론"에 가장 큰 영향을 미쳤던 것은 게오르그 루카치(Georg Lukács)의 저작인데, 리얼리즘 문학에 대한 그의 맑스주의적 비준은 사회적 현실에 대한 미학적 이해를 시도하던 한국 작가들에게(다른 많은 제3세계 작가들에게처럼) 매력적이었다. 필은 "1970년대 한국에서는 '총체성', '전형성', '구체성'과 같은 [루카치의] 개념들이 통용되었다"(Pihl, 211)는 점에 주목하고 있다.

루카치에게 리얼리즘이란 "작가들이 보는 그대로의 현실의 참된 본질을 가차 없이 묘사하게 해 주는"(*Studies*, 13) "3차원성과 완전함"(a three-dimensionality, an all-roundedness, *Studies*, 6)을 제공하는 객관적인 미학이라는 점을 기억하라. 루카치의 이론이 그토록 호소력을 갖게 만드는 것은 단지 리얼리즘의 묘사력만이 아니라 개별 소설이 사회적 총체성의 진리에 다가갈 수 있는 힘이다. "인물들과 상황들 속에서 일반과 특수를 유기적으로 묶어 주는 특유의 종합인 전형"(Lukács, 6)의 역할이 여기서 핵심이다. 우리는 노동운동을 묘사하는 종종 자전적인 영감을 받은 후기의 민중문학에서 일반적이면서도 특수한 이 전형들의 기능을 쉽게 찾아낼 수 있다. 발자크의 리얼리즘에 대한 루카치의 설명처럼, 이 소설은 "한편으로는 인물들 각자의 특수한 개별적 속성과, 다른 한편으로는 어떤 계급을 대표하는 그들의 전형적 속성"(Lukács, 43)에 의존한다. 그러한 견해는 문학에 더 높은 인간주의적 목적을 부여하며, 루카치는 확신에 차서 이것이 "민족의 민주적인 재탄생에서 …… 주도적인 구실을 하리라"(Lukács, 19)고 진술한다.

9 필은 '민중론'(문자 그대로 'theory of *minjung*')을 '포퓰리즘'(populism)으로 번역한다는 점에 유의하라.

황석영의 소설은 확실히 특수한 경험을 상세하게 묘사하면서도 한국 사회의 전형적인 조건과 구체적인 조건 둘 다를 병합한다. 황석영의 일부 작품은 당시의 주요 투쟁들을 직접적으로 다루어왔다. 예컨대 노동자들의 권리는 건설 현장을 배경으로 한 단편 「객지」의 중심이고, 한국 경제 번영의 불미스러운 원천들과 제국주의는 베트남 전쟁 소재의 대하소설인 『무기의 그늘』에서 상세하게 다루어진다. 이 소설에는 베트콩 전사들과 한국인 기회주의자들 같은 대표적인 전형들이 등장한다. 그렇지만 내가 주장하고자 하는 것은, 그의 소설적 재현의 참된 내용은 전형과 총체성과 계급투쟁을 루카치 식으로 제시하는 데 있다기보다 한국의 경관을 다시 꾸미고 있는 역동적인 힘들과의 관계 속에서 개인들을 심층적으로 묘사하는 데 있다는 점이다. 루카치가 말하는 '3차원성' 또는 '완전함'의 한 판본이 성취되는 것은 제시된 노동자들의 삶이 전형이라는 점을 통해서가 아니라, 그들이 거주하는 공간들 안에서 또 그 공간들에 의해서 형상화되는 관계들을 통해서이다. 우리는 이것을 르페브르가 말하는 국가주의적이고 동질화하는 추상적 공간과 문학의 다면적인 재현 공간 사이의 경합적인 의미들이라는 견지에서 생각해 볼 수도 있다.

앞에서 언급한 직설적인 사회주의적 리얼리즘 작품들과 더불어, 황석영은 숱한 단편들에서 민족 분단과 산업화의 덜 극적이지만 심층적인 결과들에 대해 써 왔다. 나는 그의 여러 주요 작품들 중에서 1975년 작 「삼포 가는 길」을 선택한다. 그 이유는 그 작품이 노동 투쟁이나 "대표적인 원형적 개인들"이나 총체성으로서의 자본주의 발전이 아니라 민족적 경관 속에 거주하면서 횡단하는 새로운 형상들을 리얼리즘적으로 묘사하고 있기 때문이다.[10] 나는 앞의 5, 6장에서 검토한 시와 영화의 산물들과

10 이 소설은 곧바로 같은 해인 1975년에 이만희에 의해 동명의 영화로 만들어졌지만, 영화는 원작보다 훨씬 더 멜로드라마적이다.

황석영의 작품을 병렬시키면서, 발전 민족주의의 모순에서 출현하는 또 다른 특징적인 미학적 구성물을 추적한다. 이러한 형식적 전략은 한국의 상이한 정치적 역사적 물질적 조건들을 반영하며, 새로운 형태의 공동체인 움직이는 민중의 구원적이고 지속적인 생산이라는 관점에서 발전 경관을 재형상화한다.

1970년대에 박정희의 〈새마을 운동〉의 결과들 중 하나는 새로운 노동자 계급의 창출이었다. 이 계급을 창출한 것은 "지방에서의 건설 붐 부양[이었다]. 다수의 건설 프로젝트가 날품팔이 인력에 달려 있었고, 프로젝트 하나가 끝나면 노동자들은 다른 곳으로 일자리를 찾아 떠돌아야만 했다."(Fulton, "Hwang Sok-yong", 715) 허우 샤오시엔의 주인공들처럼 「삼포 가는 길」의 떠돌이 노동자들은 새로운 산업화 경관을 짓고 누리고 있지만 계급이나 정치적 행위자로서의 지위는 인정되지 않는다. 「삼포 가는 길」은 그런 이들의 주변적이고 우발적인 경험을 통한 새로운 민중 주체의 서사라는 점에서 중요하다.

이 작품은 "다른 곳으로 일자리를 찾아 떠도는" 특별히 고단한 어떤 여정을 이야기한다. 기계공 영달은 밥집 주인의 아내와 한 이불에서 뒹굴다 들키는 바람에 겨울철 일자리를 떠나고 있는 참이다. 공사판 일을 찾아 4개월 전에 들어왔던 그 마을을 떠나면서 영달이 만난 정씨는, 자신보다 약간 손위인 기술자로 아마 전과자인 듯하며 거의 10년 만에 고향으로 돌아가려 한다. 영달은 좁은 섬인 삼포에는 공사판 일이라곤 없을 거라고, "거긴 벽지나 다름없잖소. 이런 겨울철에"(Hwang, 179/203* 황석영, 『객지』, 창작과비평사, 1974)라고 불평하면서도 정씨와 동행하기로 한다.[11] 이 짧은 서사에서 황석영은 여정의 물질적 심리적 사회적 측면들을 노련하게 엮고 있어서, 하나의 영역이 함축적으로 다른 영역들을 알

11 별도로 밝히지 않는 한, 모든 영어 번역은 김우창의 번역에 준거한다.

려 주는 식이다. 내가 '구원 리얼리즘'이라 부르는 미학 안에서, 농촌 대 도시의 문제와 진정한 민중 또는 계급 주체의 문제는 어떤 여정이 진행되는 중에 공유되는 고통이 새로운 공동체적 형태들을 상정하고 정련하는 가운데 서서히 드러나는 과정에 의해 무색해지고 만다.

두 남자가 처음에 약간 어색하게 만난 뒤에, 그들은 "차도로 들어섰다. 자갈과 진흙으로 다져진 길이 그런대로 걷기에 편했다."(Hwang, 181/205) 길의 상태가 나아짐과 병행해 그들의 관계도 녹는다. 그들은 드문드문 대화를 나누면서 얼어붙은 경관을 지나가고 있는데, 물리적인 주변 환경에 대한 구체적인 묘사와 더불어 그들의 우정은 깊어진다. 황석영의 흠잡을 데 없는 리얼리즘은 이 남자들이 지나고 있는 시골과 이들 사이의 물리적 관계를 이들의 몸의 기울기("언덕을 넘어섰다. 길이 내리막이 되면서", Hwang, 187/206)부터 발의 견인과 바람의 느낌에 이르기까지 대단히 상세하게 알려준다. 언 강을 건너는 것은 다음과 같이 상세하게 직감적으로 제시된다. "강물은 꽁꽁 얼어붙어 있었다. 얼음이 녹았다가 다시 얼곤 해서 우툴두툴한 표면이 그리 미끄럽지는 않았다. 바람이 불어, 깨어진 살얼음 조각들을 날려 그들의 얼굴을 따갑게 때렸다."(Hwang, 182/206) 이런 식으로 이야기는 그들의 여정의 물리적 현실성을 인물들 사이에서 형성되는 사회성에다 접속시킨다. 요컨대 그들이 공유하는 곤란한 물질적 경험과 그 경험에 대한 더 정밀한 묘사가 깊어질수록 그들의 유대는 더 강해지는 것이다.

"마치 그 철책의 끝에 간신히 매어달려 있는 것 같았다."(Hwang, 183, 399/207)고 묘사되는 산골 마을인 찬샘으로 가는 길에, 그들은 끼니를 때우려 서울식당에 들른다. 그 안에서는 주인과 객들 몇이 그날 아침 돈을 훔쳐 달아난 작부 때문에 갑론을박 중이었다. 정씨와 영달이 여행 계획을 언급하자 그 상스러운 식당 주인은 그들더러 작부를 잡아 오면 만원을 주겠다고 제안한다. 농담조로 동의하고 나서 다시 길을 나선 둘은 "걷기에는 그리 불편하지 않았고 …… 포근한 듯이 느껴[진]"(Hwang, 187/212) 찰진 눈보라를 헤치고 걷는다. 눈보라는 인간 세상에 대한 자연의 위력을 강조하는 묘사의 장치라기보다는 그들이 지나가는 길과 마을의 상태들을 상세하게 묘사할 수 있게 해 준다. 두 나그네는 잠시 멈춰서 신발에 새끼줄을 묶는다.

> 새끼줄로 감발을 친 두 사람은 걸음에 한결 자신이 갔다. 그들은 아랫길로 접어들었다. 길은 차츰 좁아졌으나, 소달구지 한 대쯤 지날 만한 길은 그런대로 계속되었다. 길옆은 개천과 자갈밭이었고 눈이 한 꺼풀 덮여 있었다. 뒤를 돌아보면, 길 위에 두 사람의 발자국이 줄기차게 따라왔다.
>
> 마을 하나를 지났다. 그들은 눈 위로 이리저리 뛰어다니는 아이들과 개들 사이로 지나갔다. 마을의 가게 유리창마다 성에가 두껍게 덮여 있었고 창 너머로 사람들의 목소리가 들려왔다.(Hwang, 188~189/213)

「삼포 가는 길」은 눈 덮인 마을의 목가적인 삶을 그림처럼 묘사하는 것에 저항하면서 경관의 구성된 측면들에 주목하고 있다. 그런 만큼, 이 소설은 물리적 여정을 그 모든 가능한 사회적 세부의 측면에서 강조한다. 앞의 짧은 사실적 문장들은 정씨와 영달의 개인사와 동기에 관해 생각하거나 계급 분석의 관점에서 그들을 자리매김하거나 인물들의 내면 생각에 다가가는 것이 아니라, 단순하고 평이하게 물리적 주변 환경을 통과해 가는 그들을 묘사한다. "걸음에 한결 자신이 갔다." "접어들었다." "두 남자는 계속 걸어갔다."

어떤 의미에서 이 이야기는 두 남자와 그들의 여정에 관한 것이라기보다, 두 인물을 하나의 장치로 이용하여 경관의 물리적인 섬세한 변화 하나하나를 등록하는 서사라는 면이 오히려 더 많다. 한국의 많은 강물이 그렇듯, 자갈밭에 의해 경계 지워지는 그 강물은 이미 그런 경관의 산업적 '개선'에 따른 산물이라는 점에 주목하라. 황석영은 식당 주인의 "요큰길루 가실 거유?"(Hwang, 186/211)라는 질문과 마을들을 잇는 "신작로"에 대한 언급을 통해 이런 산간벽지조차도 실질적으로 변형되고 있음을 암시한다. 게다가 이 나그네들이 절반은 무너진 폐가에서 잠시 쉬어가는 장면은 현지의 인구 변화를 나타낸다. "누군가가 살다가 먼 곳으로 떠나간 폐가임이 분명했다."(Hwang, 194/218) 이들이 민중 주체의 정수라면, 이들이 자신들의 계급을 대표하는 전형이거나 또는 어떤 특별하고 토착적인 한국 민속문화로 들어가는 입구이기 때문이 아니다. 오히려, 인물들이 이 나라의 근대화의 윤곽을 따라 걷고 있어서 그들의 고단한 여정에 대한 리얼리즘적 묘사가 민중 경험에 대한 심층적 설명이 되는 셈이다.

여기서 민중문화 운동과 관련해 리얼리즘에 관한 다른 개념들을 짤막하게 비교해 보는 편이 유익하다. 이졸데 스탠디쉬(Isolde Standish)는 토착주의와 관련된 타이완의 뉴시네마와 약간 유사하게 1980년대 후반에 출현하여 "그전에 억압당했던 민중운동의 지하 철학들을 주류 대중문화로 이동시키는 것을 재현"(Standish, 65)하고자 했던 한국의 뉴웨이브 시네마에 대해 썼다. 그녀의 분석 관건은 1985년의 개혁을 통해 겨우 정치 검열에서 풀려난 영화 산업 안에서 이 영화들이 "일하는 남녀를 서사의 중심에 놓고 그들을 묘사하는 데서 '새로운 리얼리즘'이라는 용어를 사용하는"(Standish, 76) 방식이다. 확실히 이 영화들이 근거한 1970년대 민중문학은 예컨대 노동계급과 몰락 농민이나 공장과 빈민가나 노동 투쟁과 도시화와 같은, 예전에 재현되지 않던 주제들, 장소들, 쟁점들로의 초점 이동에 의해 부분적으로 정의되었다. 스탠디쉬는 이 장르의 가장 중요한 영화들 중 하나인 박종원의 『구로 아리랑』(1989, 이문열의 단편을 각색)의 리얼리즘을 구성하고 있는 요소에 대해 이렇게 묘사한다. "관객의 주의를 요구하는 것은 인물들의 행위라기보다는 대개 공장 또는 기숙사이고 …… 『구로 아리랑』의 공장과 기숙사는 서사 바깥에서 나름의 자율성을 지니고 영화의 리얼리즘 주장에 진정성을 부여하는 것으로 간주된다."(Standish, 80)

민중 리얼리즘, 여기서는 영화적 양식에서의 민중 리얼리즘에 대한 스탠디쉬의 설명은 공간과 건조 형태(built form)에 주목하기는 하지만, 황석영 소설에서의 리얼리즘에 대해 내가 구상하는 방식과는 다르다. 내가 황석영의 구원 리얼리즘이라 부르는 바는 예전에 배제되었던 배경이나 인물로의 서사적 초점의 이동과 관련되는 측면보다, 공유되는 경험과 그로 인한 연대의 토대인 어떤 **사회적 과정**이 이 새로운 환경들에 의해 암호화되는 방식에 관한 것이다. 달리 말해, 황석영의 구원 리얼리즘에서 주목할 만한 점은 길과 개천과 기차역을 단순히 포함하는 데 있다기보다, 그것들이 황석영 인물들의 동시적인 비참과 커 가는 연대의 매트릭스로 작동하도록 그것들을 공들여 제시하는 데 있다.

윌리엄스가 기술하여 왔듯이, 리얼리즘의 특별한 힘은 "정적인 **외양**으로서가 아니라 사회적 또는 물리적 힘의 …… 흐름으로서의" 현실에 접근하는 데 있다.(*Keywords*, 261) 우리는 이러한 서사 양식을 종교적 의미에서가 아니라, 물질적 타락을 죄 또는 악이 아닌 고통으로 여기며 물질적 타락에 대응하는 새로운 사회성의 관점에서 구원적이라고 생각할 수 있다. 그러한 사회성은 사회의 구성원들 중 가장 풀 죽은 이들을 서로 접속시켜 주고 독자들과도 접속시켜 주는 경험이다. 황석영의 민중 리얼리즘을 낳은 것은 새로운 배경의 형식적 포함 또는 프롤레타리아 행위자들의 중심성이 아니며, 산업화의 효과들을 초월하는 어떤 종족성(ethnos)에 대한 참조도 아니다. 그것은 산업화의 소외적 경관에 좀처럼 기죽지 않는 경험에 대한 참조다.

독자의 예상대로 영달과 정씨는 도망친 작부인 백화와 만나는데, 수풀 사이에서 배뇨중인 그녀를 찾아낸 것이다. 그녀를 잡아가는 대신, 논쟁을 벌일 것도 없이, 셋은 공동의 목적지인 감천역을 향해 동행한다. 백화('흰 꽃'이라는 뜻)는 군대 주둔지에서 몸을 팔기도 하며 술집에서 일했던 2년을 뒤로 하고 다시 한 번 남쪽에 있는 고향과 가족에게로 돌아가려는 중이다. 백화는 영달과 정씨와 함께 걷는 바로 그 행위로 말미암아 두 사내에게 자기 사연을 털어놓게끔 부추김을 받는 것 같다. "걸을수록 백화는 말이 많아졌고, 걸음은 자꾸 처졌다. 백화는 여러 도시에서 한창 날리던 시절의 얘기를 늘어놓았다. 여자가 결론지은 얘기는 결국 화류계의 사랑이란 돈 놓고 돈 먹기 외에는 모두 사기라는 것이었다."(Hwang, 408/216)

겨울에 걸어가는 그들의 여정은 결코 쉽지 않다. 그들 삶의 전반적인 곤고함(hardship)을 상징하는 것이 눈이라면, 계급의식 또는 민족의식의 명시적인 형성보다도 한 걸음 한 걸음이 그들의 우발적이지만 커 가고 있는 연대를 도와준다. 여전히 하이힐을 신고 있던 백화는 짐작대로 눈에 가린 구멍에 걸려 넘어져 발목을 삔다. 그때부터 영달이 그녀를 업고 가지만, "등이 불편하지도 않았고 어쩐지 가뿐한 느낌이었다."(Hwang, 197/221) 감천역에서 백화는 전라선을 기다리고, 정씨와 영달은 삼포행 호남선을 타야 한다. 출발 전에, 영달은 수중에 남은 돈을 털어 백화에게 줄 음식과 기차표를 사서, 그녀가 [사정하며] 군용열차에 무임승차하지 않아도 되도록 해 준다. 그러자 이번엔 백화가 자신의 진짜 이름은 이점례라고 알려 준다. 황석영은 그러한 내밀함을 아껴 사용하지만, 우리는 인물들이 자신들의 고통의 정도와 연동되어 있는 방식에 의해 그들의 소소하지만 구원적인 행위들의 의의를 이해한다.

이야기는 어떻게 건설 노동자와 성 노동자의 인생 편력이 전혀 예기치 못한 결과를 낳는지를, 즉 상이한 투쟁과 경험과 목표를 공유하는 이방인의 공동체가 만들어지는가를 변증법적인 방식으로 드러내 준다. 염무웅은 물질적 곤고함의 이러한 변증법이 일종의 성찬식을 통해 구원받는 방식을 설명한다.

> 일터를 찾아가는 막노동자, 돌아갈 고향을 잃어버린 뜨내기, 돈을 훔쳐 달아나는 작부 같은 사회적 탈락자들, 더 이상 빼앗길 것도 없고 아무런 미래의 희망도 보장된 바 없는 산업사회의 최심층에 해당하는 이 인물들 속에서 작가는 무엇을 보았던가. 동행하는 동안 이들은 서로 본질적으로 동류임을 깨달았고 그리하여 이들은 가장 고귀한 인간적 애정과 가장 순수한 연대감을 공유하게 된다. 즉, 이들은 고향 상실과 사회적 불평등과 무자비한 경쟁과 가혹한 노동수탈로 특징지어진 이 시대에 있어서 그 시대적 모순에 맞선 동지적 결합을 이룩하는 것이다. (Yŏm, 594)

이 "고귀한 인간적 애정과 가장 순수한 연대감"은 인물들의 덕성 또는 획득된 통찰의 산물이 아니며, 루카치의 이상적인 양식대로 객관적인 것에 부합하는 주체의 조건도 아니다. 오히려 그러한 자질들은 근대화되면서 그들 셋을 문자 그대로 표류하게 만든 그 경관을 내밀하게 경험하는 데서 비롯된다. 그래서 황석영 리얼리즘의 참된 내용은 발전의 변화하는 물질적 사회적 효과들을 제시하고 이 효과들과 관계를 맺는 데서 나오며, 세 인물이 동행하는 길 위에서 이 효과들은 가장 날카롭게 경험된다. 허우의 영화들처럼, 황석영은 정씨와 백화의 귀향 욕망이 이야기에 도덕적 결말을 제공하도록 놔두지 않는다. 그는 산업화에 의해 훼손되지 않은 기원적인 공간을 제안하기를 거부하는 셈이다. 우리가 『연연풍진』의 말미에 아위안의 미래에 대해 확신하지 못하듯이, 과연 백화가 예전의 실패와는 달리 이번엔 고향을 고향으로 만들 수 있을지 우리는 의심하게 된다. 왜냐하면 두 사람 모두에게, 문제는 훼손되지 않은 집으로의 귀환이 아니기 때문이다.

궁극적으로 「삼포 가는 길」은 근대화의 폭력적 변형—이문구의 표현에 따르면 저 "콘크리트의 변신들"— 바깥에 순결한 공간이 있는 것은 아니라고 우리에게 말해 준다. "더 이상 빼앗길 것도 없[는]" 황석영의 소외된 인물들이 바로 민중 경험의 구원 가능성들을 쥐고 있는 주체들이다. 그들이야말로 "동시대의 역사적 모순들"(Choi, 173)을 가장 온전하게 경험하는 이들이요, 그들의 생존 투쟁은 대상화의 극복을 나타낸다. 그러므로 근대화의 길 위에서 창출된 새로운 삶들과 접속들은 박정희의 유신 시기 근대성의 양면성뿐만 아니라 우발적인 "문화적 공통성"(Wells, 4)도 의미한다. 인민은 국가의 발전주의의 대상이면서 또한 영속적으로 형성되는 대항 공동체들의 잠재적 주체들이기도 하다.

긴 여정을 마친 뒤에 감천역에서 기차를 기다리던 정씨는 노인과 말을 섞다 보니 삼포가 더 이상 자신이 영달에게 묘사했던 기름진 땅과 물고기가 풍부한 목가적이고 평화로운 섬이 아니라는 것을 알게 된다. 경악하는 정씨가 들은 얘기는 토지 매립 계획으로 인해 "추럭이 수십 대씩 돌을 실어 내[르면서]" 삼포가 육지의 일부로 변해 버렸다는 것이다. 그의 작은 마을에는 이제 "맨 천지에 공사판 사람들"이 관광호텔을 짓고 있고 "바다 위로 신작로"(Hwang, 200/225)를 내고 있다. 정씨는 영달에게 타관 사람이라 자기 고향에서는 반기지 않을 거라 농담을 건넸는데 자신의 고향이 사실상 파괴되면서 원주민으로서의 자기 지위도 정작 아무 것도 아니게 되어 버렸음에 원통해한다. "어느 결에 정씨는 영달이와 똑같은 입장이 되어 버렸다."(Hwang, 201/225) 실로, 변화하는 산업 경관과 관련해 이처럼 똑같은 입장은 그들이 함께 한 여행을 통해 달성된 것이었다.

마지막에 눈이 내리고 기차가 역을 떠나는 장면은, 허우 영화들의 마지막 장면들처럼, 깊은 양가성을 지닌다. 두 남자는 지금 일자리를 찾아 나선 길이지만, 정씨에게 그것은 또한 상실의 여정이었던 셈이다. 궁극적으로 이야기에서 암시되는 것은, 알아볼 수 없을 만큼 근대화되어 변해 버린 벽지에서도 길 그 자체가 공동체와 의미를 찾을 수 있는 자리이며, 그러한 관계들을 유지하는 것이 제아무리 짧고 어렵다고 해도 역시 그러하다는 점이다. 백화가 여정 중에 말하듯이, "내가 처음 이 길 들어서서 독하게 사랑해 본 적두 있었어요."(Hwang, 195/219) 따라서 농촌 영역에서의 '진정한' 토착적인 한국적 경험을, 가장 큰 정치·경제적 충격들은 도시에 있다는 가정과 대립시키는 딜레마는 이 이야기에서 마침내 해결된다. 공유된 공간적 경험에 특징적인 구원 리얼리즘을 통해, 민중 경험의 장으로서 두 측면이 합쳐지는 곳이 길이기 때문이다.

신경림의 농민시와 이문구의 농촌 이야기와 황석영의 소설에서부터 뉴웨이브 시네마에 이르는 대단히 다양한 민중 서사가 집단적으로 해낸 것은, 바로 박정희의 〈새마을 운동〉과 유신의 의의를 재형상화한 것이다. 그들은 상상의 재현적인 공간을 갖고서 국가의 공간 재현에 다양한 방식으로 맞선다. 황석영의 작품에서 독특한 것은, 가장 주변화된 노동자들의 발걸음을 좇아 인간적인 테크놀로지와 기계적인 테크놀로지를 대조하면서 산업화 족적의 불균등성에 대해 이야기한다는 점이다. 박정희가 고속도로에 부여한, 국가적인 생산성과 군사력 증강을 이루어 준 대동맥이라는 상징성은 그러한 경관에 대한 생생한 몸의 경험에 주목함으로써 효과적으로 제거된다.

7장을 마무리하면서 황석영의 다른 단편인 1973년 작 「북망, 멀고도 고적한 곳」을 짧게 언급하고 싶다. 이 작품에서 황석영은 아버지와 합장해 달라는 어머니의 유언을 이행하고자 애쓰는 젊은이의 곤경을 음울한 정밀함을 갖고 묘사한다. 미리 알리지 않고 황량한 작은 마을에 도착한 그의 목표는 부모의 친구였던 노인을 찾는 일이다. 황석영이 불쾌한 현실을 그대로 보여 주는 리얼리즘의 극단적 형식을 구사하면서 제공하는 서사의 뼈대에는 말해지지 않는 잔여들이 많이 남아 있다. 짐작컨대 젊은이의 부모는 월남한 분들이었고 아버지는 한국전쟁 통에 혹은 직후에 "총 든 사람들"에 의해 모호한 상황에서 붙잡혀 죽었던 모양이다. 그의 어머니가 아기였던 아들(주인공)을 데리고 달아나는 사이에 부모의 친구가 인근 계곡에 아버지를 다급하게 매장했다. 경제적으로 배제된 또 다른 누름새로 보이는 배경 마을을 자세히 보면 마을의 황량함은 3년간의 내전의 유산이다. 아마도 남북한 경계 근처에 있던 이 마을은 전투의 와중에 거의 초토화되어 쑥밭이 되어 버렸다.

부모를 도와주었던 노인을 찾아낸 젊은이는 노인과 함께 하루 반나절을 보낸다. 여전히 흉터를 간직한 계곡을 쳐다보면서 노인은 "산의 맥이 끊기면 안 된다는데……"(Hwang, 299)라고 말한다.
아버지의 부패한 시신을 양지바르고 적당한 자리로 이장하는 비통한 삽화 이후에, 젊은이가 내내 등에 지고 있던 라면 상자에 실은 어머니의 유해가 들어 있다는 것을 우리는 알게 된다. 마침내 아버지와 어머니의 몸이 새 무덤에 모이고 "검은 뼈 사이에서 노란 뼈는 곧 판별할 수가 있었다."(Hwang, 305) 어머니의 유언을 이행하고 성묘도 마치자 탈진한 젊은이와 노인이 새 무덤가에 앉아 있다.

> 뭔가 뚫어지게 보고 있던 노인이 중얼거렸다.
> 자네 아나? 한이란 건 …… 색깔이 있다면 똑 저 모양일 걸세.
> 청년이 고개를 들어 그쪽을 건너다보았다. 청천 하늘을 배경으로 지나가는 맞은편 능선의 중동이가 사태로 비스듬히 잘려 있었다. 한 입 베어 문 홍도처럼 단애의 속 빛은 더욱 강렬했다.(Hwang, 306)

이 이야기는 "채워지지 않은 갈망", "후회", "아픔"을 뜻하는 한국적인 용어인 '한'이라는 개념을 완벽하게 압축하며, 민중의 공동체적이고 구원적인 성격을 이해하는 또 다른 방식이다.[12] 가난, 전쟁의 유산, 귀향하지 못함, 사체들, 매장 등의 암울한 주제들에도 불구하고, 한은 이 공통의 고통에 대한 아픈 인정**이자 또한** 복숭아 풍미의 강렬한 빛을 향한 욕망이기**도** 하다. 제목을 제외하고 이야기의 그 어디에서도 북한은 언급되지 않는다는 점에 주목하라. '북망[북을 갈망함]'이라는 언표되지 않는 정동(affect)은 아마도 아버지의 이장에 담긴 함의에 의해서만 함축될 뿐이다.

하지만 황석영의 단편은 물질적인 경관을 전경화하면서 다시 한 번 특정한 민중 경험을 묘사하는데, 이는 민족 분단에 대한 박정희의 해석에 맞서는 경험이다. 분단은 그저 경제 경쟁과 반공적 방위의 추진력에 머무는 것이 아니라, 공유되는 고통의 지속적인 원인일 뿐만 아니라 바로 저 경관 안으로 기입되는 발전의 역사적 전제조건이기도 하다. 20년 전 전쟁의 상흔은 남한의 기적을 고조시킨 시기의 물질적이고 심리적인 배경을 이루고 있는데, 「북망, 멀고도 고적한 곳」은 바로 그러한 배경을 이루는 방식을 조명한다. 인위적이건 자연적이건, 전쟁으로 피폐해지건 발전을 이루건, 경관들은 계속 말하고 있다.

12 롭 윌슨(Rob Wilson)은 1980년대 한국영화의 멜로드라마 경향이 두 요인 탓이라고 보는데, 하나는 일제 식민치하의 "서발턴 역사"와 분단과 내전 및 신식민주의에서 비롯된 식민적 요인이고, 다른 하나는 " '한'이라는 요인"이다(Wilson, 99~100). 그는 안병섭을 인용하면서 '한'을, "분노와 갈망과 선망과 원한의 정서 또는 '비탄으로 특징지어지는 마음의 꼴'과 오랜 세월 한국인들이 스스로 자신들의 민족적 기질이라 여겨온 비극적 체념의 감정"(Wilson, 99~100)이라고 묘사한다. 스탠디쉬는 더 간단하게 '한'을 "억울한 감정", "증오", "충족되지 않는 욕망"이라고 묘사하며, 이는 한국에서 벌어진 숱한 침입과 독재의 결과라고 본다(Standish, 86~87 n3). '한'이라는 용어가 민중적 맥락에서 중요한 이유는 그 개념 안에 집단적으로 경험하는 고통과 종족적 민족주의(ethnonationalism) 논리도 들어 있고 그것의 우발성에 대한 역사적 감수성도 들어 있기 때문이다.

결론
너무 늦거나 너무 빠른
지구화와 새로운 아시아 도시들

아시아는 하나의 장소가 아니며, 그 이름에는 역사와 문화정치가 가득하다.

—가야트리 차크라보르티 스피박(Gayatri Chakravorty Spivak), 『다른 여러 아시아』(*Other Asians*)

1987년은 남한에서 처음으로 민주적 선거가 있었던 해로, 1993년에 최초의 문민 대통령인 김영삼의 당선을 향한 길을 열어 주었다. 타이완에서는 거의 40년간의 계엄령이 폐지된 다음 해인 1988년에 최초의 비본토인 지도자인 리덩후이(李登輝)가 총통으로 선출되었고, 2000년에는 최초의 비국민당 지도자인 첸수이벤(陳水扁)이 선출되었다. 싱가포르 수상으로 오랫동안 재임한 리콴유의 통치는 1990년에 마침내 끝났다. 인민행동당이 1959년 이후 오늘날까지 계속 집권하고 있고 남한과 타이완 정부는 각기 여전히 북한과 중국과의 다양한 투쟁에 얽매여 있다 하더라도, 세 나라에서 냉전적 권위주의 통치의 시기는 지나간 것으로 보인다. 그런

데, 이 앞선 세대의 지도자들이 도모한 빛나는 경제 성장은 1997년에 타이 바트화의 폭락으로 시작해서 아시아의 금융위기가 동아시아와 동남아시아 대부분을 휩쓸었을 때 완전히 멈춰 버렸다. 남한과 홍콩과 타이와 인도네시아가 이때 가장 큰 타격을 입었다. 〈국제통화기금〉과 〈세계은행〉이 강제한 재정 조치들과 10년 후 사회주의 정권들의 와해로 인한 위기는, 상호 연계된 국민경제들이 근본적으로 새로운 지구화된 체계로 이동한 것을 확증하는 듯이 보였다.

같은 시기에, 지구적으로 소비되는 문화적 생산물들이 아시아 태평양으로부터 대두했다. 이것들 중에는 홍콩 작가 영화의 새로운 세대(왕가위, 허안화許鞍華), 이미 저명한 타이완 뉴시네마 감독들인 허우 샤오시엔과 에드워드 양과 차이밍량과 더불어 블록버스터 영화를 만드는 이안(李安), 한국의 영화와 TV 드라마가 베이징에서 하노이까지 범아시아적으로 방영되는 한류 현상, 싱가포르가 문화적 사막이라는 고정관념에 도전한 싱가포르 연극과 예술의 발전 등이 포함된다. 정치 · 경제 · 문화 영역들을 관통하는 하나의 결정적 단절이 1987~1990년경에 발생했고, 그 순간부터 지구화 패러다임은 우리가 세계의 이 부문을 보는 가장 유력한 렌즈가 되어 왔다.

아시아의 안과 바깥에서 나온 다수의 문학 연구와 문화 연구는 이 포스트 1990 시기에 의해, 작금의 지구화된 시기와 상관성을 갖는 초민족적인 문화적 흐름들에 의해 흡수되어 왔다. 그렇지만 본서에서는 이러한 가정들과는 대조적으로 이 권역에서 나온 문화적 생산물을 탐구하는 데서 더 오래된 기억을 논의했다. 현재를 이해하기 위해서 우리에게 필요한 것은 앞선 순간의 문화 텍스트와 도시 공간을 재고하는 작업이다. 여기서 앞선 순간이란 아시아의 호랑이들이 오도된 채 제조업 재화와 믿을 수 없는 생산율만 찬양되었던 바로 그 시기를 일컫는다.

미국학 분야의 비평가 마이클 드닝(Michael Denning)은 『3세계 시대의 문화』에서 1989년 이전 30년을 연구했다. 그는 자신의 책에서 이 시기가 지구화에 의해 "3세계 시대라는 역사적 순간의 …… 종언을 가리키는 이름"(Denning, 11)으로 정의되는 경위를 회고적으로 기술한다. 첫 번째 '보론'에 나오는 아민(Amin)의 설명을 상기할 때, 드닝이 의존하면서도 도전하는 이 시대에 대한 '통용된 이야기'는 다음과 같다.

> 1) 섹스와 약물과 로큰롤에 의해 특징지어지는 글로벌 포드주의 대중문화를 창출했던, 케인즈주의에 입각한 미국, 일본, 독일 자본의 장기호황, 2) 중앙에서 계획된 인민민주주의 나르들이라는 외관상 별개의 세계에서 ㅂ러어진 스탈린주의적 관료제와 '해방' 및 개방 세력 사이의 길고도 불균등한 투쟁, 3) 자본주의적 수입 대체를 통해서이건 소비에트 스타일의 중앙 계획을 통해서이건 다양한 형태의 국가주도 발전과 근대화에 수반된 제3세계의 급속한 탈식민화라는, 이 세가지가 바로 그 '통용된 이야기'이다. 에릭 홉스봄의 주장에 따르면 세 가지 세계와 세 가지 이야기가 공유했던 것은 세속주의, 입안(planning), 평등권, 교육, 근대화에 투신하는 것이었다.(Denning, 27)

드닝의 프로젝트는 이 시기의 초민족적인 역사를 회복하고, 현대의 지구화를 단순하게 민족국가의 위축과 문화 동질화로 보기보다는 좀 더 복합적으로 보는 관점을 복원한다. 요컨대 그는 지구화된 문화의 전사(prehistory)를 시도하고 있는 셈이다. 오늘날의 제국이 물려받은 구조들을 인정하는 데서 관건이 되는 것은 지구를 가로지르는 근대성 형태들에 대한 불평등한 접근과 그 형태들의 불균등한 발전의 문제이다. 드닝의 프로젝트는 그가 "동구가 무너지기 [전], 처음엔 석유 국가들이 나중엔 NICs(동아시아의 신흥 산업국들)의 등장으로 남반구가 부유한 나라와 가난한 나라로 갈라지기 [전], …… 서구와 동구와 남반구라는 비대칭적 셋"

(Denning, 26~27)이라 부르는 그 역사를 상호 연계시키고자 대담하게 시도하는 것이다.

폭넓게 말하자면, 본서에서 나의 과제는 남반구의 한 권역인 "동아시아의 닉스(NICs)"가 다른 포스트식민 세계와 차이를 갖게 되는 계기에 초점을 맞춰 연구하는 것이다. 본서 『새로운 아시아 도시』는 수출 지향적 산업화의 힘과 국내 권위주의와 포스트식민적인 민족주의적 욕망이 자본주의와 신식민주의와 냉전의 도시와 경관 안에서 어떻게 예기치 못한 방식으로 상호작용하는가를 탐구했다. 이들 아시아의 호랑이들이 거둔 근대화의 성공은 종종 3세계 시대의 예외라고 간주되지만 실은 그 시대의 심층에서 나온 산물로 보아야만 한다.

나의 분석은 발전 민족주의의 끝나지 않은 비즈니스가 오늘날의 지구화된 조건과 되돌릴 수 없게 연결되어 있음을 보여 주었다. 즉 이들 아시아태평양 국가들의 발전은 제3세계 산업화와 제1세계 포스트-포드주의와 새로운 자본주의 권력의 창출 사이의 불편한 교차를 표시한다. 우리는 식민지 시대에서 1980년대 후반까지 도시적 형태의 진화하는 발전과 그 형태에의 반응들을 따라가면서, 지구화를 시간적으로 돌연 벌어진 단절이라며 거기엔 '승자들'이 있다고 보는 것을 이제 그만두고, 새로운 아시아 도시들은 줄곧 식민적이고 포스트식민적이고 근대적이고 글로벌했다고 이해한다.

포스트식민적 아시아에서 이 세 현장에 초점을 맞추기로 한 나의 선택은 본 프로젝트의 또 다른 목표를 완수한다. 스피박은 '다른 여러 아시아'라는 개념을 제시했고, "나는 포스트식민 이론을 확장시키는 유형의 논의를 읽으면서 아시아를 '복수화'해야 한다는 생각을 점점 더 많이 하게 되었다. 아시아를 단일화하여 자체의 권역 외에는 아무 것도 아닌 것이 되게 하기보다 말이다."(*Other Asias*, 8/20* 스피박, 『다른 여러 아시아』, 태혜숙

역, 울력, 2011)라고 썼다. 최근의 책 『방법으로서의 아시아』(*Asia as Method*)에서 천관싱은 "서구문제에 대한 불필요한 강박"에 대한 해독제로서 이와 유사한 방법론을 제시하고, "도대체 왜 제3세계 내부에서의 그러한 비교분석은 그토록 드물며 심지어 아예 존재하지도 않는가?"(Chen, 225)라고 묻는다. 그는 몇몇 포스트식민 사상가들의 작업을 따라, "제3세계 공간들 안에서 경험된 바로 그런 근대성에 대해 비교연구 또는 상호준거 연구를 해야 할 긴급한 필요가 있다."(Chen, 225)고 쓴다. 나 자신의 사적인 지적 궤적은 나더러 그러한 연구를 시도하도록 이끌었다. 나는 서구라는 지배 용어(master term)에 기대기보다 이 세 나라들을 서로 비추면서 물질적 역사와 서사를 사고함으로써, 더욱 수평적이고 유용한 비교를 위해 진보/퇴보나 근대/비근대라는 이원론을 탈활성화시키기를 희망한 것이다. 동시에, 나는 근대성과 민족성(nationhood)의 서로 구분되는 공간성에 대해 비교론적으로 주목함으로써 문화횡단적인 구성체들에 대한 정교한 분석들에 기반을 둘 수 있는 포스트식민 연구를 제안한다.

천은 자신의 연구에서 아시아가 하나의 통일적이고 고정된 대상이 아니라는 점을 명확히 한다. 차라리 그는 " '아시아'라는 관념을 상상의 고정점으로 사용하면서, 아시아 사회들은 상호 참조지점들이 될 수 있고, 그리하여 자아에 대한 이해가 변형될 수 있으며 주체성을 다시 세울 수 있다"(Chen, 212)고 제안한다. 스피박에게 '아시아'라는 느슨한 기표야말로 서구와 비서구라는 양자주의를 해지할, 권역화와 복수화를 동시에 수행할 개념으로서의 잠재력을 지닌 것이다.(*Other Asias*, 214/325). 바로 이러한 정신에 따라 나는 본서에서 '아시아'와 '아시아 태평양'이라는 단어들을 사용했다. 즉 정적인 권역으로서가 아니라 비교할 수 있는 가능한 관념으로서 그 단어들을 사용했던 셈이다. 그렇다고 서구의 문화적 정치적 기술공학적 형태들을 탐구하는 것은 본서의 중심 과제가 아니었다고 말하려는 것은 아니다. 실로 일부 초점은 비교론적 맥락에서 이 형태들의 동화를 추적하는 것이었다. 천은 우리에게 다음을 상기시킨다.

> 서구는 단편화된 조각들의 형태로 우리의 역사 속으로 들어와 역사의 일부가 되었지만, 총체화하는 방식으로 그렇게 된 것은 아니었다. 방법으로서의 아시아를 위한 과제는 우리의 주체성과 세계관에서 참조의 틀을 다중화하는 것이다. 그렇게 하면 서구를 향한 우리의 불안은 희석될 수 있고, 생산적인 비판적 작업은 앞으로 나아갈 수 있다.(Chen, 223)

그러므로 본서의 주요 목적은 서구의 역사적 영향을 인정하는 것이자, 또한 정당화를 위해 더 이상 서구를 필요로 하지 않는, 근대성에 대한 인터-아시아적(inter-Asian)이거나 남만구를 남반구와 연결하는(south-south) 분석들을 위해 더 많은 공간을 열어 주는 것이다.

마지막으로, 나는 도시적 변형과 그것의 허구적 텍스트화에 초점을 맞춰 도시 공간과 건조 형태가 그러한 분석을 위한 가장 풍부한 서사와 시적인 대상들에 속한다는 점을 보여 주었다. 본서는 일부 도시들의 현실적 공간과 상징적 공간을 탐구하면서, 근대화 연구에 의한, 또 그 위엄에 눌린 건축 비평가들에 의한 지배적인 지역 설명을 복잡하게 만든다. 목적론적인 근대화 연구와 건축적인 현혹이라는 두 불만족스러운 접근들은 〈새로운 아시아 도시〉에 대한 두 가지 갈등적(이지만 궁극적으로 양립하는)인 시간관을 가리킨다. 하나의 시간관은 약 200년 전에 시작된 서구의 산업적 근대성을 〈새로운 아시아 도시〉가 결코 따라잡을 수 없다는 관점이고, 다른 하나는 따라잡을 수 있을 뿐만 아니라 (몇 단계를 건너뛰고) 극복할 수도 있고 따라서 미래에 들어가 있다라고 보는 관점이다. 그렇게 〈새로운 아시아 도시〉는 너무 늦은(너무 전통적이고 너무 후진적이라서 '정상적인' 발전을 할 수 없는) 도시 형태이자 또한 너무 이른

(너무 조숙하고 변덕스러워 진지하게 다룰 수 없는) 것이다.

물론 이러한 관점들은 발전과 근대성에 대한 단일한 서사를 가정할 때만 의미 있는 것일 수 있다. 나는 욕망과 판타지와 경쟁 이미지의 대상으로서의 도시에 대한 공간적 역사를 수행함으로써, 광범위한 자본주의적 근대성 운동의 안을 한 권역의 국지적 담론과 실천과 투쟁으로써 채우려 했던 것이다. 서구의 영향이라든가 재생산이라든가 또는 뒤늦은 모방이라는 표준적인 관념들은, 저개발된 "가난한 또는 식민지 또는 구식민지 사회들은 발전에 관해 이미 통용되는 관념들이 적용되어야 할 장소"(Williams, *Keywords*, 103)라는 한결같은 이해를 함축한다.

이 표준적인 관념들에 맞서 〈새로운 아시아 도시〉는 지구적 근대성의 필수적이며 논쟁적인 구성요소가 된다. 그렇다면, 우리는 포스트식민적인 근대화 국가들의 투쟁들에 대해 우리는 민족국가, 산업 생산, 시민권, 개인의 권리와 같은 서구 근대성에 의해 신성시된 다양한 형태들을, 그 투쟁 현장들이 종속적이긴 하지만 **이미** 근본적인 역할을 해냈던 공간적으로 내장된 과정들로 번역해 내라는 요구의 견지에서 생각해 볼 수 있을 것이다. 우리가 르페브르와 여타 공간 철학자들에게서 배웠듯이, 그러한 번역 과정들은 항상 진행 중이며, 부분적이고 불균등하다. 그 번역 과정들은 노동과 가정의 새로운 공간들과 문학들, 권력의 새로운 형상화들뿐만 아니라 새로운 주체성들과 사회적 접속 양식들, 집단적인 상상들을 다중적으로 생산하는 것으로 이해되어야 한다.

1부 「식민 도시들」을 이루고 있는 1장, 2장에서, 우리는 이들 도시적 현장들이 단지 전후 발전을 위한 빈 명부였던 것만이 아니라 오래 전부터 식민지 질서와 근대성 논쟁을 실행하기 위한 논쟁적 지형이었다는 점을 보았다. 2부 「전후 도시주의」에서, 우리는 사회의 재생산은 새로운 노동과 건축 패턴에 입각한 것이며, 이 새로운 노동과 건축 패턴 자체도 현지의(local) 공간적 역사와 주체 형성과 권력 관계와 얽혀있음을 보았다. 거기서 내가 검토한 다양한 허구적 장르들은 이들 팽창하는 공간들 안에서 개인이 점하는 자리에 대한 불안을 내용과 형식 양면으로 입증하며, 〈새로운 아시아 도시〉 팽창의 종종 모순적인 논리를 폭로한다.

3부 「산업화하는 경관들」에서 나는 국가 주도 성장과 발전의 증거가 상징적으로 위치하는 경관은 합리화된 건조 형태와 고속도로와 수출 지대와 철도 등으로 이루어지며, 공간적 구도에서 민족주의와 대항민족주의의 접합을 촉진한다고 주장했다. 마지막 3부의 5,6,7장에서는, 사회적 경관과 공동체와 미래상 그 자체를 구상하는 전적으로 새로운 방식을 초래한 저 건조 형태들과, 새로운 기반시설을 성찰하는 허구적 텍스트들을 더욱 주의하여 살펴볼 필요가 지적되고 있다. 여기서 내가 강조하는 것은 발전의 물질적 형태에 부착된 심리적이고 상징적인 에너지를 다루는 작업의 중요성이다. 이들 허구적 텍스트들은 1960년대~1980년대의 〈새로운 아시아 도시〉가 단지 일시적이고 파생적이거나 변칙적인 비정상적인 근대성(발전주의, 압축 근대성, 키프니스Kipnis의 "역사 넘어")은 아니라는 점을 우리에게 보여 준다. 오히려, 도시 형태의 3차원적 재기입 덕분에 우리는 식민주의의 잔여들, 글로벌 자본주의의 힘, 민족주의적 욕망의 변증법이 퇴적되는 어떤 공간적 논리에 다가갈 수 있게 된다. 역설적으로, 우리는 〈새로운 아시아 도시〉가 결국 그다지 새롭지 않다는 것을 발견한다.

본서가 단 세 곳을 검토했지만, 좀 당차게 말해 본서는 또한 문화적 텍스트들이 식민주의와 지구화와 근대성과 도시사에 관해 우리에게 말해 줄 수 있는 바를 다시 사유하는 더 큰 집단적 프로젝트에 기여하는 것을 목표로 삼고 있다. 이 텍스트들은 새로운 유리한 위치에서 연구될 수 있으며 연구되어야만 하기 때문이다. 다시 천(Chen)을 인용하자면,

“세계에 대한 혁신된 이해의 목적은 세계에 대한 우리의 새로운 비전과의 연관 속에서 우리 자신을 다르게 지각하려는 것이다.”(Chen, 253) 본 연구가 초대형 국가(megastate)인 중국과 인도의 부상이라는 아시아의 가장 최근 기적을 검토할 새로운 분석 경로를 열어 주기를 바라는 마음이다. 단순한 신자유주의적 또는 진화론적인 발전이라는 관점에서 중국과 인도를 경제적 경제 강국으로 부상하고 있다고 보기보다, 그들의 식민 역사와 포스트식민 욕망의 관점에서 또 그들의 글로벌하고 권역적인 새로운 경제적 역할과 더불어 정착과 이주의 지속되는 현지 형태들의 관점에서 그들을 검토해야 한다. 대대적으로 진행 중인 도농 간 전투에 대한 그들 자체의 서사가 발굴되고 다시 이야기되어야 한다. 이는 동시에 우리의 예전 서사들에 대한 재조정을 요청하게 될 것이다. 최소한, 우리는 그러한 발전의 궤적 및 그 투쟁과 성취를 더 추적해야만 할 것이다. 아시아 근대성은 편협하고 순응적인 천성을 지닌다는 단순한 판단을 피하기 위해서 말이다.

감사의 말

본서를 출간할 수 있도록 하여 준 많은 분들과 기관들에 감사를 표하게 되어 기쁘다. 본서의 내용을 처음으로 연구했던 것은 듀크 대학 시절이었고 그때 첫 판본이 쓰였다. 나는 대학원 문학 프로그램의 훌륭한 가르침과 지적 환경에 큰 빚을 지고 있다. 지칠 줄 모르는 나의 박사학위 지도교수 란자나 칸나(Ranjana Khanna) 선생님은 (때때로 덜컹거리는) 나의 프로젝트 내내 나를 지도하면서 엄밀한 페미니즘적 사유와 포스트식민적 사유를 나한테 입문시켰다. 그녀는 이론적 세련됨, 지적 관대함, 전문직의 우아함을 견지하는 데서 나의 역할 모델이었고 지금도 그렇다. 레오 칭(Leo Ching), 프레드릭 제임슨(Fredric Jameson), 켄 수린(Ken Surin)을 비롯해 듀크 대학의 다른 특별한 선생님들이 포스트식민 아시아, 건축학 이론, 유물론 철학을 가로질러 서로서로 연결하도록 나를 고무하였고 이 작업을 규정하는 데 필요한 지적 훈련을 내게 제시했다. 나는 또한 모니크 알와르트(Monique Allewaert), 에이미 캐롤(Amy Carroll), 로렌 코에트스(Lauren Coates), 니하드 파루크(Nihad Farooq), 자야 카시바틀라(Jaya Kasibhatla), 빈 나르디찌(Vin Nardizzi), 이든 오수차(Eden Osucha)를 비롯해, 작업 중인 내 연구 섹션을 읽고 논평해 준 나의 동료들에게도 빚을 지고 있다. 또한 나는 언어 훈련, 번역의 도움, 많은 따뜻한 한식 및 중국 식사를 제공하여 준, 김해영, 김선민, 이윤경, 이훈에게도 크게 빚지고 있다. 본서의 많은 부분은 내가 뉴욕 대학에서 가르치는 동안 쓰였고 수정되었다. 뉴욕 대학의 많은 관대한 분들이 나의 원고를 읽어 주었고 논평해 주었다. 토랄 가자라왈라(Toral Gajarawala)의 우정과 일상적인 동료관계는 특히 나의 자양분이 되었다. 일레인 프리드굿(Elaine Freegood), 마틴 해리즈(Martin Harries), 라제스와리 순데르 라잔(Rajeswari Sunder Rajan)은 내 프로젝트의 부분들을 읽어 주었으며 그 최종 판본의 형태를 갖추도록 도와주었다. 그사이 로버트 영 교수는 책 전체를 읽어 주었고 본서에 필수불가결한 조언을 해 주었다. 나는 또한 하이탐 바후라(Hytham Bahoora), 마이클 랄프(Michael Ralph), 소날리 페레라(Sonali Perera), 나오미 쉴러(Naomi Schiller)를 비롯해 내가 관여했던 글쓰기 그룹들의 멤버들에게 고마움을 표한다. 뉴욕대학과 영문과는 2009년에 멜버런 대학교의 〈문화와 커뮤니케이션〉 대학의 환대를 나더러 누릴 수 있게 해 주었던 고다르 장학금(Goddard Fellowship)과 본서의 간행을 지원했던 아브라함과 레베카 스타인 펀드(Abraham and Rebecca Fund)로써 나의 프로젝트를 가능하게 했다.

롭 윌슨(Rob Wilson), 악바르 아바스(Ackbar Abbas), 익명의 독자 한 분은 사려 깊고 건설적인 피드백을 제공해 줌으로써 본서를 더 강력한 것으로 만드는 것을 도와주었다. 나는 그들의 격려에 진심으로 감사한다. 미네소타 대학 출판부에 있는 제이슨 와드만(Jason Weidmann)과 다니엘르 카스프르자크(Danielle Kasprzak)는 인내심을 갖고 도움이 되도록 이끌어 주었으며 출판의 전 과정을 통해 엄청나게 많은 지원을 해 주었다. 이 프로젝트의 마지막 단계에서 나는 최영선의 소중한 검색 작업뿐만 아니라 더바 바수(Durba Basu)와 샤론 우(Sharon Wu)의 세심한 도움에 고마움을 표한 바 있다. 알렉스 골로웨이(Alex Galloway)가 그야말로 제때에 도움의 손길을 내어 주는 동안 릴리 셰(Lili Hsieh)는 타이완에서 피드백을 보내 왔다. 브라이스 더 레이니어(Bryce de Reynier)는 참신한 시각, 기술적 도움, 최고로 훌륭한 격려를 제공했다.

물론 여기서 일일이 거론하지는 못했지만 나를 지지해 준 다른 관계들 또한 많이 있다. 나는 오스트레일리아, 남한, 미국에서 영감을 주는 친구들, 선생님들 동료들을 발견하는 행운을 누려 왔고, 내가 여러 곳을 여행하는 동안에도 내가 든든한 뿌리를 지니고 있다고 느끼도록 해 주었던 그들에게 감사한다. 마지막으로 나의 가장 마음속 깊은 감사는 나의 가족, 즉 나의 부모님인 김태수 왓슨과 케이스 왓슨(Keith Watson)에게로 향한다. 그들은 나의 내부에 호기심을 불어넣어 주었고 내게 기회를 잡아 유학하도록 확신을 불어넣어 주었다. 나의 오빠 토리(Tori)의 신뢰할 만한 유머와 현실감에 고마움을 표한다. 특히 나의 어머니는 본서를 쓰는 기간 동안 내내 나를 지원하고 인도하는 돛과도 같았다. 어머니가 없었더라면 나는 분명 이런 작업을 할 수 없었을 것이다. 나는 어머니에게 가장 큰 찬탄과 고마움의 빚을 지고 있다.

참고 문헌

Adorno, Theodore W. *Kierkegaard: Construction of the Aesthetic.* Translated by Robert Hullot-Kentor. Minneapolis: University of Minnesota Press, 1989.

Ahmad, Aijaz. *In Theory: Classes, Nations, Literatures.* London: Verso, 1992.

AlSayyad, Nezar, ed. *Forms of Dominance: On the Architecture and Urbanism of the Colonial Enterprise.* Aldershot: Avebury, 1992.

______. "Urbanism and the Dominance Equation: Reflections on Colonialism and National Identity." In *Forms of Dominanc e: On the Architecture and Urbanism of the Colonial Enter prise*, edited by Nezar AlSayyad, 1-26. Aldershot: Avebury, 1992.

Amin, Samir. *Re-Reading the Postwar Period: An Intellectual Itiner ary.* Translated by Michael Wolfers. New York: Monthly Re view Press, 1994.

An, Ji-na. "Mansejŏn ŭi singminjijŏk kŭndaesŏng yŏngu"[Astudyofc olonialmodernityinMansejŏn]. *Hanguk Munhak Iron kwa Pi p'yŏng* [Korean literary theory and criticism] 8, no. 1 (2004): 170~191.

Anderson, Benedict. *Imagined Communities: Reflections on the Or igin and Spread of Nationalism.* 1983. Reprint, London: Ver so, 1991.

Arrighi, Giovanni. "The Social and Political Economy of Global Tu

rbulence." *New Left Review* 20 (2003): 5~71.
Balshaw, Maria, and Liam Kennedy. "Introduction: Urban Space an d Representation." In *Urban Space and Representation*, edit ed by Maria Balshaw and Liam Kennedy, 1-21. Sterling, V a.: Pluto Press, 2000.
Barlow, Tani E. "Introduction: On 'Colonial Modernity.'" In *Format ions of Colonial Modernity in East Asia*, edited by Tani E. Barlow, 1~20. Durham, N.C.: Duke University Press, 1997.
Barraclough, Ruth. 'Tales of Seduction: Factory Girls in Korean Pr oletarian Literature." *positions: east asia cultures critique* 14, no. 2 (2006): 345~371.
Baucom, Ian. *Out of Place: Englishness, Empire, and the Locations of Identity. Princeton*, N.J.: Princeton University Press, 1999.
______. "Township Modernism." In *Geomodernisms: Race, Moder nism, Modernity*, edited by Laura Doyle and Laura Winkel, 227~244. Bloomington: Indiana University Press, 2005.
Benjamin, Walter. *The Arcades Project*. Translated by Howard Eila nd and Kevin McLaughlin. Cambridge, Mass.: Belknap-Harv ard, 1999.
Berman, Marshall. *All That Is Solid Melts into Air: The Experience of Modernity*. New York: Viking, 1982.
Berry, Chris. "A Nation T(W/0)0: Chinese Cinema(S) and Nationho od(S)." *East-West Film Journal* 7, no. 1 (1993): 24~51.
Berry, Michael. "Words and Images: A Conversation with Hou Hsi ao-hsien and Chu T'ien-Wen." *positions: east asia cultures critique* , no. 3 (2003): 675~736
Bishop, Ryan, John Phillips, and Wei Wei Yeo. "Perpetuating Citie s: Excepting Globalization and the Southeast Asia Suppleme nt." In *Postcolonial Urbanism: Southeast Asian Cities and Gl obal Processes*, edited by Ryan Bishop, John Phillips, and

Wei Wei Yeo, 1~34. New York: Routledge, 2003.
Brewster, Anne. *Introduction to The Space of City Trees: Selected Poems*, by Arthur Yap, xi~xxii. London: Skoob, 1999.
______. *Towards a Semiotic of Post-colonial Discourse: University Writing in Singapore and Malaysia, 1949~1965*. Singapore: National University of Singapore/ Heinemann Asia, 1989.
Cabral, Amilcar. "National Liberation and Culture." In *Colonial Dis course and Post-colonial Theory*, edited by Patrick Williams and Laura Chrisman, 53~65. New York: Columbia Universit y Press, 1994.
Castells, Manuel. "Four Asian Tigers with a Dragons Head: A Com parative Analysis of the State, Economy, and Society in the Asian Pacific Rim." In *States and Development in the Pacific Rim*, edited by Richard P. Appelbaum and Jeffrey Henderso n, 30~70. Newbury Park, Calif.: Sage, 1992.
______. *The Urban Question: A Marxist Approach*. Translated by Alan Sheridan. Cambridge, Mass.: MIT Press, 1977.
Çelik, Zeynap. *Urban Forms and Colonial Confrontations: Algiers under French Rule*. Berkeley: University of California Press, 1997.
Chan, Heng Chee. "Political Developments, 1965~1979." In *A Hist ory of Singapore*, edited by Ernest C. T. Chew and Edwin Lee, 157~181. Oxford: Oxford University Press, 1991.
Chan, Jasmine. "The Status of Women in a Patriarchal State: The Case of Singapore." In Edwards and Roces, *Women in Asia*, 39~58.
Chang, Sung-Sheng Yvonne. *Modernism and the Nativist Resistanc e: Contemporary Chinese Fiction from Taiwan*. Durham, N. C.: Duke University Press, 1993.
______. "Twentieth-Century Chinese Modernism and Globalizing Modernity: Three Auteur Directors of Taiwan New Cinema."

In *Geomodernisms: Race, Modernism*, Modernity, edited by Laura Doyle and Laura Winkel, 133~50. Bloomington: India na University Press, 2005.

Chatterjee, Partha. *The Nation and Its Fragments: Colonial and Pos tcolonial Histories*. Princeton, N.J.: Princeton University Pre ss, 1993.

______. *Nationalist Thought and the Colonial World: A Derivative Discourse*. London: Zed Books, 1986.

Cheah, Pheng. *Inhuman Conditions: On Cosmopolitanism and Human Rights*. Cambridge, Mass.: Harvard University Press, 2006.

______. *Spectral Nationality: Passages of Freedom from Kant to Po stcolonial Literatures of Liberation*. New York: Columbia Un iversity Press, 2003.

Chen, Kuan-hsing. *Asia as Method: Toward Deimperialization*. Du rham, N.C.: Duke University Press, 2010.

______. "Taiwanese New Cinema." In *The Oxford Guide to Film Studies*, edited by John Hill and Patricia Church Gibson, 55 7~561. Oxford: Oxford University Press, 1998.

Chen, Ruxiu, ed. *Focus on Taipei through Cinema, 1950~1990*. Ta ibei: Wanxiang, 1995.

Ch'en, Ying-chen. *Exiles at Home: Short Stories by Chen Ying-che n*. Translated by Lucien Miller. Ann Arbor: Center for Chine se Studies, University of Michigan, 1986.

Chi, Pang-yuan. "Taiwan Literature, 1945~1999." In *Chinese Literat ure in the Second Half of a Modern Century: A Critical Surv ey*, edited by Pang-yuan Chi and David Der-wei Wang, 14~ 30. Bloomington: Indiana University Press, 2000.

Chiang, Kai-shek. *Chapters on National Fecundity, Social Welfare, Education, and Health and Happiness*. Translated by Durha m S. F. Chen. Taipei: China Cultural Service, 1952.

______. *Selected Speeches and Messages in 1971*. Taipei: Government Information Office, 1972.

Chiang, Lan-Hung Nora. "Women in Taiwan: Linking Economic Prosperity and Women's Progress." In Edwards and Roces, *Women in Asia*, 229~246.

Chien, Ying-ying. "The Impact of American Feminism on Modern Taiwanese Fiction by Women," In *The Force of Vision: Visions of the Others*, edited by Margaret R. Higonnet and Sumie Jones, 2:631~236. Tokyo, International Comparative Literature Association, 1995.

Ching, Leo. *Becoming "Japanese": Colonial Taiwan and the Politics of Identity Formation*. Berkeley: University of California Press, 2001.

Cho, Nam-Hyon. "1970~80 Nyondae Sosol kwa Yosong uisik" [1970s~80s fiction and feminist consciousness]. In *Hanguk Munhak kwa Yosong* [Korean literature and women], 163~182. Tongduk Taehakkyo Korean Literature Research Center. Seoul: Asea Munhaksa, 2000.

Cho, Nam-Hyun[Cho, Nam-Hyon]. "Trends in Korean Fiction since WW1I," translated by Ji-moon Suh. In *Understanding Modern Korean Literature*, 32~50. Seoul: Korean Culture and Arts Foundation, 1991.

Cho, Se-hui. "A Little Ball Tossed Up by a Dwarf." Translated by Bruce and Ju-chan Fulton. *Korean Literature Today* 3, no. 3 (1998): 126~169.

______. Nanjangi Ka Soaollin Chagun Kong [A little ball launched by a dwarf]. Seoul: Munhak kwa Jisongsa, 1993.

Ch'oe, Yun. "Late Twentieth-Century Fiction by Women." In *A History of Korean Literature*, edited by Peter H. Lee, 481~496. Cambridge: Cambridge University Press, 2003.

Choi, Hyun-moo. "Contemporary Korean Literature: From Victimiz ation to Minjung Nationalism," translated by Carolyn U. So. In *South Korea's Minjung Movement: The Culture and Politics of Dissidence*, edited by Kenneth M, Wells 167~178. Honolulu: University of Hawai'i Press, 1995.

Choi, Won-shik. "Seoul, Tokyo, New York: Modern Korean Literature Seen through Yi Sang's 'Lost Flowers'." *Korea Journal* 39, no. 4 (1999): 118~143.

Chu, Tien-Jen. "Autumn Note," translated by James C. T. Shu. In *The Unbroken Chain: An Anthology of Taiwan Fiction since 1926*, edited by Joseph S. M. Lau, 24~32. Bloomington: Indiana University Press, 1983.

Chua, Beng-huat. *Political Legitimacy and Housing: Stakeholding in Singapore*. London: Routledge, 1997.

______. "World Cities: Globalisation and the Spread of Consumerism: A View from Singapore." *Urban Studies* 35, no. 5/6 (1998): 981~1000.

Coaldrake, William H. *Architecture and Authority in Japan*. London: Routledge, 1996.

Colomina, Beatriz. *Privacy and Publicity: Modern Architecture as Mass Media*. Cambridge, Mass.: MIT Press, 1994.

Connery, Christopher L. "Pacific Rim Discourse: The U.S. Global Imaginary in the Late Cold War Years," In *Asia/Pacific as Space of Cultural Production*, edited by Rob Wilson and Arif Dirlik, 30~56. Durham, N.C.: Duke University Press 1995.

Cumings, Bruce, "The Origins and Developments of the Northeast Asian Political Economy: Industrial Sectors, Product Cycles and Political Consequences." In *The Political Economy of the New Asian Industrialism*, edited by Frederic D. Deyo, 44~83. Ithaca, N.Y.: Cornell University Press, 1987.

Dal Co, Francesco. *Figures of Architectural Thought: German Architectural Culture*, 1880~1920. New York: Rizzoli, 1990.

Dale, Johan Ole. *Urban Planning in Singapore: The Transformation of a City*. Oxford: Oxford University Press, 1999.

Davis, Angela. *Women, Race, and Class*. New York: Random House, 1981.

Denning, Michael. *Culture in the Age of Three Worlds*. London: Verso, 2004.

Denton, Kirk A. "Historical Overview." In Mostow, *Columbia Companion*, 287~306.

De Souza, Dudley. "Gods Can Die: The Writer and Moral or Social Responsibility." In Quayum and Wicks, *Singaporean Literature in English*, 299~307.

Deyo, Frederic D., ed. *The Political Economy of the New Asian Industrialism*. Ithaca, N.Y.: Cornell University Press, 1987.

Duan, Chen-su. "Sisyphus: A Sociological Study of Taipei through Films, 1960~1990." In *Focus on Taipei through Cinema, 1950~1990*, edited by Ruxiu Chen, 72~77. Taibei: Wanxiang, 1995.

Duus, Peter. "Introduction: Japan's Wartime Empire: Problems and Issues." In *The Japanese Wartime Empire, 1931~1945*, edited by Peter Duus, Ramon H. Myers, and Mark R. Peattie, xi~xlvii. Princeton, NJ.: Princeton University Press, 1996.

Eagleton, Terry. *The Idea of Culture*. Oxford: Blackwell, 2000.

Edwards, Louise, and Mina Roces, eds. *Women in Asia: Tradition, Modernity and Globalisation*. Ann Arbor: University of Michigan Press, 2000.

Elden, Stuart. "Between Marx and Heidegger: Politics, Philosophy and Lefebvre's The Production of Space." *Antipode* 36, no. 1 (2004): 86~105.

Evans, Robin. "Figures, Doors and Passages." In *Center: Vol. 9: Regarding the Proper*, edited by Kevin Alter and Elizabeth Danze, 42~57. Austin: University of Texas Press, 1985.

Fanon, Frantz. *The Wretched of the Earth*. Translated by Constance Farrington. New York: Grove Press Weidenfield, 1963.

Faurot, Jeannette L *Introduction to Chinese Fiction from Taiwan: Critical Perspectives*, edited by Jeannette L. Faurot, 1~5. Bloomington: Indiana University Press, 1980.

Foucault, Michel. "Space, Knowledge and Power (Interview conducted with Paul Rabinow)," In *Rethinking Architecture: A Reader in Cultural Theory*, edited by Neil Leach, 367~379. New York: Routledge, 1997.

Frank, Andre Gunder. *Crisis: In the Third World*. New York: Holmes and Meier, 1981.

______. "The Development of Underdevelopment" In *Dependence and Underdevelopment: Latin America's Political Economy*, by James D. Cockcroft, Andre Gunder Frank, and Dale L. Johnson, 3~17. New York: Anchor, 1972.

Frűbel, Folker, Jűrgen Heinrichs, and Otto Kreye. *The New International Division of Labour: Structural Unemployment in Industrialised Countries and Industrialisation in Developing Countries*. Translated by Pete Burgess. Cambridge: Cambridge University Press, 1980.

Fujii, James A. "Writing Out Asia: Modernity, Canon and Natsume Soseki's Kokoro" *positions: east asia cultures critique* 1, no. 1 (1993): 194~223.

Fulton, Bruce. "Historical Overview." In *Mostow, Columbia Companion*, 619~629.

______. "Hwang Sŏgyŏng." In *Mostow, Columbia Companion*, 713~717.

Gandhi, Leela. *Postcolonial Theory: An Introduction*. New York: Columbia University Press, 1998.

Gaonkar, Dilip Parameshwar, ed. *Alternative Modernities*. Durham, N.C.: Duke University Press, 2001.

Goh, Poh Seng. *If We Dream Too Long*. Singapore: Island Press, 1972.

Goh, Robbie B. H. "Imagining the Nation: The Role of Singapore Poetry in English in 'Emergent Nationalism.' " *Journal of Commonwealth Literature* 41 (2006): 21~41.

Gottdiener, M. "A Marx for Our Time: Henri Lefebvre and The Production of Space." *Sociological Theory* 11, no. 1 (1993):129~34.

Gramsci, Antonio, *Selections from the Prison Notebooks*. Edited and translated by Quintin Ho are and Geoffrey Nowell Smith. New York: International, 1971.

Grosz, Elizabeth. "Bodies-Cities." In *Sexuality and Space*, edited by Beatriz Colomina, 241~253. Princeton, N.J.: Princeton Architectural Press, 1992.

Gupta, Akhil, and James Ferguson. "Beyond 'Culture':Space, Identity and the Politics of Difference." In *Culture, Power, Place: Explorations in Critical Anthropology*, edited by Akhil Gupta and James Ferguson, 33~51. Durham, N.C.:Duke University Press, 1997.

Haboush, JaHyun Kim. "In Search of History in Democratic Korea: The Discourse of Modernity in Contemporary Historical Fiction." In *Constructing Nationhood in Modern East Asia*, edited by Kai-wing Chow et al., 33~51. Ann Arbor: University of Michigan Press, 2001.

Hallward, Peter. *Absolutely Postcolonial: Writing between the Singular and the Specific*. Manchester: Manchester University Press, 2001.

Hampson, Sasha. "Rhetoric or Reality? Contesting Definitions of Women in Korea." In. Edwards and Roces, *Women in Asia*, 170~187.

Harootunian, Harry D. *History's Disquiet: Modernity, Cultural Pract ice, and the Questions of Everyday Life*. New York: Colum bia University Press, 2000.

Harvey, David. *The Limits to Capital*. Chicago: University of Chica go Press, 1982.

Haskell, Dennis. " 'People, Traffic and Concrete': Perceptions of th e City in Modern Singaporean Poetry." In *Perceiving Other Worlds, edited by Edwin Thumboo*, 237~249. Singapore: Ti mes Academic, 1991.

Heidegger, Martin. *Basic Writings*. Edited by David Farrell Krell. New York: Harper and Row, 1976.

Heng, Geraldine, and Janadas Devan. "State Fatherhood: The Polit ics of Nationalism, Sexuality, and Race in Singapore." in *Nat ionalisms and Sexualities*, edited by Andrew Parker et al, 34 3~364. London: Routledge, 1996.

Hitchcock, Henry-Russell, and Philip Johnson. *The International Style: Architecture since 1922*. New York; W. W Norton, 1932.

Ho, Kong Chong. "From Port City to City-State: Forces Shaping Sin gapore's Built Environment." In *Culture and the City in East Asia*, edited by Won Bae Kim et al., 212~33. Oxford: Clare ndon, 1997.

hooks, bell. *Ain't I a Woman: Black Women and Feminism*. Bosto n, Mass.: South End Press, 1981.

Hou, Hsiao-hsien, dir. *Fenggui Lai de Ren [The boys from Fengku ei]*. 1983. Film.

______, dir. *Lian Lian Feng Chen* [*Dust in the wind*]. 1986. Film.

Hsia, Chu-Joe. "Theorizing Colonial Architecture and Urbanism: B uilding Colonial Modernity in Taiwan." *Inter-Asia Cultural St udies* 3, no. 1 (2002): 7~23.

Hsiau, A-chin. *Contemporary Taiwanese Cultural Nationalism*. Lon don: Routledge, 2000.

Hsieh, Tung-min. *Implementing the Four Major Objectives of Political Reconstruction*. Republic of China: Department of Information, 1976.

Huang, Chunming. *The Taste of Apples*. Translated by Howard Goldblatt. New York: Columbia University Press, 2001.

Hwang, Sŏk-yŏng. "Pungmang, Mŏlgodo Kojŏkhan Kot."[Longing for the north, a far and desolate place.] In *Sampo kanun kil* [*The road to Sampo*], 293~306. Seoul: Changbi, 2000.

______. "The Road to Sampo," translated by Uchang Kim. In *Modern Korean Short Stories*, edited by Chong-wha Chung, 176~201. Hong Kong: Heinemann Educational, 1980.

______. *Sampo kanŭn kil* [*The road to Sampo*]. Seoul: Tonga, 1995.

Im, Hŏn-yŏng. "The Meaning of the City in Korean Literature." *Korea Journal* 27, no. 5 (1987): 24~36.

ILO [International Labour Organisation]. *Economic and Social Effects of Multi-national Enterprises in Export Processing Zones*. Geneva: International Labour Organisation, 1988.

Jacobs, Jane M. *Edge of Empire: Postcolonialism and the City*. London: Routledge, 1996.

Jameson, Fredric. *Marxism and Form*. Princeton, N.J.: Princeton University Press, 1971.

______. "Modernism and Imperialism." In *Nationalism, Colonialism, and Literature*, edited by Fredric Jameson, Terry Eagleton, and Edward Said, 43~66. Minneapolis: University of Minnesota Press, 1990.

______. *The Political Unconscious: Narrative as a Socially Symbolic Act*. Ithaca, N.Y.: Cornell University Press, 1981.

______. *Postmodernism, on The Cultural Logic of Late Capitalism*. Durham, N.C.: Duke University Press, 1991.

______. *The Seeds of Time*. New York: Columbia University Pres s, 1994.

Jayawardena, Kumari. *Feminism and Nationalism in the Third World*. London: Zed Books, 1986.

Kang, Sŏk-kyŏng. "A Room in the Woods," translated by Bruce and Ju-chan Fulton. In *Words of Farewell: Stories by Korean Women Writers*, 28~147. Seattle: Seal, 1989.

______. *Supsok ui Pang* [A room in the woods]. Seoul: Minumsa, 1986.

Kapur, Basant K., ed. *Singapore Studies: Critical Surveys of the Humanities and Social Sciences*. Singapore: Singapore University Press, 1986.

Kavanagh, James H. "Marxism's Althusser: Toward a Politics of Literary Theory." *Diacritics* 12, no. 1 (1982): 25~45.

Kern, Stephen. *The Culture of Time and Space: 1880~1918*. Cambridge, Mass.: Harvard University Press, 1983.

Khanna, Ranjana. *Dark Continents: Psychoanalysis and Colonialism*. Durham, N.C.: Duke University Press, 2003.

______. "Post-Palliative: Coloniality's Affective Dissonance." *Postcolonial Text* 2, no.1 (2006). http://postcdonial.org/index.php/pct/article/view/385/815.

Kim, Byong-ik. "Taeryop Segyegwan kwa Mihak" [Oppositional worldview and aesthetic]. In *Nanjangi Ka Ssoaollin Chagun Kong* [*A little ball launched by a dwarf*], by Cho Se-hui, 277~294. Seoul: Munhak kwa Jisongsa, 1993.

Kim, Elaine H., and Chungmoo Choi, eds. *Dangerous Women: Gender and Korean Nationalism*. New York: Routledge, 1998.

______. "Introduction to Kim and Choi", *Dangerous Women*, 1~8.

Kim, Hŭng-gyu. "Choson Fiction in Chinese." In *A History of Korean Literature*, edited by Peter H. Lee, 273~87. Cambridge: Cambridge University Press, 2003.

______. *Understanding Korean Literature*. Translated by Robert J.

Fouser. Armonk, N.Y.: M. E. Sharpe, 1997.

Kim, Hyuag-A. *Korea's Development under Park Chung Hee: Rapid Industrialization, 1961~79*. London: Routledge Curzon, 2004.

Kim, Hyun Sook. "Yanggongju as an Allegory of the Nation: The Representation of Working-Class Women in Popular and Radical Texts." In Kim and Choi, *Dangerous Women*, 175~202.

Kim, Joochul, and Sang-Chuel Choe. *Seoul: The Making of a Metropolis*. Chichester: Wiley, 1997.

Kim, Seung-kyung. *Class Struggle or Family Struggle? The Lives of Women Factory Workers in South Korea*. Cambridge: Cambridge University Press, 1997.

Kim, Tong-in. "Potato," translated by Charles Rosenberg and Peter H. Lee. In *Modern Korean Literature: An Anthology*, edited by Peter H. Lee, 16~23. Honolulu: University of Hawaii Press, 1990.

Kim, Yoon-shik. *Understanding Modern Korean Literature*. Translated by Jang Gyung-ryul. Seoul: Jipmoondang, 1998.

King, Anthony D. *Colonial Urban Development: Culture, Social Power and Environment*. London: Routledge and Kegan Paul, 1976.

Kipnis, Jeffrey. "Beijing'n Seoul." In *Anywise*, edited by Cynthia C. Davidson, 168~174. New York: Anyone Corporation, 1996.

Kleeman, Faye Yuan. *Under an Imperial Sun: Japanese Colonial Literature of Taiwan and the South*. Honolulu: University of Hawaii Press, 2003.

Knapp, Ronald G. *Chin's Vernacular Architecture*. Honolulu: University of Hawai'i Press, 1989.

Koh, Tai Ann. "Intertextual Selves: Fiction Makers in Two 'Singapore' Novels." In *Tropic Crucible: Self and Theory in*

Language and Literature, edited by Colin Nicholson and Ranjit Chatterjee, 163~191. Singapore: Singapore University Press, 1984.

______. "Self, Family arid the State: Social Mythology in the Singapore Novel in English." *Journal of Southeast Asian Studies* 20, no. 2 (1989): 273~287.

______. "Telling Stories, *Expressing Values: The Singapore Novel in English.*" In *Skoob Pacifica Anthology No. 2: The Pen Is Mightier Than the Sword*, edited by C. Y. Loh and I. K. Ong, 129~145. London: Skoob, 1994.

Koolhaas, Rem. "Singapore Songlines: Portrait of a Potemkin Metropolis or Thirty Years of Tabula Rasa." In S, M, L, XL, edited by Rem Koolhaas et al., 1008~89. New York: Montacelli, 1995.

Kuo, Jason C. *Art and Cultural Politics in Postwar Taiwan*. Seattle: University of Washington Press, 2000.

Kusno, Abidin. *Behind the Postcolonial: Architecture, Urban Space, and Political Cultures in Indonesia*. London: Routledge, 2000.

Kwon, T'aek-yŏng. "Yŏksŏl kwa Muŭiji ŭi Arŭmdaum"[The beauty of paradox and weakness]. In *Uri Sidae ui Sosŏlga: Cho Song-Ki; Kang Sŏk-kyŏng*, 586~598. Seoul: Donga, 1995.

Kwŏn, Yŏng-min. "Early Twentieth Century Fiction by Men." In *A History of Korean Literature*, edited by Peter H. Lee, 390~405. Cambridge: Cambridge University Press, 2003.

Lau, Joseph S. M. "Ch'en Ying-chen." In *The Unbroken Chain: An Anthology of Taiwan Fiction since 1926*, edited by Joseph S. M. Lau, 102~3. Bloomington: Indiana University Press, 1983.

______. ed. *The Unbroken Chain: An Anthology of Taiwan Fiction since 1926*. Bloomington: Indiana University Press, 1983.

Lau, Lawrence J., ed. *Models of Development: A Comparative Study of Economic Growth in South Korea and Taiwan*. San Francisco: ICS Press, 1986.

Le Corbusier. *Essential Le Corbusier: L'esprit Nouveau Articles*. Oxford: Architectural Press, 1998.

Lee, Anru. "Between Filial Daughter and Loyal Sister: Global Economy and Family Politics in Taiwan." In *Women in the New Taiwan: Gender Roles and Gender Consciousness in a Changing Society*, edited by Catherine Farris, Anru Lee, and Murray Rubinstein, 101~19. Armonk, N.Y.: M. E. Sharpe, 2004.

Lee, Chulwoo. "Modernity, Legality, and Power in Korea under Japanese Rule." In *Colonial Modernity in Korea*, edited by Gi'wook Shin and Michael Robinson, 21~51. Cambridge, Mass.: Harvard University Asia Center, 1999.

Lee, Kuan Yew. *From Third World to First: The Singapore Story, 1965~2000*. New York: HarperCollins, 2000.

______. *The Singapore Story: Memoirs of Lee Kuan Yew*. Singapore: Prentice Hall, 1998.

Lee, Namhee. *The Making of Minjung: Democracy and the Politics of Representation in South Korea*. Ithaca, N.Y.: Cornell University Press, 2007.

Lee, Sang-hae. "Traditional Korean Settlements and Dwellings." In *Asia's Old Dwellings: Tradition, Resilience, and Change*, edited by Ronald G. Knapp, 373~389. Oxford: Oxford University Press, 2003.

Lee, Tzu Pheng. Foreword to *Gods Can Die*, by Edwin Thumboo, viii~xiii. Singapore: Heinemann Educational, 1977.

______. "My Country and My People." In *The Second Tongue: An Anthology of Poetry from Malaysia and Singapore*, by Edwin Thumboo, 162. Singapore-. Heinemann Educational,

1977.
Lefebvre, Henri. *The Production of Space*. Translated by Donald Nicholson-Smith. Oxford: Blackwell, 1991.
Lenin, V. I. *Selected Works*. Vols. 1 and 2. New York: International, 1967.
Li, William D. H. *Housing in Taiwan: Agency and Structure?* Brookfield: Ashgate, 1998.
Liao, Ping-hui. "Postcolonial Studies in Taiwan: Issues in Critical Debates." *Postcolonial Studies* 2, no. 2 (1999): 199~211.
______. "Travel in Early-Twentieth-Century Asia: On Wu Zhouliu's 'Nanking Journals' and His Notion of Taiwan's Alternative Modernity." In *Writing Taiwan: A New Literary History*, edited by David Der-wei Wang and Carlos Rojas, 285~300. Durham, N.C.: Duke University Press, 2007.
Liaw, Yock Fang. "Malay Language and Literature in Singapore." In *Singapore Studies: Critical Surveys of the Humanities and Social Sciences*, edited by Basant K. Kapur, 323~336. Singapore: Singapore University Press, 1986.
Lie, John. *Han Unbound: The Political Economy of South Korea*. Stanford, Calif.: Stanford University Press, 1998.
Lim, Shirley Geok-lin. "Edwin Thumboo: A Study of Influence on the Literary History of Singapore." In Quayum and Wicks, *Singaporean Literature in English*, 282~289.
______. *Nationalism and Literature: English-Language Writing from the Philippines and Singapore*. Quezon City: New Day Publishers, 1993.
Lim, Su-chen Christine. *Rice Bowl*. Singapore: Times Books International, 1984.
Lim, William S. *Asian New Urbanism and Other Papers*. Singapore: Select, 1998.
Livingstone, James M. *The Contenders: The Rise of the Pacific Po

wers. London: Cassell, 1998.

Lu, Hwei-Syin. "Transcribing Feminism: Taiwanese Women's Expe riences," In *Women in the New Taiwan: Gender Roles and Gender Consciousness in a Changing Society*, edited by Cat herine Farris, Anru Lee, and Murray Rubinstein, 223~243. A rmonk, N.Y.: M. E. Sharpe, 2004.

Lukács, Gyürgy [Georg]. *Studies in European Realism: A Sociologi cal Survey of the Writings of Balzac, Stendhal, Zola, Tolsto y, Gorki and Others*. Translated by Edith Bone. London: Hi llway, 1950.

______. *The Theory of the Novel: A Historico-Philosophical Essay on the Forms of Great Epic Literature*. Translated by Anna Bostock. 1963. Reprint, London; Merlin, 1971.

Luxemburg, Rosa. *The Rosa Luxemburg Reader*. Edited by Peter Hudis and Kevin B. Anderson. New York: Monthly Review, 2004.

Lynch, Kevin. *The Image of the City*. Cambridge, Mass.: MIT Pres s, 1960.

Macherey, Pierre. *A Theory of Literary Production*. Translated by Geoffrey Wall. New York: Routledge, 2006.

Maeda, Ai. *Text and the City: Essays on Japanese Modernity*. Tran slated by James A. Fujii. Durham, N.C.: Duke University Pr ess, 2004.

Mandel, Ernest. *Late Capitalism*. 1972. Translated by Joris De Bre s. London: Verso, 197S.

Mbembe, Achille. *On the Postcolony*. Translated by A. M. Berret et al. Berkeley: University of California Press, 2001.

Mignolo, Walter. *Local Histories/Global Designs: Coloniality, Subal tern Knowledges, and Border Thinking*, Princeton, N.J.: Pri nceton University Press, 2000.

Miller, Lucien. *Introduction to Exiles at Home: Short Stories by Ch en Ying-chen*, 1~26. Translated by Lucien Miller. Ann Arbor: Center for Chinese Studies, University of Michigan, 1986.

Mitchell, W. J. Thomas. *Landscape and Power*. Chicago: University of Chicago Press, 2002.

Moon, Seungsook. "Begetting the Nation: The Andocentric Discourse of National History and Tradition in South Korea." In Kim and Choi, *Dangerous Women*, 33~66.

Moretti, Franco. *Signs Taken for Wonders: On the Sociology of Literary Forms*. London: Verso, 1983.

______. *Way of the World: The Bildungsroman in European Culture*. London: Verso, 1987.

Morse, Ruth. "A Case of (Mis)Taken Identity: Politics and Aesthetics in Some Recent Singaporean Novels." In *Asian Voices in English*, edited by Mimi Chan and Roy Harris, 131~45, Hong Kong: Hong Kong University Press, 1991.

______. "Novels of National Identity and Inter-National Interpretation." *College Literature* 19~20 (1992~93): 60~77.

Mostow, Joshua S., ed. *Columbia Companion to Modern East Asian Literature*. New York: Columbia University Press, 2003.

Mumford, Lewis. *The Culture of Cities*. New York: Harcourt Brace, 1938.

Nuttall, Sarah. "Literary City." In *Johannesburg: The Elusive Metropolis*, edited by Sarah Nuttall and Achille Mbembe, 195~218. Durham, N.C.: Duke University Press, 2008.

Nuttall, Sarah, and Achille Mbembe. "Introduction: Afropolis." In *Johannesburg: The Elusive Metropolis*, edited by Sarah Nuttall and Achille Mbembe, 1~33. Durham, N.C.: Duke University Press, 2008.

Ong, Aihwa. *Spirits of Resistance and Capitalist Discipline: Factory Women in Malaysia*. Albany: State University of New York Press, 1987.

O'Rourke, Kevin. "Realism in Early Modern Fiction." In *Mostow, Columbia Companion*, 651~653.

Paik, Nak-chung. "Coloniality in South Korea and a South Korean Project for Overcoming Modernity," *Interventions: International Journal of Postcolonial Studies* 2, no. 1 (2000): 73~86.

______. "Nations and Literatures ia the Age of Globalization." In *Cultures of Globalization*, edited by Fredric Jameson and Masao Miyoshi, 218~29. Durham, N.C.: Duke University Press, 1998.

Park, Chung Hee. *Major Speeches by President Park Chung Hee*, Republic of Korea. Seoul: Samhwa, 1973.

Park, Soon-won. "Colonial Industrial Growth and the Emergence of the Korean Working Class." In *Colonial Modernity in Korea*, edited by Gi-wook Shin and Michael Robinson, 128~160. Cambridge, Mass.: Harvard University Asia Center, 1999.

Patke, Rajeev S. *Postcolonial Poetry in English*. Oxford: Oxford University Press, 2006.

______. "Voice and Authority in English Poetry from Singapore." *Interlogue II: Studies in Singapore Literature, Vol. 2: Poetry*. Edited by Kirpal Singh. Singapore: Ethos Books, 1998: 85~103.

Pensky, Max. *Melancholy Dialectics: Walter Benjamin and the Play of Mourning*. Amherst: University of Massachusetts Press, 1993.

Pihl, Marshall R. "The Nation, the People, and a Small Ball: Literary Nationalism and Literary Populism in Contemporary Korea." In *South Korea's Minjung Movement: The Culture and Politics of Dissidence*, edited by Kenneth M. Wells, 209~20. Honolulu: University of Hawai'i Press, 1995.

Quayum, Mohammad, and Peter Wicks, eds. *Singaporean Literature in English: A Critical Reader*. Serdang: Universiti Putra Ma

laysia Press, 2002.
Rabinow, Paul. *French Modern: Norms and Forms of the Social Environment.* Cambridge, Mass.: MIT Press, 1989.
Ranchod-Nilsson, Sita, and Mary Ann Tetreault. "Gender and Nationalism." In *Women, States and Nationalism: At Home in the Nation?*, edited by Sita Ranchod Nilsson and Mary Ann Tetreault, 1~17. London: Routledge, 2000.
Rayns, Tony. "Between Taiwan and the Mainland, between the Real and the Surreal: Tony Rayns Talks to Hou Xiaoxian." *Monthly Film Bulletin* 55, no. 653(1988):163~164.
Rendell, Jane. "Introduction: 'Gender, Space.'" In *Gender Space Architecture: An Interdisciplinary Introduction*, edited by Jane Rendell, Barbara Penner, and Iain Borden, 101~111. London: Routledge, 2000.
______. "Ramblers and Cyprians: Mobility, Visuality and the Gendering of Architectural Space." In *Gender and Architecture: History, Interpretation and Practice*, edited by Louise Burning and Richard Wigley, 135~54. Chichester: Wiley, 2000.
Reynaud, Bérênice. *A City of Sadness.* London: British Film Institute, 2002.
Richard, Nelly. *Masculine/Feminine: Practices of Difference(s).* Translated by Silvia R. Tandeciarz and Alice A. Nelson. Durham, N.C.: Duke University Press, 2004.
Robinson, Jennifer. *Ordinary Cities: Between Modernity and Development.* London: Routledge, 2006.
Rosner, Victoria. *Modernism and the Architecture of Private Life.* New York: Columbia University Press, 2005.
Ross, Kristin. *The Emergence of Social Space: Rimbaud and the Paris Commune.* Minneapolis: University of Minnesota Press, 1988.
Said, Edward. *Culture and Imperialism.* New York: Vintage, 1993.

Selya, Roger Mark. *Taipei*. Chichester: Wiley, 1995.

Shin, Gi-wook, and Michael Robinson. "Introduction: Rethinking Colonial Korea." In *Colonial Modernity in Korea*, edited by Gi-wook Shin and Michael Robinson, 1~18. Cambridge, Mass.: Harvard. University Asia Center, 1999.

Simmel, Georg. "The Metropolis and Mental Life." In *Rethinking Architecture: A Reader in Cultural Theory*, edited by Neil Leach, 69~79. New York: Routledge, 1997.

Singh, Kirpal, and Ooi Boo Eng. "The Poetry of Edwin Thumboo: A Study in Development." *World Literature Written in English* 24 (1985): 454~459.

Smith, Neil. *Uneven Development: Nature, Capital, and the Production of Space*. New York: Blackwell, 1984.

Soja, Edward W. *Postmodern Geographies: The Reassertion of Space in Critical Social Theory*. London: Verso, 1989.

______. "The Socio-Spatial Dialectic." *Annals of the Association of American Geographers* 70, no. 2 (1980): 207~225.

Spengler, Oswald. "The Soul of the City." In *Classic Essays in the Culture of the City*, edited by Richard Sennett, 61~88. New York: Meredith, 1969.

Spivak, Gayatri Chakravorty. In *Other Worlds: Essays in Cultural Politics*. New York: Routledge, 1988.

______. *Other Asias*. Malden, Mass.: Blackwell, 2008.

______. "The Politics of Translation." In *The Translation Studies Reader*, edited by Lawrence Venuti, 397~416. London: Routledge, 2000.

______. "The Rani of Sirmur; An Essay in Reading the Archives." *History and Theory* 24, no. 3 (1985): 247~272.

Standish, Isolde. "Korean Cinema and the New Realism: Text and Context." In *Colonialism and Nationalism in Asian Cinema*, edited by Wimal Dissanayake, 65~89. Bloomington: Indiana

University Press, 1994.
Su, Weizhen. "Missing." Translated by Agnes Tang and Eva Hung. In *Contemporary Women Writers: Hong Kong and Taiwan*, edited by Eva Hung, 91~112. Hong Kong: Renditions, 1990.
Sun, Yat-sen. *The Three Principles of the People: San Min Chu I*, With two supplementary chapters by President Chiang Kai-shek. Taipei: China Publishing, [1989?].
Tafuri, Manfredo. *Architecture and Utopia: Design and Capitalist Development*. Translated by Barbara Luigia La Penta. Cambridge, Mass.: MIT Press, 1976.
Taipei City Government. *Urban Renewal in Taipei City*. Taipei: Taipei City Government, 1978.
Tan, Kenneth Paul. *Cinema and Television in Singapore: Resistance in One Dimension*. Leiden: Brill, 2008.
Tanaka, Stefan. *Japan's Orient: Rendering Pasts into History*. Berkeley: University of California Press, 1993.
Thumboo, Edwin. *Gods Can Die*. Singapore: Heinemann Educational, 1977.
______. "An Interview with Edwin Thumboo," conducted by Peter Nazareth. In Quayum and Wicks, *Singaporean Literature in English*, 266~281.
______. Introduction to *The Second Tongue: An Anthology of Poetry from Malaysia and Singapore*, edited by Edwin Thumboo, vii~xxxv. Singapore: Heinemann Educational, 1976.
______. *Ulysses by the Merlion*. Singapore: Heinemann Educational, 1979.
Tsai, Hsung-hsiung. "Population Decentralization Policies: The Experience of Tai- wan.' In *Urbanization and Urban Policies in Pacific Asia*, edited by Roland J. Fuchs et al., 214~29. Boulder, Colo.: Westview, 1987.
Utrecht, Ernest. "Gains and Losses in 25 Years of Export-Oriented

Industrialization in South and Southeast Asia." In *Transnatio nal Corporations and Export-Oriented Industrialization*, edit ed by Ernst Utrecht, 139~158. Sydney: Transnational Corpor ations Research Project/University of Sydney, 1985.

Vidler, Anthony. *The Architectural Uncanny: Essays in the Modern Unhomely*. Cambridge, Mass.: MIT Press, 1992.

______. *Warped Space: Art, Architecture and Anxiety in Modern Culture*. Cambridge, Mass.: MIT Press, 2000.

Wade, Robert. *Governing the Market: Economic Theory and the Role of Government in East Asian Industrialization*. 1990. R eprint, Princeton, N.J.: Princeton University Press, 2004.

Wang Jing. "Taiwan Hsiang-tu Literature: Perspectives in the Evolu tion of Literary Movement." In *Chinese Fiction from Taiwa n: Critical Perspectives*, edited by Jeannette L. Faurot, 43~7 0. Bloomington: Indiana University Press, 1980.

Watson, Jini Kim. "Imperial Mimicry, Modernisation Theory and th e Contradictions of Postcolonial South Korea." *Postcolonial Studies* 10, no. 2 (2007): 171~190.

Weber, Max. 'The Nature of the City." In *Classic Essays in the Cult ure of the City*, edited by Richard Sennett, 23~46. New Yor k: Meredith, 1969.

Wee, C. J. W.-L. "Capitalism and Ethnicity: Creating 'Local Culture in Singapore." *Inter-Asia Cultural Studies* 1, no. 1 (2000): 12 9~143.

Wells, Kenneth. M. *Introduction to South Korea's Minjung Movem ent: The Culture and Politics of Dissidence*, edited by Kenn eth M. Wells, 1~10. Honolulu: University of Hawai'i Press, 1995.

Williams, Raymond. *The Country and the City*. Oxford: Oxford Un iversity Press, 1973.

______. *Keywords: A Vocabulary of Culture and Society*. Rev. ed.

New York: Oxford University Press, 1983.

Wilson, Rob. "Melodramas of Korean National Identity: From Man dala to Black Republic." In *Colonialism and Nationalism in Asian Cinema*, edited by Wimal Dissanayake, 90~104. Bloo mington: Indiana University Press, 1994,

Wilson, Rob, and Arif Diriik. Introduction to *Asia/Pacific as Space of Cultural Production*, edited by Rob Wilson and Arif Dirii k, x~14. Durham, N.C.: Duke University Press. 1995.

Winckler, Edwin A. "Cultural Policy on Postwar Taiwan." In *Cultural Change in Postwar Taiwan*, edited by Steven Harrell and Chung-chieh Huang, 22~46. Taipei: Westview and SMC, 1994.

Wong, Yoon Wah. *Post-Colonial Chinese Literatures in Singapore and Malaysia*. Singapore: National University of Singapore; River Edge, N.J.: Global, 2002.

Woolf, Virginia. *A Room of Ones Own*. 1929. Reprint, San Diego-Harcourt Brace Jovanovich, 1989.

Woronoff, Jon. *Asia's "Miracle" Economies*. Armonk, N.Y.: M. E. Sharpe, 1986.

Wu, Zhuoliu. "The Fig Tree" [Wu hua guo]. Translated by Duncan B. Hunter. Renditions 38 (1992): 84~95.

______. *Orphan of Asia*. Translated by Ioannis Mentzas. New Yor k: Columbia University Press, 2006.

Xu, Yinong. *The Chinese City in Space and Time: The Developme nt of Urban Form in Suzhou*. Honolulu: University of Hawa i'i Press, 2000.

Yang, Chao. "Beyond 'Nativist Realism': Taiwan Fiction in the 1970 s and 1980s." Translated by Carlos G. Tee. In *Chinese Liter ature in the Second Half of a Modern Century: A Critical Su rvey*, edited by Pang-yuan Chi and David Der-wei Wang, 9 6~109. Bloomington: Indiana University Press, 2000.

Yang, Jane Parish. "The Evolution of the Taiwanese New Literature Movement from 1920 to 1940." *Jen Studies: Literature and Linguistics 15* (1982): 1~18.

Yang, Kui. "Paperboy." Translated by Rosemary Haddon. *Renditions* 43 (1995): 25~57.

Yap, Arthur. *The Space of City Trees: Selected Poems.* London; Skoob, 1999.

Yap, Arthur, et al. "Singapore Literature in English I: A Survey of Criticisms on Singapore Poetry in English." In *Singapore Studies: Critical Surveys of the Humanities and Social Sciences*, edited by Basant K. Kapur, 459~86. Singapore: Singapore University Press, 1986.

Yeo, Kim Wah, and Albert Lau. "From Colonialism to Independence, 1945~1965." In Ernest C. T. Chew and Edwin Lee, eds., *A History of Singapore*, 117~153. Oxford: Oxford University Press, 1991.

Yeoh, Brenda S. A. *Contesting Space: Power Relations and the Urban Built Environment in Colonial Singapore.* Kuala Lumpur: Oxford University Press, 1996.

Yi, In-jik. *Hyŏl ŭi Nu; Solchungmae; Ŭn Segye.* [Tears of blood; Plum wine; Silver world]. Seoul: Chongumsa, 1955.

Yi, Mungu. "The Ballad of Kalmori." Translated by Ahn Junghyo. In *Modem Korean Literature: An Anthology*, edited by Peter H. Lee, 368~391. Honolulu: University of Hawai'i Press, 1990.

Yi, Nam-ho. "Hoesaek Chidae ui Chinsil[Truth's gray area]. In *Supsok ŭi Pang*, 251~70. Seoul, 1986.

Yi, Sang. *Nalgae* [*The wings*]. Seoul Munhak kwa Jisongsa, 2001.

______. "Tokyo," translated by Michael D. Shin. *Muae: A Journal of Transcultural Production* 1 (1995): 96~101.

______. "Tongkyong"[Tokyo]. In *Yi Sang Chŏnjip*, Vol. 3: Sup'il [E ssays], edited by Yoon-sik Kim, 95~100. Seoul: Munhak Sasang, 1993.

______. *The Wings*. Translated by Jung-hyo Ahn and James B. Lee. Seoul: Jimoondang, 2001.

Yip, June. *Envisioning Taiwan: Fiction, Cinema, and the Nation in the Cultural Imaginary*. Durham, N.C.: Duke University Press, 2004.

Yŏm, Mu-wung. "Minjung ŭi Hyŏnsil kwa Sosŏlga ŭi Unmyŏng" [Reality of the masses and the fiction writer's destiny]. In *Sampo Kanŭn Kil*, by Hwang Sŏk-yŏng, 585~606. Seoul: Tonga, 1995.

Yŏm, Sang-sŏp. *Mansejŏn* [Before the March 1st movement]. Seoul: Ilsisŏjŏk, 1997.

Young, Robert J. C. *Postcolonialism: An Historical Introduction*. Oxford: Blackwell, 2001.

Zhu, Ying. "The Role of Export Processing Zones in East Asian Development: South Korea, Taiwan, China and Thailand." Ph. D. diss., University of Melbourne, 1992.

찾아보기(색인)

【ㅂ】

【ㅈ】

【ㅎ】

【기타】

〈로컬리티 번역총서〉를 펴내며

■ 로컬리티의 인문학 연구단에서 번역총서를 내놓는다. 〈로컬리티 번역총서〉는 고전적 · 인문학적 사유를 비롯해서, 탈근대와 전지구화의 관점에서 해석되는 로컬리티에 대한 동서양의 다양한 논의를 담고 있다. 로컬리티 연구는 동서양을 막론하고 학문적 교차점, 접점, 소통성을 확보하는 것이 중요한 과제다. 이러한 의미에서 본 연구단에서는 장기적인 계획 아래, 로컬리티 연구와 관련한 중요 저작과 최근의 논의를 담은 동서양의 관련 서적 번역을 기획했다. 이를 통하여 로컬리티와 인문학 연구를 심화하고 동시에 이를 외부에 확산시킴으로써 로컬리티 연구의 저변을 확대하고자 한다.

우리가 로컬리티에 천착하게 된 것은 그동안 국가 중심의 사고 속에 로컬을 주변부로 규정하며 소홀히 여긴 데 대한 반성적 성찰의 요구 때문이기도 하다. 오늘날 로컬은 초국적 자본과 전 지구적 문화의 위세에 짓눌려 제1세계라는 중심에 의해 또다시 소외당하거나 배제됨으로써 고유의 정체성을 잃어 가고 있다. 반면에 전 지구화 시대를 맞아 국가성이 약화되면서 로컬은 또 새롭게 거듭나고 있다. 그동안 국가 중심주의의 그늘에 가려졌던 로컬 고유의 특성을 재발견하고 전 지구화에 능동적으로 대처하는, 이른바 로컬 주체의 형성과 로컬 이니셔티브(local initiative)의 실현을 위해 부단한 노력을 기울이는 모습들이 속속 드러나고 있다.

이제 로컬의 현상들을 파악하기 위해 기존의 지역 논의와 다른 새로운 사고가 절실히 필요하다. 지금까지 지역과 지역성 논의는 장소가 지닌 다양성과 고유성을 기존의 개념적 범주에 맞춤으로써 로컬의 본질을 왜곡하거나 내재된 복합성을 단순화하는 오류를 범했다. 이에 우리는 로컬을 새로운 인식과 공간의 단위로서 재정립해야 할 필요성을 다시 확인하며, 로컬의 역동성과 고유성을 드러내 줄 로컬리티 연구를 희망한다.

〈로컬리티 번역총서〉는 현재 공간, 장소, 인간, 로컬 지식, 글로벌, 로컬, 경계, 혼종성, 이동성 등의 아젠다와 관련한 주제를 일차적으로 포함했다. 향후 로컬리티 연구가 진행되면서 번역총서의 폭과 깊이는 더욱 넓어지고 깊어질 것이다. 번역이 태생적으로 안고 있는 잡종성이야말로 로컬의 속성과 닮아 있다. 이 잡종성은 이곳과 저곳, 그때와 이때, 나와 너의 목소리가 소통하는 가운데 새로운 생성의 지대를 탄생시킬 것이다.

우리가 번역총서를 기획하면서 염두에 둔 것이 바로 소통과 창생의 지대이다. 우리는 〈로컬리티 번역총서〉가 연구자들에게 로컬리티 연구에 대한 기반을 제공해 줌으로써 학제 간의 경계를 넘나드는 심화된 통섭적 연구가 이루어지고, 나아가 '로컬리티의인문학(locality and humanities)'의 이념이 널리 확산되기를 바란다.

2010년 6월

부산대학교 한국민족문화연구소

(HK)로컬리티의인문학 연구단

지은이 **진이 김 왓슨(Jini Kim Watson)**

현재 뉴욕 대학의 영문학 및 비교문학과 부교수로 재직 중이다. 오스트레일리아에서 태어나 멜버른 대학(University of Melbourne)에서 건축학 학사를 받았으며 퀸즈랜드 대학(University of Queensland)에서 석사 학위를 받았다. 미국 듀크 대학에서 영문학과 대학원 학사 학위 과정에 있는 동안 한국을 방문했으며 전남대학교에서 1년 동안 영어를, 한국연구재단 기금을 받아 연세대학교에서 한국문학을 가르쳤으며, 박사 학위를 받은 이후 하버드, 프린스턴, 퀸즈랜드 대학 등에서 여러 분야를 가르쳤다. 전공 및 교육 분야는 문학, 아시아-태평양 문화, 비교주의적 근대성들, 건축학 및 도시주의 이론, 포스트식민적 발전, 정치적 권위주의 등이며 『새로운 아시아 도시』(2011) 외에 *Postcolonial Studies, Contemporary Literature, Positions: East Asia cultures critique, The Journal of Postcolonial Literary Inquiry, ARIEL*과 같은 유수한 저널에 논문을 발표하고 있다.

옮긴이 **태혜숙(太惠淑)**

이화여자대학 영문과를 졸업하고 서울대학교 대학원 영문과에서 박사 학위를 받았다. 1993년부터 대구가톨릭대학 영문과 교수로 있으며, 영미비평, 페미니즘, 포스트식민주의, 영미 문화를 가르치고 있다.

1998년부터 '여성문화이론연구소'에서 페미니즘 이론 생산에 본격적인 관심을 갖기 시작했다. 여이연이라 불리는 비제도권 연구소 활동의 주된 초점은 페미니즘을 포스트식민주의, 생태주의, 맑스주의와 연결시키는 작업이었다. 2008년을 기점으로 이론-교육-액티비즘을 아우르는 남반구 운동의 현장으로서 '지구지역 행동 네트워크/지구지역 활동가들을 위한 페미니즘 학교'(Network for Glocal Activism/School of Feminism for Glocal Activists)에서 또한 활동 중이다.

주요 저서로는 『한국의 탈식민 페미니즘과 지식 생산』(2004), 『대항 지구화와 '아시아' 여성주의』(2008), 『다인종 다문화 시대의 미국문화 읽기』(2009)가 있으며, 『다른 세상에서』(2003)를 비롯해 『다른 여러 아시아』(2011), 『서발턴은 말할 수 있는가』(2013)에 이르기까지 여러 권의 역서가 있다.

새로운 아시아 도시—공간과 도시 형태의 3차원 허구들

초판 1쇄 발행일 2014년 8월 25일

지은이 | 진이 김 왓슨(Jini Kim Watson)
옮긴이 | 태혜숙
펴낸이 | 최원필
편 집 | 이찬희
펴낸곳 | 심산출판사
주 소 | 서울시 은평구 불광동 219-7 예은 101호
전 화 | 02-357-0633
팩시밀리 | 02-357-0631
E-mail | simsan@korea.com
등록번호 | 제1-2114호(1996년 11월 28일)

ISBN 978-89-94844-35-0 93910

※ 책값은 뒤표지에 표시되어 있습니다.